FOR THE
IB DIPLOMA

SECOND EDITION
French B

Laetitia Chanéac-Knight
Lauren Léchelle
Sophie Jobson

HODDER
EDUCATION
AN HACHETTE UK COMPANY

Although every effort has been made to ensure that website addresses are correct at time of going to press, Hodder Education cannot be held responsible for the content of any website mentioned in this book. It is sometimes possible to find a relocated web page by typing in the address of the home page for a website in the URL window of your browser.

Hachette UK's policy is to use papers that are natural, renewable and recyclable products and made from wood grown in well-managed forests and other controlled sources. The logging and manufacturing processes are expected to conform to the environmental regulations of the country of origin.

Orders: please contact Bookpoint Ltd, 130 Park Drive, Milton Park, Abingdon, Oxon OX14 4SE. Telephone: +44 (0)1235 827827. Fax: +44 (0)1235 400401. Email education@bookpoint.co.uk Lines are open from 9 a.m. to 5 p.m., Monday to Saturday, with a 24-hour message answering service. You can also order through our website: www.hoddereducation.com

ISBN: 978 1 5104 4656 4

© Laetitia Chanéac-Knight, Lauren Léchelle & Sophie Jobson 2018

First published in 2014

This edition published in 2018 by

Hodder Education,

An Hachette UK Company

Carmelite House

50 Victoria Embankment

London EC4Y 0DZ

www.hoddereducation.com

Impression number   10 9 8 7 6 5 4 3

Year   2022 2021 2020 2019

All rights reserved. Apart from any use permitted under UK copyright law, no part of this publication may be reproduced or transmitted in any form or by any means, electronic or mechanical, including photocopying and recording, or held within any information storage and retrieval system, without permission in writing from the publisher or under licence from the Copyright Licensing Agency Limited. Further details of such licences (for reprographic reproduction) may be obtained from the Copyright Licensing Agency Limited, www.cla.co.uk

Cover photo © adisa - stock.adobe.com

Illustrations by Integra Software Services Pvt. Ltd.

Typeset in Integra Software Services Pvt. Ltd., Pondicherry, India

Printed in India

A catalogue record for this title is available from the British Library.

MIX
Paper from responsible sources
FSC™ C104740

TABLE DES MATIÈRES

Introduction vi

Thème 1   Organisation sociale 1

UNITÉ 1   Relations sociales 1
- En famille: on s'entend bien? 1
- La famille au 21ème siècle 10
- Mes potes et moi 16
- La société 21

UNITÉ 2   Éducation 32
- L'enseignement de nos jours 32
- Comment se préparer aux études supérieures? 38
- L'école et l'égalité des chances 43
- Comment la technologie peut-elle changer l'éducation? ... 51

UNITÉ 3   Monde du travail 60
- Quel métier aimeriez-vous faire? 60
- Le travail, c'est toujours la santé? 66
- Postuler pour une offre d'emploi 71
- Les métiers d'avenir 78

Thème 2   Expériences 86

UNITÉ 4   Loisirs 86
- Le tourisme et les vacances 86
- Le sport 92
- Le Tour de France 98

UNITÉ 5   Coutumes et traditions 103
- Des traditions dans le monde francophone 103
- Les traditions culinaires 108
- Les hymnes nationaux: toujours d'actualité? 112
- La culture et le patrimoine 117

UNITÉ 6   Migration 124
- L'émigration 124
- L'expatriation; une émigration choisie 131
- Récits d'immigration 138
- Les multiples visages des Français 145

Thème 3 — Identités 154

UNITÉ 7 — Santé et bien-être 154
L'alimentation et les régimes 154
La méditation et le bien-être 160
Les médicaments et la médecine en France 164

UNITÉ 8 — Convictions, valeurs et sous-cultures 171
Les jeunes et leurs valeurs 171
La religion, pour quoi faire? 178
Les autres croyances 184
Sous-cultures et identité 187

UNITÉ 9 — Langue et identité 192
Qui suis-je? 192
Langue française et identité culturelle 195
Bilinguisme et identité nationale 202
Langues régionales et identités 205

Thème 4 — Ingéniosité humaine 211

UNITÉ 10 — Expressions artistiques 211
Les arts visuels et les musées 211
L'art nous aide-t-il à comprendre notre monde? 216
L'art de rue 220
L'art est-il un outil d'expression contestataire? 227

UNITÉ 11 — Communication et médias 234
Comment communiquons-nous? 234
La télévision 239
La publicité et la technologie 242

UNITÉ 12 — Technologie et innovation scientifique 249
La science et la technologie changent le monde 249
La connectivité des nouvelles technologies 256
Les avancées scientifiques et technologiques à grande échelle 263
Les questions d'éthique 269

Thème 5 — Partage de la planète 277

UNITÉ 13 — Environnement 277
Les écosystèmes sont menacés 277
Les changements climatiques 282
Changeons nos habitudes 289
Des initiatives qui donnent espoir 296

UNITÉ 14 Droits de l'homme 305
    La Déclaration Universelle des Droits de l'Homme 305
    Différences culturelles et violations des droits de l'homme 311
    Le rôle des ONG 318

UNITÉ 15 Mondialisation 325
    La politique 325
    L'Europe 331
    Citoyens du monde? 339
    Vers plus de droits humains? 342

Grammaire 353

Introduction

This book will help you to achieve three things:

1 To be a confident and creative linguist

To be proficient in French at Diploma level you need to gradually build up your level of skill in reading, listening to, speaking and writing the language.

- This new edition of our book will steer you along the path to proficiency by offering a range of texts and tasks that will provoke your curiosity, stimulate you to think and challenge you to be creative with the language.
- As you work through the course, you will acquire strategies for writing, highlighted in the *Comment écrire* feature. In doing so, you will learn to be a good **communicator**, a key attribute of the IB learner profile. In keeping with the aims of the IB, our book also explores concepts and issues that will enable you to become more **knowledgeable**, make you a more **open-minded** student of other cultures, and turn you into a more **reflective** learner.
- We introduce and remind you of the 'nuts and bolts' of French language in regular *Grammaire* features; these are linked to a more detailed **grammar summary** at the end of the book, covering all the key structures that you need to know.
- The core of the new syllabus includes *Théorie de la connaissance* and *Créativité, activité, service* and these are woven into each unit. Listening comprehension now forms part of the assessment in Paper 2 and you will find listening comprehension exercises in every unit, some of which include videos for added interest.
- Speaking activities such as role-plays and debates are opportunities to be creative in the language.

2 To score the highest grades in IB French Language B

The activities in this course will prepare you thoroughly for the IB examination.

- Coverage of the prescribed IB themes is extensive. Each of the five themes, **Social organization, Identities, Experiences, Human ingenuity** and **Sharing the planet**, has three units dedicated to it. This edition incorporates new sections and texts, which are up to date and cover a range of issues past and present.
- Reading and writing activities will prepare you for the examination by familiarising you with a range of task types.
- Listening passages, photographs and a variety of speaking activities will help you prepare for your listening and oral exams.
- We give you detailed advice on how to tackle different types of text for the writing exam in the *Comment écrire* sections.
- We link the topic content with both the **Theory of Knowledge** and **CAS** to give you lots of practice in discussing ideas related to these important IB aspects of the Diploma programme.
- If you are studying at Higher level (*Niveau supérieur*), we feature a dedicated literature section in every unit, with topic-related extracts for you to enjoy, analyse and reflect on, from a wide range of notable Francophone writers. Your acquaintance with the work of these writers will help you to prepare for your oral discussion of one of the two literary works you will study.

3 To appreciate the range of Francophone culture

French culture is international: many countries across the world are bound together by the common thread of the French language, yet they also vary in culture and language. We have reflected that range in this book.

- The French in the texts and listening extracts is authentic and contains a range of local vocabulary and usage; this will help you to become familiar with the language of different countries in the French-speaking world.
- Many of the passages show the interconnectedness of the different countries that make up the Francophone world, reinforcing the aim of the IB to give you a greater understanding of cultural diversity.

Finally…

To get the most out of this course make sure you:

- read and listen to French regularly, even if it is only for a short while
- contribute fully to class discussion in French; this is how you will build up confidence in using the language
- explore French language and culture for yourself – discovery is an essential part of learning!

Based on an introduction by Mike Thacker & Sebastián Bianchi

Key to icons used in this book

- Reading
- Listening
- Grammar
- Writing
- Speaking
- Vocabulary

Audio and answers

The audio can be found at www.hoddereducation.com/IBextras

The answers can be found in the Teaching and Learning Resource: 9781510447387 French B for the IB Diploma Second Edition Teaching and Learning Resources

Acknowledgements

The Publishers would like to thank the following for permission to reproduce copyright material.

Photo credits

p.1 *top left* © Rohit Seth - Fotolia; *top centre* © Ranta Images/stock.adobe.com; *top right* © Eléonore H/stock.adobe.com; *bottom left* © michaeljung/stock.adobe.com; *bottom centre* © djma/stock.adobe.com; *bottom right* © Robert Kneschke/stock.adobe.com; **p.2** © Lorelyn Medina/stock.adobe.com; **p.6** © Tom Wang/stock.adobe.com; **p.7** *left* © Samuel B./stock.adobe.com; *centre left* © leungchopan/stock.adobe.com; *centre* © Jeanette Dietl/stock.adobe.com; *centre right* © STUDIO GRAND OUEST/stock.adobe.com; *right* © ManicBlu/stock.adobe.com; **p.10** © Freepik/stock.adobe.com; **p.14** © Ivan/stock.adobe.com; **p.16** *top* © Georgerudy/stock.adobe.com; *bottom* © Diego cervo/stock.adobe.com; **p.19** © Photographee.eu/stock.adobe.com; **p.21** © Natalia Bratslavsky/stock.adobe.com; **p.22** © JackF/stock.adobe.com; **p.24** © Tom Wang/stock.adobe.com; **p.26** © Pictorial Press Ltd/Alamy Stock Photo; **p.27** © Caifas/stock.adobe.com; **p.31** © AF archive/Alamy Stock Photo; **p.32** *top* © FOR ALAN/Alamy Stock Photo; *bottom left* © MBI/Stockbroker/Alamy Stock Photo; *bottom right* © Jane Williams/Alamy Stock Photo; **p.38** © Ellagrin/stock.adobe.com; **p.39** © International Baccalaureate Organization; **p.42** *top* © Monkey Business/stock.adobe.com; *bottom* © Monkey Business/stock.adobe.com; **p.43** *top left* © Everett Collection Historical/Alamy Stock Photo; *top right* © Granger Historical Picture Archive/Alamy Stock Photo; *bottom left* © Keystone Pictures USA/Alamy Stock Photo; *bottom centre* © Science History Images/Photo Researchers/Alamy Stock Photo; *bottom right* © Keystone Pictures USA/ZUMAPRESS/Alamy Stock Photo; **p.48** *top* © Travel Stock/Shutterstock.com; *bottom left* © StevenK/Shutterstock.com; *bottom right* © Michal Szymanski/Shutterstock.com; **p.51** *picture 1* © Danr13/stock.adobe.com; *picture 2* © koya979/stock.adobe.com; *picture 3* © Ivan Kruk/stock.adobe.com; *picture 4* © Christopher Kimmel/Aurora Photos/Alamy Stock Photo; *picture 5* © Alexey_boldin/stock.adobe.com; *picture 6* © Nirutft/stock.adobe.com; *picture 7* © US Air Force Photo/Alamy Stock Photo; *picture 8* © Ulldellebre/stock.adobe.com; *picture 9* © RTimages/Alamy Stock Photo; **p.53** © Wavebreak Media ltd/Alamy Stock Photo; **p.54** © Georgejmclittle/stock.adobe.com; **p.60** *top left* © Pressmaster/stock.adobe.com; *top centre left* © Goodluz/stock.adobe.com; *top centre* © Bernardbodo/stock.adobe.com; *top centre right* © LIGHTFIELD STUDIOS/stock.adobe.com; *top right* © Goodluz/stock.adobe.com; *centre left* © ChaNaWiT/Shutterstock.com; *centre left centre* © MJTH/Shutterstock.com; *centre* © Nejron Photo/Shutterstock.com; *centre right centre* © Photomontage/Shutterstock.com; *centre right* © Kaspars Grinvalds/stock.adobe.com; *bottom left* © Fotos 593/stock.adobe.com; *bottom centre left* © Kadmy/stock.adobe.com; *bottom centre* © Photographee.eu/stock.adobe.com; *bottom centre right* © Skycolors/Shutterstock.com; *bottom right* © Nd3000/stock.adobe.com; **p.66** *top* © Sudowoodo/Shutterstock.com; **p.66** *bottom* © Pressmaster/stock.adobe.com; **p.67** © Anyaberkut/stock.adobe.com; **p.71** © Antonioguillem/stock.adobe.com; **p.74** *top* © Alipko/stock.adobe.com; *bottom* © Fedorovekb/Shutterstock.com; **p.75** © Auremar/stock.adobe.com; **p.78** *top* © Ndoeljindoel/stock.adobe.com; *bottom* © Media Whale/stock.adobe.com; **p.79** © Pressmaster/stock.adobe.com; **p.85** © Old Images/Alamy Stock Photo; **p.87** *top* © Max Topchii/stock.adobe.com; *bottom* © Boggy/stock.adobe.com; **p.89** © SergeyPerm73/Shutterstock.com; **p.92** © Marcos Mesa Sam Wordley/Shutterstock.com; **p.93** © Hfng/Shutterstock.com; **p.94** *top* © Lzf/stock.adobe.com; *bottom* © Jenny Sturm/stock.adobe.com; **p.95** © Ljupco Smokovski/stock.adobe.com; **p.97** © Jacob Lund/stock.adobe.com; **p.98** © Gianfranco Bella/stock.adobe.com; **p.99** *top* © LEROY Francis/Hemis/Alamy Stock Photo; *bottom left* © WENN UK/Alamy Stock Photo; *bottom right* © Action Plus Sports Images/Alamy Stock Photo; **p.100** © Alexander Gordeyev/Shutterstock.com; **p.103** © Atlantis/stock.adobe.com; **p.104** *top left* © Baloncici/123 RF; *top right* © VC-DLH/Prisma by Dukas Presseagentur GmbH/Alamy Stock Photo; *bottom left* © Sylvie Bouchard/stock.adobe.com; *bottom right* © DenisProduction.com/stock.adobe.com; **p.106** © Lisa Strachan/Alamy Stock Photo; **p.107** © Amskad/stock.adobe.com; **p.108** © Tan4ikk/stock.adobe.com; **p.109** © Hanaschwarz/stock.adobe.com; **p.110** *top* © Monkey Business/stock.adobe.com; *bottom* © Rawpixel.com/stock.adobe.com;

p.111 © JPchret/stock.adobe.com; **p.112** © Oleksandr Prykhodko/123 RF; **p.113** © Paolo Bona/Shutterstock.com; **p.115** © PHILIPPE HUGUEN/AFP/Getty Images; **p.116** © Steve Kingsman/123 RF; **p.117** © BalkansCat/Shutterstock.com; **p.118** *top* © Marc Bruxelle/Alamy Stock Photo; *bottom* © Christian Bertrand/Shutterstock.com; **p.119** © ZUMA/REX/Shutterstock; **p.121** © Alfi/stock.adobe.com; **p.122** © natalkaprague/stock.adobe.com; **p.124** © Everett Historical/Shutterstock.com; **p.125** *top* © Nathalie Pothier/stock.adobe.com; *bottom* © Sashkin/stock.adobe.com; **p.126** *top* © Stadtratte/stock.adobe.com; *bottom* © Patrimonio designs/stock.adobe.com; **p.127** © Granger Historical Picture Archive/Alamy Stock Photo; **p.129** © Markus Wissmann/Shutterstock.com; **p.130** © Mohd Zaki Shamsudin/123 RF; **p.131** *left* © CGiHeart/stock.adobe.com; *right* © Vector Tradition/stock.adobe.com; **p.132** *top* © Pixelheadphoto/stock.adobe.com; *bottom* © Mbruxelle/stock.adobe.com; **p.133** © Sahachat/stock.adobe.com; **p.134** © Mbruxelle/stock.adobe.com; **p.136** © Riko Best/stock.adobe.com; **p.138** © Maria Sbytova/stock.adobe.com; **p.141** © Photofilippo66/Shutterstock.com; **p.142** © Frank Gärtner/stock.adobe.com; **p.143** © Keystone Pictures USA/ZUMA Press, Inc./Alamy Stock Photo; **p.145** © Syda Productions/stock.adobe.com; **p.151** © Wayhome Studio/stock.adobe.com; **p.154** © PhotoEd/stock.adobe.com; **p.155** *top* © Korta/stock.adobe.com; *bottom* © Monticelllo/stock.adobe.com; **p.156** © Pixelbliss/stock.adobe.com; **p.158** © Darren Baker/stock.adobe.com; **p.160** © Syda Productions/stock.adobe.com; **p.161** *top* © Trinity Mirror/Mirrorpix/Alamy Stock Photo; *bottom* © Fizkes/stock.adobe.com; **p.163** © Lulu/stock.adobe.com; **p.164** © Andrey Popov/stock.adobe.com; **p.165** © 13smile/stock.adobe.com; **p.166** © Natali_mis/stock.adobe.com; **p.171** © Adam Jan Figel/Shutterstock.com; **p.172** © DisobeyArt/stock.adobe.com; **p.174** © Jarn/stock.adobe.com; **p.175** *top* © Drik/stock.adobe.com; *bottom* © Monkey Business/stock.adobe.com; **p.178** *top left* © Pitiphotos/Alamy Stock Photo; *top right* © ArkReligion.com/Art Directors & TRIP/Alamy Stock Photo; *centre left* © Gianni Muratore/Alamy Stock Photo; *centre right* © Inpix Creative/IndiaPicture/Alamy Stock Photo; *bottom* © mlehmann78/stock.adobe.com; **p.180** © Moviestore collection Ltd/Alamy Stock Photo; **p.181** © Mele Avery/stock.adobe.com; **p.184** © Sergey Ilin/stock.adobe.com; **p.185** © Agostinomanzi/stock.adobe.com; **p.188** © Porechenskaya/stock.adobe.com; **p.192** *top left* © Franz Pfluegl/stock.adobe.com; *top right* © WavebreakmediaMicro/stock.adobe.com; *bottom left* © Digitalskillet1/stock.adobe.com; *bottom right* © Dennis Wegewijs/Shutterstock.com; **p.193** © Andy Dean/stock.adobe.com; **p.194** © Q/stock.adobe.com; **p.195** © Myriam Morin; **p.199** *top* © Photographee.eu/stock.adobe.com; **p.199** *bottom* © Prudkov/stock.adobe.com; **p.202** *top* © Peterforsberg/Alamy Stock Photo; *bottom* © Kablonk Micro/stock.adobe.com; **p.205** © Rikirennes/123 RF; **p.211** © Vichaya Kiatying-Angsulee/123 RF; **p.212** *top left* © Thipjang/Shutterstock.com; *top centre* © Ashley van Dyck/stock.adobe.com; *top right* © Gil.K/Shutterstock.com; *centre left* © EQRoy/Shutterstock.com/© "R-EVOLUTION", Aerosol spraypaint on wall by Serty31 x Ary.P - Vitry-sur-Seine/France ©2014; *centre* © Elena Dijour/Shutterstock.com; *centre right* © Oleg Golovnev/Shutterstock.com; *bottom left* © Dmitry Zheltikov/123 RF; **p.214** © Rembrandt van Rijn/Rjksmuseum; **p.215** © Oleg Bakhirev/Shutterstock.com; **p.216** *top left* © Fine Art Images/ Heritage Image Partnership Ltd/Alamy Stock Photo; *top centre* © Lee Nanjoo/Shutterstock.com; *top right* © Luciano Mortula-LGM/stock.adobe.com; *bottom left* © Rick Strange/Alamy Stock Photo; *bottom right* © Everett - Art/Shutterstock.com; **p.219** © Javarman/stock.adobe.com; **p.220** *top left* © Kiev.Victor/Shutterstock.com; *top right* © EQRoy/Shutterstock.com; *bottom* © Olly/stock.adobe.com; **p.222** © Artwork Nuxuno Xän - Picture: Stéphane Garraud; **p.224** *top* © Freshidea/stock.adobe.com; *bottom* © Pressmaster/stock.adobe.com; **p.225** © Simon Eizner/Shutterstock.com; **p.226** © FapGraphicsandPhotography/Shutterstock.com; **p.227** *top* © Juulijs/stock.adobe.com; *bottom* © Kunal Mehta/Shutterstock.com; **p.228** © WENN UK/Alamy Stock Photo; **p.232** © Freshidea/stock.adobe.com; **p.234** *top left* © Ultramansk/stock.adobe.com; *bottom left* © Adrianhancu/123 RF; *right* © Rostichep/stock.adobe.com; **p.235** *top* © 1llustra/stock.adobe.com; *bottom* © WavebreakmediaMicro/stock.adobe.com; **p.236** © Zeljkomatic76/stock.adobe.com; **p.237** © DisobeyArt/stock.adobe.com; **p.238** © Antonioguillem/stock.adobe.com; **p.239** © Syda Productions/stock.adobe.com; **p.240** *top* © Hemant/stock.adobe.com; *bottom* © Zalo/Alamy Stock Photo; **p.241** *left* © Monkey Business/stock.adobe.com; *right* © Cunaplus/stock.adobe.com; **p.242** © ANNE-CHRISTINE POUJOULAT/AFP/Getty Images; **p.243** © JKstock/stock.adobe.com; **p.245** © Dziewul/stock.adobe.com; **p.249** © Sergey Nivens/Shutterstock.com; **p.251** *top row* © Pict rider/stock.adobe.com; *2nd row* © Pict rider/stock.adobe.com; *3rd row* © Pict rider/stock.adobe.com; *4th row* © Artokoloro Quint Lox Limited/Alamy Stock Photo; *5th row* © The Granger Collection/Alamy Stock Photo; *6th row* © Keystone Pictures USA/Alamy Stock Photo; *bottom row* © A7A collection/Photo 12/Alamy Stock Photo; **p.252** © Kaikoro/stock.adobe.com; **p.253** *top* © Maxim sivyi/stock.adobe.com; **p.253** *left* © Archivist/stock.adobe.com; *right* © Greg/stock.adobe.com; **p.254** *top left* © Columbia Pictures/Courtesy Everett Collection/Alamy Stock Photo; *top right* © AF archive/Alamy Stock Photo; *bottom* © Collection Christophel/Alamy Stock Photo; **p.255** *left* © Miguel Aguirre/stock.adobe.com; *right* © Paul Roget/ Alamy Stock Photo; **p.258** © AA+W/stock.adobe.com; **p.263** *left* © Laurent Hamels/PhotoAlto/Alamy Stock Photo; *centre* © KIKE CALVO/Alamy Stock Photo; *right* © VICTOR HABBICK VISIONS/SCIENCE PHOTO LIBRARY/Alamy Stock Photo; **p.267** *left* © Jacob Lund/stock.adobe.com; *right* © Willyam Bradberry/Shutterstock.com; **p.269** © Serhii Matvieiev/123 RF; **p.270** © GraphicsRF/stock.adobe.com; **p.272** *top left* © Macor/123RF; *top right* © Frank Boston/stock.adobe.com; *bottom left* © Thomas Lemmer/stock.adobe.com; *bottom right* © Gerard Bottino/NEWZULU CrowdSpark/Alamy Stock Photo; **p.273** © Alphacit NEWCIT/NEWZULU/CrowdSpark/Alamy Stock Photo; **p.275** © Neftali77/123 RF; **p.277** © Fazon/stock.adobe.com; **p.278** *left* © Jörg Hackemann - Fotolia; *right* © Andrew Watson - Fotolia; **p.279** © Ludmila Smite/stock.adobe.com; **p.280** © Xico Putini/stock.adobe.com; **p.282** © Zenzen/stock.adobe.com; **p.283** *picture 1* © Aurielaki/stock.adobe.com; *picture 2* © Blueringmedia/stock.adobe.com; *picture 3* © MicroBit/stock.adobe.com; *picture 4* © Lorelyn Medina/stock.adobe.com; *picture 5* © Blueringmedia/stock.adobe.com; *picture 6* © Creative Mood/stock.adobe.com; *picture 7* © Blambca/stock.adobe.com; *picture 8* © Mast3r/stock.adobe.com; *picture 9* © Blueringmedia/stock.adobe.com; *picture 10* © Macrovector/stock.adobe.com; *picture 11* © Bbtreesubmission/123 RF; **p.288** © Kaninstudio/stock.adobe.com; **p.289** © Kate/stock.adobe.com; **p.294** *left* © Vencav/stock.adobe.com; *right* © Vencav/stock.adobe.com; **p.296** © HildaWeges/stock.adobe.com; **p.298** © PHILIPPE HUGUEN/AFP/Getty Images; **p.300** © vadim_petrakov/stock.adobe.com; **p.302** © Mars/Courtesy Everett Collection/Alamy Stock Photo; **p.305** © ~ Bitter ~/stock.adobe.com; **p.308** © Rexandpan/stock.adobe.com; **p.310** *top left* © Comugnero Silvana/stock.adobe.com; *top right* © Martin cintula/123 RF; *bottom left* © Rafael Ben-Ari/123 RF; *centre right* © Uncle Leo/Shutterstock.com; *bottom right* © Jiti Chadha/Alamy Stock Photo; **p.311** © Niroworld/stock.adobe.com; **p.312** © Zuchero/stock.adobe.com; **p.318** © Rafael Ben-Ari/123 RF; **p.319** © Ms Jane Campbell/Shutterstock.com; **p.320** © Anne Jose Kan/123 RF; **p.323** © Artepics/Alamy Stock Photo; **p.325** © North Wind Picture Archives/Alamy Stock Photo; **p.328** © Maxime Véron/Age fotostock/Alamy Stock Photo; **p.331** © Plantu; **p.333** © Pictorial Press Ltd/Alamy Stock Photo; **p.336** *top left* © Mary Evans/Sueddeutsche Zeitung Photo; *top right* © Bernard CHARLON/Gamma-Rapho/Getty Images; *centre left* © Graham Morley Historic Photos/Alamy Stock Photo; *centre right* © Chronicle/Alamy Stock Photo; *bottom left* © Pictorial Press Ltd/Alamy Stock Photo; *bottom right* © Cameron Spencer/Getty Images Sport/Getty Images; **p.339** © scusi - Fotolia; *bottom* © Directphoto Collection/Alamy Stock Photo; **p.340** *top* © Roger-Viollet/TopFoto; *bottom* © Alexei Danichev/Host Photo Agency/Handout/Getty Images; **p.341** © Gmcphotopress/stock.adobe.com; **p.344** © Answer5/Shutterstock.com; **p.346** © BillionPhotos.com/stock.adobe.com; **p.350** © Everett Historical/Shutterstock.com; **p. 351** © Pictorial Press Ltd/Alamy Stock Photo

Text credits

p.7 'Quelle différence avec la relation mère–fils?' reproduced with permission of Topsante; **p.7** Headline 'Plus d'un quart des jeunes diplômés jugent que leur avenir n'est pas en France', 25/02/2013, reproduced by permission of Le Monde; **p.8** 'Comment voyez-vous l'avenir: en rose ou pas?' reproduced with permission of Viavoice; **p.14** 'Le divorce' reproduced with permission of Les Bridgets; **pp.16–17** '9 idées pour me faire de nouveaux amis' by Sophie Hénaff, in *Cosmopolitan* 19/07/2017, reproduced with permission of Groupe Marie Claire; **pp.19–20** 'La solitude progresse en France', 07/07/2014, reproduced by permission of Le Monde; **pp.22–3** 'Les enfants «boomerang» retournent chez leurs parents' by Frédéric Mounier, 01/02/2017, reproduced with permission of La Croix; **p.31** Extract from *La Gloire de mon père*, Coll Fortunio, Éditions de Fallois © Marcel Pagnol, 2004; **pp.35–6** 'Réforme du bac: les étudiants divisés autour du contrôle continu' © Jean-Marc De Jaeger/Le Figaro/2017; **p.41** 'Enseignement supérieur: les annonces du gouvernement pour la rentrée 2018' © Le Point/AFP 2017; **p.42** Jacques Prévert, 'Le Cancre' in *Paroles* © Éditions Gallimard (print rights) and The Estate of Jacques Prévert (electronic rights); **p.49** 'Missions Éducation/Soutien scolaire/Animation périscolaire à Kouma Konda – Togo'. Text and photo reproduced with permission of Urgence Afrique; **p.58** Jacques Prévert, 'Page d'écriture' in *Paroles* © Éditions Gallimard (print rights) and The Estate of Jacques Prévert (electronic rights); **p.59** Raymond Queneau, 'L'écolier', in *Battre la campagne* © Éditions Gallimard (www.gallimard.fr); **p.63** 'Ces jeunes ont filmé le métier qui leur plaît, vous donnerons-ils des idées?' by Agathe Charnet, 19/07/2016, reproduced by permission of Le Monde; **p.69** 'Il Ne Rentre Pas Ce Soir' Words by Claude Moine; Music by Pierre Papadiamandis © Copyright 1979 Universal Music Publishing France. All Rights Reserved. International Copyright Secured. Used by Permission of Hal Leonard Europe Limited;

UNITÉ 1 — Relations sociales

Thème 1: Organisation sociale

En famille: on s'entend bien?

- Explorer un type de relation mère–fille
- Explorer les relations entre frères / sœurs

RÉFLÉCHIR

Lorsque l'enfant paraît

Lorsque l'enfant paraît, le cercle de famille
Applaudit à grands cris; son doux regard qui brille
Fait briller tous les yeux,
Et les plus tristes fronts, les plus souillés peut-être,
Se dérident soudain à voir l'enfant paraître,
Innocent et joyeux.

Extrait du poème «Lorsque l'enfant paraît» de Victor Hugo (1802–1885)

- Comment définiriez-vous la notion de «famille»? Est-ce une notion universelle?
- À votre avis, quelle est l'importance de la famille et de la vie familiale?
- Pour vivre en harmonie avec sa famille, que faut-il faire?
- À votre avis, est-ce que vos parents vous laissent assez d'indépendance?
- Quels sont les avantages et les inconvénients d'être enfant unique?
- Quelles sont les sources de disputes chez vous?
- Qu'est-ce que la famille monoparentale? Est-il toujours essentiel qu'il y ait deux parents, un père et une mère?
- Le mariage est-il toujours populaire de nos jours? Pourquoi se marie-t-on?
- Quel genre de parent seriez-vous? Strict, tolérant? Très impliqué ou non?

Thème 1: Organisation sociale

1 Qui est-ce?

Qui est-ce:
- la sœur de mon père?
- le frère de ma mère?
- la fille de ma tante?
- le fils de mon frère?
- le mari de ma sœur?

2 Est-on obligé de s'entendre avec sa sœur?

J'ai deux sœurs, une avec qui tout va bien et une avec qui tout va mal! Elle a un caractère de cochon et fait du mal aux gens sans s'en rendre compte! Elle m'a fait beaucoup de mal et je ne lui en ai pas tenu rigueur jusque-là mais là je commence à en avoir marre des concessions qui ne vont que dans un sens. Je ne veux pas m'expliquer avec elle sur notre passé de peur de faire exploser notre famille. Pensez-vous que parce que c'est ma sœur, je suis obligée de tirer les choses au clair pour que la relation soit bonne? Si ce n'était pas ma sœur j'aurais déjà coupé les ponts…

Meilleure réponse – Choisie par le demandeur

Il n'y a jamais d'obligation de relation…

Tu n'es pas obligée de tirer les choses au clair; tu peux le faire seulement si c'est ce que tu veux. Mais jusqu'où es-tu prête à aller puisque c'est à sens unique? Ne penses-tu pas qu'à un moment on s'oublie à toujours vouloir réparer? Alors peut-être, là, cela vaut le coup de mettre en attente, puisque la relation dépend aussi de l'autre et pas seulement de soi. Quand c'est trop, c'est trop…

A Lisez le texte et répondez aux questions suivantes.

1. Combien a-t-elle de sœurs?
2. Quelle est l'expression qui montre que l'une des sœurs n'est pas très agréable?
3. Pourquoi ne veut-elle pas s'expliquer avec sa sœur sur leur passé?
4. Comment sait-on que la personne qui écrit est féminine?
5. Qu'aurait-elle fait si ce n'était pas sa sœur?
6. Que signifie «couper les ponts»?
7. Quelle expression signifie qu'on ne pense pas à soi?
8. «Quand c'est trop, c'est trop» est une expression négative ou positive?

Grammaire

Les adjectifs possessifs

L'adjectif possessif apporte des informations de genre, de nombre et de personne (information concernant le **possesseur**). Les adjectifs possessifs s'accordent en genre et en nombre avec le nom qu'ils décrivent, par exemple: *ma famille* – le mot *famille* étant féminin, on utilise l'adjectif possessif féminin (peu importe qui parle).

- **ma** *tête*
- **ton** *corps*
- **sa** *méthode de relaxation*
- **leur** *bien-être*

L'adjectif possessif est accordé en genre et en nombre avec le mot qu'il définit.

L'adjectif possessif s'établit ainsi en relation entre ce qui est possédé et:

- celui (ou ceux) qui parle(nt): **mon** *corps*, **nos** *corps*.
- celui (ceux) à qui l'on parle: **ton** *corps*, **votre** *corps*.
- celui (ceux) dont on parle: **son** *corps*, **leur** *corps*.

Possesseur	Possessif: singulier		Possessif: pluriel
Singulier	masculin	féminin	masculin / féminin
	mon	ma	mes
	ton	ta	tes
	son	sa	ses
Pluriel	masculin / féminin		masculin / féminin
	notre		nos
	votre		vos
	leur		leurs

Reportez-vous au précis de grammaire en fin de livre.

B Remplissez les blancs avec les adjectifs possessifs qui conviennent. Aisha parle de sa famille.

1. Mon oncle et _____ tante habitent à Strasbourg.
2. Mon cousin est professeur et _____ femme est journaliste.
3. Mon oncle Jacob travaille en Guadeloupe. _____ fille est étudiante à l'université de Lyon.
4. Mes grands-parents habitent aussi en Guadeloupe. _____ grand-père aime parler avec _____ amis et _____ grand-mère aime marcher et nager.
5. Ma tante a deux enfants. _____ fille, _____ cousine, est lycéenne et _____ fils, _____ cousin, a cinq ans et va à la maternelle.

Les expressions avec avoir

avoir un caractère de cochon

en avoir marre de…

En connaissez-vous d'autres?

Voici des exemples utiles:

J'**ai besoin de** toute ma famille pour être heureux.

Nous **avons envie d'**inviter nos cousines pour notre anniversaire de mariage.

Ils **ont l'intention de** déménager pour aller habiter en France de façon permanente.

Quand il **a faim** il s'arrête de travailler.

En ce moment il fait très chaud et tout le monde **a soif**.

Vous **avez tort de** refuser de voir votre mère.

Je crois que tu **as raison d'**insister pour que la famille soit réunie.

UNITÉ 1 Relations sociales

3 Les différences d'âge

Quelle relation avez-vous avec vos frères / sœurs? Combien en avez-vous? Quel âge ont-ils? Est-il mieux pour vous d'avoir un petit frères ou une grande sœur?

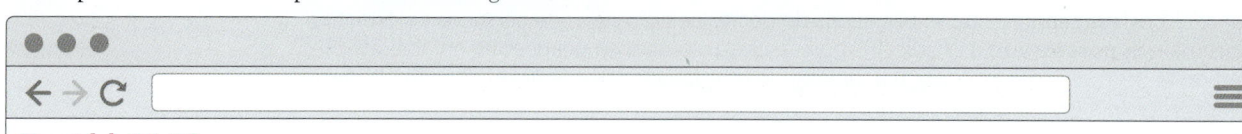

Posté à 21:20

Bonjour!

Alors moi j'ai un grand frère et deux grandes sœurs, qui ont respectivement 25, 30 et 36 ans.

Étant la plus jeune, j'ai toujours un peu été le bébé de tout le monde. Ce qui est bien quand on est jeune.

J'ai récemment déménagé à l'étranger, et je dois avouer que depuis je n'ai plus trop de nouvelles. Il semblerait que «loin des yeux loin du cœur» fonctionne dans ma fratrie, aimante mais lointaine. Ceci dit, ils habitent tous au même endroit et sont très proches les uns des autres.

En ce qui concerne la question de savoir si c'est mieux d'être le plus petit ou le plus vieux, je pense qu'être le plus jeune est bien parce qu'on est souvent plus couvé et gâté, mais également en ce qui me concerne moins libre, les parents ne voulant pas refaire les mêmes erreurs qu'avec les plus grands.

A
Trouvez dans la liste à côté du tableau les antonymes et synonymes qui correspondent aux mots du document (selon le contexte).

Mot	Synonyme	Antonyme
grand		
récemment		
une fratrie		
lointaine		
au même endroit		
proche		
couvé		
gâté		
libre		
refaire		

ailleurs	délaissé
aîné	distante
anciennement	dépendant
arrêter	des frères et sœurs
autonome	éloigné
brutalisé	nouvellement
cadet	proche
choyé	protégé
dans la même ville	recommencer
des étrangers	voisin

Grammaire

L'accord des adjectifs

Les adjectifs qualificatifs s'accordent en genre et en nombre avec le nom qu'ils décrivent – en général **e** pour le féminin et **s** pour le pluriel avec la combinaison **es** pour le féminin pluriel. **Attention:** certains adjectifs sont irréguliers.

Reportez-vous au précis de grammaire en fin de livre.

B
Complétez les phrases avec l'adjectif donné, à la forme qui convient.

1. Mon ____ [grand] frère et ma ____ [grand] sœur ne vivent plus à la maison depuis longtemps.
2. Quand nous étions plus ____ [jeune], nous aimions nous retrouver entre cousins chez nos grands-parents.
3. «Rejoins-moi sous le ____ [vieux] olivier», m'a dit mon copain.
4. Ma grand-tante est trop ____ [vieux] pour voyager à l'étranger.
5. Quand une fratrie est ____ [aimant], c'est le meilleur des mondes.

6 Les cousins _____ [éloigné] que je ne connais pas habitent au Québec.
7 Je suis _____ [libre] de faire ce que je veux quand je suis en vacances chez mon père.
8 Ma sœur _____ [cadet] a quatre ans de moins que moi.
9 Nos parents nous contrôlent trop et sont extrêmement _____ [suspicieux] dès que nos copains sont à la maison, alors que notre tante est beaucoup moins _____ [méfiant].
10 La situation familiale de ma sœur est vraiment _____ [malheureux].

Comment écrire une page de journal intime

Par exemple:

Montpellier, le 9 juillet 2014

Cher journal,

J'en ai marre de mon frère!! Il est vraiment trop nul!! Hier il est encore entré dans ma chambre sans ma permission et maintenant je crois qu'il me manque des fringues. Encore une chance, je crois qu'il ne t'a pas lu, journal chéri. Pourquoi je ne pourrais pas avoir un frangin correct? Le frère de Maxime a l'air super cool... C'est pas juste! Et mes parents qui ne disent rien! Tu crois que c'est comme ça pour tout le monde?

Espérons que demain ça ira mieux. Il est tard, il faut que j'aille me coucher.

À demain. Bonne nuit.

Rappel des caractéristiques textuelles et linguistiques d'une page de journal intime:

- date
- cher journal
- utilisation de «tu»
- langue familière
- omission de la négation dans certains cas
- expression des sentiments

C Vous allez écrire une page de journal intime dans laquelle vous vous exprimerez à propos d'une situation familiale difficile.

D Reliez la liste d'émotions 1 à 10 aux phrases a à s. Certaines phrases pourraient être liées à plusieurs émotions.

1 la colère
2 la frustration
3 la surprise
4 la joie
5 la déception
6 la tristesse
7 l'incompréhension
8 le sentiment d'injustice
9 le regret
10 le sentiment de ras-le-bol

a Ça m'énerve!! Ils ne peuvent pas s'occuper de leurs affaires!
b On ne peut jamais se confier à eux!
c C'est vraiment top!
d Comment a-t-elle pu oser me faire ça à moi, sa meilleure copine!
e J'en ai ras-le-bol!
f C'est pas juste! C'est toujours la même chose!
g J'aurais dû leur dire la vérité...
h Ils sont toujours après moi!
i Je suis super déçu.
j Mais pourquoi ont-ils fait ça?
k Si seulement ils pouvaient me laisser tranquille!
l C'est pénible à la fin!
m Je le crois pas!
n Mon frère me gave!
o C'est plus fort que moi, je n'ai pas arrêté de chialer depuis que j'ai su...
p Je n'en reviens toujours pas!
q J'en ai ma claque! Il est temps que ça s'arrête!
r Elle m'enquiquine! Elle pleurniche pour un oui ou pour un non.
s Je suis trop content! Elle m'a enfin téléphoné! Faut que je le raconte à...

Thème 1: Organisation sociale

■ Comment parler

Conseils à suivre avant l'oral:
- Prenez l'habitude de participer activement en classe
- Apprenez des expressions pour exprimer votre opinion
- Préparez du vocabulaire spécifique sur le sujet en question

Pendant l'oral:
- Ne lisez pas les notes que vous aurez préparées
- Maintenez le contact visuel
- Soyez actifs
- N'interrompez pas les autres.

Expressions pour l'oral

Selon moi… / À mon avis… / D'après moi… / Pour moi… / Quant à moi…

Personnellement, je pense que… / Je crois que…

Je trouve que…

Je suis d'avis que…

Il me semble que…

Il me paraît évident que…

Il s'agit de…

Je ne suis pas d'accord parce que…

E Vous allez préparer un débat sur le sujet suivant: les avantages et les inconvénients d'être le / la plus jeune de la famille.

4 La relation mère–fille

A Nicole, jeune retraitée, parle de sa mère. Écoutez l'enregistrement et décidez quelles phrases sont vraies et lesquelles sont fausses.

Piste 1

1 La mère de Nicole ne s'occupait pas beaucoup de ses enfants.
2 Nicole a deux sœurs.
3 La mère a longtemps considéré que ses enfants ne pouvaient pas être indépendantes.
4 Elle était très large d'esprit.
5 Elle pensait qu'on doit être fort pour élever des enfants.
6 Elle était pleine de vie.
7 La mère de Nicole lui a appris à faire attention à son argent.
8 Nicole pense que sa mère n'a pas eu une grande influence sur sa vie.

Grammaire

Pronoms compléments d'objet direct et indirect

Les pronoms compléments d'objet direct et indirect sont utilisés quand on veut éviter des répétitions, par exemple:

*je vois **ma mère** toutes les semaines – je **la** vois toutes les semaines*

Ceci étant un pronom complément d'objet direct.

Un pronom complément d'objet indirect est introduit par une préposition:

*je parle **à ma mère** toutes les semaines – je **lui** parle toutes les semaines*

Reportez-vous au précis de grammaire en fin de livre.

B Dans l'enregistrement se trouvent de nombreux pronoms compléments d'objet direct et indirect. Devinez de quoi il s'agit dans les phrases suivantes.

1 On les fête au mois de mai en France.
2 On le boit le matin.
3 On la regarde pour connaître l'heure.

> le café
> la montre
> les mamans

C Complétez les phrases suivantes.

1 Complétez avec *te*, *t'*, *vous* ou *m'*.
- **a** Ma chère fille, nous _____ félicitons de ton succès.
- **b** Vous êtes si gentils avec moi et je _____ remercie de tout mon cœur.
- **c** Oh, Julien, je _____ adore, tu es un mari merveilleux pour moi.
- **d** Il _____ appelle tous les soirs au téléphone mais je ne veux pas lui parler.

2 Complétez avec *lui* ou *leur*.
- **a** Il _____ [à Pierre] demande souvent de l'argent.
- **b** Elle _____ [à ses enfants] donne beaucoup d'amour.
- **c** Nous _____ [à notre professeur] posons souvent des questions.
- **d** Ses enfants _____ [à elle] offrent des cadeaux.

Entre complicité et rivalité, tendresse et agressivité, les relations mère–fille sont parfois compliquées et teintées d'ambivalence. Malvine Zalcberg, psychanalyste et psychologue, nous propose un point de vue pour trouver la bonne distance…

Quelle différence avec la relation mère–fils?

Malvine Zalcberg: La mère est le premier objet d'amour de l'enfant, fille ou garçon. Elle le nourrit, elle s'y attache, elle le couve. C'est ensuite que les choses évoluent, le petit garçon va se séparer «symboliquement» de sa mère pour s'identifier à son père et devenir un homme comme lui. La fille, elle, ne peut se séparer de sa mère, car il lui faut s'identifier à elle tout au long de l'enfance et découvrir ce qu'est la féminité pour devenir une femme à part entière. Là peut commencer le grand malentendu mère–fille. À la demande permanente de sa fille sur son devenir, elle répond par de l'amour, parfois trop. Et le mal-être survient…

www.topsante.com

D En vous servant du texte de l'activité d'écoute et de celui ci-dessus, vous allez écrire un guide de recommandations ayant pour titre: «Conseils pour bien gérer la relation avec sa mère».

5 Comment voyez-vous l'avenir: en rose ou pas?

«Plus d'un quart des jeunes diplômés jugent que leur avenir n'est pas en France»

25/02/2013
Le Monde

«L'avenir n'est jamais que du présent à mettre en ordre. Tu n'as pas à le prévoir mais à le permettre»

Saint-Exupéry

Voir l'avenir en rose ou pas dépend très largement de la place qu'on occupe dans la société. La jeunesse, de nos jours, est plutôt soucieuse quant à son avenir.

Thème 1: Organisation sociale

1 «Les jeunes» en 2012: une «jeunesse soucieuse»

Une large majorité (63%) des 18–25 ans ne s'estiment «pas pris en compte» dans la société actuelle, et seulement 24% se sentent «pris en compte». Cette distance perçue par les jeunes avec la société dans laquelle ils entreront ne s'explique pas uniquement par la conjoncture économique (inégalités, difficultés d'accès au logement et à l'emploi, etc.). Concrètement elle repose sur le souhait majoritaire d'un autre parcours de vie.

2 Premier groupe: les «pro-système» (22%)

Les «pro-système» représentent près d'un jeune sur cinq (22%). Ils appartiennent, plus que la moyenne des jeunes, aux catégories moyennes supérieures, et sont davantage en activité professionnelle. Ils sont heureux et optimistes (ils estiment vivre mieux que leurs parents et n'ont pas peur de l'avenir), se sentent pris en compte par la société actuelle (à 74%) et se sont facilement insérés dans le marché du travail.

Un peu moins préoccupés par l'emploi, le pouvoir d'achat et le logement que les autres, ils sont davantage préoccupés par les questions économiques ainsi que par le rôle de la France dans le monde. Ils sont moins critiques envers l'école, laquelle a été une source de plaisir pour eux, et considèrent particulièrement le travail comme un épanouissement.

3 Deuxième groupe: les «contestataires» (32%)

Les «critiques» constituent le groupe le plus vaste (32%). Il est davantage composé de catégories moyennes inférieures, et de jeunes toujours scolarisés. Ils s'estiment moins heureux et sont pessimistes (ils vivent moins bien que leurs parents et sont inquiets quant à l'avenir), et ne se sentent pas pris en compte (à 93%). Ils apparaissent très critiques envers une école qui ne donne pas les mêmes chances à tout le monde, et qu'ils ont moins bien vécue. De la même manière le travail est perçu comme une contrainte. Ils contestent fortement le modèle économique actuel.

4 Troisième groupe: les «conformistes» (17%)

Ce troisième groupe est numériquement le moins important (17%). Il rassemble des personnes ayant relativement peu d'avis. Ce sont plutôt des jeunes scolarisés, appartenant à la classe moyenne inférieure. Ils sont heureux actuellement et pensent vivre mieux que leurs parents.

5 Quatrième groupe: les «désenchantés» (29%)

Ce quatrième groupe appartient à des milieux sociaux plus modestes que les précédents. Les «désenchantés» sont les moins heureux et les plus pessimistes: ils sont les plus nombreux à penser qu'ils vivront moins bien que leurs parents, ils ne se sentent pas pris en compte au sein de la société et sont inquiets pour l'avenir de la France.

Ils ne sont pas du tout intéressés par la politique, et se déclarent en retrait et peu préoccupés par la société. Leurs préoccupations se concentrent quasiment exclusivement sur l'emploi, le pouvoir d'achat et le logement. Ils sont les plus critiques envers l'école actuelle et veulent de manière la plus forte qu'elle puisse d'abord former à un métier. Le travail est vécu comme une contrainte.

www.institut-viavoice.com

A En vous basant sur le texte, répondez aux questions suivantes.

1 Trouvez dans les deux premières parties des mots synonymes de:
   a écart
   b déséquilibres
   c le travail
   d chemin
   e vis-à-vis de
   f une plénitude

2 Dans la troisième partie, quelle expression signifie «avoir peur de»?

3 Dites si les phrases suivantes sont vraies ou fausses et justifiez vos réponses en utilisant des extraits du texte (quatrième et cinquième parties):
   a Les conformistes sont les moins nombreux.
   b Les conformistes ont toujours des idées.
   c Les conformistes n'aiment pas leur vie.
   d Les désenchantés viennent d'une classe sociale plus défavorisée.
   e Ils s'intéressent presque uniquement au travail.
   f Ils ne pensent pas que l'école aide à trouver du travail.

4 Qui dit…? Par exemple:

   L'école telle qu'elle est ne nous aide pas à trouver un emploi.

   Les désenchantés

   a Nous nous opposons au système.
   b Nous avons une meilleure qualité de vie que nos parents.
   c Nous avons réussi en matière d'emploi.

B Dans les phrases suivantes, donnez la forme correcte du verbe indiqué, au futur proche puis au futur simple, par exemple:

À l'avenir, je crois qu'on ____ [vivre] mieux grâce aux avancées technologiques.

À l'avenir, je crois qu'on **va vivre** mieux grâce aux avancées technologiques.

À l'avenir, je crois qu'on **vivra** mieux grâce aux avancées technologiques.

1. Les gens ____ [pouvoir] travailler plus facilement à domicile.
2. Il y ____ [avoir] moins de pollution car moins de gens ____ [être] obligés d'aller au travail en voiture.
3. Les inégalités qui existent déjà dans notre société ____ [devenir] de plus en plus marquées.
4. Je me sens concerné, donc je [prendre] le bus ou je _ [aller] à vélo par exemple.
5. La vie des jeunes ____ [être] plus difficile.
6. À mon avis, beaucoup de choses ____ [aller] mieux à l'avenir, surtout en ce qui concerne la santé.
7. On ____ [pouvoir] vacciner plus de gens contre des virus mortels.
8. On ____ [réussir] aussi à améliorer l'éducation des gens dans les pays en voie de développement.

Grammaire

Le futur proche

Le futur proche peut s'utiliser de la même façon que le futur simple mais sa construction est différente. Le futur proche se construit de la façon suivante: le verbe *aller* à la forme appropriée du présent plus le verbe cible à l'infinitif, par exemple:

je vais voir mes parents dimanche prochain

Le futur simple

Ce type de futur s'appelle *simple* car on n'utilise qu'un seul verbe pour le construire. Quand le verbe est régulier, il faut ajouter les terminaisons nécessaires à la forme infinitive: *je manger + ai = **je mangerai***.

Sinon il faut connaître la forme de base sur laquelle on attache les terminaisons nécessaires, par exemple:

aller = ir + terminaison

Faites-vous une liste des verbes les plus utiles.

Reportez-vous au précis de grammaire en fin de livre.

■ Comment écrire une lettre formelle

- Coordonnées de l'expéditeur
- Coordonnées du destinataire
- Références et objet de la lettre
- Lieu et date
- Formule d'appel / de salutation
- Corps de la lettre
- Formule de politesse / de prise de congé
- Signature

Restez poli (utilisez le «vous» de politesse uniquement) et employez un registre de langue plutôt formel.

Commencer la lettre:
- Monsieur, Madame: si l'on ne connaît pas la personne ou si l'on entretient des relations purement formelles.
- Cher Monsieur, Chère Madame: si on connaît déjà bien la personne.

Terminer la lettre:
- En vous remerciant par avance de l'attention que vous voudrez bien porter à cette lettre…
- Dans l'attente de votre réponse, …
- Dans l'espoir d'une réponse favorable, …

Assez neutre et formel:
- Je vous prie d'agréer, Monsieur, mes salutations distinguées.
- Veuillez, Monsieur, recevoir mes sincères / meilleures salutations.

Un peu plus amical, mais toujours formel:
- Je vous prie d'agréer, Monsieur, l'assurance de mes sentiments distingués / l'expression de mes meilleurs sentiments.

Très respectueux:
- Je vous prie d'agréer, Monsieur, l'assurance de ma respectueuse considération / l'assurance de mon profond respect.

C Êtes-vous plutôt optimiste, pessimiste ou un peu les deux quand vous pensez à l'avenir? Pourquoi? En tant que représentant(e) d'une association de jeunes de votre ville, vous avez décidé d'écrire une lettre au Premier ministre de votre pays en lui exposant le point de vue et les inquiétudes des membres de votre asssociation quant à l'avenir.

La famille au 21ème siècle

- Prendre conscience de la situation de la famille au 21ème siècle

Thème 1: Organisation sociale

RÉFLÉCHIR

Au début du 20ème siècle, tout le monde savait ce qu'était une famille. Il y avait un père, une mère et des enfants vivant sous le même toit (famille nucléaire). De nos jours, ce n'est plus aussi simple.

- Est-ce que la notion de famille est dépassée?
- Est-ce que la famille est toujours importante?
- Quel modèle de famille est-ce que vous connaissez?

6 Les types de famille

A Reliez les types de famille à leurs définitions.

1 famille nombreuse
2 famille monoparentale
3 famille homoparentale
4 famille recomposée
5 famille nucléaire
6 famille élargie ou tribu

a deux parents, deux enfants
b l'ensemble des personnes liées par le sang ou le mariage
c deux parents du même sexe
d dont le nombre de membres est considéré comme élevé selon les normes d'une société
e un parent «isolé» avec un ou plusieurs enfants
f un couple d'adultes mariés ou non et au moins un enfant né d'une union précédente

Les statistiques concernant la famille sont alarmantes…

Statistiquement, la famille ne ressemble plus vraiment au type traditionnel de la famille nucléaire. Le nombre de mariages est en baisse constante depuis 1975 en faveur de l'union libre et du célibat. En même temps, le nombre de divorces a doublé et les familles monoparentales et recomposées ont augmenté.

Ajoutons aussi le fait que les enfants voient moins leurs parents, car la grande majorité des couples sont biactifs. Les jeunes sont aussi moins en contact avec leurs grands-parents qui sont plus éloignés géographiquement. Les générations cohabitent moins.

…mais la famille demeure une référence incontournable

Malgré le changement qui s'est opéré ces dernières décennies, la famille reste une référence en matière de modèle, même si celui-ci a changé au cours des âges.

- Elle est le lieu de l'amour, aussi bien au sein du couple qu'entre les parents et les enfants.
- Elle est le cœur de l'entraide entre les générations.
- Dans une société qui a tendance à perdre ses repères, c'est dans la famille qu'on apprend les références. C'est dans celle-ci qu'on construit ses idées pour l'avenir.

Les relations entre parents et enfants se portent bien

Les études montrent que les enfants parlent plus facilement à leurs parents (à la mère surtout) qu'à leurs profs.

De nombreux enfants vivent de plus en plus longtemps chez leurs parents. Il est vrai que les difficultés économiques jouent un rôle dans cette cohabitation amplifiée, mais elle n'existerait sans doute pas autant en cas de désaccord.

B Lisez le texte ci-dessus et répondez aux questions qui suivent.

1. Pourquoi le type traditionnel de la famille nucléaire a-t-il changé?
2. Expliquez pourquoi les couples sont biactifs.
3. Donnez une autre raison pour laquelle les enfants voient moins leurs grands-parents.
4. Comment expliquez-vous que la société soit «sans repères»? Qu'est-ce qui donne des repères à une société?
5. Citez des valeurs qui se transmettent en famille.

Grammaire

L'impératif

L'impératif est utilisé pour exprimer des ordres ou donner des conseils ou des instructions.

Il n'existe que trois formes de l'impératif: *tu*, *nous* et *vous*.

Pour les verbes réguliers:

- **parler:** *parle, parlons, parlez*
- **partir:** *pars, partons, partez*
- **prendre:** *prends, prenons, prenez*

Attention aux verbes irréguliers. Connaissez-les par cœur: c'est plus sûr.

Reportez-vous au précis de grammaire en fin de livre.

UNITÉ 1 Relations sociales

C Complétez les phrases en ajoutant la forme correcte à l'impératif du verbe entre parenthèses.

1. ____ [se rappeler] Karine! On était si heureux en France!
2. Christophe, ____ [finir] tes légumes!
3. ____ [arrêter] de vous disputer!
4. ____ [ne pas être] prétentieux!
5. ____ [savoir] rester modestes!
6. ____ [aller] chez le coiffeur, William!
7. Tu as envie d'aller chez Béatrice, Thierry? ____ [aller]-y!
8. J'achète du vin? Oui, ____ [acheter]-en plusieurs bouteilles!
9. Ta maison n'est pas propre! ____ [ranger] tes affaires!
10. Édouard, Louis, ____ [se dépêcher]! Vous allez être en retard!

7 Que pensez-vous du mariage?

A Donnez une définition des mots et expressions suivants en français.

1. célibataire
2. le concubinage
3. un coup de tête
4. union libre
5. hors mariage
6. un(e) concubin(e)
7. la fidélité

Expressions idiomatiques

un coup de tête

une prise de tête

B Écoutez les différents avis sur le mariage et trouvez leur auteur. Certaines affirmations pourraient être attribuées à différentes personnes mais faites bien attention aux indices supplémentaires – l'une des personnes est utilisée deux fois.

1. Ce que je pense sur le mariage est un peu mitigé.
2. Le mariage, quand on y travaille, peut renforcer les attaches.
3. Le mariage peut entraver l'autonomie.
4. Le mariage doit être respecté pour avoir une chance de réussir.
5. Le mariage, parce que c'est une contrainte, a toutes les chances de dégénérer.

Grammaire

L'emploi du subjonctif

Le subjonctif s'emploie avec certaines expressions. Il en existe beaucoup, mais le meilleur moyen de s'en souvenir est de s'entraîner et de l'utiliser souvent.

Reportez-vous au précis de grammaire en fin de livre.

C Complétez les phrases en choisissant la forme correcte du verbe entre parenthèses.

1. Je pense que tu ____ [es / sois] incapable d'être fidèle.
2. Il va à Madrid bien qu'il ne ____ [connaisse / connaît] personne là-bas.
3. Il faut qu'elle ____ [fait / fasse] un voyage d'affaires en Suisse.
4. À mon avis, la situation du mariage ____ [ait / a] bien changé.
5. J'appelle mon frère pour qu'il ____ [peut / puisse] m'aider avec mes enfants.
6. Bien qu'ils ____ [aient / ont] 80 ans, ils restent très actifs.

Comment écrire une brochure

Voici les sept étapes:

- **Étape 1: Utilisez la couverture, ou le volet de devant, à votre avantage en incluant une photo ou un graphique accrocheur.**

  De nombreux rédacteurs amateurs utilisent la couverture pour afficher le nom ou le logo de leur entreprise. Que c'est excitant! Ou pas. Plutôt que d'afficher votre logo, affichez une photo présentant vos produits les plus vendus ou de gens utilisant vos produits ou services. À côté de cette photo, assurez-vous d'inclure un texte adressé directement au lecteur. Posez une question ou affirmez un avantage recherché par les lecteurs.

- **Étape 2: À l'intérieur de la brochure, organisez le texte en plusieurs rubriques.**

  L'espace d'une brochure est limité; ne l'utilisez pas complètement avec de longs blocs de texte, le rendu sera intimidant pour le lecteur. Aux longs paragraphes, préférez des phrases courtes et des paragraphes courts. Présentez une liste de points-clés pour aérer au maximum le texte. Ces éléments attireront l'œil du lecteur.

- **Étape 3: Mettez l'accent sur les avantages de votre produit plutôt que simplement en présenter les caractéristiques.**

  Les caractéristiques décrivent le produit ou le service, alors que les avantages décrivent la façon dont ces caractéristiques seront profitables au lecteur.

- **Étape 4: Adressez-vous au lecteur en utilisant «vous» afin d'établir une relation avec lui.**

  Parlez-lui comme à une personne intelligente, ce qui veut dire sans simplifier excessivement. Cependant, n'utilisez pas de jargon propre à votre secteur d'activité.

- **Étape 5: Adaptez le contenu de votre brochure.**

  Tenez-vous-en à un contenu qui corresponde aux objectifs de votre brochure et restez assez bref pour ne pas perdre l'attention de votre lecteur.

- **Étape 6: Utilisez des témoignages.**

  Obtenez des commentaires de clients satisfaits à inclure dans votre brochure. Assurez-vous d'afficher le nom entier du client et son lieu de résidence, afin que le témoignage n'ait pas l'air d'un faux.

- **Étape 7: Pour finir la brochure, appelez le lecteur à agir.**

  Dites au lecteur ce que vous attendez de lui: visiter votre showroom ou appeler vos bureaux. Si vous n'indiquez pas au lecteur comment vous contacter, il ne sera pas en mesure de le faire! Pour cela, n'oubliez pas d'inclure vos coordonnées.

Réfléchissez!

Il va falloir donner des conseils et des directives! Comment faire cela en français?

- Des verbes?
- Des structures de phrases?

D **Vous travaillez pour une agence matrimoniale qui vous a chargé(e) de rédiger une brochure qui sera utilisée comme promotion pour le Salon du mariage.**

Vous devez attirer l'attention et convaincre. Utilisez un titre, des lettres majuscules, des parties du texte soulignées, etc.

N'oubliez pas de bien donner tous les renseignements et surtout d'écrire en faveur du mariage!

8 Le divorce

Des chiffres

Voici des chiffres du *Quid*, sur l'évolution du mariage en France. Les chiffres sont là: le nombre des divorces augmente et celui des mariages diminue.

Mariage

287 099 mariages en 1990 contre 268 100 en 2006, le mariage perd peu à peu des adeptes.

Divorce

Le nombre des divorces en France
- 1972: 44 738
- 2000: 114 620
- 2004: 134 601 dont:
  - consentement mutuel 81 293
  - rupture de la vie commune 1374
  - faute 50 079
  - conversion de séparation de corps en divorce 1855
- 2005: 152 020
Le divorce rentre petit à petit dans les mœurs.

Les femmes et le divorce
- 68% des femmes qui divorcent ont une activité professionnelle, ce qui leur permet d'avoir plus d'autonomie pour vivre seule qu'auparavant.
- La femme demande le divorce plus souvent que l'homme.
- Dans 83% des cas, la garde des enfants est confiée à la mère.
- Dans 64% des cas, la résidence du ménage est attribuée à la femme.

www.lesbridgets.com

Expressions utiles pour faire des comparaisons

- **Supériorité:** Les chiffres de… sont plus élevés que ceux de…
- **Égalité:** Les chiffres de… sont aussi élevés que ceux de…
- **Infériorité:** Les chiffres de… sont moins élevés que ceux de…
- Si je compare les chiffres de… avec ceux de… je constate que…
- Les chiffres de… sont pareils / semblables à ceux de…
- Les chiffres de… sont beaucoup plus / moins élevés que ceux de…

A Aidez-vous des structures et phrases concernant les divorces en France pour présenter les chiffres sur le divorce dans votre pays et comparez-les à ceux de la France.

■ Comment écrire un article pour le magazine de l'école

Choisissez d'abord le titre de la publication. Souvenez-vous que vos lecteurs sont des ados.
Rappel de caractéristiques d'un article:
- Date
- Titre
- Sous-titre
- Nom du journaliste
- Colonnes
- Petite introduction
- Chiffres et exemples
- Utilisation de citations de personnes interviewées
- Photos
- Verbes au conditionnel si vous n'êtes pas sûr(e) de vos sources

Comment écrire une interview

- Tout d'abord, vous devez avoir une idée très précise de l'objectif de votre interview.
- Le plan consiste à poser les bonnes questions au bon moment.
- Pour qu'une interview soit réussie, il faut absolument soigner les transitions.
- Enfin, il faut absolument adapter le style de vos questions au niveau de langage de votre interlocuteur.

Rédaction:
- Il faut limiter le nombre de questions et maîtriser la longueur des réponses.
- Il faut écrire les réponses en bon français, supprimer les euh!, les répétitions…
- Il faut respecter la réponse formulée et garder le rythme de la phrase, la valeur des mots, les tournures originales.
- Il faut ordonner les questions et réponses.
- On peut écrire un chapeau qui présente la personne interrogée (et parfois le contexte) ou un encadré qui résume son CV.
- Il faut penser à un titre, par exemple une citation extraite de l'interview.

Présentation:
- Il faudra penser à choisir une typographie différente pour les questions, les réponses, le chapeau, le titre.
- Il faudra illustrer par une photo (plutôt vivante, en action) légendée ou par un dessin humoristique.
- L'interview est signée au moyen de la formule: propos recueillis par. …

B Pour le magazine de l'école, vous allez écrire un article ou une interview sur la famille au 21ème siècle.

THÉORIE DE LA CONNAISSANCE

Le concept de famille est-il différent selon les cultures? Pourquoi (pas)?

Pensez-vous que l'on puisse développer une façon de s'exprimer avec sa famille qui n'est pas utilisée en d'autres circonstances?

CRÉATIVITÉ, ACTIVITÉ, SERVICE

Dans le cadre d'une expérience CAS, essayez d'aller faire du bénévolat dans une maison de retraite et profitez-en pour parler à des personnes âgées parlant la langue cible et comprendre leur perception de la famille. Après avoir recueilli leurs expériences, vous pourriez écrire des interviews pour le journal de l'école.

UNITÉ 1 Relations sociales

Thème 1: Organisation sociale

Mes potes et moi

- Réfléchir sur la façon dont on se fait des amis
- Essayer de comprendre ce qu'est l'amitié
- Explorer un phénomène de plus en plus courant: la solitude et l'isolement

RÉFLÉCHIR

- Comment définiriez-vous le terme «ami(e)»?
- Y a-t-il une différence avec le mot «copain / copine»?
- Quelle est l'importance des ami(e)s dans la vie?
- Est-ce qu'on peut tout partager tout le temps?
- Est-ce que l'amitié entre hommes et femmes peut vraiment exister?

9 Comment se faire de nouveaux amis?

A Avant de lire le texte, faites des hypothèses et suggestions sur la façon de rencontrer de nouveaux ami(e)s.

B Ensuite lisez le texte et discutez les idées principales. Sont-elles similaires à celles auxquelles vous aviez pensé?

9 idées pour me faire de nouveaux amis

Quand on est dans un nouvel endroit où on ne connaît personne, il est drôlement utile d'avoir plein d'idées pour rencontrer plein de gens.

Être seule et <u>peinarde</u>, c'est bien. Mais avoir des amis, c'est pas mal non plus. Le problème étant qu'on ne peut pas les emporter avec soi quand on déménage.

Il faut en rencontrer des tout neufs, sympathiser et, finalement, savoir les conserver. Pour cela, quelques mesures s'imposent.

Comment se faire des amis dans une nouvelle ville, dans un nouveau lycée ou au travail? On vous dit tout.

Comment rencontrer des amis tout neufs

D'abord, je ne reste pas devant ma télé. Dans ma télé, j'ai des chouettes copains (Ross et Rachel, Starsky et Hutch, Buffy sans ses vampires…), mais ils n'écoutent jamais ce que je leur raconte. Aussi, pour rencontrer des amis interactifs, je dois absolument m'extraire de mon canapé et partir à la recherche de lieux qui favorisent l'échange.

■ Le mauvais réflexe

Trop souvent, par «lieux qui favorisent l'échange», on entend boîte, pub ou club privé. Or, les gens qu'on rencontre dans ce contexte, on peut éprouver des difficultés à les en extraire: le copain du Palace, on le reverra peut-être au Macumba, mais l'espoir est faible de l'entraîner à l'expo Cézanne. Les gens de la nuit se voient rarement le jour.

À cela, il faut ajouter les difficultés de communication. D'abord, pour engager la conversation, on a le choix entre «Elle est pas mal, la dernière de Robbie Williams, non?» et «Ils le coupent à la flotte, leur gin tonic ou quoi?». Passionnant, mais peu susceptible de déclencher un débat d'idées. Difficultés techniques ensuite: avec dix millions de watts dans les baffles, la copine est obligée de répéter trois fois son «J'aimais mieux celle d'avant, le whisky est pas mal». À force, ça décourage.

■ Le moyen réflexe

Les bars, quant à eux, présentent une option envisageable. Dans ce cas, le mieux est de choisir un endroit spécialisé, en rapport avec nos goûts perso: brésilien, littéraire, philo, karaoké, Trivial Pursuit, jazz, Ricard sans eau. Selon toute logique, la clientèle – nos futurs amis – devrait elle aussi apprécier la samba, Finkielkraut, Gilbert Montagné ou les bassines au pied du lit.

Déjà un terrain d'entente établi. Reste à entreprendre une longue démarche d'imprégnation. On revient chaque jour / semaine, pour devenir un(e) habitué(e) et qu'enfin le barman tienne son rôle de lien social et nous présente aux autres habitués. Ça peut prendre du temps ou non, en fonction du barman.

■ Les bons réflexes

Les endroits les plus propices à d'authentiques échanges, avec des choses à se raconter, des services à se rendre, des centres d'intérêt communs sont les associations, clubs de sport ou écoles de musique. Une telle inscription va exiger un engagement plus lourd qu'un thé vert au bar du coin. Si, le jour de la finale de handball, on sèche pour partir bronzer à Ibiza et que le bénévolat aux Restos, c'est d'accord mais seulement en août, on se fait peu d'amis (mais tout un tas d'ennemis s'intéressent à nous).

On choisit donc une activité dont on peut honorer les impératifs. Et qui nous correspond: l'amicale des pompiers peut présenter des avantages en termes de fréquentation, mais, si on ne supporte ni la vue du sang ni la belote, on s'apprête à passer une année difficile. Parallèlement, comme on cherche des amis, on vise une association à forte valeur conviviale ajoutée, on ne jette pas son dévolu sur le Club des misanthropes aguerris. On préfère les sports d'équipe aux sports individuels (très dur de créer des liens en nageant le crawl, par exemple) et, en matière d'école, on coche la case «cours collectifs» plutôt que «cours particuliers». Ça coûte moins cher et ça rapporte plus de copains.

Une fois ces conditions rassemblées, il est inévitable de lier connaissance: d'abord, on se rencontre à heure fixe, toutes les semaines. Fatalement, on se salue, on échange quelques mots, on transmet les infos («la prof est absente vendredi, les voisins ne supportent plus "la Panthère rose" au saxophone»). Mais surtout on crée un esprit de groupe, une vraie cohésion, à côté de laquelle l'équipe de France de foot, c'est de la gnognotte. Car, pour rapprocher les gens, rien de tel que la réussite en commun («On est qualifiés pour les quarts de finale régionaux de Dominos Day») ou, mieux encore, l'échec en commun («Personne n'a entendu la chorale, on était couverts par le mistral, c'était ridicule»). Reste à piocher nos futurs amis dans ce groupe.

■ L'autre réflexe

Les collègues de bureau triés sur le volet, si aucun lien hiérarchique ne vient déséquilibrer les rapports ou hypothéquer toute chance de franchise. Les amis de mes amis, les cousins de mes cousins: Machin qui connaît Bidule dans la région transmet mon numéro, et un beau jour je décroche le téléphone pour entendre «Bonjour, c'est Sandrine» (quelle Sandrine? je ne connais pas de Sandrine, moi), «C'est Machin qui m'a donné votre numéro» (aaaah ouiiii, c'est vrai). Là, je réponds: «Oui, Machin m'a beaucoup parlé de vous, c'est très gentil d'appeler, on pourrait aller boire un café, peut-être?» On se fait des amis bien placés: nos voisins. Profitez des éditions «Immeubles en fête» pour organiser un apéro. […]

Sophie Hénaff, 19/07/2017
www.cosmopolitan.fr/,9-idees-pour-me-faire-de-nouveaux-amis,2081,1001264.asp

C Complétez le tableau avec des expressions d'un registre plus formel pour remplacer les expressions du texte d'un registre familier:

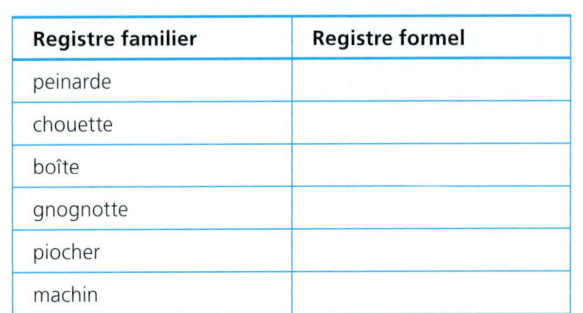

Registre familier	Registre formel
peinarde	
chouette	
boîte	
gnognotte	
piocher	
machin	

D Relisez le texte et répondez aux questions suivantes:
1 Pourquoi les copains de la «télé» ne sont-ils pas les meilleurs?
2 Comment expliquez-vous «on peut éprouver des difficultés à les en extraire»?
3 Pourquoi la boîte n'est-elle pas nécessairement propice pour faire des rencontres?
4 Quel type de bar vaut-il mieux choisir? Pourquoi?
5 Pourquoi est-il conseillé de «s'engager» pleinement pour pouvoir faire des rencontres?
6 Quelle est l'importance de l'esprit de groupe?
7 Pourquoi les voisins peuvent-ils être bien placés?

E Maintenant préparez une suite à ce texte (vous n'en avez qu'un extrait ici) en donnant des conseils sur la façon de garder les ami(e)s qu'on se fait.

10 Chanson pour les amis – Miossec

Vous allez travailler avec une chanson. Suivez le lien pour retrouver les paroles: www.paroles.net/miossec/paroles-chanson-pour-les-amis. Vous pouvez aussi retrouver le clip officiel sur YouTube si vous le désirez.

A Travaillez à deux et répondez aux questions suivantes:
1 Comment s'appelle votre meilleur(e) ami(e)?
2 Vous vous connaissez depuis longtemps?
3 Quelles sont ses qualités? Ses défauts?
4 Pourquoi êtes-vous meilleur(e)s ami(e)s à votre avis?

B Discutez des réponses aux questions ci-dessus en classe et notez les adjectifs utilisés au tableau.

C Écoutez la chanson et essayez de noter les questions qui sont posées. Pour vous aider, pensez aux mots interrogatifs qui pourraient être utilisés. Quand vous avez trouvé les questions, en groupe, parlez des différentes façons qui existent de poser des questions.

D Lisez le texte de la chanson et notez tous les mots ou expressions que vous ne connaissez pas. Puis répondez aux questions suivantes:
1 Quelle est l'expression qui signifie «quelqu'un qu'on n'a pas vu depuis longtemps»?
2 Sur quelle expression française l'expression de la chanson «loin du cœur loin des corps» est-elle basée?
3 Que signifie à votre avis «à la vie à la mort»?
4 Pourquoi cette expression est-elle utilisée dans la chanson?
5 Expliquez «vous êtes-vous endormis dessus»?

E En regardant le clip, pensez-vous qu'il corresponde bien à la chanson? Pourquoi (pas)?

F À deux, imaginez une série de questions que vous poseriez à un(e) ami(e) que vous n'auriez pas vu depuis longtemps. Ensuite écrivez un morceau supplémentaire à la chanson.

G Discutez à l'oral les deux citations suivantes:

«L'amitié est la plus sévère école de la vérité, elle n'admet ni le mensonge ni la trahison».
Félicité de Genlis, 1830

«L'amitié trouve ou fait des égaux; le temps confirme l'amitié».
Henri Lacordaire, 1897

H Utilisez l'une des citations et écrivez une courte dissertation en réponse (niveau supérieur).

11 La solitude progresse en France

Le phénomène s'est surtout aggravé chez les plus âgés, même s'il n'épargne plus les jeunes, révèle la Fondation de France.

Un Français sur huit est seul: en 2014, la solitude touche désormais 5 millions de personnes, un phénomène qui s'est surtout aggravé chez les plus âgés, même s'il n'épargne plus les jeunes, révèle, lundi 7 juillet, une enquête de la Fondation de France.

Les Français sont un million de plus qu'en 2010 à ne pas avoir de relations sociales au sein des cinq réseaux de sociabilité (familial, professionnel, amical, affinitaire ou de voisinage), souligne cette étude. Si un Français sur huit est aujourd'hui seul, un sur trois risque de le devenir, poursuit l'enquête.

Âgés et citadins, mais aussi jeunes

De toutes les générations, les plus de 75 ans ont subi de plein fouet cette montée de la solitude depuis quatre ans: en effet, une personne âgée sur quatre est désormais seule (27% en 2014 contre 16% en 2010).

Selon l'enquête, tous leurs réseaux de sociabilité se sont affaiblis et le phénomène s'est notamment amplifié dans les grandes villes. Ainsi, 33% des personnes âgées résidant dans une ville de plus de 100 000 habitants sont en situation d'isolement, contre 21% pour celles résidant au sein d'une commune rurale. Sans surprise, la perte d'autonomie et la maladie «jouent de manière très négative sur le maintien ou le développement de la vie sociale».

Familial, professionnel ou amical

En parallèle, la solitude s'est également aggravée chez les plus jeunes, puisque le phénomène touche désormais les 18–29 ans, «jusque-là préservés», et chez les moins de 40 ans, la solitude a doublé en quatre ans (7% en 2014 contre 3% en 2010).

La pauvreté et l'accès à l'emploi semblent déterminants pour l'intégration sociale, souligne l'étude. L'incidence du chômage est particulièrement forte entre 50 ans et 59 ans puisque, selon l'étude, 29% des demandeurs d'emploi de plus de 50 ans sont seuls (contre 12% en moyenne sur l'ensemble de la population).

En 2014, près d'un Français sur trois ne dispose que d'un seul réseau (familial, professionnel ou amical), notamment les inactifs, les bas revenus et les moins de 40 ans. Or «un seul réseau ne semble plus suffire à assurer la pérennité et la densité des liens sociaux».

Éloignement d'avec la famille

L'étude 2004 témoigne aussi de «l'affaiblissement des grands réseaux de proximité». En effet, quatre Français sur dix n'ont pas de contact avec leur famille au-delà de quelques rencontres annuelles (39% en 2014 contre 33% en 2010). Un Français sur quatre n'a pas de relations amicales soutenues (25% en 2014 contre 21% en 2010), et près de quatre sur dix n'ont pas ou peu de contacts avec leurs voisins (36% contre 31%). Selon l'étude, les réseaux sociaux virtuels ne sont pas une compensation au manque de liens sociaux: 80% des personnes en situation d'isolement objective ne les fréquentent pas.

L'enquête a été réalisée par l'institut d'études TMO régions pour l'observatoire de la Fondation de France par téléphone en janvier 2014, auprès de 4007 personnes âgées de 18 ans et plus.

Le Monde.fr, 07/07/2014
www.lemonde.fr/societe/article/2014/07/07/la-solitude-progresse-en-france_4452108_3224.html

A En groupe, réfléchissez à ce que veut dire le mot «solitude». À votre avis, est-ce un phénomène complètement nouveau? Pourquoi (pas)? Y a-t-il trop de pression de nos jours à absolument avoir / se faire des ami(e)s?

B Maintenant lisez le texte et commentez les statistiques. Les trouvez-vous choquantes? Pourquoi (pas)?

C Relisez l'article et dites si les phrases suivantes sont vraies ou fausses. Puis justifiez vos réponses:
1. La solitude est devenue pire chez les jeunes.
2. «Avoir des intérêts communs» représente un réseau de sociabilité.
3. Les chiffres risquent de s'aggraver.
4. Habiter en milieu rural peut être plus grave en matière de solitude.
5. La perte d'indépendance joue beaucoup sur le réseau social.
6. Avoir un emploi n'influence pas l'intégration sociale.
7. Un seul réseau social est suffisant pour assurer une intégration.
8. Les réseaux sociaux ne sont pas nécessairement responsables de l'isolement.

D Faites des recherches sur le thème de la solitude dans un autre pays francophone et écrivez vos résultats sous forme d'article.

THÉORIE DE LA CONNAISSANCE

Quelle est la signification de l'expression «on choisit ses ami(e)s mais pas sa famille»?

La société

- Réfléchir sur des phénomènes de société divers et les comparer avec la situation dans votre pays

UNITÉ 1   Relations sociales

RÉFLÉCHIR

- Les problèmes familiaux de notre société, de notre époque, sont-ils différents ou similaires à ceux des époques précédentes? Pourquoi (pas)?
- Pensez-vous que tous les pays connaissent des problèmes de ce genre? Pourquoi (pas)?
- Les jeunes sont-ils plus ou moins indépendants de nos jours? Pourquoi (pas)?

12 Les enfants «boomerang» retournent chez leurs parents

Les jeunes quittent le foyer familial de plus en plus tard, effectuant des allers et retours non sans conséquences pour leur équilibre et celui de leurs parents.

1. Ils partent, reviennent, repartent… Depuis une génération, les jeunes quittent le cocon familial de plus en plus tard, avec des allers et retours. Et il ne s'agit pas uniquement de jeunes «Tanguy», du nom du film désopilant d'Étienne Chatiliez, qui mettait en scène en 2001 un véritable «parasite». Les chiffres internationaux confirment cette évolution.

   «Au début, mon fils Jean pensait pouvoir trouver du travail facilement», se souvient Marie, qui, à 62 ans, termine une carrière dans la communication. «Et puis, poursuit-elle, il est passé par des moments difficiles. Je l'ai soutenu. Finalement, ses premiers CDD sont devenus un CDI. Il a pu rembourser son prêt étudiant.» Et c'est là que les choses ont pris une tournure que Marie n'avait pas prévue. Car le jeune Jean, une fois payé son prêt étudiant, et en dépit de son expérience de vie autonome, est resté vivre à la maison.

695 000 jeunes de plus de 18 ans sont revenus vivre chez leurs parents

2. «Son salaire ne lui permettait pas, en plus du remboursement de son prêt, de louer un studio à Paris, explique Marie. Comme il avait gardé un rude souvenir de ses dix mois de chômage après ses études et qu'il était inquiet pour son avenir, il a décidé de mettre de l'argent de côté.»

   Conséquence: depuis trois ans, mère et fils cohabitent. Non sans nuages, mais sans tempêtes non plus: «Ça ne se passe pas mal, convient Marie. Mais ça commence à devenir long. Sa sœur qui, elle, est partie, me demande comment je supporte ce «crampon» à la maison, dit-elle. Et moi qui pense prendre ma retraite, j'aurais préféré qu'il parte plus tôt, pour organiser ma vie sans lui.» Pointe alors chez elle un peu de culpabilité: «Peut-être devrais-je mettre en cause mon éducation? Ou bien l'absence de son père, éloigné depuis longtemps?», s'interroge-t-elle.

   Selon les chiffres livrés par la Fondation Abbé-Pierre en 2014, 695 000 jeunes de plus de 18 ans sont revenus vivre chez leurs parents après avoir occupé un logement indépendant pendant trois mois au moins. Parmi eux, environ 240 000 l'ont fait «contraints et forcés». Pour Cécile Van de Velde, sociologue à l'École des hautes études en sciences sociales, «ce syndrome des "enfants boomerang" est majoritairement subi et s'explique par des raisons économiques.»

Les parcours s'effectuent souvent «en yoyo»

3. Comme l'observe Sandra Gaviria, maître de conférences en sociologie à l'université du Havre, ces retours sont pluriels: ni la fin des études, ni l'obtention du diplôme, ni l'entrée dans la vie professionnelle, ni le mariage ne marquent désormais, de façon automatique ou irréversible, l'entrée dans la vie adulte. Les parcours s'effectuent souvent «en yoyo». «Dans les passages à l'âge adulte, au départ, les jeunes prennent un billet aller, qui devient un billet aller-retour: ils partent, ne pensant pas forcément revenir, bien que le retour ne les surprenne pas», constate-t-elle.

   Ainsi, Marion, dont la mère est employée et le père soudeur. Elle part étudier à l'université, à 150 km de son domicile. Au bout de six mois, elle se rend compte que «ce n'est pas pour elle». Elle rentre alors chez ses parents et prend un petit boulot pour quelques mois.

En cause, souvent, la précarisation de l'emploi

4. La cause de l'aller et retour peut aussi être [1]____ Julie est ainsi partie à 20 ans vivre avec son ami docker et étudier pour devenir aide-soignante. Mais l'ambiance est devenue [2]____: «On a rencontré des problèmes d'argent. Et mes parents ont été là pour nous accueillir. Je les en remercie.» Ou encore Dominique, caissière revenue après neuf mois de vie [3]____: «Je n'aimais plus du tout mon compagnon. Le seul moyen de partir, c'était de retourner chez mes parents. Je n'avais pas les moyens de chercher un appartement.»

   Premier emploi, premier logement personnel, premier enfant… Autant d'étapes de la vie qui, désormais, ne s'inscrivent plus dans une continuité. En cause, souvent, la précarisation de l'emploi [4]____, un licenciement, la fin des allocations de chômage, [5]____ le désir de suivre une nouvelle formation…

   La donne a changé, y compris dans le domaine sexuel, comme le constate le pédopsychiatre Daniel Marcelli: «Autrefois, la pierre angulaire de l'éloignement de l'enfant était la sexualité. Celle des parents et celle du jeune ne pouvaient pas s'exercer sous le même toit, d'où la nécessité d'une séparation. Mais ce n'est plus le cas.»

Les seniors aussi concernés

5. Les accidents [6]____ et professionnels touchent aussi les jeunes seniors. C'est le cas de Gilles, 56 ans, directeur commercial en recherche d'emploi. Après un

divorce, puis une seconde rupture affective, ce père de deux jeunes adultes a dû, temporairement, être hébergé chez ses parents [7] _____ à Paris. Un contrat d'intérim, en Lorraine, lui a permis de retrouver son autonomie. Pour combien de temps?

Une fois la porte rouverte, «le frottement quotidien est difficile, même si la plupart des parents ont intégré le fait que l'enfant revient en tant que victime du système et non comme responsable», constate Sandra Gaviria. «La nouvelle vie commune ressemble par moments à une vie familiale et à d'autres à une colocation. Car après une période de vie indépendante, les jeunes ne sont plus habitués à se justifier. La "recohabitation" entre générations ne va pas de [8] _____ »

Néanmoins, même dans ces conditions, la famille apparaît à ces jeunes adultes comme un élément de stabilité face aux incertitudes des vies professionnelles et affectives. Sandra Gaviria insiste: «Moins on a de diplômes, plus on a de chances de revenir chez ses parents.» Globalement, constate la sociologue, «le retour a pour fonction de recréer les liens existant auparavant. Sauf pour ceux qui sont partis en échec et reviennent en conflit. Pour eux, le choix se pose entre la famille et la rue.»

Frédéric Mounier, 01/02/2017
www.la-croix.com/Famille/Parents-et-enfants/
Les-enfants-boomerang-retournent-chez-
leurs-parents-2017-01-31-1200821435

UNITÉ 1   Relations sociales

A Lisez le premier paragraphe de l'article et expliquez en français la signification des mots soulignés.

B Lisez les paragraphes 2 et 3 et répondez aux questions suivantes:
1 Donnez, dans vos propres mots, deux raisons pour lesquelles Jean est retourné vivre chez sa mère.
2 Quel est le mot qui signifie «soucis»?
3 Expliquez en français la signification du mot «crampon».
4 À quoi le pronom «il» fait-il référence dans «qu'il parte plus tôt»?
5 Pour quelles raisons la mère de Jean culpabilise-t-elle?
6 Quelle expression signifie «en alternance»?
7 Pourquoi certains événements de la vie ne signifient-ils plus une entrée dans la vie adulte?

C Replacez les mots manquants dans les paragraphes 4 et 5:

a affective	e nonagénaires
b commune	f occupé
c familiaux	g soi
d lourde	h voire

D En groupe, faites des recherches pour votre propre pays. Le phénomène est-il similaire? Dans quelles proportions?

E Pour quelles raisons est-il difficile de cohabiter avec ses parents à l'âge adulte?

F Imaginez que vous êtes parti(e)s de chez vous et que vous devez retourner vivre chez vos parents. Vous leur écrivez un email pour leur expliquer vos raisons.

Découvrez un film

Voici un film que vous pourriez regarder et utiliser pour mieux comprendre le thème:
Tanguy, (2001, Étienne Chatiliez)

23

13 Vivre ensemble mais séparément…

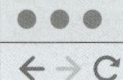

www.mamanathome.com/article-vivre-ensemble-mais-separement-99700624.html

Je suis restée 8 ans avec le père de Petit Chou avec qui je suis restée mariée 2 ans, si si c'est vrai, ça ne s'invente pas des trucs pareils enfin… Quand j'ai rencontré chéri-chéri je lui avais annoncé tout de go «pas de mariage, pas d'enfant, pas de vie commune». Rions… nous avons acheté une maison 2 ans après et conçu un enfant 1 an après la maison.

Pourtant je n'avais pas dit ça en l'air, j'aime cette idée de «chacun chez soi», garder son indépendance, et garder secrètes ou cachées toutes ces petites choses moches du type: la chasse pas tirée ou les poils qui trainent qui sont tout sauf sexy. Je sais que nombre de personnes penseront «mais c'est ça aussi le couple» et pourtant cette pensée me laisse perplexe, qui diable décide de ce qu'est le couple? «Ne pas vivre ensemble c'est choisir la solution de facilité» diront d'autres, «c'est égoïste», et alors? Pourquoi ne pas choisir la solution de facilité justement? Au nom de quoi devrions nous forcément en chier? Encore une fois qui décide? Sinon nous.

N'est-ce pas tout simplement à chacun d'inventer sa vie de couple? Quand on voit le nombre croissant de divorces ou même le nombre de séparations de couples autour de nous, on est en droit de se demander si le fait de vivre séparément ne peut pas être une belle solution pour certains, une sorte de nouvelle option dans la vie amoureuse. On parle aujourd'hui de vies «séquentielles», regardez autour de vous le nombre de familles recomposées, il est rare de rester avec la même personne TOUTE sa vie. L'espérance de vie du couple ne cesse de diminuer, au delà de 10 ans on est montré du doigt tant c'est original et surprenant! […]

Parfois on n'est juste pas fait pour vivre à deux ou on a simplement envie d'éviter les moments où il y a des tensions… en quoi cela devrait-il nous empêcher de vivre une belle histoire d'amour pour autant? Pourquoi faudrait-il rentrer dans des cases qui ne nous conviennent pas et surtout pourquoi devoir tout gâcher en vivant mal sous le même toit avec l'issue de la séparation?

Pour autant il ne s'agit pas de fuir tous les mauvais moments, c'est de toute façon impossible, mais juste une façon d'être mieux ensemble. Un couple «non-cohabitant» comme les appelle l'INED *(Institut National d'Études Démographiques)* est avant tout un couple avec des moments de partage, une complicité, des divergences d'opinions et des engueulades évidemment. Les coups durs étant partagés tout comme les joies au même titre qu'un couple classique. Cette solution n'étant pas sans problèmes ou difficultés d'organisation notamment dès lors qu'il y a des enfants mais pourquoi ne pas avoir envie de partager le meilleur? Et si le schéma du domicile conjugal était tout simplement inadapté pour certains?

Et vous, que pensez-vous de ce mode de vie conjugal?

Maman@home, blog de maman à la maison, 27/02/2012

A À deux: avez-vous une vision de la vie de couple? Comment serait votre vie de couple idéale? Pourquoi?

B Lisez le blog ci-dessus et répondez aux questions suivantes:

1. Dans le premier paragraphe, quand l'auteure a rencontré chéri-chéri elle ne voulait pas…
   a. du tout vivre avec
   b. vivre avec immédiatement
   c. ne pas vivre avec

2. Dans le second paragraphe, elle explique qu'…
   a. elle n'aime pas vivre seule
   b. elle préfère garder des secrets
   c. elle trouve que la vie de tous les jours est passionnante

3. Dans le troisième paragraphe, elle pense que vivre séparément…
   a. pourrait résoudre le problème croissant des divorces
   b. ne serait pas une sloution
   c. serait montré du doigt

4 Dans le quatrième paragraphe, elle dit qu'on pourrait vivre une belle histoire d'amour même si…
   a on ne s'aime pas
   b on a envie de tout gâcher
   c on veut éviter les tensions
5 Dans le dernier paragraphe, quel mot ou expression signifie:
   a qui ne vit pas ensemble
   b des disputes
   c une épreuve
   d de la même façon que
   e marital

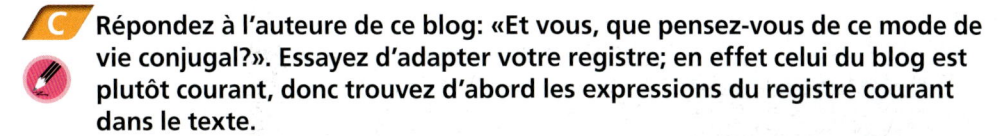

C Répondez à l'auteure de ce blog: «Et vous, que pensez-vous de ce mode de vie conjugal?». Essayez d'adapter votre registre; en effet celui du blog est plutôt courant, donc trouvez d'abord les expressions du registre courant dans le texte.

THÉORIE DE LA CONNAISSANCE

Dans quelle mesure la langue, l'émotion, la société peuvent-elles être à l'origine du sentiment amoureux?

Quelles sont les différentes nuances apportées au verbe «aimer» en français?

Comment lire

La ponctuation est un élément essentiel de la communication écrite. Elle marque les degrés de subordination entre les différents éléments du discours. Le **point-virgule** (;) est un signe de ponctuation utilisé pour séparer des propositions indépendantes dans une phrase, comme dans le poème de Victor Hugo à la page 27, pour contraster les caractéristiques des hommes et des femmes: «La raison convainc; les larmes émeuvent.» En rédigeant votre tâche écrite, n'oubliez pas de vous servir de la ponctuation pour faciliter la compréhension de votre texte.

Comment écrire

Dans votre dialogue, les participants pourront se tutoyer et la langue pourra être familière, mais chaque élève utilisera des articulateurs logiques et des procédés rhétoriques pour tâcher de convaincre l'autre. Pour étayer son argumentation, chaque participant fera référence au langage de l'auteur et fournira des exemples précis des points discutés.

Littérature

14 Fils de… (1967)

Jacques Brel, né le 8 avril 1929 à Schaerbeek, une commune de Bruxelles (Belgique), et mort le 9 octobre 1978 à Bobigny (France), est un auteur-compositeur-interprète, acteur et réalisateur belge. Il écrit très tôt de longs poèmes et des nouvelles. Il finit sa vie dans les îles Marquises et repose près de Gauguin. En décembre 2005, il est élu au rang du plus grand Belge par le public de la RTBF (Radio Télévision Belge Francophone).

NIVEAU SUPÉRIEUR

A Lisez les paroles de «Fils de…» à https://genius.com/Jacques-brel-fils-de-lyrics et répondez aux questions suivantes.

1 Trouvez dans le texte les synonymes des mots suivants.
   a défenseur
   b empereur
   c paille

2 À deux, trouvez dans le texte tous les mots qui désignent des personnes (enfant, bourgeois, etc.). Classez ensuite ces mots selon des catégories que vous définirez (métiers, géographie, etc.).

3 Quels sont les caractéristiques, les attitudes ou les atouts que possèdent tous les enfants, selon vous? Faites-en une liste. Et selon l'auteur de la chanson?

4 Faites une liste de tous les mots ou groupes de mots qui vont avec le mot «fils» dans ce texte, par exemple:
   fils de bourgeois

Imaginez d'autres images sur ce modèle pour décrire la diversité des enfants dans le monde:
   fils de…

B Dans l'expression «tous les enfants», qu'exprime le mot «tous»?

Remplacez «les enfants» par les mots suivants.

Accordez «tout» et expliquez la règle.
1 les filles
2 les peuples
3 le monde
4 l'univers
5 les jeunes
6 les personnes âgées
7 la population

Connaissez-vous d'autres expressions avec le mot «tout»?

C Travaillez en groupes de trois. Vous êtes de bonnes fées (ou des Rois mages) penchés sur le berceau de la Belle au bois dormant. Qu'est-ce qu'on peut souhaiter à un enfant d'aujourd'hui? En groupe, jouez la scène.

D D'après vous, qu'est-ce qui vaut mieux pour être apprécié à sa juste valeur: être fils d'apôtre, fils de César ou fils de rien?

E Dans ce texte, Brel souligne l'égalité des enfants, quelles que soient leurs origines sociales ou géographiques. Ce n'est qu'après l'enfance que les différences se creusent. Êtes-vous d'accord avec cette vision de rêve de l'enfance puis de la dureté de la vie adulte?

Exprimez votre point de vue sous la forme d'une lettre adressée à Jacques Brel.

F Vous êtes devenu un personnage célèbre dans votre pays. Un journal de chez vous, destiné aux adolescents, vous demande d'écrire un article dans lequel vous racontez vos origines, vous présentez vos parents et vous décrivez votre enfance. L'objectif de cet article est de permettre aux lecteurs de mieux vous connaître et de souligner ce que vous avez en commun, malgré votre célébrité. L'article commencera par «Fils de…» ou «Fille de…».

Thème 1: Organisation sociale

15 L'Homme et la femme

Victor Hugo, né le 26 février 1802 à Besançon et mort le 22 mai 1885 à Paris, est un poète, dramaturge et écrivain, considéré comme l'un des plus grands écrivains de langue française. C'est aussi une personnalité politique et un intellectuel engagé qui a beaucoup compté dans l'histoire du XIXème siècle.

En tant que romancier, il a remporté un grand succès populaire avec par exemple *Notre-Dame de Paris* (1831) et plus encore avec *Les Misérables* (1862). Son œuvre est immense et comprend une grande variété de thèmes et de formes littéraires, sans compter des discours politiques à la Chambre des pairs, à l'Assemblée constituante et à l'Assemblée législative.

Victor Hugo a fortement contribué au renouvellement de la poésie et du théâtre; il était admiré de ses contemporains et l'est encore, mais il a été aussi contesté par certains auteurs modernes.

Ses choix, à la fois moraux et politiques, durant la deuxième partie de sa vie, et son œuvre hors du commun ont fait de lui un personnage emblématique que la Troisième République a honoré à sa mort par des funérailles nationales qui ont accompagné le transfert de sa dépouille au Panthéon, à Paris, le 31 mai 1885.

Dans le texte suivant, ce grand humaniste rend hommage à la femme en parlant de sa tendresse, de son apparente vulnérabilité et de sa force.

L'homme est la plus élevée des créatures; la femme est le plus sublime des idéaux.

Dieu a fait pour l'homme un trône; pour la femme un autel. Le trône exalte; l'autel sanctifie.

L'homme est le cerveau, la femme le cœur. Le cerveau fabrique la lumière; le cœur produit l'Amour. La lumière féconde; l'Amour ressuscite.

L'homme est fort par la raison; la femme est invincible par les larmes. La raison convainc; les larmes émeuvent.

L'homme est capable de tous les héroïsmes; la femme de tous les martyres.

L'héroïsme ennoblit; le martyre sublime.

L'homme a la suprématie; la femme la préférence.

La suprématie signifie la force; la préférence représente le droit.

L'homme est un génie, la femme un ange. Le génie est incommensurable; l'ange indéfinissable.

L'aspiration de l'homme, c'est la suprême gloire; l'aspiration de la femme, c'est l'extrême vertu. La gloire fait tout ce qui est grand; la vertu fait tout ce qui est divin.

L'homme est un Code; la femme un Évangile. Le Code corrige; l'Évangile parfait.

L'homme pense; la femme songe. Penser, c'est avoir dans le crâne une larve; songer, c'est avoir sur le front une auréole.

L'homme est un océan; la femme est un lac. L'Océan a la perle qui orne; le lac, la poésie qui éclaire.

L'homme est un aigle qui vole; la femme est le rossignol qui chante. Voler, c'est dominer l'espace; chanter, c'est conquérir l'Âme.

L'homme est un Temple; la femme est le Sanctuaire. Devant le Temple nous nous découvrons; devant le Sanctuaire nous nous agenouillons.

Enfin: l'homme est placé où finit la terre; la femme où commence le ciel.

Victor Hugo

Thème 1: Organisation sociale

A Reliez ces mots tirés du texte à leur définition.

1. un autel
2. le cœur
3. les larmes
4. la préférence
5. un ange
6. la vertu
7. un Évangile
8. une auréole
9. le rossignol
10. le Sanctuaire

a. la chasteté
b. une table de pierre ou de bois sur laquelle est célébrée la messe
c. un jugement qui fait considérer quelqu'un ou quelque chose au-dessus des autres
d. un cercle lumineux autour de la tête des saints
e. le siège de l'affectivité
f. le message de Jésus-Christ
g. un liquide sécrété par les yeux
h. un petit oiseau renommé pour son chant
i. la partie de l'église située près de l'autel
j. un être céleste, intermédiaire entre Dieu et l'homme

B Discutez et répondez aux questions en classe.

1. Quelles sont les différences entre les hommes et les femmes, selon Victor Hugo?
2. Comment caractériser la langue de l'auteur?
3. Comment concilier l'humanisme de l'auteur avec ses références religieuses dans ce poème?
4. Que pensez-vous des idées de Victor Hugo sur les mérites des hommes et des femmes? Ces idées vous semblent-elles démodées?

C
Écrivez un dialogue entre deux élèves qui viennent de lire «L'Homme et la femme» de Victor Hugo et qui ont des réactions contrastées. L'un(e) des élèves trouve les idées de l'auteur dépassées et condescendantes, tandis que l'autre est d'accord avec le message que les deux genres sont complémentaires (bien qu'ils puissent être différents).

16 L'art d'être grand-père (1877)

Je prendrai par la main les deux petits enfants;
J'aime les bois où sont les chevreuils et les faons,
Où les cerfs tachetés suivent les biches blanches
Et se dressent dans l'ombre effrayés par les branches;
Car les fauves[1] sont pleins d'une telle vapeur[2]
Que le frais tremblement des feuilles leur fait peur.
Les arbres ont cela de profond qu'ils vous montrent
Que l'éden[3] seul est vrai, que les cœurs s'y rencontrent,
Et que, hors les amours et les nids, tout est vain;
Théocrite[4] souvent dans le hallier[5] divin
Crut entendre marcher doucement la ménade[6].
C'est là que je ferai ma lente promenade
Avec les deux marmots. J'entendrai tour à tour
Ce que Georges conseille à Jeanne, doux amour,
Et ce que Jeanne enseigne à Georges. En patriarche
Que mènent les enfants, je règlerai ma marche
Sur le temps que prendront leurs jeux et leurs repas,
Et sur la petitesse aimable de leurs pas.
Ils cueilleront des fleurs, ils mangeront des mûres.
Ô vaste apaisement des forêts! ô murmures!
Avril vient calmer tout, venant tout embaumer.
Je n'ai point d'autre affaire ici-bas que d'aimer.

Victor Hugo

[1] les fauves: toutes les bêtes sauvages des bois
[2] vapeur: conscience obscure
[3] l'éden: le Paradis terrestre assimilé à un jardin
[4] Théocrite: poète bucolique du IIIème siècle av. J.-C.
[5] le hallier: un buisson
[6] la ménade: prêtresse de Bacchus

A Relevez le vocabulaire bucolique.
1 Pourquoi ce vocabulaire est-il utilisé dans le poème?
2 Quel est le lien établi avec l'enfance?
3 Quels sont les mots et expressions qui caractérisent la tendresse du grand-père?

B Vous souvenez-vous d'un moment particulier passé avec votre grand-père ou votre grand-mère?
- Décrivez-le.
- Pourquoi avez-vous choisi de relater ce souvenir précis?
- Quelle est la relation entre grands-parents et petits-enfants?
- Est-elle différente de la relation avec les parents?
- En quoi?

C Après avoir passé une journée avec ses petits-enfants, Victor Hugo rédige une page de son journal intime. Imaginez que vous êtes Victor Hugo et écrivez son texte.

17 Un conte créole: Une drôle de tante (1985)

Jean Juraver est un écrivain, enseignant, journaliste, historien et poète français né le 4 mai 1945 à Pointe-à-Pitre en Guadeloupe. Il est membre de l'Union des Écrivains, Clan et Alliage. Pour écrire ses contes, il s'est inspiré du quotidien, des problèmes de la vie et de dictons.

Recherchez ses *Contes créoles* et lisez le conte intitulé «Une drôle de tante».

A Réfléchissez au type de texte qu'est le conte. Quel est son but? En existe-t-il dans toutes les langues?

Répondez aux questions suivantes.
1 Dans quel environnement le garçon vit-il?
2 Est-ce symbolique? Pourquoi?
3 Quel âge a le garçon au moment où commence le conte?
4 Est-ce qu'il a réfléchi longtemps?
5 À quel temps est le verbe «mourrez»?
6 Quelle expression signifie «une foule»?
7 Quelle est la morale du conte?
8 Selon vous, d'où viennent les superstitions? À quoi servent-elles?

B Faites des recherches sur la signification du coq et du balai aux Antilles françaises. Partagez-en les résultats avec la classe.

Puis faites une recherche sur une superstition de votre pays ou région pour la présenter à votre classe.

C Utilisez vos recherches sur une superstition et écrivez un discours dont vous imaginez qu'il sera prononcé le jour de la Fête des traditions du monde dans votre école.

18 La Gloire de mon père (1957)

Marcel Pagnol est un écrivain, dramaturge et cinéaste français, né le 28 février 1895 à Aubagne (Bouches-du-Rhône) et mort le 18 avril 1974 à Paris.

Il devient célèbre avec *Marius*, pièce représentée au théâtre en mars 1929. En 1934, il fonde à Marseille sa propre société de production et ses studios de cinéma, et réalise de nombreux films avec les grands acteurs de l'époque. En 1946, il est élu à l'Académie française. Après 1956, il s'éloigne du cinéma et du théâtre, et entreprend la rédaction de ses souvenirs d'enfance avec notamment *La Gloire de mon père* et *Le Château de ma mère*. Il publie enfin, en 1962, *L'Eau des collines*, roman en deux tomes: *Jean de Florette* et *Manon des Sources*, inspiré de son film *Manon des sources*, réalisé dix ans auparavant et interprété par son épouse Jacqueline Pagnol.

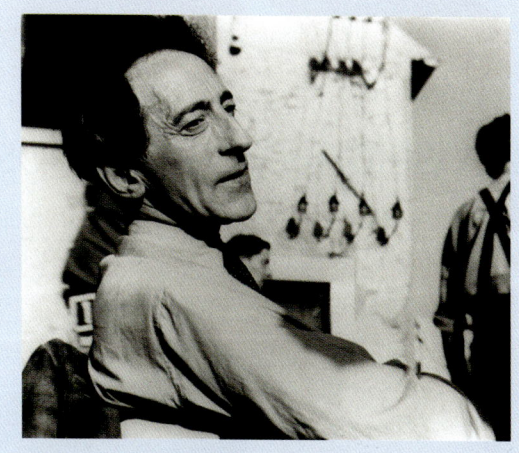

Mon père, qui s'appelait Joseph, était alors un jeune homme brun, de taille médiocre, sans être petit. Il avait un nez assez important, mais parfaitement droit, et fort heureusement raccourci aux deux bouts par sa moustache et ses lunettes, dont les verres ovales étaient cerclés d'un mince fil d'acier. Sa voix était grave et plaisante et ses cheveux, d'un noir bleuté, ondulaient naturellement les jours de pluie.

Il rencontra un dimanche une petite couturière brune qui s'appelait Augustine, et il la trouva si jolie qu'il l'épousa aussitôt.

Je n'ai jamais su comment ils s'étaient connus, car on ne parlait pas de ces choses-là à la maison. D'autre part, je ne leur ai jamais rien demandé à ce sujet, car je n'imaginais ni leur jeunesse ni leur enfance.

Ils étaient mon père et ma mère, de toute éternité, et pour toujours. L'âge de mon père, c'était vingt-cinq ans de plus que moi, et ça n'a jamais changé. L'âge d'Augustine, c'était le mien, parce que ma mère, c'était moi, et je pensais, dans mon enfance, que nous étions nés le même jour. De sa vie précédente, je sais seulement qu'elle fut éblouie par la rencontre de ce jeune homme à l'air sérieux, qui tirait si bien aux boules, et qui gagnait infailliblement cinquante-quatre francs par mois. Elle renonça donc à coudre pour les autres, et s'installa dans un appartement d'autant plus agréable qu'il touchait à l'école, et qu'on n'en payait pas le loyer.

Marcel Pagnol

A Lisez le texte et répondez aux questions suivantes.

1. Expliquez l'expression «de taille médiocre» dans le premier paragraphe.
2. Pourquoi l'auteur ne donne-t-il pas l'âge de son père?
3. Expliquez l'expression «ma mère, c'était moi».
4. Pourquoi le logement est-il agréable? Le serait-il autant s'il n'était pas tout près de l'école et gratuit?
5. Que pensez-vous de cette description des parents?
6. Décrivez un membre de votre famille en suivant le modèle du premier paragraphe. Utilisez le plus d'adjectifs possible et expérimentez avec de nouveaux adjectifs.

B Croyez-vous au «coup de foudre»? Expliquez vos raisons.

C «Il rencontra un dimanche une petite couturière brune qui s'appelait Augustine, et il la trouva si jolie qu'il l'épousa aussitôt.» Augustine écrit à son fils pour raconter sa rencontre avec le père de l'auteur. Imaginez le contenu de cette lettre.

Thème 1: Organisation sociale

UNITÉ 2 — Éducation

L'enseignement de nos jours

- Expliquer la signification des mots-clés de l'éducation et approfondir son vocabulaire
- Comparer les différents systèmes éducatifs
- Donner son avis sur la valeur de l'enseignement dans notre société

RÉFLÉCHIR

- Décrivez ces écoles et leur type d'enseignement.
- Quels sont les avantages et les inconvénients de chacun?
- Quel type d'enseignement préférez-vous et pourquoi?

1 Les écoles

A Faites correspondre les expressions avec leur définition.

1. une école d'apprentissage
2. une grande école
3. une école internationale
4. une école privée
5. une école publique

a. Établissement d'enseignement supérieur qui recrute ses élèves par concours et propose des formations de haut niveau.
b. Enseignement spécialisé dans un secteur professionnel qui propose une formation souvent en alternance entre des études théoriques et des stages pratiques en entreprise.
c. Établissement, souvent payant, qui propose des programmes d'un autre pays et / ou un enseignement dans une autre langue que celle du pays.
d. Établissement qui propose un enseignement gratuit et qui est géré par l'État.
e. Établissement qui propose un enseignement payant.

B Écrivez votre propre définition pour les mots et expressions suivantes:

1. l'éducation primaire
2. l'éducation secondaire
3. les études supérieures
4. le brevet des collèges
5. le baccalauréat
6. passer un examen
7. réussir / échouer un examen
8. suivre une filière
9. une école laïque
10. une bourse d´études

Grammaire

Les comparatifs et les superlatifs

Comparaison des qualités (adjectifs et adverbes):

- Pour exprimer la supériorité: *plus… que*, par exemple:
  *On dit que le Bac est **plus** facile maintenant **qu'**avant.*
- Pour exprimer l'égalité: *aussi… que*, par exemple:
  *Pensez-vous que c'est **aussi** stressant de préparer le Baccalauréat International **que** le Baccalauréat français?*
- Pour exprimer l'infériorité: *moins… que*, par exemple:
  *Je suis **moins** studieuse **que** toi.*

Comparaison des quantités (noms et verbes):

- Pour exprimer la supériorité: *plus (de)… que (de)*, par exemple:
  *Ma meilleure amie a **plus** travaillé **que** moi pour cette évaluation.*
  *J'ai **plus de** chance **que** lui dans les examens.*
- Pour exprimer l'égalité: *autant (de)… que (de)*, par exemple:
  *J'ai étudié **autant de** matières **qu'**elle.*
  *J'ai **autant** révisé les maths **que** les sciences.*
- Pour exprimer l'infériorité: *moins (de)… que (de)*, par exemple:
  *Il a **moins de** chance de rentrer à la Sorbonne **que** ses camarades.*
  *En cours de français nous avons **moins** étudié la grammaire **que** le vocabulaire.*

Remarquez que la préposition *de* est nécessaire devant les noms.

Les superlatifs:

- *le / la / les + adjectif*, par exemple:
  *Elle est **la plus intelligente** mais aussi **la plus bavarde** en classe.*

- *le / la / les moins + adjectif*, par exemple:
  *Pour moi la chimie est la matière **la moins difficile**.*

Mieux, meilleur et pire:

- *Mieux* est un adverbe dérivé de l'adjectif *bien*. Il qualifie un verbe, par exemple:
  *Tu travailles **bien**.* (pas de comparaison, adverbe simple)
  *Elle travaille **mieux**.* (comparaison, mais sans comparateur)
  *Je travaille **mieux** que toi.* (comparaison)
  *Ma cousine travaille **le mieux**.* (superlatif)

- *Mieux* peut aussi être un adjectif, par exemple:
  *Je le trouve **mieux** avec ses cheveux courts.* (apparence)
  *Je la trouve **meilleure** en sport.* (qualités physiques)

- *Meilleur* est un adjectif dérivé de l'adjectif *bon*. Il qualifie un nom, par exemple:
  *Ses notes sont **bonnes** dans l'ensemble.* (adjectif simple)
  *Ses notes sont **meilleures** cette année.* (comparatif mais sans comparateur)
  *Ses notes sont **meilleures** que celles de son ami.* (comparatif)
  *Ses notes sont les **meilleures** de la classe.* (superlatif).

- *Meilleur* peut être utilisé comme nom, par exemple:
  *Dans les grandes écoles, ils ne choisissent que **les meilleurs**.*

- *Pire* est dérivé de l'adjectif *mauvais*. On peut dire *plus mauvais* ou *pire*.
  *Ce travail est **plus mauvais** que celui d'hier. = Ce travail est **pire** que celui d'hier.*
  ***Le pire**, c'est que je ne l'ai pas fait exprès.* (nom)
  ***La pire** journée de ma vie.* (adjectif)

Reportez-vous au précis de grammaire en fin de livre.

UNITÉ 2   Éducation

C Quels comparatifs ou superlatifs manque-t-il dans les phrases ci-dessous? Choisissez-les dans la liste proposée suivante.

plus… que	la plus	meilleur	pires
moins… que	les plus	meilleure	le pire
aussi… que	le moins	meilleurs	la pire
autant… que	la moins	meilleures	les pires
le plus	les moins	pire	

Les parents hélicoptères, vous connaissez?

1 Les parents hélicoptères sont ____ impliqués dans l'éducation de leurs enfants ____ la plupart des parents, même trop!

2 Les études ont montré que ces enfants ont tendance à être ____ immatures et ____ dépressifs ____ les autres enfants.

3 Le résultat d'une telle éducation est que les enfants de parents hélicoptères sont ____ autonomes ____ les autres.

4 ____ grave, c'est que les parents hélicoptères veulent prendre toutes les décisions et gérer tous les conflits de leurs enfants.

5 Au final, ces enfants-là sont ____ autonomes ____ la moyenne des enfants du même âge et savent ____ bien trouver des solutions à leurs problèmes.

6 Des psychothérapeutes ont fait des recherches et ont trouvé que ces enfants étaient ____ narcissiques car ils n'ont jamais appris à gérer leurs déceptions.

7 Ces parents-là pensent que c'est ____ éducation qu'ils peuvent donner à leurs enfants mais, en réalité, c'est sûrement ____ éducation qui soit.

2 C'est quoi le Bac?

A Le Bac, c'est l'abréviation du Baccalauréat, l'examen en fin de lycée qui permet de faire des études supérieures. Écoutez cette explication et prenez des notes pour faire un résumé des points principaux à la classe: www.1jour1actu.com/info-animee/cest-quoi-le-bac

B Choisissez cinq affirmations correctes:

1 Le Bac permet d'obtenir un diplôme.
2 On passe le Bac au collège et au lycée.
3 Il existe quatre types de Baccalauréats.
4 Le Bac permet d'entrer dans des établissements d'études supérieures.
5 Pour aller à l'université et faire de longues études il faut avoir un Bac général.
6 Pour apprendre un métier, il faut passer le Bac technologique.
7 Pour réussir il faut une moyenne de 12/20.
8 Si un candidat échoue de peu, il a une deuxième chance avec le rattrapage à l'oral.
9 Plus de candidats obtiennent le Bac de nos jours qu'avant.
10 On critique le Bac parce qu'il est trop difficile.

3 Que savez-vous du système éducatif français?

A En vous guidant des termes de *Comment parler*, discutez de l'éducation en France en petits groupes. Mettez en commun vos connaissances pour les présenter à la classe. Vous pourrez faire quelques recherches sur internet ou poser des questions à votre professeur. Enfin, vous ferez une comparaison entre le système éducatif français et celui dans votre école.

Comment parler

Voici une liste des aspects de l'éducation secondaire française pour vous aider à discuter de ses spécificités.

le collège

le lycée: les classes de seconde, première et terminale

les matières étudiées

les notes *(f.pl.)*

les devoirs *(m.pl.)*

les lycées généraux et les lycées technologiques

les sports *(m.pl.)*

les disciplines artistiques *(f.pl.)*

les uniformes *(m.pl.)*

le rythme scolaire et les vacances *(f.pl.)*

les relations *(f.pl.)* **profs / élèves**

les effectifs *(m.pl.)* (nombre d'élèves par classe)

les internats *(m.pl.)*

le Baccalauréat

les mentions *(f.pl.)* (assez bien, bien, très bien et félicitations du Jury)

le taux de réussite

l'échec scolaire *(m.)*

les langues étrangères

Texte 1: Le Baccalauréat ou «le Bac»

Depuis plus de deux siècles le Baccalauréat est un diplôme du système éducatif français qui évalue les étudiants à la fin du lycée et qui leur permet de faire des études universitaires.

Jusqu'à présent, les élèves avaient le choix entre un Baccalauréat général, un Baccalauréat technologique et un Baccalauréat professionnel. Pour le Bac général il existait trois filières: scientifique (Bac S), économique et social (Bac ES) et littéraire (Bac L). Les matières qui sont à haut coefficient sont prédéfinies pour chaque filière et il n'y a pas de flexibilité. Par exemple les matières les plus importantes et avec un coefficient plus haut pour un Bac S sont les mathématiques, la physique–chimie et les SVT (Science et Vie de la Terre).

Cet examen est préparé pendant les deux dernières années du lycée. Les matières étudiées sont évaluées en contrôle ponctuel en fin d'année de première pour le Bac de français et en fin de terminale pour toutes les autres disciplines. Les évaluations sont notées par des examinateurs externes de l'Éducation nationale.

Pour réussir le Baccalauréat, il faut obtenir une moyenne de 10/20. Ensuite on devient officiellement «bachelier». On peut obtenir le Baccalauréat avec mention: *assez bien* pour une moyenne entre 12 et 14, *bien* entre 14 et 16, *très bien* entre 16 et 18 et *félicitations du Jury* pour plus que 18.

De plus en plus d'élèves présentent le Baccalauréat. À la session du Baccalauréat de juin 2017, 87,9% des étudiants sont admis dans toute la France. On remarque que depuis 2014 le taux de réussite reste proche de 88%. (Source: education.gouv.fr)

Les élèves qui ne veulent pas, ou ne peuvent pas, préparer le Baccalauréat ont la possibilité de suivre des formations professionnelles comme le CAP (Certificat d'aptitude professionnelle), le BEP (Brevet d'étude professionnelle) et le BP (Brevet professionnel) qui préparent les étudiants à une qualification professionnelle en deux ans, de niveau inférieur au Baccalauréat. Ces formations se font en alternance entre l'école et l'apprentissage.

Depuis les élections présidentielles de 2017, le système éducatif français est remis en question par plusieurs groupes de personnes concernées. On s'attend à des réformes dans les années à venir. Le Ministère de l'Éducation remet actuellement en question les trois filières (Bac S, ES et L) et leur rigidité. Le ministre serait en faveur d'un choix plus souple de matières et d'un programme plus «à la carte» pour le Baccalauréat. De plus, les matières évaluées et le système de notation (contrôle ponctuel ou contrôle continu) du Baccalauréat fait également l'objet d'un rapport du Gouvernement. Affaire à suivre!

Texte 2: Réforme du bac: les étudiants divisés autour du contrôle continu

VOS TÉMOIGNAGES – Plus de contrôle continu, moins d'épreuves finales. Cette mesure, inscrite dans le projet de réforme du bac prévue pour 2021, divise les lycéens et étudiants interrogés par Le Figaro Étudiant.

Vieux de plus de deux siècles, le baccalauréat se prépare à une révolution. Le ministre de l'Éducation nationale, Jean-Michel Blanquer, souhaite lancer une nouvelle version du bac dès 2021. «Moins épais» et «plus musclé», il devrait comporter une dose de contrôle continu. Les lycéens seraient évalués tout au long de leur année de terminale et plus seulement en juin pendant leur semaine d'épreuves. L'examen final ne comporterait que quatre matières obligatoires, non définies pour le moment. Rappelons que la dernière tentative de réforme du bac en 2004 sous l'impulsion de François Fillon était tombée à l'eau face à la mobilisation des lycéens. Aujourd'hui encore, les jeunes semblent divisés sur la question, comme le suggère les témoignages recueillis par Le Figaro Étudiant.

«Le bac par contrôle continu, c'est comme créer un code de la route par rue. Chaque lycée aurait le sien et certains auraient plus de valeur que d'autres. C'est une évidence qu'une note obtenue à Henri IV n'est pas pareil qu'une note obtenue dans un lycée moins coté», s'insurge Antoine, qui va entrer en licence philosophie-économie à l'université Paris 1 Panthéon-Sorbonne. Pour Louise, étudiante en deuxième année d'odontologie à l'université de Bordeaux, le contrôle continu tirerait les notes du bac vers le bas. Pour preuve, elle a obtenu une moyenne de 17 au bac, alors que sa moyenne tournait autour de 13,5 pendant son année de terminale. «Les candidats devraient tous être confrontés à la même épreuve», estime-t-elle.

Des élèves évalués différemment selon leur lycée

Un point sur lequel Pierre-Louis, bachelier scientifique depuis juillet, émet le même jugement: «Les épreuves telles qu'elles existent aujourd'hui permettent à tous les lycéens d'être évalués exactement de la même façon, ce qui ne serait plus le cas avec du contrôle continu». Il redoute que les inégalités entre les établissements se creusent davantage: «En fonction des lycées, les élèves ne sont pas notés de la même manière. Il est plus difficile d'obtenir de bonnes notes dans un grand lycée parisien que dans d'autres établissements moins sélectifs». Selon lui, le gouvernement se trompe de priorité dans cette réforme: «La priorité n'est pas de réduire le nombre d'épreuves mais bien de relever leur niveau pour en faire un examen sélectif, ce qui est loin d'être le cas».

Introduire une part de contrôle continu séduit néanmoins une partie des étudiants. Pour Caroline, qui a obtenu un bac S spécialité mathématiques en 2016, le contrôle continu reflète plus fidèlement le niveau de l'élève: «Je suis déçue par mes résultats au bac. Ils ne sont absolument pas représentatifs de mes années lycée, alors que j'ai fourni un travail régulier», regrette-t-elle. Néanmoins, Caroline est consciente des inégalités que cela pourrait causer. «J'étais dans un lycée privé. Nous étions souvent notés plus sévèrement que nos voisins du public. Avec le système proposé, il risque donc d'y avoir une inégalité», redoute-t-elle. Elle propose que le contrôle continu soit basé sur des évaluations communes à l'échelle nationale.

«Récompenser le travail sur le long terme»

Hadrien, étudiant à Sciences Po Paris, partage cet avis: «Le contrôle continu est une bonne méthode pour valoriser le travail sur le long terme. Mais les différences de notation varient tellement d'un établissement à un autre que cela risque de creuser les inégalités», nuance-t-il. Selon lui, la réforme devrait aller au-delà de la simple suppression d'épreuves. «Le bac dans sa forme actuelle est désuet. Son taux de réussite est tellement élevé [87,9% en 2017, ndlr] qu'au lieu de récompenser ceux qui l'ont, il pénalise ceux qui ne l'obtiennent pas», tranche Hadrien.

Pour Guillaume, étudiant à Sciences Po Bordeaux, le contrôle continu récompenserait plus justement les élèves qui s'investissent tout au long de l'année. «Beaucoup de candidats, dont le travail et l'implication étaient moindres durant leur terminale, obtiennent le précieux sésame grâce à un travail intense durant le dernier mois», se désole-t-il. Mais Guillaume s'interroge sur le contenu du bac nouvelle version: «Quelles seront les disciplines choisies pour les quatre épreuves? Seront-elles celles spécifiques à chaque filière? Le contrôle continu sera-t-il réservé aux matières dites mineures?» Autant dire que le débat sur la réforme du bac ne fait que commencer.

Jean-Marc De Jaeger, 24/01/2018
http://etudiant.lefigaro.fr/article/reforme-du-bac-les-etudiants-divises-autour-du-controle-continu_53fa6a7e-8e1f-11e7-b660-ef712dd9935a

---

B **Lisez les textes 1 et 2 et répondez aux questions suivantes.**

1 Texte 1: Trouvez les cinq affirmations correctes.
 a Le Baccalauréat existe depuis la Révolution française.
 b Il existe un type de Baccalauréat pour apprendre un métier.
 c Jusqu'à présent on ne pouvait présenter que trois types de Baccalauréat général: littéraire, économique et social, scientifique.
 d Les notes obtenues pendant l'année comptent pour l'examen final.
 e Avec une moyenne de 13,5/20, on obtient une mention Bien.
 f Il y a plus d'étudiants qui préparent le Baccalauréat maintenant qu'avant.
 g Presque 90% des étudiants réussissent le Baccalauréat.

h Les futures réformes du gouvernement donneraient plus de liberté aux étudiants dans leurs choix de matières.
2 Texte 2:
  a Quel mot du premier paragraphe nous indique qu'il risque d'y avoir de très grands changements du Baccalauréat?
  b Quelle phrase du premier paragraphe montre que les étudiants ne sont pas tous d'accord sur les réformes proposées par le gouvernement?
  c Relisez les opinions et arguments sur le contrôle continu pour le Baccalauréat de Louise, Pierre-Louis, Caroline, Hadrien et Guillaume. Identifiez qui est pour et qui est contre.
  d Donnez avec vos propres mots un argument majeur pour utiliser le contrôle continu au Baccalauréat.
  e Quel est l'inquiétude de plusieurs étudiants du texte par rapport à l'utilisation du contrôle continu?

Comment écrire une lettre formelle
Voir l'Unité 1 à la page 9.

Comment écrire une interview
Voir l'Unité 1 à la page 15.

Comment écrire un article pour le magazine de l'école
Voir l'Unité 1 à la page 14.

C Il y a de la réforme dans l'air! Vous êtes étudiant de terminale dans un lycée français. En vous basant sur ce que vous savez du Baccalauréat français et des deux textes que vous venez de lire, préconiseriez-vous des réformes pour le Baccalauréat? Lesquelles?

> Lettre formelle
> Interview
> Article pour le magazine de votre école

Présentez et argumentez vos idées dans un des types de texte suivants:
Niveau moyen: Écrivez entre 250 et 400 mots.
Niveau supérieur: Écrivez entre 450 et 600 mots.
Compréhension conceptuelle: À discuter avec un partenaire ou en groupe avant de commencer la lettre, l'interview ou l'article:
- À qui ou pour qui écrivez-vous?
- Quel niveau de langue devriez-vous adopter: familier, courant ou soutenu?
- Quelles sont les conventions de chaque type de texte?
- Doit-on vouvoyer ou tutoyer le destinataire?
- Décrivez le ton et le style de chaque type de texte.
- Quelle mise en page est la plus appropriée à chaque type de texte?
- Quelles sont les conventions à respecter pour chaque type de texte?

D Recherches: Réformes – que s'est-il passé depuis? Vous pourrez trouver des informations sur les dernières réformes du système éducatif français et les nouvelles pratiques du Baccalauréat sur le site de l'Éducation nationale (www.education.gouv.fr). Faites des recherches en petits groupes et comparez les dernières pratiques avec les réformes que vous aviez préconisées dans l'épreuve de production écrite. Êtes-vous d'accord sur les réformes du gouvernement? Discutez-en.

Thème 1: Organisation sociale

Comment se préparer aux études supérieures?

- Exprimer ses idées et opinions sur ce qu'est une bonne éducation
- Comprendre, décrire et donner son avis sur le Baccalauréat International
- Comprendre et comparer les différentes procédures pour rentrer à l'université en France et dans d'autres pays

RÉFLÉCHIR

Avec quelles propositions êtes-vous d'accord? Pourquoi?

Le véritable rôle de l'école est de…

- … nous apporter une culture générale
- … nous enseigner les valeurs morales
- … développer notre esprit critique
- … nous préparer au monde du travail et nous donner des compétences professionnelles
- … nous apprendre à travailler en collaboration avec d'autres personnes
- … nous apprendre à nous soumettre à l'autorité
- … développer notre créativité
- … nous apprendre notre histoire et nos racines
- … mettre fin à nos rêves irréalistes
- … nous apprendre la tolérance
- … remplacer les parents
- … lutter contre le déterminisme social

Voyez-vous d'autres rôles de l'école?

38

4 Le Baccalauréat International en dix questions

ib Programme du diplôme

C'est important de savoir parler et argumenter sur le programme éducatif que vous suivez actuellement. Vous allez chercher les réponses aux questions suivantes sur la version française du site web du Baccalauréat International: www.ibo.org/fr/programmes/diploma-programme/what-is-the-dp. Attention: tous les renseignements demandés ne se trouvent pas sur la première page du site. Il vous faudra souvent suivre des liens pour les trouver.

A En lisant le site web du Baccalauréat International, établissez une liste du vocabulaire important pour parler du programme du Baccalauréat International et ses spécificités. Choisissez un minimum de 15 mots et expressions utiles que vous ne connaissiez pas avant, puis répondez aux questions suivantes.

B Cherchez les réponses aux questions suivantes sur le site web:

1. Combien d'écoles, d'étudiants et de professeurs travaillent avec le Baccalauréat International (le IB)?
2. Quels sont les avantages du Baccalauréat International?
3. Dans quelles langues les programmes de l'IB sont-ils proposés?
4. Quelles compétences chez les étudiants du Diplôme de l'IB sont particulièrement appréciées par les Universités?
5. À quoi sert le cours de Théorie de la Connaissance?
6. Quels cours de Langues étrangères sont offerts en ligne?
7. Quel cours de langue est réservé aux débutants et peut-on faire ce cours au niveau supérieur?
8. CAS est un programme unique au Diplôme de l'IB. Quelles sont les trois composantes du programme?
9. Quelles qualités et compétences sont développées avec ce programme?
10. Qu'est-ce que le POP?

C Complétez la phrase suivante: Le véritable rôle du Baccalauréat International est de…

UNITÉ 2   Éducation

5 Interview

Écoutez un étudiant du Diplôme parler de son mémoire de TdC et remplissez les blancs dans les phrases suivantes.

1 L'étudiant pense que l'IB est très rigoureux et il a parfois l'impression de _____ mais il adore étudier les matières qu'il a choisies au _____.
2 Son _____ est docteur en biologie marine et il a fait ses études à l'Université du Québec à Rimouski.
3 Il a décidé de faire des recherches sur les innovations en matière de _____ au Québec.
4 Ce qui l'intéresse c'est de comprendre le rôle du _____, celui du _____ et des _____ dans cette course aux solutions pour sauver les océans.
5 Comme sa mère est québécoise il a un peu l'impression de _____ en faisant un mémoire sur le Québec.
6 Il écrira son mémoire en français. Comme ça il pourra obtenir _____ pour son diplôme.
7 Le mémoire est _____ qui vous servira pour votre CV.

6 L'entrée à l'université

L'entrée à l'université en France va aussi être réformée. L'éducation nationale utilisait jusqu'en 2017 un algorithme avec des critères assez arbitraires, selon les critiques, qui avait comme objectif de donner sa chance à tous les étudiants. Le mérite et les résultats au Bac n'étaient pas les critères majeurs. Cependant on a constaté trop d'échecs en licence et il semble que beaucoup d'étudiants n'étaient pas bien orientés et avaient choisi une filière universitaire qui ne leur correspondait pas. Les réformes veulent proposer un parcours réalisable pour tous pour obtenir un taux de réussite plus haut.

Pour comprendre le texte qui va suivre, faites correspondre les mots avec leur définition.

1 le tirage au sort
2 la sécurité sociale
3 la sélection
4 la licence
5 un parcours adapté
6 le quinquennat

a diplôme de l'enseignement supérieur qui se prépare généralement en trois ans
b mandat présidentiel qui dure cinq ans
c méthode pour prendre une décision où le résultat est laissé au hasard
d un choix basé sur des critères spécifiques
e institution officielle ayant comme objet de protéger les citoyens et de leur donner les garanties minimales dans les domaines de la maladie, la maternité, les accidents, l'invalidité et plus…
f accompagnement pédagogique particulier, comme des modules de remise à niveau

7 Enseignement supérieur: les annonces du gouvernement pour la rentrée 2018

La fin du tirage au sort pour l'entrée à l'université est confirmée.

Édouard Philippe a annoncé la fin du tirage au sort pour l'entrée dans les filières universitaires les plus demandées, dès la rentrée 2018, conformément aux promesses de la ministre de l'Enseignement supérieur. «Je n'ai jamais eu peur du mot sélection», mais «entre la sélection brutale et le tirage au sort, il existe une palette de solutions beaucoup plus souples, plus humaines et plus intelligentes», a-t-il indiqué. «Dans la plupart des cas, l'université dira oui au choix du bachelier et, dans certains cas, elle dira oui, si, c'est-à-dire si le candidat accepte un parcours adapté qui lui permette de réussir dans la filière qu'il a choisie», a précisé le Premier ministre.

Le gouvernement s'est également engagé à investir près d'un milliard d'euros pour accompagner le plan étudiant et la réforme des modalités d'entrée à l'université, sur le quinquennat, a indiqué Frédérique Vidal. Quelque 450 millions proviennent du grand plan d'investissement et seront consacrés à la transformation du premier cycle universitaire (licence), auxquels s'ajouteront 500 millions d'euros sur la durée du quinquennat.

30/10/2017
www.lepoint.fr/societe/enseignement-superieur-les-annonces-du-gouvernement-pour-la-rentree-2018--30-10-2017-2168546_23.php

A Lisez le texte ci-dessus et répondez aux questions suivantes:

1. Quel est le plus grand changement de cette réforme?
2. Le Premier Ministre choisit trois adjectifs pour qualifier les solutions apportées par cette réforme: quels sont-ils?
3. Est-ce que cette réforme vous paraît juste et pourquoi?
4. Qu'est-ce qu'on offrira aux étudiants qui n'ont pas d'assez bons résultats pour obtenir une place dans l'université de leur choix?
5. Certains opposants politiques critiquent cette réforme. Pouvez-vous imaginer leurs arguments?

B Et vous, avez-vous un plan pour vos études supérieures?

- Que pensez-vous faire l'année prochaine?
- Où aimeriez-vous étudier?
- Vos parents sont-ils d'accord avec vos projets?
- Qu'en pensent vos professeurs ou le conseiller d'orientation?
- Quelle est la procédure de sélection dans les universités où vous envisagez d'étudier? Comparez-la avec la France.
- Avez-vous des inquiétudes par rapport à votre admission?
- Est-ce une filière beaucoup demandée? Comment se fait la sélection?
- Avez-vous un Plan B?

8a Préparation à l'examen oral

NIVEAU MOYEN

Voici deux images sur le thème de l'éducation. Choisissez-en une et préparez une présentation de trois à quatre minutes que vous ferez à l'oral en classe. N'écrivez que des notes.

- Expliquez quelle image vous avez choisie et éventuellement donnez une raison.
- Décrivez le thème de la photo.
- Faites une description de ce que vous voyez en allant du général (contexte, environnement, temps, période de l'année, nombre de personnes, etc.) au plus spécifique (action des personnages, détails intéressants, etc.)
- Allez plus loin que l'image en imaginant la scène et en expliquant les enjeux de la situation.
- Donnez votre opinion sur le sujet, expliquez s'il y a une polémique.
- Vous pouvez faire des parallèles avec la situation dans votre pays ou dans une autre culture et rajouter des faits trouvés dans d'autres sources (article lu, film vu, conversation en classe, etc.).

8b Préparation à l'examen oral

NIVEAU SUPÉRIEUR

Le Cancre

Il dit non avec la tête
mais il dit oui avec le cœur
il dit oui à ce qu'il aime
il dit non au professeur
il est debout
on le questionne
et tous les problèmes sont posés
soudain le fou rire le prend
et il efface tout
les chiffres et les mots
les dates et les noms
les phrases et les pièges
et malgré les menaces du maître
sous les huées des enfants prodiges
avec les craies de toutes les couleurs
sur le tableau noir du malheur
il dessine le visage du bonheur.

De *Paroles* par Jacques Prévert

Parler de littérature:

Étudiez ce poème et préparez une présentation de trois à quatre minutes. N'écrivez que des notes succinctes.

- Décrivez le thème du poème.
- Commentez le langage choisi par l'auteur.
- Décrivez la forme (figures de style, ton, style, etc.) et en quoi elle aide à faire passer les idées de l'auteur.
- Si vous connaissez d'autres œuvres littéraires sur le thème de l'école, vous pouvez les comparer et contraster.
- Quelle vision de l'école est décrite par Prévert? Donnez votre opinion sur le personnage et / ou le poème.

L'école et l'égalité des chances

- Utiliser les structures avec «si» pour exprimer ses idées sur les enjeux de l'éducation dans les pays en développement
- Comprendre et interpréter un article économique et social
- Écrire une rédaction pour expliquer et argumenter une citation

■ Paul Valéry  ■ Maria Montessori

■ Amadou Hampâté Bâ  ■ Helen Keller  ■ Robert Sabatier

RÉFLÉCHIR

«Un enseignement qui n'enseigne pas à se poser des questions est mauvais»
Paul Valéry

«Ne regrette rien, il faudra toujours continuer à apprendre et à te perfectionner, et ce n'est pas à l'école que tu pourras le faire. L'école donne des diplômes, mais c'est dans la vie qu'on se forme.»
Amadou Hampâté Bâ

«Le meilleur aboutissement de l'éducation est la tolérance».
Helen Keller

«Dis-moi, et j'oublierai; montre-moi, et je me souviendrai; implique-moi, et je comprendrai».
Proverbe chinois

«La plus parfaite éducation consiste à habituer le disciple à se passer de maître».
Robert Sabatier

«Seule l'éducation peut préparer la personnalité humaine à affronter les difficultés nouvelles, en développant une faculté d'adaptation souple et vive, associée à une conscience claire de la réalité sociale».
Maria Montessori

- Êtes-vous d'accord avec ces citations sur l'éducation?
- Expliquez-les avec vos propres mots.
- Ont-elles une résonance avec l'éducation que vous suivez ou vos idées sur l'éducation?
- Choisissez une citation et défendez-la devant la classe en donnant des exemples concrets de votre interprétation.

UNITÉ 2 Éducation

9 L'éducation est un droit humain selon l'Unicef

L'Unicef, vous connaissez sûrement déjà… C'est l'acronyme pour *United Nations International Children's Emergency Fund* ou le «Fonds des Nations Unies pour l'Enfance» en français. Regardez cette courte vidéo: https://youtu.be/nid36TQ-uEI et terminez les phrases proposées en choisissant *la* ou *les* bonne(s) réponse(s).

1 Les objectifs fixés par l'Unicef en 1990 ont-ils abouti?
  a oui
  b non
  c oui mais il reste encore beaucoup à faire

2 58 millions d'enfants…
  a ne peuvent pas aller à l'école primaire
  b ne peuvent pas aller à l'école secondaire
  c doivent travailler au lieu d'aller à l'école

3 Plus de 700 millions de personnes sont…
  a ignorantes
  b illettrées
  c analphabètes

4 Une éducation inclusive est…
  a une éducation pour tous quel que soit le sexe, l'origine ethnique, les croyances, la langue ou le statut socio-économique
  b une éducation pour tous les enfants des pays en développement
  c une éducation pour tous les adultes

5 L'Unicef veut soutenir les enseignants en…
  a créant du matériel motivant
  b créant des lieux où les élèves pourront collaborer
  c créant des programmes scolaires

6 Selon l'Unicef l'idéal est d'apprendre…
  a quand on est jeune
  b jusqu'à notre mort
  c pendant les plus belles années de notre vie

10 Le défi de l'accès et de la qualité de l'éducation dans les pays en développement

A Pour préparer le texte, cherchez ces mots dans un dictionnaire:

1 la croissance économique
2 les revenus
3 l'alphabétisme
4 rémunéré
5 en dépit de

Accès à l'éducation, quels enjeux?

1 […] Il est généralement admis que l'éducation, au niveau macroéconomique, est un facteur essentiel de croissance économique et un moyen de lutter contre toutes les formes de pauvreté. En effet, plus une population est éduquée, plus elle est productive, ce qui a en retour un impact positif sur la croissance économique (Graphique 1). L'éducation a non seulement un impact sur le niveau des revenus mais aussi sur leur répartition. Plus la population est éduquée, plus les revenus sont homogènes (UNESCO, 2014). Augmenter l'accès à l'éducation est donc un premier pas vers la réduction des inégalités de revenus au sein des pays.

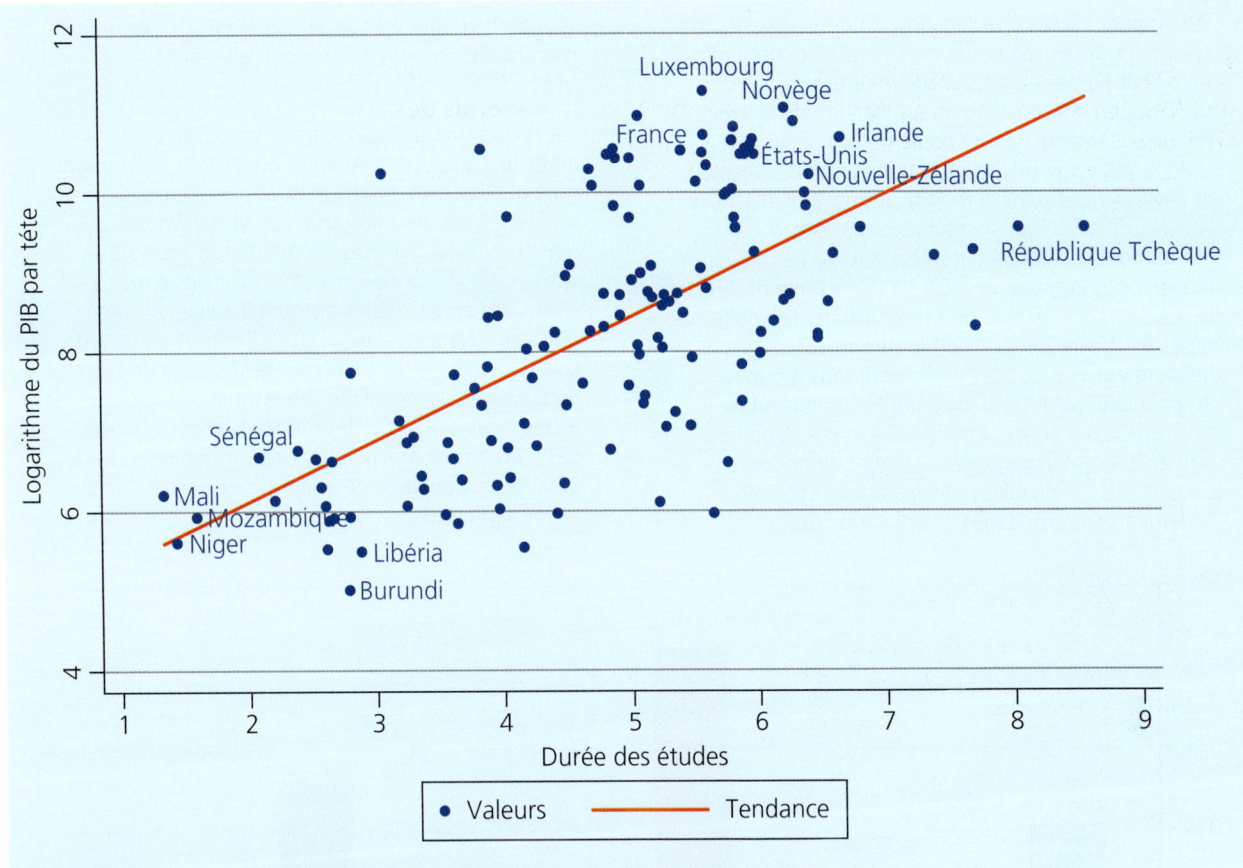

■ Graphique 1: Corrélation entre PIB par habitant et durée de l'éducation en 2010

2 Pour les personnes les plus défavorisées, l'éducation est un outil efficace qui leur permet de sortir du piège de la pauvreté. Si tous les enfants des pays à faible revenu quittaient l'école avec les compétences de base en alphabétisme, 171 millions de personnes pourraient sortir de la pauvreté, soit l'équivalent d'une baisse de 12% de la pauvreté mondiale (UNESCO, 2014). Les individus éduqués, quels que soient leurs milieux d'origine, ont une plus faible probabilité de se retrouver en situation de pauvreté chronique (Dercon et al., 2012; Lawson et al., 2006; Ribas et al., 2007).

3 Au niveau microéconomique, un lien positif a été mis en exergue entre éducation et niveau de revenus. Un individu qui a été scolarisé aura une plus forte capacité à s'adapter à des tâches complexes, à un univers changeant et sera, in fine, plus productif et par conséquent mieux rémunéré. Les économistes ont montré que chaque année d'éducation supplémentaire s'accompagne d'une augmentation des salaires. C'est ce qu'on appelle les taux de rendements de l'éducation. En moyenne, une année d'éducation au primaire accroît les salaires de 12% (Montenegro et Patrinos, 2014). Les taux de rendements de l'éducation sont particulièrement élevés dans les régions en développement puisque la main d'œuvre éduquée est plus rare. Ainsi, en Afrique subsaharienne, une année supplémentaire d'étude au primaire est associée à une hausse de 14% des salaires futurs (Montenegro et Patrinos, 2014).

4 [...] Outre son impact économique direct sur les revenus, promouvoir l'éducation est essentiel pour améliorer les performances de santé. En effet, les personnes instruites sont mieux informées des maladies potentielles et peuvent donc mieux les prévenir. Elles sont également généralement mieux rémunérées, comme nous l'avons vu, et consacrent en moyenne plus de ressources aux soins de santé (UNESCO, 2014). Le principal canal qui explique l'impact de l'éducation sur la santé passe par les mères: les enfants des femmes les plus instruites tendent à être en meilleure santé.

[...]

5 Non seulement, l'éducation a un effet économique en améliorant les revenus et en favorisant la croissance économique, mais elle a aussi un effet sur la société dans son ensemble puisqu'elle facilite l'émergence de la bonne gouvernance et de la démocratie. Une éducation de qualité permet en effet aux individus de mieux appréhender les problèmes auxquels est confrontée la société (Evans and Rose, 2007; UNESCO, 2014), de soutenir davantage les régimes démocratiques (Evans and Rose, 2012; Shafiq, 2010) et de participer activement à la vie politique (UNESCO, 2014).

6 Développer l'accès à l'éducation est donc devenu une priorité pour de nombreux pays en développement. L'Objectif numéro 2 du Millénaire pour le Développement, également appelé l'Enseignement Primaire Universel (EPU), stipule notamment que chaque pays doit donner à tous les enfants, garçons et filles, partout dans le monde, les moyens d'achever l'école primaire. Suite à cette reconnaissance internationale, chaque pays s'est efforcé de trouver un moyen pour augmenter l'accès à l'éducation et diffuser la connaissance au sein de sa population. Les politiques mises en œuvre ont pris de nombreuses formes qui peuvent être regroupées en deux grands groupes: les politiques visant à augmenter l'offre éducative (construction d'écoles, augmentation des dépenses publiques en éducation, recrutement de nouveaux enseignants…) et celles qui cherchent à stimuler la demande des ménages en éducation (bourses, transferts monétaires conditionnels à la scolarisation des enfants, campagnes de sensibilisation).
[…]

7 Au sein même de chaque pays, on observe des inégalités flagrantes. Aujourd'hui encore, en dépit de politiques actives, les enfants, et plus particulièrement les filles, issus des milieux ruraux et défavorisés demeurent marginalisés (Graphique 2). En Afrique subsaharienne, seulement 23% des filles pauvres vivant des zones rurales ont terminé leurs études primaires (Nations Unies, 2014). Cette situation a des conséquences importantes sur la structure du marché du travail et les inégalités: les femmes, les individus des zones rurales ou issus des milieux pauvres n'arrivent pas à prétendre aux mêmes emplois que les individus urbains, ce qui participe à reproduire un marché du travail segmenté.

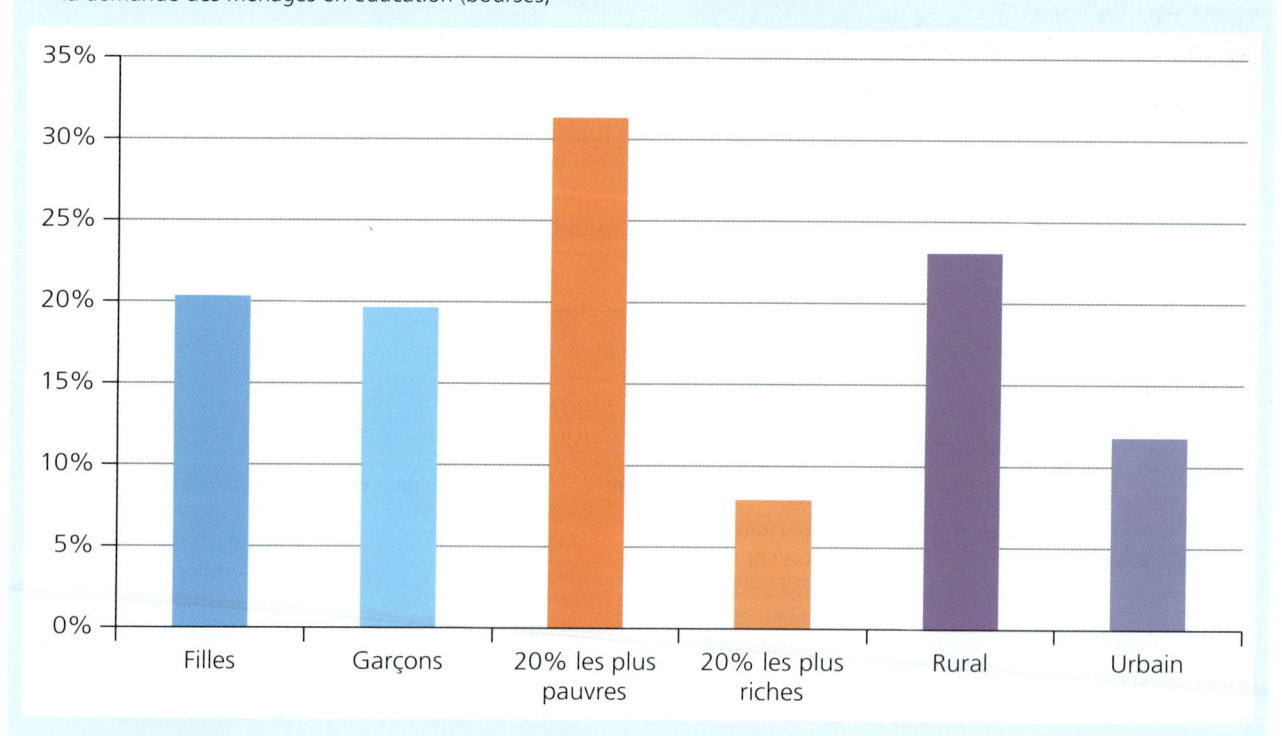

■ Graphique 2: Proportion d'enfants non scolarisés en âge d'aller à l'école primaire, 2005–2013

8 Les enfants doivent achever leur parcours du cycle primaire pour acquérir les connaissances de base en lecture et en mathématiques. Or, même quand ils commencent à suivre un cursus scolaire, de nombreux enfants abandonnent prématurément l'école. En effet, dans les régions en développement, un enfant sur quatre scolarisés ne termine pas la dernière année du cycle, un chiffre constant par rapport à 2000. En Afrique subsaharienne, ce phénomène concerne deux enfants sur cinq.
[…]

Marine de Talance, 05/02/2015
www.bsi-economics.org/460-acces-qualite-education-pays-developpement

B Voici des phrases qui résument chaque paragraphe du texte. Indiquez le numéro du paragraphe pour chaque phrase.

a Les pays avec une population plus éduquée sont généralement gouvernés plus démocratiquement.
b Les pays en développement se sont fixés comme objectif l'Enseignement Primaire Universel.
c Il est prouvé que l'éducation aide à enrayer la pauvreté.
d Les filles dans les pays en voie de développement souffrent particulièrement d'inégalités dans le domaine de l'éducation.
e De nombreux enfants dans les pays en développement quittent l'école trop tôt.
f Plus on étudie, plus on a des chances de gagner plus d'argent.
g Un important pourcentage de la population mondiale sortirait de la pauvreté si elle était éduquée.
h Plus on étudie, plus on a des chances de rester en meilleure santé.

Expressions pour comparer des données

Le nombre de…
est égal à
est plus grand que
est plus petit que
équivaut à
correspond à
est différent de
est semblable à
est identique à
est inférieur à
est supérieur à
varie en fonction de

Le pourcentage de…
est en hausse
est en augmentation
est en progression
progresse régulièrement
s'est sensiblement élevé (accru)
a doublé

a triplé
a connu un net accroissement
atteint un niveau record

La proportion de…
a légèrement fléchi
est en baisse
est tombée au-dessous de
a fortement diminué
est en chute libre
s'est effondrée
a atteint son niveau le plus bas (un niveau-plancher)

Le nombre de…
reste stable
est égal à celui / celle de
se maintient au même niveau
s'est stabilisé
stagne

C Travaillez avec la personne assise à côté de vous et expliquez à tour de rôle un des graphiques du texte. Utilisez les expressions ci-dessus.

D Conclusion: Retrouvez les mots qui manquent dans la conclusion de l'article. Choisissez parmi la liste au-dessous:

- **a** une arme contre la pauvreté
- **b** la trappe à pauvreté
- **c** constater
- **d** ne relâchent pas
- **e** exclus
- **f** les filles

En ce début 2015, force est de [1]_____ que, malgré quelques progrès notables, de nombreux enfants sont toujours [2]_____ du système éducatif ce qui représente un frein très fort au développement et cantonne ces enfants dans [3]_____. Il est impératif que les pays en développement [4]_____ les efforts entrepris depuis 2000 et orientent leurs politiques vers les enfants issus de milieux défavorisés ou ruraux et principalement [5]_____. L'objectif de l'accès universel à l'éducation ne doit pas non plus éclipser un impératif tout aussi important pour faire de l'éducation [6]_____, à savoir améliorer la qualité de l'apprentissage dans les écoles. Cette notion de qualité est bien trop souvent ignorée alors que, sans elle, augmenter la scolarisation serait un vain effort sans conséquence sur le niveau de développement. […]

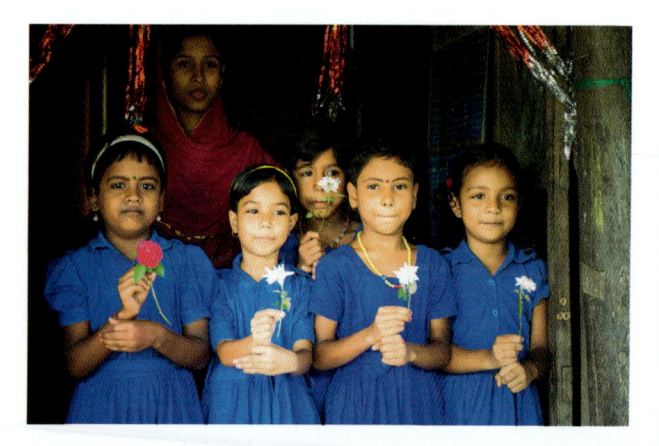

Grammaire

Les structures avec «si»

Les structures avec «si» sont utilisées pour exprimer une hypothèse ou une situation impliquant une condition. Elles sont principalement formées ainsi:

Pour exprimer une probabilité ou une quasi-certitude:

- *Si* + présent de l'indicatif, présent de l'indicatif, par exemple:
  S'*ils veulent sortir de la pauvreté, ils doivent être éduqués.*
- *Si* + présent de l'indicatif, futur simple, par exemple:
  Si *vous éduquez les mamans, les enfants seront en meilleure santé.*
- *Si* + présent de l'indicatif, présent de l'impératif, par exemple:
  Si *vous voulez aider les communautés en voie de développement, faites du bénévolat!*

Pour exprimer une hypothèse:

- *Si* + imparfait, conditionnel présent, par exemple:
  Si *l'école était obligatoire pour tous les enfants, on enrayerait l'analphabétisme.*

Pour exprimer une hypothèse non réalisée dans le passé:

Ayant des conséquences dans le présent:

- *Si* + plus-que-parfait, conditionnel présent, par exemple:

  S'il avait bien pris les notes en classe, il serait préparé pour le contrôle final.

Ayant eu des conséquences dans le passé:

- *Si* + plus-que-parfait, conditionnel passé, par exemple:

  Si vous aviez étudié plus sérieusement, vous auriez réussi votre examen.

Pour exprimer une hypothèse réalisée dans le passé:

- *Si* + passé composé, passé composé, par exemple:

  Si tu as compris les règles, tu as pu arbitrer.

Attention! Les constructions avec «si» suivent des règles d'utilisation des temps bien établies peu importe où est placée la section avec «si» (on peut avoir la section avec «si» en deuxième position dans la phrase sans changer le sens), par exemple:

- *Je serais plus au courant des actualités, **si** je lisais plus souvent le journal. = **Si** je lisais plus souvent le journal, je serais plus au courant des actualités.*

E En vous basant sur le texte «Le défi de l'accès et de la qualité de l'éducation dans les pays en développement, écrivez au moins dix phrases en utilisant les structures avec «si».

CRÉATIVITÉ, ACTIVITÉ, SERVICE

Il existe plusieurs organismes de mission humanitaires dans des pays en développement, notamment dans le secteur de l'éducation. Ce type d'expérience pourrait rentrer dans le cadre de votre programme de Créativité, Action, Service. Voici un exemple d'une offre de stage bénévole pour l'organisation Urgence Afrique au Togo, en Afrique francophone:

Missions Éducation / Soutien scolaire / Animation périscolaire à Kouma Konda – Togo

À Kuma, des missions sont envisageables en partenariat avec les écoles du village.

Les besoins sont avant tout en période de grandes vacances scolaires.

C'est une période idéale pour mener des activités d'animation ludique (sports, jeux collectifs, spectacles, arts plastiques…) et des séances de soutien scolaire personnalisé par petits groupes.

www.urgenceafrique.org/?q=fr/mission-education

F **Les missions humanitaires bénévoles, ça vous intéresse?**

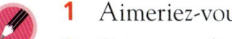

1. Aimeriez-vous faire ce stage? Pourquoi?
2. Faites une liste des avantages et des inconvénients que ce stage offrirait pour vous.
3. Faites ensuite la liste des compétences que vous pourriez acquérir en vivant une telle expérience.

11 Préparation à l'examen écrit

NIVEAU SUPÉRIEUR

Thème 1: Organisation sociale

« L'éducation est l'arme la plus puissante qu'on puisse utiliser pour changer le monde »

http://citation-celebre.leparisien.fr/citations/70568

« L'éducation des enfants pauvres est la pierre fondamentale de toute espèce de charité »

Laurence Sterne; Maximes, pensées et lettres (1768)

■ Comment écrire un article pour le magazine de l'école
Voir l'Unité 1 à la page 14.

■ Comment écrire une page de journal intime
Voir l'Unité 1 à la page 5.

■ Comment écrire un discours

Comment bien commencer un discours:
- Capter l'attention du public
- Annoncer le sujet
- Établir le contact

Techniques d'introduction:

- Insistez sur l'intérêt de votre sujet, par exemple:

  «Le coût pour la collectivité est effectivement particulièrement exorbitant, comme l'a souligné le Pr Serge Hercberg, qui porte le Programme national nutrition santé, lors d'un colloque organisé par la Mutualité française et le Réseau Environnement Santé à l'Assemblée nationale. Les facteurs nutritionnels sont impliqués dans de multiples maladies:…»

- Faites une déclaration, par exemple:

  «…: les maladies cardiovasculaires, dont le coût en France est estimé à 28,7 milliards d'euros par an; les cancers, 12,8 milliards par an; l'obésité, 4 milliards; le diabète, 12,5 milliards.»

- Commencez par raconter une histoire ou une anecdote amusante et pertinente, en relation directe avec votre sujet.

- Posez des questions, par exemple:

  «Mais quelles seraient les mesures efficaces à prendre?»

- Commencez par une citation, par exemple:

  «…une question du Sénateur Jean Germain "sur les conséquences financières de l'alimentation industrielle déséquilibrée, également appelée malbouffe: excès de sucres, de sel, de gras, de produits chimiques…"»

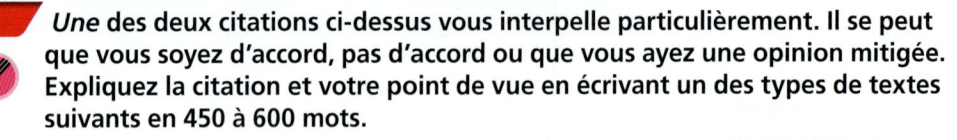

Une des deux citations ci-dessus vous interpelle particulièrement. Il se peut que vous soyez d'accord, pas d'accord ou que vous ayez une opinion mitigée. Expliquez la citation et votre point de vue en écrivant un des types de textes suivants en 450 à 600 mots.

| Un article de presse | Une entrée de journal intime | Un discours |

Comment la technologie peut-elle changer l'éducation?

- Discuter de l'efficacité des nouvelles technologies dans l'apprentissage
- Comprendre et s'exprimer au futur pour envisager l'avenir
- Écrire un texte argumentatif pour convaincre un public

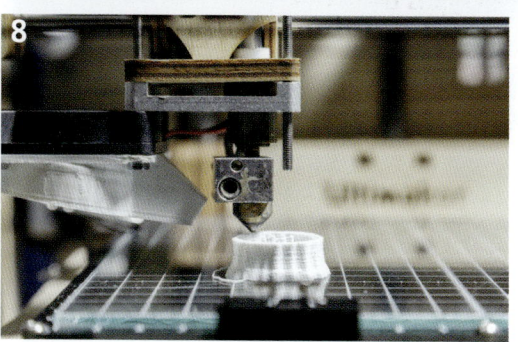

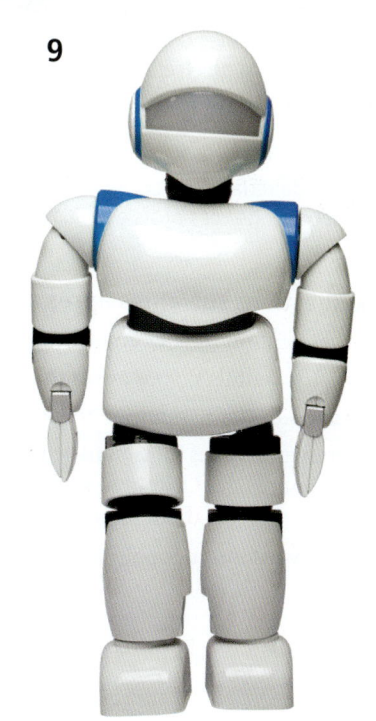

UNITÉ 2 Éducation

RÉFLÉCHIR

Comment s'appellent les technologies représentées sur les photos? À quoi servent-elles?

a un tableau blanc interactif
b une montre intelligente
c une imprimante 3D
d un téléphone intelligent
e un masque de réalité virtuelle
f un robot
g un simulateur
h une tablette
i un ordinateur portable

- Quels sont les avantages d'utiliser les nouvelles technologies à l'école?
- Devrait-on utiliser les réseaux sociaux dans la classe?
- Quels programmes numériques aimeriez-vous utiliser en cours?
- Existe-t-il des inconvénients ou des dangers à utiliser ces technologies ou programmes à l'école? Donnez des exemples.

12 Comment utiliser internet pour ses études

Tu as l'impression que ton ordi t'ouvre une immense base de données où trouver tout ce que tu veux pour rédiger la dissert idéale ou résoudre ton problème de maths en cinq secondes chrono. C'est vrai… à condition de savoir naviguer en contournant ces récifs.

Alors suis notre guide pour surfer sans couler…

Attention aux sources

Il ne faut pas croire tout ce qui est écrit sur internet, en particulier sur des sites collaboratifs comme Wikipédia, dont les pages sont ouvertes à tous les internautes, ou des forums de discussion. Tu peux y trouver des infos intéressantes, mais n'oublie pas de les vérifier auprès de sites qui sont faits par des professionnels: par exemple les sites des grands journaux pour l'actualité, des sites officiels comme celui de Legifrance, les sites des instituts scientifiques…

Halte au copier-coller

Tu rêves de trouver ton sujet de rédac déjà tout écrit, ou la solution de ton équation toute cuite? Les profs eux aussi connaissent internet, et en plus ils sont au courant de ton niveau. Ils ne vont pas se laisser berner par un simple copier-coller: tu risques d'avoir zéro. Et même si ça marche une fois, comment expliqueras-tu que tu ne sais plus rien démontrer quand on t'envoie au tableau??

En revanche, s'inspirer de plans que tu pourras développer ensuite, trouver des idées auxquelles tu n'aurais pas pensé, échanger pour mieux cerner ton sujet… voilà qui te sera utile pour faire un meilleur devoir… et vraiment progresser!

Cible ta recherche

Pour trouver les infos les plus pertinentes par rapport à ton sujet, mieux vaut réfléchir à des mots-clés et les additionner. Par exemple, au lieu de taper «comment analysez-vous les réactions du personnage de Chimène dans cette scène?» ou «Chimène elle pense quoi?», écris plutôt «Chimène + Cid + 'Acte III, scène 2' + sentiments».

Ada, 19/11/2009
http://etudes.ados.fr/comment-utiliser-internet-pour-ses-tudes_article5582.html

Répondez aux questions suivantes après avoir lu le texte ci-dessus:

1 Dans quels pièges peut-on tomber en utilisant internet pour le travail scolaire?
2 Pourquoi les profs savent-ils si vous avez fait un copier-coller?
3 Quels sont les conseils donnés dans le texte?
4 Trouvez les synonymes de ces mots dans le texte:
   a surfer sur internet
   b tromper
   c fonctionner
   d délimiter
5 Comment utilisez-vous internet pour vos études?

13 Que pense cette enseignante d'histoire de l'utilisation des nouvelles technologies en classe?

A Écoutez bien ce témoignage de Claire Drovski et identifier les cinq affirmations vraies:

a Elle a toujours utilisé de nouvelles technologies dans sa classe.
b Elle n'utilise pas souvent de nouvelles technologies en classe.
c Elle utilise des nouvelles technologies pour enseigner l'Holocauste.
d Le musée de l'Holocauste de Montréal est une excellente ressource numérique.
e Avec le numérique on ne peut pas comprendre les différentes perspectives d'un thème historique.
f Les nouvelles technologies permettent d'avoir accès aux réponses des tests.
g On peut regarder des témoignages de survivants de l'Holocauste.
h Les nouvelles technologies permettent d'avoir accès aux sources primaires.
i Les nouvelles technologies permettent aux professeurs d'échanger des idées et des activités.
j Ses élèves vont sur YouTube pour savoir comment rechercher des sources et comment faire des présentations.

B Écoutez de nouveau l'extrait et remplissez les blancs avec les mots et expressions utilisés par Claire Drovski dans les phrases suivantes.

1 Mais maintenant de nombreux musées ont recours aux ressources _____ pour _____ et _____ les témoignages des survivants et aussi pour leur offrir une seconde vie.
2 Par exemple, ils ont des _____ que je montre à mes étudiants qui aiment beaucoup ça.
3 Ce musée a aussi développé des _____, des _____ et des vidéos de _____ sur l'Holocauste.
4 C'est une activité de iWitness Canada et la plupart des _____ viennent du Centre commémoratif de l'Holocauste à Montréal.
5 Tous ces outils numériques et multimédias ont permis à mes étudiants de revivre l'histoire, de s'identifier aux personnages, de _____, ce qui est très difficile sans ces outils-là.
6 Les nouvelles technologies c'est _____ à une matière scolaire.

14 Le futur et les expressions de temps

Grammaire

Le futur et les expressions de temps

Les expressions de temps dans le futur:

- *demain, après-demain*
- *dans* + duration, par exemple:
  dans deux heures
  dans vingt ans
  dans longtemps
  dans l'avenir

- *prochain*, par exemple:
  le weekend prochain
  l'année prochaine
- *en* + année, par exemple:
  en 2030
- *au* + siècle, par exemple:
  au vingt-deuxième siècle

UNITÉ 2 Éducation

Thème 1: Organisation sociale

> **Le futur simple – révision:**
> Prenez l'infinitif du verbe et ajoutez les terminaisons: *-ai*, *-as*, *-a*, *-ons*, *-ez*, *-ont* (c'est le verbe avoir au présent!), par exemple:
>
> Ma sœur **partira** en Australie l'année prochaine. Elle **suivra** des cours à l'Université de Brisbane. Elle y **restera** pendant cinq ans.
>
> **Verbes irréguliers au futur:** Le radical est irrégulier mais il ne change pas pour toute la conjugaison. Les terminaisons sont régulières:
>
> | | | |
> |---|---|---|
> | avoir – *j'aurai* | pouvoir – *je pourrai* | pleuvoir – *il pleuvra* |
> | être – *je serai* | savoir – *je saurai* | envoyer – *j'enverrai* |
> | venir – *je viendrai* | devoir – *je devrai* | voir – *je verrai* |
> | tenir – *je tiendrai* | mourir – *je mourrai* | faire – *je ferai* |
> | vouloir – *je voudrai* | courir – *je courrai* | aller – *j'irai* |
>
> Par exemple:
> Tu **viendras** me voir jeudi matin dans mon bureau.
> Vous **pourrez** me rendre vos devoirs la semaine prochaine.
> Nous **ferons** la correction en classe dans dix jours.
> **Reportez-vous au précis de grammaire en fin de livre.**

Regardez la vidéo qui correspond à votre niveau. Puis écrivez 15 phrases au futur pour décrire la vision de l'école du futur présentée. Utilisez aussi des expressions de temps.
Niveau moyen: Le voyage dans l'école du futur: https://youtu.be/hE2USLIw66E
Niveau supérieur: École numérique, bonne ou mauvaise idée? https://youtu.be/0cqYutiJ0oc
Niveau moyen et supérieur: L'école du futur aura des robots dans les classes: https://youtu.be/QqJkGMx1z28

15 École du futur: quels changements pour 2050?

Donner l'envie d'apprendre

1 Nous entendons souvent que les nouvelles technologies sont en train de bouleverser notre quotidien… Mais pendant que certains secteurs sont investis par les nouvelles technologies, d'autres, comme l'éducation par exemple, sont plus en retrait. En alliant les nouvelles technologies avec une autre manière de concevoir l'apprentissage, il est possible de redonner aux prochaines générations leur curiosité et surtout, le goût de la connaissance.

2 […] L'école du futur devra donc développer des mises en situations pour que l'élève retrouve le goût d'apprendre sans craindre une sanction. Grâce à internet et aux objets connectés qui décuplent l'interactivité, il est facilement possible de mettre en place des ateliers ludiques et connectés pour, enfin, sortir des sentiers battus. Ainsi, notre école du futur devrait ressembler à un immense bouillon de culture dans lequel les enfants apprennent à penser par eux-mêmes sans apprendre des listes de dates historiques ou de tables de multiplication.

3 L'arrivée des tablettes et autres supports intelligents devrait également permettre aux enseignants de pouvoir passer du temps avec chaque élève et de le faire avancer individuellement, pendant que les autres pourront poursuivre le programme commun. En effet, on demande souvent aux enseignants d'être présents auprès de chaque élève, même lorsqu'ils doivent gérer plus de 40 élèves à la fois. Autant dire, mission impossible. Dans l'école du futur, avec les tablettes, par exemple, les élèves pourront travailler de manière autonome tout en laissant du temps au professeur pour qu'il joue son rôle d'accompagnateur.

Enseignement horizontal plutôt que vertical

4 Au delà d'une simple révolution numérique qui va secouer dans quelques années le domaine de l'éducation en France, c'est une restructuration en profondeur que nous allons voir s'opérer dans l'école du futur… Et dans notre manière même de concevoir le savoir et sa transmission. Depuis plusieurs décennies, nous sommes habitués à apprendre les faits historiques de manière chronologique, sans vraiment faire de lien entre des événements emblématiques parce qu'ils sont éloignés dans le temps ou éloignés culturellement.

5 Et il est vrai, que si l'on vous demandait de citer plusieurs figures historiques emblématiques d'il y a cent ans, il est fort probable que ce soit le vide intersidéral dans votre cerveau à ce moment-là. C'est pourquoi, un jeune blogueur américain, Tim Urban, a développé sur son site *Wait but Why*, une autre manière de concevoir l'histoire et sa chronologie. Il propose donc une *Histoire horizontale*, plutôt qu'une *Histoire verticale*, dans laquelle on se perd et on s'emmêle les pinceaux!

6 Finalement, l'idée est de mettre en relation des personnages qu'ils soient de cultures ou civilisations différentes, ainsi, nous pouvons non seulement faire des découvertes étonnantes, mais surtout redécouvrir notre histoire et comprendre certains enjeux grâce à un regard neuf. Tim Urban montre dans son blog qu'il tire des conclusions parfois étonnantes: «Donc Darwin aurait vu Twain comme un jeune enfant et aurait serré sa main de vieil homme à Gandhi depuis son fauteuil à bascule sous son porche. En revanche, Nietzsche aurait vu chez Marx un homme de l'âge de son père et Freud comme un contemporain, mais un peu plus jeune.» Voilà de quoi dépoussiérer l'Histoire de notre humanité.

7 Cet exemple concret d'apprentissage horizontal, devrait se généraliser dans de nombreux domaines d'ici à 2050 et devenir un des changements majeurs dans l'école du futur. Cette révolution de l'apprentissage en lui-même ne va pas seulement prendre possession de l'Histoire, mais également de domaines importants dans l'ouverture des jeunes à la culture, comme les musées par exemple. En effet, avec la démocratisation de la Réalité Virtuelle, on devrait voir apparaître des expositions qui favorisent l'interactivité et la participation des visiteurs. Fini les collections immobiles aux murs, mais des plongées au cœur même des sujets à travers les casques de réalité virtuelle.

Et la place d'internet dans tout cela?

8 Un des outils essentiels et incontournables de l'école du futur reste internet. Non seulement, il sera de plus en plus présent mais il est déjà dans le quotidien des élèves en France aujourd'hui. Pourtant il peut représenter un danger pour nos enfants surtout s'ils n'y sont pas bien préparés. Ce qui fait la magie d'internet et son plus grand danger à la fois, c'est qu'il est la définition même de ce qu'est la liberté d'expression, tout le monde peut y participer et cela donne la plus grande des bases de données que l'on pourrait trouver. Dans l'école du futur, le partage en réseau et les recherches sur internet ne doivent pas être une fin en soi mais un moyen pour l'enfant d'apprendre à réfléchir par soi-même. Il faut chercher plus loin et chercher à construire ce que l'élève deviendra. Ainsi, internet ne doit pas être une finalité de l'immédiat mais un outil qui servira pour l'enfant dans le futur.

9 Il y a quelques années, il a même permis de faire voir le jour à une autre sorte d'école du futur, immatérielle cette fois, ce sont les MOOCs (Massive Open Online Courses). Ce sont des cours ouverts à tous et qui se partagent dans le monde entier, cette année, plus de 3 millions d'élèves se sont inscrits en ligne pour suivre les cours de la plateforme *Coursera*. Cette nouvelle manière d'apprendre va nécessiter une réorganisation de la manière dont se passent les cours habituellement, et surtout demander plus d'implication aux nouveaux professeurs en ligne… Malheureusement, la France se trouve très en retard dans ce domaine et devrait vite y prendre part.

10 De la même manière, la formation à certains métiers pourra se faire totalement à distance, de la même manière que l'école du futur de chirurgiens en ligne développée par le docteur Shavi Ahmed. Celle-ci, en utilisant la réalité virtuelle pour immerger les étudiants va permettre de leur apprendre sans risquer la vie d'un patient, mais surtout de faire accéder certains pays pauvres ou isolés pour des raisons géopolitiques ou autre, à une formation de pointe.

11 Finalement, l'apprentissage à distance va permettre au savoir de se démocratiser réellement, enfin, pas complètement, puisque la connexion internet restera la dernière barrière à l'accès à la connaissance. Il faut d'ailleurs noter, le projet *Loon* des firmes *Mountain View* et *Google*, de développer un réseau internet à très bas coût pour proposer un accès à internet à tous les pays, même les plus isolés.

École du futur: qu'est-ce que cela signifie pour la France?

12 […] Dans l'école du futur, les dictées par exemple, seront sur une tablette, ainsi, chaque élève peut avancer à son rythme sans avoir peur de ne pas pouvoir suivre le tempo imposé par son professeur. D'une autre manière, l'apprentissage des mathématiques par exemple, se fera à l'aide de robots et de tapis interactifs. Dans cette nouvelle école du futur, en cours de test, des mises en scènes viendront appuyer certaines matières pour rendre l'apprentissage ludique aux yeux d'enfants.

13 Ces changements qui sont déjà une réalité pour certains de nos enfants, vont sûrement devenir le quotidien des élèves en 2050. Faire entrer les nouvelles technologies et les objets connectés dans l'école du futur va permettre un renouveau dans l'éducation, qui était en train de s'engluer depuis plusieurs années dans un fonctionnement pas du tout en phase avec les aspirations des jeunes aujourd'hui. L'ancienne génération de l'école doit maintenant laisser sa place à l'école du futur!

Jeanne D, 15/04/2016
www.objetconnecte.net/ecole-du-futur-dossier-1404

A Trouvez les mots ou expressions synonymes dans les paragraphes du texte indiqués dans le numéro de la question.

- **1a** révolutionner
- **1b** derrière
- **2a** augmentent
- **2b** innover
- **2c** de jeux
- **2d** un terrain favorable
- **3a** indépendamment
- **4a** agiter
- **5a** le néant
- **5b** on s'embrouille
- **6a** donner un renouveau
- **7a** l'engagement actif
- **8a** collections de renseignements
- **9a** virtuelle
- **10a** un enseignement avant-garde

B Questions sur le texte:

1. L'auteur du texte est-il favorable à l'introduction des technologies nouvelles dans les écoles? Pourquoi?
2. Comment, selon lui, les nouvelles technologies changeraient l'apprentissage des élèves?
3. Si l'on applique les idées du texte, pourrait-on envisager que les écoles et les professeurs disparaissent dans le futur et soient remplacés par de nouvelles technologies?
4. Êtes-vous d'accord? Argumentez.

16 Préparation à l'examen écrit

■ Comment écrire un discours
Voir la page 50 de cette unité.

■ Comment écrire une interview
Voir l'Unité 1 à la page 15.

■ Comment écrire un éditorial

Un éditorial est un article de presse mais avec des caractéristiques un peu différentes. On le trouve en général à l'intérieur de la couverture d'un magazine ou à la troisième page et il est écrit par le rédacteur / la rédactrice en chef de la publication. Une seule opinion est exprimée – la vôtre. Vous devrez structurer votre texte et vous pouvez utiliser des éléments du discours: répétitions, questions rhétoriques, etc. Pour avoir un exemple d'éditorial sous les yeux, reportez-vous à n'importe quel magazine français. Pensez à inclure les éléments suivants:

- votre point de vue (subjectif)
- des exemples, des faits ou opinions d'autres personnes
- dans l'introduction vous évoquez une question brûlante, vous résumez la problématique
- dans le corps de l'éditorial, répondez aux questions suivantes: qui, quoi, où, quand, pourquoi et comment
- exposez les arguments «contre» vos idées, puis donnez les preuves pour les contester
- «vendez» vos solutions
- concluez avec un argument fort, un argument coup de poing!
- pas de «je» qui rendrait l'éditorial trop familier
- un ton convivial mais pas familier; vous essayez de convaincre

Vous avez beaucoup réfléchi sur le thème de l'éducation et vous pensez qu'un changement est nécessaire dans le système éducatif actuel de votre pays, du pays dans lequel vous vivez ou d'un pays francophone. Vous avez des idées concrètes pour les écoles du futur. Écrivez un texte pour les présenter et les argumenter.

Niveau moyen: Écrivez entre 250 et 400 mots.

Niveau supérieur: Écrivez entre 450 et 600 mots.

Choisissez un des types de texte suivants:

> Discours   Interview   Éditorial

■ THÉORIE DE LA CONNAISSANCE

Deux façons d'apprendre…

Discutez en classe de cette infographie qui présente les différences entre deux manières d'apprendre.

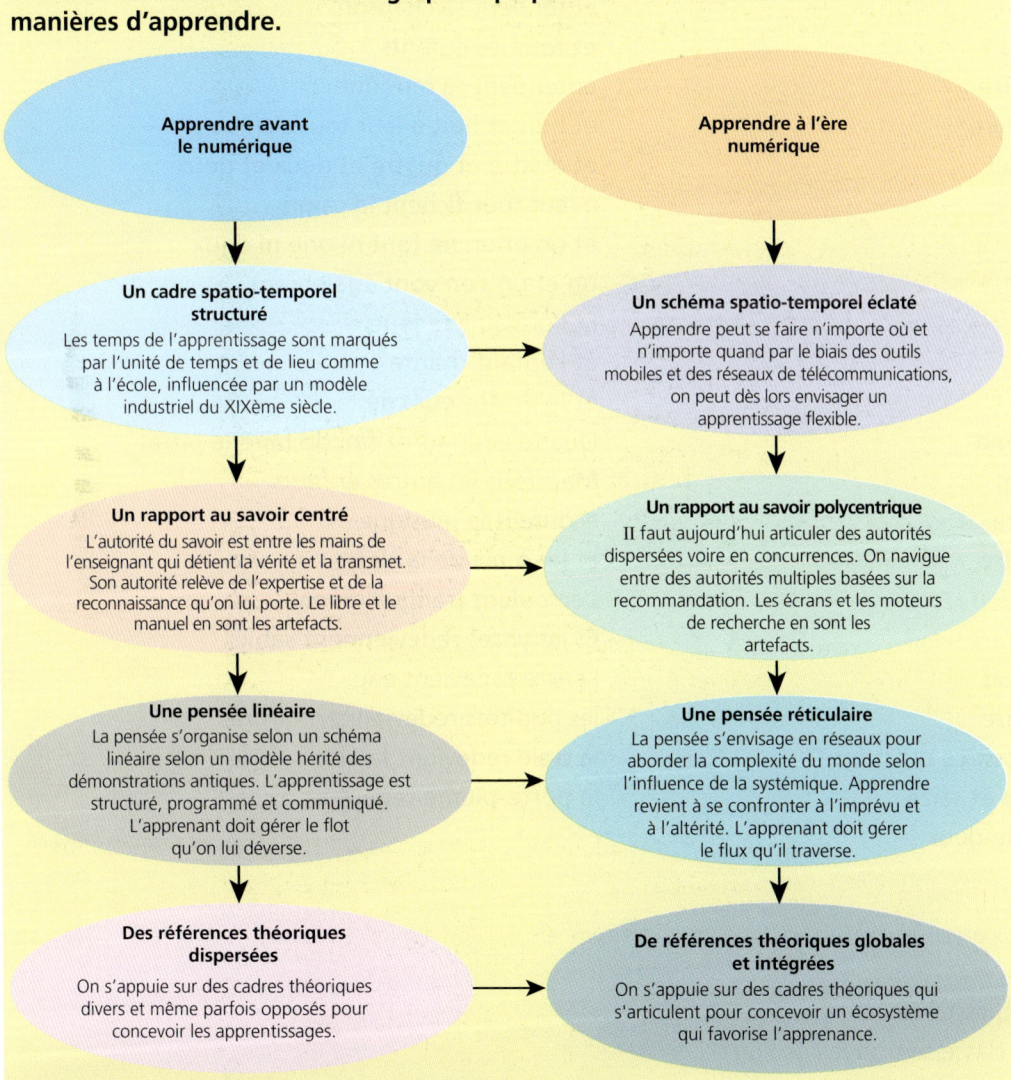

Apprendre avant le numérique

↓

Un cadre spatio-temporel structuré
Les temps de l'apprentissage sont marqués par l'unité de temps et de lieu comme à l'école, influencée par un modèle industriel du XIXème siècle.

↓

Un rapport au savoir centré
L'autorité du savoir est entre les mains de l'enseignant qui détient la vérité et la transmet. Son autorité relève de l'expertise et de la reconnaissance qu'on lui porte. Le libre et le manuel en sont les artefacts.

↓

Une pensée linéaire
La pensée s'organise selon un schéma linéaire selon un modèle hérité des démonstrations antiques. L'apprentissage est structuré, programmé et communiqué. L'apprenant doit gérer le flot qu'on lui déverse.

↓

Des références théoriques dispersées
On s'appuie sur des cadres théoriques divers et même parfois opposés pour concevoir les apprentissages.

Apprendre à l'ère numérique

↓

Un schéma spatio-temporel éclaté
Apprendre peut se faire n'importe où et n'importe quand par le biais des outils mobiles et des réseaux de télécommunications, on peut dès lors envisager un apprentissage flexible.

↓

Un rapport au savoir polycentrique
Il faut aujourd'hui articuler des autorités dispersées voire en concurrences. On navigue entre des autorités multiples basées sur la recommandation. Les écrans et les moteurs de recherche en sont les artefacts.

↓

Une pensée réticulaire
La pensée s'envisage en réseaux pour aborder la complexité du monde selon l'influence de la systémique. Apprendre revient à se confronter à l'imprévu et à l'altérité. L'apprenant doit gérer le flux qu'il traverse.

↓

De références théoriques globales et intégrées
On s'appuie sur des cadres théoriques qui s'articulent pour concevoir un écosystème qui favorise l'apprenance.

Quelle manière d'apprendre vous est plus familière?

On parle aussi du modèle vertical (prof–élève) et du modèle horizontal (entre pairs) d'apprendre. Expliquez ces termes.

À quel modèle le programme du Baccalauréat International correspond le plus?

Quelle est votre opinion sur chacun de ces modèles?

Littérature

NIVEAU SUPÉRIEUR

17 Une vision poétique de l'école

Jacques Prévert (1900–1977) et Raymond Queneau (1903–1976) sont des contemporains. Ils ont tous les deux écrit des poèmes sur l'enfance et l'école. Il est intéressant d'analyser leur vision respective de l'école.

Lisez attentivement ces deux poèmes et répondez aux questions. Puis, faites un travail de rédaction comparative.

Page d'écriture

Deux et deux quatre
quatre et quatre huit
huit et huit font seize
Répétez! dit le maitre
Deux et deux quatre
quatre et quatre huit
huit et huit font seize
Mais voilà l'oiseau lyre*
qui passe dans le ciel
l'enfant le voit
l'enfant l'entend
l'enfant l'appelle:
Sauve-moi
joue avec moi
oiseau!
Alors l'oiseau descend
et joue avec l'enfant
Deux et deux quatre…
Répétez! dit le maitre
et l'enfant joue
l'oiseau joue avec lui…
Quatre et quatre huit
huit et huit font seize
et seize et seize qu'est-ce qu'ils font?
Ils ne font rien seize et seize
et surtout pas trente-deux
de toute façon
et ils s'en vont.
Et l'enfant a caché l'oiseau
dans son pupitre
et tous les enfants
entendent sa chanson
et tous les enfants
entendent sa musique
et huit et huit à leur tour s'en vont
et quatre et quatre et deux et deux
à leur tour fichent le camp
et un et un ne font ni une ni deux
un et un s'en vont également.
Et l'oiseau lyre joue
et l'enfant chante
et le professeur crie:
Quand vous aurez fini de faire le pitre!
Mais tous les autres enfants
écoutent la musique
et les murs de la classe
s'écroulent tranquillement.
Et les vitres redeviennent sable
l'encre redevient eau
les pupitres redeviennent arbres
la craie redevient falaise
le porte-plume redevient oiseau.

«Paroles» par Jacques Prévert

*oiseau-lyre: majestueux oiseau australien; ici jeu de mot avec lyre et ce qu'on apprend à l'école: lire

A Répondez aux questions:

1. Dans quelle classe se trouve l'écolier?
2. Dans quelle situation les enfants devaient écrire des pages d'écriture?
3. Comment Prévert décrit-il la leçon?
4. Quel rôle joue l'oiseau-lyre?
5. Comment Prévert transmet la monotonie et l'ennui des élèves?
6. Décrivez en quoi consiste le monde poétique des cinq derniers vers.

L'écolier

J'écrirai le jeudi* j'écrirai le dimanche*
  quand je n'irai pas à l'école
j'écrirai des nouvelles j'écrirai des romans
  et même des paraboles
je parlerai de mon village je parlerai de mes parents
  de mes aïeux de mes aïeules
je décrirai les prés je décrirai les champs
  les broutilles et les bestioles
puis je voyagerai j'irai jusqu'en Iran
  au Tibet ou bien au Népal
et ce qui est beaucoup plus intéressant
  du côté de Sirius ou d'Algol
où tout me paraîtra tellement étonnant
  que revenu dans mon école
je mettrai l'orthographe mélancoliquement

«Battre la campagne» par Raymond Queneau

*à l'époque de Raymond Queneau, les enfants n'allaient pas à l'école le jeudi et le dimanche

B Répondez aux questions:
1 Quelle est l'activité principale du narrateur dans ce poème et comment est-elle perçue?
2 Que pense le poète de l'école? Quels sont les vers du texte qui le montrent?

C Étude comparative:

Comparez et contrastez la vision de l'école dans ces deux poèmes en vous appuyant sur vos réponses aux questions. Écrivez 200 à 250 mots.

Thème 1: Organisation sociale

UNITÉ 3 — Monde du travail

Quel métier aimeriez-vous faire?

- Connaître le nom des métiers en français
- Identifier les caractéristiques, avantages et inconvénients de plusieurs métiers
- TdC: la féminisation des noms de métiers est-elle un combat linguistique ou politique?
- Faire une présentation orale d'un métier

RÉFLÉCHIR

- Quels métiers peut-on voir sur ces photos?
- En quoi consistent-ils?
- Quelles études faut-il faire pour chaque profession?
- Quelles qualités faut-il pour faire ces métiers?
- Quel métier vous paraît le plus attirant? Pourquoi?
- Quel métier vous paraît le plus dur? Pourquoi?
- Quel travail vous semble le plus stressant / le plus tranquille?
- Quel métier vous paraît le plus monotone / le plus intéressant?
- Quels sont les métiers qui payent le mieux / le moins?
- Y a-t-il des métiers purement féminins / masculins?
- Pour quelles professions est-ce un atout de parler des langues étrangères?
- Choisissez un métier et décrivez ses avantages et ses inconvénients.
- Que pensez-vous du métier de vos parents?
- Quel métier aimeriez-vous faire plus tard? Pourquoi?

60

Les métiers

un entraîneur sportif / une entraîneuse sportive

un professeur (masculin et féminin)

un / une astronome

un / une architecte

un employé de bureau / une employée de bureau

un pilote (masculin et féminin)

un / une fleuriste

un vendeur / une vendeuse

un pâtissier / une pâtissière

un éboueur / une éboueuse

un chirurgien / une chirurgienne

un ingénieur du son (masculin et féminin)

un viticulteur / une viticultrice

un / une réceptionniste d'hôtel

un chef de chantier (masculin et féminin)

Grammaire

La féminisation des noms de métiers

Comme pour la plupart des féminins en français, la règle est de rajouter un **-e** au masculin pour le rendre féminin, par exemple:

- *un marchand, une marchande*
- *un avocat, une avocate*
- *un enseignant, une enseignante*

Voici les terminaisons qui ne suivent pas cette règle:

Métiers	Terminaisons du masculin	Terminaisons du féminin
il est *infirmier*, elle est *infirmière*	-er	-ère
il est *rédacteur*, elle est *rédactrice*	-teur	-trice
il est *vendeur*, elle est *vendeuse*	-eur	-euse
il est *mécanicien*, elle est *mécanicienne*	-en	-enne
il est *journaliste*, elle est *journaliste*	-e	-e

- Certaines professions n'ont officiellement que la forme masculine, par exemple:
  un cadre, un mannequin, un professeur, un ingénieur…
- D'autres doivent être précédés de «Madame» quand c'est un titre, par exemple:
  Madame le ministre…
  mais on les trouve de plus en plus souvent au féminin dans l'usage: *Madame la ministre!*
- La féminisation des métiers évolue et elle est parfois au centre de la polémique de l'égalité des sexes au travail. Dans des pays francophones comme le Québec, la Suisse ou la Belgique les formes féminines de certaines professions sont acceptées alors qu'en France, elles ne le sont pas, par exemple:
  une auteure, une professeure.

UNITÉ 3   Monde du travail

Thème 1: Organisation sociale

■ THÉORIE DE LA CONNAISSANCE

La féminisation des noms de métiers: un combat linguistique ou politique?

Il existe une vraie confusion sur certains noms de métiers au féminin. Certains disent qu'on ne peut dire que «le directeur», même pour une femme, alors que d'autres acceptent «la directrice». Beaucoup de personnes se battent pour la féminisation des noms de métiers en France.

Pour plus d'infos, regardez la vidéo de l'émission «7 jours» sur la planète de TV5 Monde: «La féminisation du langage avec Raphaël Haddad», auteur du Manuel d'écriture inclusive: https://youtu.be/5oBdmTBobJc

Discutez en classe des implications de cette inégalité linguistique. Pensez-vous que l'Académie française devrait accepter plus de formes féminines de métiers? Est-ce que cela pourrait changer la distribution laborale en France et combattre les inégalités? La linguistique peut-elle changer la société?

1 La féminisation des noms de métiers

Trouvez le nom des métiers à la forme masculine ou féminine.

1. une femme qui fait le pain
2. un homme qui opère les personnes malades
3. une femme qui soigne les dents
4. un homme qui vend des articles dans un magasin
5. une femme qui défend une personne devant la loi
6. un homme qui s'occupe de la rééducation d'un sportif blessé
7. une femme qui propose des soins de la peau et des maquillages
8. un homme qui peint les façades des maisons
9. une femme qui traduit des documents dans une langue étrangère
10. un homme qui s'occupe d'informatique
11. une femme qui dirige des travaux techniques
12. un homme qui éteint le feu quand il y a des incendies
13. une femme qui fait visiter des maisons et des appartements à la vente
14. un homme qui a perdu son travail et touche des allocations

2 Testez-vous: Quel métier vous conviendrait?

C'est difficile de choisir un métier et de savoir si ce métier vous plaira. Des sites comme L'Étudiant et Public Ados vous posent des questions pour le savoir:

- www.letudiant.fr/test/metiers/orientation/pour-quels-metiers-etes-vous-fait/question.html
- http://psycho.ados.fr/tests/quel-metier-est-fait-pour-toi.html

Les résultats vous paraissent-ils motivants? Réalistes?

3 Ces jeunes ont filmé le métier qui leur plaît, vous donneront-ils des idées?

Florilège de vidéos primées lors du concours «Je filme le métier qui me plaît», lors duquel des élèves et étudiants ont mis en images les métiers de demain.

En cachette de son père, un adolescent se rend chaque jour dans une formation de menuiserie. Un professeur d'anglais atteint du cancer découvre l'émouvante lettre écrite par ses élèves. Trois lycéens jouent à «Questions pour un expert-comptable». Tels sont les scénarios de quelques courts-métrages primés lors de la neuvième édition du concours «Je filme le métier qui me plaît», auquel ont participé 44 112 collégiens, lycéens et étudiants de 18 pays.

L'événement, organisé par Euro-France association, vise à faire «découvrir des métiers ou des entreprises et pourquoi pas, susciter des vocations à l'âge où les représentations se forment». Alors qu'a débuté, vendredi 24 juin, la procédure complémentaire de l'admission post-bac, permettant aux lycéens de s'inscrire dans le supérieur, voici une sélection de courts-métrages distingués lors de ce concours, dont le jury était présidé par le documentariste Serge Moati, complétée d'extraits du rapport «Les métiers en 2022» publié par France Stratégie et la Direction de l'animation de la recherche, des études et des statistiques (DARES).

Vocation: enseignant

Enseignant, un métier d'avenir! Selon l'étude de la DARES, après une baisse du nombre d'enseignants au milieu des années 2000, la création de 60 000 postes a été annoncée en 2012, soit «une hausse de 44 000 emplois sur dix ans». Du côté des métiers de la formation, secteur en plein essor, la DARES annonce la création «de 30 000 emplois sur la période 2012–2022, correspondant à une hausse annuelle moyenne de 2,1 %».

Le collège-lycée privé musulman Ibn-Khaldoun, à Marseille a été primé d'un Clap de diamant en mettant en image une émouvante lettre d'une classe à son professeur atteint d'un cancer.

Menuisier, «plus qu'un métier»

Même si le secteur du BTP* devrait connaître moins de créations de postes que dans la décennie précédente, «les ouvriers qualifiés du second œuvre (plombiers, électriciens, peintres, menuisiers, etc.), dont plus du tiers est à leur compte, devraient être concernés par des taux de départs en fin de carrière relativement importants, supérieurs à 2,6 % en moyenne chaque année», indique le rapport «Les métiers en 2022». Il est possible de s'y former par un CAP arts du bois ou ébéniste, ou de poursuivre ses études par un bac professionnel de technicien constructeur bois ou encore un bac pro de technicien menuisier-agenceur (voir le site de l'ONISEP).

Les élèves du lycée professionnel Gustave-Eiffel de Cernay, en Alsace, ont réalisé le film *Menuisier, plus qu'un métier*, mettant en avant son côté «créatif et diversifié». Leur court-métrage, qui met en scène un jeune homme choisissant cette profession contre l'avis de son père, a remporté le Clap d'or du concours.

Expert-comptable: des chiffres et du relationnel

«Les effectifs de techniciens et de cadres des services administratifs, comptables et financiers continueraient d'augmenter, avec respectivement 1,9 % et 1,4 % de créations nettes d'emplois par an, du fait d'une demande toujours croissante de fonctions d'expertise», explique le rapport «Les métiers en 2022» (voir également sur le site de l'ONISEP).

Les cinéastes en herbe du lycée Paul-Constans à Montluçon ont été récompensés du clap d'argent en présentant de façon ludique les enjeux du métier d'expert-comptable, dans un pastiche de l'émission «Questions pour un champion».

Prendre soin d'autrui avec les métiers d'aide à la personne

Vieillissement de la population oblige, le nombre de métiers d'aide à la personne va augmenter. Selon France Stratégie et la DARES, «aides à domicile, aides-soignants et infirmiers figureraient ainsi parmi les métiers qui gagneraient le plus d'emplois à l'horizon 2020, avec près de 35 000 créations nettes en moyenne par an, pour répondre aux besoins d'accompagnement de la dépendance, le développement de la médecine ambulatoire, le maintien à domicile des personnes âgées…» (voir fiche ONISEP). Les assistants maternels et auxiliaires de puériculture devraient continuer d'être recrutées de façon intensive avec un besoin toujours constant d'aide à l'enfance.

Le court-métrage *Un pas en avant*, réalisé par les collégiens corses de la Plaine du Fium'Orbu, dédié au métier d'aide-soignant en maison de retraite, a remporté le Clap d'argent.

Gendarme du Web: le policier 2.0

Les métiers de demain seront bien évidemment en accord avec l'ère du numérique. Ainsi, la cybersécurité, la lutte contre les attaques en ligne, est un secteur en plein développement. Les métiers comme ingénieur informatique, développeur Web ou architecte système sont de plus en plus demandés. Une qualification entre le Bac +2 et le Bac +5 est généralement requise, précise le site de l'ONISEP.

L'étude de la DARES précise que «l'informatique présente les meilleurs chiffres d'insertion professionnelle des jeunes diplômés, avec un taux d'emploi de 71 % contre 62 % pour l'ensemble des jeunes diplômés et 79 % sont en CDI pour 50 %».

Ici, les Girondins du lycée Jean-Renou ont remporté le Clap d'argent en présentant le métier de «Cyberagent».

Agathe Charnet, 19/07/2016
www.lemonde.fr/campus/article/2016/06/27/ces-jeunes-ont-filme-le-metier-qui-leur-plait-vous-donneront-ils-des-idees_4958803_4401467.html

Thème 1: Organisation sociale

*BTP: Bâtiment et Travaux Publics

Lisez le texte et, si possible, regardez les vidéos sur la page de l'article du *Monde* référencée à la page précédente. Puis, répondez aux questions:

1. En quoi consistait le projet «Je filme le métier qui me plaît»?
2. Vrai ou faux? Justifiez avec une phrase du texte si la phrase est fausse.
   a. Ce concours est nouveau.
   b. Les trois premiers exemples de professions filmées par les étudiants étaient enseignant, menuisier et expert-comptable.
   c. L'expression «susciter des vocations à l'âge où les représentations se forment» signifie réveiller des préférences pour des professions au moment où les jeunes se posent des questions sur leur avenir professionnel.
   d. Les documentaires des étudiants ont été produits par le documentariste Serge Moati.
   e. Enseignant est considéré comme un métier d'avenir parce que les relations profs–élèves vont s'améliorer.
   f. Dans le Bâtiment et les Travaux Publics, plus d'un tiers des travailleurs ont créé leur propre entreprise.
   g. Pour illustrer le métier d'expert-comptable, les jeunes ont filmé une parodie d'un jeu télévisé.
   h. Les métiers d'aide à la santé et à la personne vont diminuer lors des prochaines années.
   i. La cybersécurité est un domaine où de nombreux métiers sont en train de se créer.
3. Que pensez-vous du Concours «Je filme le métier qui me plaît»?
4. Si vous faisiez partie du jury, à quel court métrage auriez-vous discerné le Clap d'Or? Pourquoi?

4 Présentation d'un métier qui pourrait me plaire

Un grand nombre de métiers sont présentés et filmés sur la chaîne Le Canal des Métiers (www.lecanaldesmetiers.tv). Ce site a pour but d'informer les jeunes et les établissements scolaires sur les métiers qui recrutent pour aider les jeunes à faire les bons choix professionnels.

Dans la section «Fiches Métiers», vous trouverez des articles et des vidéos sur un grand nombre de métiers.

Choisissez une profession qui pourrait vous intéresser personnellement, lisez l'article informatif et regardez la vidéo.

Listez les aspects attirants de cette profession.

Faites ensuite une présentation du métier choisi.

Adressez-vous spontanément à votre classe et attention à ne pas lire vos notes. Ne les utilisez que pour vous rappeler des aspects importants de la profession si vous les oubliez.

5 Citations

«Choisissez un travail que vous aimez et vous n'aurez pas à travailler un seul jour de votre vie.»

Confucius, il y a plus de 2400 ans…

«Tu peux t'épuiser au travail, tu peux même t'y tuer, mais tant qu'il n'est pas mêlé d'amour, il est inutile. Travailler sans amour est un esclavage.»

Mère Teresa

■ Comment écrire un discours
Voir l'Unité 2 à la page 50.

■ Comment écrire une conversation
1. Utilisez des tirets pour les dialogues et le nom des personnages.
2. Décidez du ton et du registre de langue utilisés: familier, courant ou soutenu.
3. Choisissez le tutoiement ou le vouvoiement.
4. Utilisez des exclamations pour rendre la conversation vivante.
5. Une conversation doit aussi avoir une conclusion.

■ Comment écrire un article pour le magazine de l'école
Voir l'Unité 1 à la page 14.

Choisissez *une* des deux citations ci-dessus. Êtes-vous d'accord avec cette citation? Donnez vos raisons et des exemples à l'écrit dans un des trois types de texte suivants:

- Discours à la soirée de Graduation / Remise des Diplômes de votre école pour les étudiants de Terminale
- Conversation avec vos parents qui ne sont pas d'accord avec votre choix d'orientation professionnelle
- Article pour la Rubrique Avenir du magazine de votre école

Niveau moyen: 250 à 400 mots

Niveau supérieur: 400 à 600 mots

Le travail, c'est toujours la santé?

- Lire et s'exprimer sur le bien-être au travail
- CAS: Envisager et présenter des changements nécessaires des conditions de travail de sa communauté scolaire
- Les emplois de rêve: Comprendre les annonces et en créer une
- Comprendre les implications du chômage

Thème 1: Organisation sociale

RÉFLÉCHIR

- Quel métier rêviez-vous de faire quand vous étiez petit(e)?
- Quelle situation professionnelle souhaiteriez-vous avoir dans dix ans: secteur d'activités, poste, revenus, responsabilités…?
- Quelles conditions de travail aimeriez-vous avoir: lieu de travail, horaires, vacances, relations avec vos collègues, sécurité d'emploi…?

6 «Travail»

Tous ces mots sont synonymes de «travail». Lisez les exemples ci-dessous et définissez les nuances de chaque mot. Dites s'ils appartiennent au registre familier, courant ou soutenu et dans quels contextes on les emploie.

1. un boulot
2. un job
3. le taf
4. un métier
5. un poste
6. une profession
7. un emploi

1 Je n'ai plus de boulot depuis décembre et je suis au chômage.

2 Ma cousine a trouvé un super job pour l'été dans un camping au bord de la mer.

3 Il faut vraiment que tu trouves du taf pour gagner de l'argent et rembourser tes dettes.

4 Le problème, c'est que les jeunes diplômés sortent des universités sans métier.

5 Ma prof d'espagnol a accepté un poste à mi-temps à l'université.

6 On dit que la profession d'enseignant est une vocation.

7 Pour chercher un emploi, il faut se rendre au Pôle Emploi et passer un entretien.

7 Le bien-être en entreprise, ça existe?

Décathlon, Google, Pocheco et Linkbynet sont des exemples d'entreprises qui pensent au bien-être de leurs employés.

A Regardez les vidéos et listez toutes les initiatives qu'ils prennent afin que le lieu de travail ne soit pas une source de stress.

- https://youtu.be/BNIuTpmhKDc
- https://youtu.be/lOM4qEATf94
- https://youtu.be/UPDqoO_iW30
- https://youtu.be/UPDqoO_iW30

B En binômes ou en petits groupes, partagez vos réactions sur les vidéos puis répondez aux questions à l'oral:

1 Qu'est-ce que les entreprises en retirent?
2 Quelle pratique du bien-être en entreprise vous a le plus impressionné(e)?
3 En connaissez-vous d'autres?
4 Si vous étiez élu nouveau Happy Student pour votre école, que mettriez-vous en place? Discutez en petits groupes.

CRÉATIVITÉ, ACTIVITÉ, SERVICE

Comment amélioreriez-vous les conditions de travail du personnel dans votre école?

Les conditions de travail est un sujet que vous trouvez important. On vous demande pour votre programme de CAS d'évaluer les conditions de travail dans votre école.

En groupe, listez les types d'emploi du personnel de votre école (professeurs, bibliothécaire, etc.).

Définissez des critères pour évaluer leurs conditions de travail et faites un tableau.

Évaluez leurs conditions et identifiez les aspects des emplois qui mériteraient un changement.

Proposez des changements et estimez leurs coûts.

Priorisez vos idées et présentez-les à la classe.

8 Emploi: à la quête du meilleur job du monde

A Lisez attentivement le texte à www.leparisien.fr/societe/emploi-a-la-quete-du-meilleur-job-du-monde-13-04-2017-6850224.php et répondez aux questions.

1 Pourquoi ces compagnies proposent des boulots de rêve?
2 Qu'est-ce que ces compagnies valorisent chez les candidats?
3 Que fait Elisa Deprez maintenant?
4 Trouvez les synonymes dans les paragraphes suivants du texte:
   a Les recrutements pour des jobs incroyables:
      i passer du temps en dehors de la ville
      ii gagner (argent)
      iii de rêve
      iv naïf
      v l'illusion
      vi des services
      vii attendre, surveiller
   b Testeur de locations:
      i se promener
      ii les montagnes
      iii le chanceux
      iv contester
      v envoyer sa candidature
   c Envoyé spécial:
      i parcourir
      ii faire briller
      iii arranger
      iv choisir
   d Colporteur de Beaufort:
      i représentant
      ii mettre à disposition
      iii employé
      iv une personne rare et originale
   e Ambassadeurs paresseux en bande:
      i hollandaise
      ii un bonus
      iii écrire sur les sites
      iv se prélasser

[1] CV: curriculum vitæ
[2] CDD: contrat à durée déterminée
[3] SMIC (Salaire Minimum Interprofessionnel de Croissance): salaire minimum

B Rédigez une offre d'emploi de rêve.

En vous inspirant des quatre offres d'emploi du texte, inventez une offre de travail encore plus originale. Respectez ces parties du texte:

- Titre
- L'emploi
- Le recruteur
- Le salaire
- La durée
- La candidature
- Le nombre de postulants
- La mission

Le chômage

le chômage état d'inactivité d'une personne souhaitant travailler

Pôle Emploi établissement public français et administratif qui aide à trouver un emploi

être demandeur d'emploi être chômeur

un cadre (d'entreprise) un employé appartenant à la catégorie supérieure des salariés

être licencié perdre son emploi

être renvoyé perdre son emploi

être viré (familier) perdre son emploi

être mis à la porte (familier) perdre son emploi

toucher l'allocation chômage recevoir une somme d'argent par mois pour remplacer le salaire

passer un entretien d'embauche se présenter à un entretien pour postuler à un travail

9 Comparaisons interculturelles: des questions d'actualité

Les Français et leurs politiciens parlent constamment du thème du travail car il est lié à l'économie du pays et au bien-être de sa société. Voici quelques faits sur la situation en France.

- En France les personnes travaillant à plein temps travaillent 35h par semaine.
- Les allocations chômage indemnisent les personnes qui perdent leur travail pendant deux ans pour les moins de 53 ans et de trois ans pour les plus de 55 ans.
- Actuellement les employés ont droit à cinq semaines de congés payés par an.
- Il existe un salaire minimum légal (le SMIC).
- Il existe des différences de salaire entre les hommes et les femmes.
- Il existe un nombre croissant de personnes souffrant du syndrome d'épuisement professionnel.
- Plusieurs cas de harcèlement sexuel au travail ont été poursuivis en justice récemment.
- Certains politiciens proposent d'instituer un revenu de base universel, distribué par l'État pendant toute la vie d'une personne, indépendamment du fait qu'elle travaille ou non.

Renseignez-vous sur la situation dans votre pays et comparez-les à l'écrit en donnant votre avis sur la question.

Utilisez les connecteurs de comparaison et d'opposition pour comparer les situations: voir les encadrés de vocabulaire.

Les connecteurs d'opposition

mais	alors que	néanmoins
cependant	pourtant	au lieu de
or	par contre	malgré
en revanche	tandis que	

Les connecteurs de comparaison

comme	pareillement	moins que
de même que	de la même façon que	non moins que
autant que	plus que	suivant que

10 Qu'est-ce qui se passe quand on perd son travail?

Voici une chanson d'Eddy Mitchell de 1978 qui est malheureusement toujours d'actualité car elle traite du thème du chômage. Elle raconte l'effondrement d'un cadre supérieur qui vient d'être licencié brutalement de son entreprise. Il a été mis à la porte et déambule de bar en bar car il n'a pas le cœur à rentrer chez lui.

Il ne rentre pas ce soir

Il écrase sa cigarette
Puis repousse le cendrier,
Se dirige vers les toilettes,
La démarche mal assurée.
Il revient régler ses bières,
Le sandwich et son café.
Il ne rentre pas ce soir.

Le grand chef du personnel
L'a convoqué à midi:
«J'ai une mauvaise nouvelle.
Vous finissez vendredi.
Une multinationale
S'est offert notre société.
Vous êtes dépassé
Et, du fait, vous êtes remercié.»
Il n'y a plus d'espoir, plus d'espoir.
Il ne rentre pas ce soir.
Il s'en va de bar en bar.
Il n'y a plus d'espoir, plus d'espoir.

Il ne rentre pas ce soir.

Il se décide à traîner
Car il a peur d'annoncer
À sa femme et son banquier
La sinistre vérité.
Être chômeur à son âge,
C'est pire qu'un mari trompé.
Il ne rentre pas ce soir.

Fini le golf et le bridge
Les vacances à St-Tropez,
L'éducation des enfants
Dans la grande école privée.
Il pleure sur lui, se prend
Pour un travailleur immigré.
Il se sent dépassé
Et, du fait, il est remercié.
Il n'a plus d'espoir, plus d'espoir.
Il ne rentre pas ce soir.
Il s'en va de bar en bar.
Il n'a plus d'espoir, plus d'espoir.
Il ne rentre pas ce soir.

Eddy Mitchell, 1978
www.paroles.net

Lisez le texte, écoutez la chanson si possible et répondez aux questions:

1. Quelle est la raison pour laquelle il se retrouve au chômage?
2. À quoi compare-t-il le fait de se retrouver au chômage à son âge?
3. Que veut dire l'expression «vous êtes remercié»?
4. Quels aspects de sa vie va-t-il devoir abandonner?
5. Pensez-vous que ce sont des aspects importants ou superflus?
6. Quels sont les deux sentiments exprimés dans les paroles de la chanson?
7. Dans quels domaines de sa vie anticipe-t-il les problèmes à venir?

UNITÉ 3   Monde du travail

11 Un film sur les conséquences du chômage

La loi du marché

Thierry Taugourdeau, la cinquantaine, enchaîne les formations sans avenir et les rendez-vous à Pôle Emploi depuis qu'il a été licencié, comme beaucoup de ses collègues, par une société qui faisait pourtant des bénéfices. Entre les traites de l'achat de la maison familiale et les frais de scolarité élevés de leur fils handicapé, Thierry et son épouse ne s'en sortent plus financièrement. Pris à la gorge, Thierry accepte un poste de vigile dans un supermarché. Il se retrouve contraint de surveiller les clients, de les traquer. Cet emploi le confronte quotidiennement à des situations difficiles, qu'il a de plus en plus de mal à supporter et à accepter…

www.telerama.fr

Maintenant regardez la bande annonce du film:
https://youtu.be/Qop962e4M5Y et répondez aux questions.

1. Quel est le montant de l'allocation chômage de Thierry?
2. Lors de son entretien sur Skype, que lui demande l'employeur?
3. Que lui demande d'envisager sa banquière?
4. Quand son nouveau collègue de travail lui explique la vidéo surveillance, que lui dit-il des objectifs de l'entreprise?
5. De quoi s'inquiète Thierry?
6. Imaginez par quels sentiments doit passer un chômeur qui n'arrive pas à retrouver un travail.
7. Quel est le dilemme de Thierry à la fin de la bande annonce?
8. Cette bande annonce vous a-t-elle donné envie de voir ce film? Pourquoi?

Postuler pour une offre d'emploi

- Découvrir les spécificités d'un CV, d'un CV vidéo et d'une lettre de motivation
- Explorer la compréhension conceptuelle de ces deux types de texte
- Rédiger une lettre de motivation
- Comprendre le déclenchement du subjonctif et l'utiliser dans une activité de prise de décision interactive

RÉFLÉCHIR

- Est-ce que votre société est organisée autour du travail?
- Est-ce que le pistonnage* existe dans votre société?
- Est-ce que la rémunération est un critère important pour choisir une profession?
- Est-ce que vous envisagez de faire plusieurs carrières dans votre vie?
- Faut-il privilégier la vie sociale et la vie de famille plutôt que la vie professionnelle?

*pistonner / avoir du piston / se faire pistonner (familier): recommander une personne (auprès de quelqu'un) pour qu'elle obtienne un avantage

www.larousse.fr

12 À votre avis, que doit comporter un CV?

Réfléchissez si un Curriculum Vitæ doit inclure les informations suivantes. Puis, partagez vos réponses en petits groupes. Enfin, vérifiez avec la classe entière si vous êtes tous d'accord.

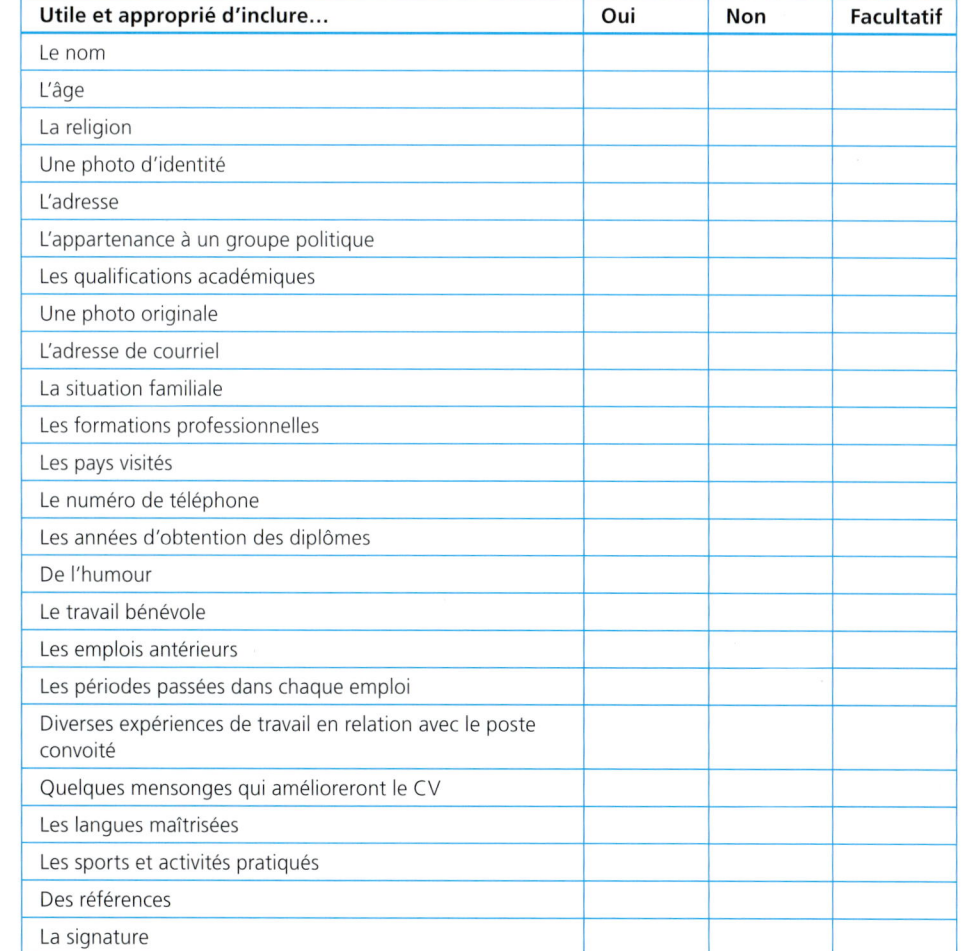

Utile et approprié d'inclure…	Oui	Non	Facultatif
Le nom			
L'âge			
La religion			
Une photo d'identité			
L'adresse			
L'appartenance à un groupe politique			
Les qualifications académiques			
Une photo originale			
L'adresse de courriel			
La situation familiale			
Les formations professionnelles			
Les pays visités			
Le numéro de téléphone			
Les années d'obtention des diplômes			
De l'humour			
Le travail bénévole			
Les emplois antérieurs			
Les périodes passées dans chaque emploi			
Diverses expériences de travail en relation avec le poste convoité			
Quelques mensonges qui amélioreront le CV			
Les langues maîtrisées			
Les sports et activités pratiqués			
Des références			
La signature			

UNITÉ 3 Monde du travail

13 Le CV vidéo, vous connaissez?

De plus en plus de jeunes demandeurs d'emploi décident de produire une vidéo pour accompagner leur CV papier. Dans cette vidéo une conseillère professionnelle donne des conseils: https://youtu.be/dPHah7wMRrE

A **Faites une liste de ses recommandations.**

B **Mettez-vous à la place d'un chef d'entreprise à la recherche de personnel. Votre compagnie voudrait recruter quelques jeunes diplômés avec un potentiel pour une carrière ambitieuse. Cherchez des exemples de CV vidéo en français sur internet et sélectionnez celui que vous pensez être le meilleur.**

Présentez-le à la classe et donnez au moins six raisons pour lesquelles vous allez proposer un entretien à cette personne. Commentez la qualité de la vidéo (contenu, montage, style, etc.) ainsi que la personnalité, la formation et l'expérience du / de la candidat(e) par rapport aux besoins de votre entreprise.

14 Qu'est-ce qu'une lettre de motivation?

La lettre de motivation accompagne le CV et est aussi appelée «lettre de candidature». Son but est de susciter un intérêt chez le recruteur et lui donner envie de vous rencontrer. Son but n'est pas de répéter le contenu de votre CV, mais de le compléter.

Cette lettre vous servira à faire ressortir vos qualités et vos expériences. Elle servira aussi à exprimer votre intérêt et enthousiasme pour le poste. L'idée est d'établir des liens entre votre personnalité, vos expériences, votre savoir, vos ambitions et le poste que vous demandez.

Une telle lettre ne doit pas être plus longue qu'une page car les recruteurs n'ont pas beaucoup de temps pour la lire. On dit qu'en moyenne, ils y passent une minute! Elle comporte des paragraphes clairs et faciles à lire (sans fautes de grammaire ou d'orthographe, cela va de soi!).

On recommande de s'informer sur la compagnie qui offre le poste pour que la lettre soit pensée en fonction de la compagnie et du poste à pourvoir. N'envoyez pas de lettre de candidature générique qui ne convaincra pas les recruteurs.

Elodie Chanéac
71 Avenue Jean Jaurès
26200 Montélimar
Tel: 04 75 01 39 57
echevrefeuille@yahoo.fr

À l'attention de M. Joyet
Directeur du centre Linguaplus
11 Promenade des Aulnes
64200 Biarritz

Montélimar, le 19 mars 2019

Objet: Candidature à un poste d'animateur / animatrice dans votre centre d'études de langues à Biarritz

Monsieur,

Suite à l'annonce parue sur le site Pôle Emploi, je vous propose ma candidature. Étudiante à Montpellier en dernière année de Master en Commerce International, je souhaiterais travailler durant l'été dans votre centre de langues. Je suis disponible à temps plein du 1er juin au 15 septembre.

Travailler dans votre centre serait pour moi l'occasion de mettre ma passion et mes connaissances au service de vos étudiants. Je parle couramment le français et l'anglais et j'ai un niveau B2 d'espagnol. J'aime travailler avec des jeunes de cultures différentes.

En 2017 j'ai obtenu le brevet d'aptitude aux fonctions d'animateur d'accueil collectif de mineurs (BAFA), qui me permet d'encadrer des enfants et des adolescents. J'ai travaillé l'été dernier dans une colonie de vacances à Palavas où j'organisais les sorties culturelles et sportives. Cette expérience a été très enrichissante pour moi et je souhaite de nouveau travailler avec des jeunes cet été en tant qu'animatrice.

Je serais également intéressée de donner des cours de français aux étudiants étrangers et de faire la liaison avec leurs familles d'accueil. Dans mon université actuelle, je travaille bénévolement au centre d'accueil des étudiants étrangers pendant 5 heures par semaine. J'ai l'initiative de monter un groupe hebdomadaire d'échange de conversation pour que les étudiants étrangers pratiquent gratuitement le français et les étudiants français puissent pratiquer les langues qu'ils étudient.

D'autre part, je pratique le surf depuis 5 ans et le kitesurf depuis deux ans maintenant. Je serais par conséquent capable d'accompagner vos étudiants avec les moniteurs de sports dans les activités surf ou natation.

Veuillez trouver en pièce jointe une copie de mon CV.

Dans l'attente de votre réponse, je vous prie d'agréer, Monsieur, l'expression de mes sincères salutations,

E. Chanéac

Lisez le texte explicatif de la lettre de motivation et l'exemple de lettre ci-dessus, puis répondez à ces questions en classe:

1. Qui est le destinataire d'une lettre de motivation?
2. Quelle relation a-t-il avec l'envoyeur?
3. Quelles sont les implications sur le registre et le ton de la lettre?
4. Dans quel contexte écrit-on une lettre de motivation?
5. Quelle est l'intention ou le but de cette lettre?
6. Comment peut-on se présenter le plus clairement possible dans la lettre?
7. Quelle doit être la mise en page?
8. Comment votre lettre peut-elle donner la meilleure image de vous?

UNITÉ 3   Monde du travail

Thème 1: Organisation sociale

15 Vous recherchez un job saisonnier pendant vos études?

#1 Domaine d'activité

Événementiel

Travail saisonnier

Hôtes, hôtesses au Festival de Cannes

Profil recherché

Bonne présentation et sens du service. Cherchons personnes agréables avec bonnes compétences relationnelles, dynamiques, ponctuelles et rigoureuses.
- Langues: français et anglais (niveau C1 min.) + autre langue (niveau B2 min.).
- Des compétences en technologie et en informatique seraient un atout.

Date et durée de mission

Deuxième et troisième semaine de mai. 35hr / semaine

Rémunération

13€ brut / heure

Postuler

Envoyer CV et lettre de motivation à M. Jacques Bartolomé: Evenementcannes18@hostessescinema.fr

#2 Domaine d'activité

Événementiel… (Spectacle)

Travail saisonnier

Figurants dans des émissions TV

APPLAUD est une société qui propose des figurants sur diverses émissions TV. Cherchons jeunes de 16 à 25 ans pour faire de la figuration sur les plateaux TV dans Paris centre.

Profil recherché

Personnes souriantes, excellente présentation, intéressées par l'actualité ciné, l'actualité musicale, l'actualité en général et disponibles en journée.

Date de début de mission

Tous les mardis et jeudis après-midi

Rémunération

50 à 90€ par émission

Postuler

Envoyer CV et lettre de motivation à Mme. Jacqueline Arnaud: hrapplaud@free.fr

#3 Domaine d'activité

Animation enfants ados

Travail saisonnier

Accueil du public dans un parc d'accrobranche à Aix-en-Provence

Mission: ouvrir et fermer le parc, équiper les clients et donner explications et mesures de sécurité. Surveiller les activités, organiser activité guidée sur le parcours bleu, pour enfants de 6 à 8 ans. Interventions en hauteur, aide aux clients en difficulté.

Profil recherché

Jeune F/M sportif, athlétique, sérieux, motivé et ponctuel qui aime le travail en plein air. Aimer travailler en hauteur. Sens de la pédagogie et bon contact avec les enfants. Expérience dans un parc de loisirs serait un avantage.

Date et durée de mission

Juillet et août, 28hrs par semaine

Rémunération

1500 euros brut / mois

Choisissez une offre d'emploi parmi les trois ci-dessus et rédigez la lettre de motivation qui accompagnera votre CV. Appliquer les critères et conseils donnés dans l'activité précédente.

16 Le subjonctif présent

Grammaire

Le déclenchement du subjonctif

Emploi et usage:

- Le subjonctif est le mode de **la subjectivité**; on l'utilise quand on ne sait pas si les actions vont véritablement se passer ou pas. On est dans **l'incertain**, par exemple:

  *Je voudrais que **tu viennes** me voir.*

  Dans cette phrase, je ne suis pas sûr(e) si tu viendras me voir ou pas… Je le souhaite mais le résultat n'est pas garanti.

- Le subjonctif est employé après «que» dans la proposition subordonnée si le verbe de la proposition principale exprime un sentiment comme le doute, l'improbabilité, le désir, la volonté, la défense, l'impossibilité ou la nécessité, par exemple:

  La peur: *J'ai peur **qu'il soit** au chômage après ses études.*

  La peur: *Je crains **qu'il démissionne** de son travail bientôt.*

  La volonté: *Marc veut **que tu fasses** un sondage.*

  Le souhait: *Je voudrais **qu'il vienne** passer un entretien d'embauche.*

  Le désir: *Sa mère aimerait **qu'il fasse** ce travail.*

  Le doute: *Je doute **que Marcel obtienne** le poste de chef.*

  La défense: *Ma directrice refuse **que je fasse** un stage de formation.*

- Le subjonctif s'emploie dans des constructions impersonnelles:

il est possible que	il est dommage que
il est impossible que	il est urgent que
il est anormal que	il faut que
Il est nécessaire que	il faudrait que (obligation moins forte)
il vaut mieux que	

  Par exemple:

  L'improbabilité: *Il est improbable **que les ouvriers se mettent** en grève.*

  La nécessité: *Il faut **que nous prenions** des notes pendant la réunion.*

  Encore la nécessité mais moins forte: *Il faudrait **que tu envoies** ta candidature pour le poste.*

  Le regret: *Il est dommage **que le sous-directeur de la compagnie licencie** une partie du personnel.*

  L'importance: *Il est important **que le syndicat puisse** être à la réunion.*

- Il est employé avec la forme négative des verbes d'opinion, par exemple:

  *Elle ne pense pas **que nous travaillions** assez.*

  *Je ne crois pas **qu'il faille** ouvrir le magasin dimanche.*

Formation du subjonctif présent:

Pour les verbes réguliers et irréguliers, reportez-vous au précis de grammaire en fin de livre.

UNITÉ 3 Monde du travail

Conjuguez les verbes au subjonctif présent.

1. Je doute que vous _____ [arriver] à temps.
2. Il est possible que je _____ [faire] un stage dans une entreprise.
3. Il est peu probable que je _____ [pouvoir] y aller.
4. Je veux que vous _____ [écouter].
5. Tout le monde s'étonne qu'il _____ [vouloir] partir.
6. Ma collègue de travail est étonnée que tu _____ [quitter] ton poste.
7. Le patron veut que je te le _____ [dire]?
8. Nous souhaitons que tu _____ [réussir].
9. Le règlement défend qu'on _____ [manger] dans les bureaux.
10. La direction s'oppose à ce que l'on _____ [boire] ici.
11. Nous craignons qu'il ne _____ [être] pas renvoyé.
12. Je regrette que vous _____ [partir] de votre poste.
13. Je préfère que vous me le _____ [dire] vous-même.
14. Il ne faut pas que tu _____ [abandonner].
15. Ce n'est pas la peine que tu t'_____ [s'inquiéter].
16. Il est temps que le patron _____ [prendre] une décision.
17. Je ne pense pas que tu t'en _____ [se souvenir].
18. Malheureusement il ne croit pas qu'il _____ [pouvoir] compter sur vous.

17 Licenciement du personnel… une décision délicate!

Formez un groupe de quatre à huit personnes.

Vous faites partie du conseil d'administration de l'Entreprise Écoutifly, spécialisée dans le matériel de sonorisation et de musique pour les particuliers, les restaurants et boîtes de nuit dans la région de Lyon.

Écoutifly emploie deux stagiaires, trois vendeurs au magasin, deux employés au bureau, un technicien qui se déplace pour les installations et un PDG (Président Directeur Général).

Votre chiffre d'affaire a considérablement baissé l'année passée et vous devez faire des économies pour éviter la faillite de l'entreprise. Il faut malheureusement licencier *deux* de vos employés.

Vous devrez étudier et discuter de chaque membre du personnel pour arriver à une décision commune au sein du groupe. Prenez votre temps car la décision est sérieuse et va affecter la vie personnelle et professionnelle de ces personnes! Présentez votre plan d'action.

Pour exprimer vos sentiments, vos craintes et vos doutes, vous devez utiliser le maximum des expressions suivantes avec le subjonctif présent:

Expressions avec le subjonctif présent

avoir peur que… / craindre que…	Il est temps que…
être étonné(e) / déçu(e) que…	Il est urgent / important que…
vouloir que… (présent et conditionnel)	Il est dommage que…
douter que…	ne pas croire que… / ne pas penser que…
Il faut / faudrait que…	ne pas tolérer que…
Il est possible / impossible que…	Ce n'est pas la peine que…
Il vaudrait mieux que…	

Cette réunion pourra être filmée pour la montrer au reste de la classe et analyser les contributions de chacun selon les critères de Langue, Utilisation du subjonctif, Argumentation et Interaction dans la discussion.

Le personnel actuel d'Écoutifly

Pierre Chamotin, vendeur – 31 ans. Il travaille dans l'entreprise depuis quatre ans. Il a le sens des responsabilités et un rapport facile avec la clientèle. Ses ventes ont toujours été stables, ni en baisse, ni en hausse. Toutefois, depuis six mois il arrive tous les matins en retard et parfois il s'endort sur son bureau. Il n'a plus de voiture et arrive quelquefois en retard.

Amélie Trudeau, vendeuse – 41 ans. C'est la plus marrante de l'équipe; elle fait toujours des blagues avec ses collègues de travail mais aussi avec les clients. Elle est dynamique, travailleuse mais très bavarde et passe beaucoup plus de temps avec les clients que les autres vendeurs. Elle essaie toujours d'arranger le client et de lui vendre le matériel le plus économique. Elle travaille dans l'entreprise depuis plus de 15 ans et tout le monde l'apprécie, surtout quand elle ramène des gâteaux au chocolat au bureau!

Marius, vendeur – 27 ans. Travaille à Écoutifly depuis cinq ans. Il est rentré dans l'entreprise à la fin de ses études de commerce car il a été pistonné par son père qui joue au golf avec le patron. Il est sympathique, aime les dernières technologies et a modernisé le stock du matériel de l'entreprise. Toutefois, il est souvent absent et ses collègues ne croient pas à ses nombreuses maladies, surtout quand il revient tout bronzé le lundi matin à la suite d'une gastroentérite aigüe!

Joël Nicolas, comptable – 35 ans. Il travaille à Écoutifly depuis le début de la compagnie il y a 18 ans. Il est assidu et ne manque jamais un jour de travail. Ses comptes sont transparents mais il ne se sent pas responsable de la baisse du chiffre d'affaire. Amélie le suspecte de vendre du matériel de sonorisation moins cher en dehors du magasin pour son profit personnel.

Enzo, responsable des ressources humaines – 24 ans. Il travaille à Écoutifly depuis un an. Il sort d'une excellente école de management et est très intelligent. Il a des idées pour développer la compagnie, selon les nouvelles méthodes qu'il a appris pendant ses études. Secrètement, il voudrait petit à petit licencier tous les employés les plus âgés pour recruter du personnel de moins de 25 ans. S'il n'y parvient pas, il créera sa propre start-up de vente de matériel de sonorisation.

Hubert, stagiaire – 20 ans. Stagiaire en alternance à Écoutifly depuis 18 mois. Il adore son expérience de stage et s'entend bien avec tout le personnel. Il essaie d'aller faire un master aux États-Unis l'année prochaine. Il a vendu plusieurs contrats dans les boîtes de nuit de la région qui ont rapporté des bénéfices à la compagnie. D'un autre côté… c'est ce que l'on appelle «un fêtard»; il aime sortir et faire la fête du jeudi au dimanche soir. Des rumeurs courent qu'il prendrait des substances illicites quand il va en boîte.

Maëlis, stagiaire – 19,5 ans. Stagiaire à plein temps à Écoutifly depuis 12 mois. Elle est sérieuse et ambitieuse. Elle aimerait rentrer comme employée dans l'entreprise. Elle a tendance à trouver les défauts de tout le monde et à leur démontrer comment ils pourraient mieux faire leur travail. Par conséquent, elle ne s'entend pas bien avec le personnel, y compris avec Hubert. Elle n'aime pas démarcher pour vendre des contrats. Ce qu'elle voudrait, c'est de devenir comptable d'Écoutifly.

Michael, technicien installateur – 32 ans. Il travaille à Écoutifly depuis deux ans et fait un travail efficace et propre. Il participe régulièrement à des stages sur les nouvelles technologies. Écoutifly a toujours eu des commentaires positifs des clients chez qui il a installé du matériel. Cependant, il ne répond jamais à son téléphone portable et il est difficile de savoir où il se trouve. On a rapporté au patron que Michael aimait charmer les femmes chez qui il installait le matériel si elles se trouvaient seules…

Marc, PDG – 49 ans. Fondateur et directeur de la compagnie. Marc est un accro au travail et il passe plus de 60 heures par semaine à la compagnie. Il est diplômé d'une école de vente et a suivi des cours de comptabilité pour pouvoir suivre les comptes de l'entreprise. Depuis un an, il a du mal à comprendre pourquoi les comptes vont mal et il a commencé à suspecter tous ses employés de le voler… Il a demandé au conseil d'administration, dont il fait partie, de prendre une décision pour sauver la compagnie. Il est au bord de la crise de nerf.

Les métiers d'avenir

- Trouver des informations sur les futurs métiers dans des textes et discuter de leur évolution
- Comprendre les implications de la révolution numérique dans le monde du travail
- Savoir s'exprimer au futur simple pour parler d'avenir
- Noter des conseils donnés dans des documents sonores
- Simuler une interaction orale dans le contexte d'un entretien d'embauche

RÉFLÉCHIR

«Il n'y a avantage à substituer une machine à un homme qu'autant que cet homme trouvera de l'ouvrage ailleurs».

Jean de Sismondi, Économiste et historien suisse (1773–1842)
www.abc-citations.com

- Comment comprenez-vous la citation ci-dessus?
- Quels métiers risquent de changer ou de disparaître avec l'automatisation des tâches?
- Connaissez-vous des métiers qui existaient il y a 50 ans et qui n'existent plus aujourd'hui?
- Que pourra faire une personne qui perd son emploi car celui-ci devient obsolète?
- Doit-on craindre la nouvelle technologie au service du travail?
- Est-ce que la révolution numérique au travail affectera de la même façon tous les pays?

18 Numérique: 85% des «métiers du futur» n'existeraient pas encore

Visitez www.latribune.fr, cherchez «Numérique: 85% des «métiers du futur» n'existeraient pas encore», lisez attentivement le texte et répondez aux questions.

1 Dans quel ordre ces idées apparaissent-elles dans l'article?
   a Le numérique va permettre d'améliorer le recrutement et l'emploi.
   b Personne ne semble vraiment savoir comment sera le monde du travail à l'avenir.
   c La plupart des jeunes auront de multiples emplois dans leur vie professionnelle.
   d C'est le numérique et la création de machines pour remplacer le travail de l'homme qui vont faire évoluer les métiers.
   e Selon ce groupe la grande majorité des métiers du futur n'existent pas encore.
   f Le numérique et l'Intelligence Artificielle vont pouvoir créer des machines avec des comportements humains.
   g Les robots permettront aux entreprises d'économiser beaucoup d'argent.
   h L'entreprise Dell a réuni des experts du numérique pour anticiper les métiers du futur.
   i L'homme devra apprendre à renouveler ses compétences.

2 Dans le paragraphe «Passer de l'humain à la machine?», quelles inquiétudes face à l'avenir du travail sont mentionnées?
3 Dans le même paragraphe, quels avantages sont soulignés?
4 Que font les travailleurs «nomades» du dernier paragraphe?
5 À votre avis, existe-t-il d'autres dangers ou d'autres avantages à la révolution numérique appliquée aux métiers du futur?

19 Les entretiens d'embauche

L'entretien

un entretien d'embauche un entretien pour un travail

votre parcours vos expériences et qualifications

les compétences les connaissances et aptitudes

la ponctualité la faculté d'arriver à l'heure

passer un entretien d'embauche se présenter à un entretien

réussir un entretien d'embauche bien faire un entretien de travail

un costard (familier) un costume d'homme

un tailleur un costume pour femme

A Avez-vous déjà passé un entretien pour un stage, un cours ou un travail d'été? Parlez de votre expérience en classe.

B Maintenant regardez ces vidéos qui simulent ou expliquent les entretiens d'embauche. Faites une liste de tous les conseils donnés.

- Simulation d'entretien – Se mettre en valeur quand on a peu d'expérience: https://youtu.be/oZ9WCN_UB0Y
- Comment bien préparer son entretien d'embauche? https://youtu.be/31vVM1vcbnY
- Entretien d'embauche – Simulation 1: https://youtu.be/9smsI-dPp0Y
- 5 minutes avant de parler de soi en entretien d'embauche: https://youtu.be/64SYXj9ENF8
- Comment s'habiller pour un entretien de motivation: https://youtu.be/yspnYlTlPyY

20 Neuf métiers d'avenir qui n'existent pas encore

Certes, la technologie détruit des emplois, mais elle en crée également de nouveaux. Dans dix ans, vous pourriez bien exercer un métier qui n'existe pas encore… C'est ce que révèle un rapport récent, réalisé par le groupe informatique américain Microsoft et l'agence britannique de conseil The Future Laboratory. Quels sont ces métiers d'avenir?

Que sera votre métier dans dix ans? Le rapport «Tomorrow's Jobs» (Les métiers de demain) publié par le groupe américain Microsoft et l'agence britannique The Future Laboratory, prédit les tendances de carrière pour les dix prochaines années. «Ces emplois peuvent sembler appartenir aux domaines de la science-fiction mais en réalité, ils sont révélateurs de changements que nous observons déjà aujourd'hui, explique Ryan Asdourian, de Microsoft. Le marché du travail est en train de changer à un rythme plus rapide que jamais, en partie à cause de l'intelligence artificielle.» L'intelligence artificielle? C'est le nom donné à «l'intelligence» des machines et des logiciels.

Une donnée est très intéressante dans ce rapport: à l'heure actuelle, 65% des étudiants à l'université choisiraient des filières menant à des emplois qui n'existent pas encore. Des métiers du futur impliquant de nouvelles compétences. Ils seront un temps considérés comme des emplois de niche, puis ils deviendront progressivement «traditionnels»…

1 Designer d'habitat virtuel

D'ici 2026, des dizaines de millions d'humains passeront plusieurs heures par jour dans des environnements de réalité virtuelle. La réalité virtuelle est une technologie informatique qui reproduit un environnement, réel ou imaginaire, et simule la présence d'un utilisateur. Ainsi, à l'aide d'un boîtier placé sur les yeux, on est immergé dans un monde artificiel, créé numériquement, où l'on vit une expérience sensorielle. Celle-ci peut inclure la vue, le toucher, l'ouïe et l'odorat.

Un designer d'habitat virtuel aura pour rôle de concevoir ces mondes. À quoi peut ressembler la maison de vos rêves? Vous le saurez par exemple grâce à l'aide d'un designer d'habitat virtuel. Ses compétences mêleront architecture, design mais aussi nouvelles technologies et psychologie. L'architecte de demain en somme!

2 Responsable de l'éthique de la technologie

La prochaine décennie sera-t-elle l'ère des robots? En tout cas, dans les années à venir, de nombreux emplois seront créés dans le domaine de l'ingénierie robotique. Pour veiller au bon fonctionnement des entreprises mêlant robots et humains, des responsables de l'éthique de la technologie agiront comme un intermédiaire entre les humains, les robots et l'intelligence artificielle. Ils fixeront les règles morales et éthiques dans lesquelles les machines fonctionneront.

«Ce métier deviendra de plus en plus important, explique Alexander Reben, roboticien et artiste, qui a créé le premier robot qui peut choisir ou non d'infliger la douleur sur un être humain. «J'ai prouvé qu'un robot nuisible peut exister, lance-t-il. Alors nous aurons besoin de personnes qui pourront faire face aux problèmes liés à l'intelligence artificielle.» Le responsable de l'éthique de la technologie sera compétent en communication, philosophie et éthique. Le chef de la communication interne de demain?

3 Commentateur culturel numérique

Une pizza ou même un verre de limonade sur fond de plage… Nous photographions tout, si possible de façon artistique, et déposons ensuite le dit «chef-d'œuvre» sur internet… Cette année, la croissance d'Instagram est estimée à 15% alors que pour l'ensemble du secteur des réseaux sociaux, elle est évaluée à seulement 3%. Dans dix ans, ce sera encore plus accentué. La communication visuelle dominera les médias sociaux.

De ce fait, les travailleurs qui maîtrisent la communication visuelle numérique seront très recherchés par les entreprises, mais aussi par les institutions artistiques puisque l'art sera de plus en plus numérique. «Ce sont eux qui permettront au public d'avoir une rencontre ludique avec une galerie de musée. Les visiteurs comprendront enfin l'art puisqu'il sera plus adapté à leur mode de vie», dit Frances Morris, directeur du célèbre musée de la Tate Modern Gallery, à Londres. Ils devront être compétents en histoire de l'art, mais aussi en marketing et en relations publiques.

4 Bio-hacker

Les bio-hackers? Ce sont des biologistes comparables aux hackers informatiques, d'où leur nom. En effet, alors que la science a longtemps été dominée par des équipes de professeurs et chercheurs travaillant dans les universités ou dans des laboratoires industriels, désormais des scientifiques indépendants du monde entier collaborent à distance les uns des autres grâce à des plateformes de logiciels en accès libre.

Cette nouvelle tendance, la biologie participative, «permettra très certainement aux bio-hackers d'alimenter des percées scientifiques majeures dans les années à venir, car ils pourront consacrer tout leur temps à la réflexion, contrairement au travail d'enseignement et d'écriture qu'ont les chercheurs des instituts universitaires», envisage le Dr Darren Nesbeth, un biologiste synthétique à l'UCL. En espérant que les questions d'éthique ne passent pas au second plan.

5 Créateur de données IdO (internet des objets)

Qui n'a pas un objet connecté aujourd'hui? Prenons l'exemple de la montre: en moins de deux, on peut savoir combien de kilomètres on a marché dans la journée ou bien mesurer sa fréquence cardiaque. Bientôt tout sera connecté, de la voiture à la cuisine. C'est ce qu'on appelle l'internet des objets (IdO ou IoT pour Internet of Things), c'est-à-dire l'extension d'internet à des choses et à des lieux du monde physique. L'internet des objets connectés représente les échanges d'informations et de données provenant de dispositifs présents dans le monde réel vers le réseau internet. Selon une équipe de l'Institut de Technologie de Zurich, en dix ans, 150 milliards d'objets devraient se connecter entre eux!

6 Guide de l'espace

Au-delà de 2025, voici les métiers que vous êtes susceptibles d'exercer… À commencer par guide dans l'espace, le guide touristique du futur. Déjà 40 000 personnes travaillent dans le secteur spatial en Europe. 16 000 de ces emplois se trouvent en France, dont 11 000 en région Midi-Pyrénées. Les grandes agences spatiales sont en permanence à la recherche de moyens de propulsion plus performants.

L'aventure spatiale n'en est qu'à ses débuts et offre donc tous les attraits d'une activité en devenir… Peut-être qu'en 2026, nous irons en vacances dans l'espace? Virgin Galactic en est l'exemple. La compagnie du groupe Virgin compte bien vendre des vols suborbitaux au public. Des guides seront alors indispensables!

7 Conservateur de contenus mémoriels

Envie de vous remémorer tous les souvenirs de votre enfance? Capturer des pensées, des rêves? Élargir votre capacité à mémoriser? À la fin des années 2020, des logiciels mis au point par les équipes de neuroscientifiques vous le permettront. Des professionnels vous aideront à utiliser ces systèmes pour augmenter votre capacité de stockage mémorielle.

8 Créateur en énergie

L'énergie solaire photovoltaïque est une énergie électrique produite à partir du rayonnement solaire. Et puis viendra l'épuisement des ressources. Il faudra stocker de l'énergie pour ces jours où le vent ne soufflera pas et où le soleil ne brillera pas. Il faudra aussi inventer des stockages de batterie ultra-puissants pour faire face aux exigences de puissance liées à l'internet des objets, omniprésent. Ce sera le boulot du créateur en énergie!

9 Consultant en stratégie du «rewilding»

2025, 2030… Les ressources nécessaires ne seront plus suffisantes, la nature aura progressivement disparu, emportant avec elle les animaux. Alors, il faut se prémunir et passer au «rewilding»: bâti sur l'anglais «wild», le terme désigne la reconstitution du monde sauvage. Ainsi, de nombreuses fondations comme «Rewilding Europe» contribuent déjà à faire de notre monde un lieu plus naturel, en réintroduisant des plantes ou encore des animaux. Un métier qui sera peut-être le vôtre prochainement!

Audrey Mercurin, 09/08/2016
www.ouest-france.fr/leditiondusoir/data/809/reader/reader.html#!preferred/1/package/809/pub/810/page/9

Lisez attentivement le texte, puis faites les activités suivantes.

A Trouvez la deuxième moitié de ces affirmations basées sur le texte.

1 Un designer d'habitat virtuel va inventer…
2 Un responsable de l'éthique de la technologie…
3 Un commentateur culturel numérique se chargera…
4 Un bio-hacker participera indépendamment à…
5 Un créateur de données IdO (internet des objets) inventera des objets de tous les jours…
6 Un guide de l'espace pourra…
7 Un conservateur de contenus mémoriels aidera les gens à utiliser…
8 Un créateur en énergie trouvera des moyens…
9 Un consultant en stratégie du «rewilding» s'occupera à recréer…

a … des logiciels et des systèmes pour garder nos souvenirs.
b … un monde plus semblable à celui du passé avec une grande diversité.
c … amener des touristes explorer l'espace pendant leurs vacances.
d … des mondes virtuels comme les maisons du futur.
e … de la communication par les images et l'art dans les entreprises et les organisations artistiques.
f … contrôlera l'interaction entre les humains et les robots de façon à ce qu'elle ne soit pas nuisible.
g … qui seront connectés via internet.
h … des recherches scientifiques sur des plateformes collaboratives.
i … pour stocker l'énergie créée par les nouvelles technologies.

B Trouvez les synonymes dans l'introduction du texte:

1 faire un métier
2 des études universitaires
3 des postes qui représentent un petit segment du marché du travail
4 programmes informatiques capables de simuler certains traits de l'intelligence humaine

C Si vous deviez exercer un de ces métiers, quelle serait votre préférence? Classez les métiers de l'article par ordre de préférence et discutez de vos choix en groupe.

D Pour chaque métier présenté dans le texte, réfléchissez à trois compétences et trois qualités personnelles nécessaires.

Grammaire

Le futur simple

Voir l'Unité 1 à la page 9.
Reportez-vous aussi au précis de grammaire en fin de livre.

E Il semble évident qu'on utilise le futur simple pour parler des changements envisagés dans le monde du travail dans l'avenir.

1 Pouvez-vous trouver les 34 verbes au futur dans le texte aux pages 79 à 80
Pour réviser les terminaisons du futur simple, reportez-vous à la page 359 de la section grammaire de votre livre.
2 Relevez tous les verbes au présent et au futur du texte avec leurs sujets.

UNITÉ 3   Monde du travail

3 Maintenant écrivez un paragraphe au futur en utilisant les verbes ci-dessous pour imaginer comment sera votre vie professionnelle à l'âge de 35 ans. Vous pouvez utiliser les verbes dans n'importe quel ordre et vous pouvez les utiliser plusieurs fois.

être	avoir	prendre	pouvoir
travailler	falloir	devenir	permettre
aller	gagner	passer	devoir

21 Simulation d'un entretien professionnel

Préparez une simulation d'entretien de travail en binômes.

- Vous choisirez ensemble un des neuf métiers d'avenir du texte.
- L'employeur préparera de son côté une dizaine de questions à poser sans les montrer au demandeur d'emploi.
- Le demandeur d'emploi essaiera d'anticiper les questions et fera une liste de ses qualités et de ses expériences (fictives). Il établira les compétences nécessaires pour le poste choisi.
- Vous utiliserez le présent, le futur et le passé composé.
- Pensez à utiliser du vocabulaire spécifique aux études et au travail.

Vous pourrez filmer l'entretien et le montrer à la classe qui l'évaluera selon les critères de la langue, du message et de la communication / interaction.

22 Avez-vous hâte de rentrer dans le monde du travail?

■ Comment écrire une page de journal intime

Voir l'Unité 1 à la page 5.

■ Comment écrire un blog

Un **blog** (ou «**weblog**») est un site web sur lequel une variété d'«auteurs» vont s'exprimer sur une variété de thèmes. Les lecteurs peuvent s'exprimer aussi.

Chaque fois que l'auteur s'exprime cela s'appelle **un billet**. Une personne qui écrit est **un blogueur / une blogueuse**. Quand un billet est modifié cela s'appelle **une mise à jour**. Il peut aussi y avoir une liste de liens vers d'autres sites, c'est **la blogliste**.

- Vous écrivez pour être lu et compris.
- Vous devez donc faire en sorte de captiver l'attention de votre lecteur, mais également d'utiliser une structure et un langage facilitant la compréhension.
- Un article réussi permet au lecteur, une fois l'article terminé, de retenir une idée principale. On doit avoir appris quelque chose et le message doit être suffisamment clair pour qu'on le retienne.
- À l'inverse des médias qui informent sans attendre de retour, le blogueur obtient ses galons lorsqu'il parvient à impliquer son audience!

Pour écrire un blog, il faut considérer les points suivants:

- Donner un titre bref
- Donner une date (à noter: le dernier billet écrit sera le premier vu / lu)
- Écrire à la première personne, de façon familière si c'est approprié au thème mais cela dépend de la nature du sujet et du **lectorat** (si vous écrivez dans *Le Monde* par exemple, le langage sera un peu plus formel)
- S'adresser aux lecteurs en utilisant «tu» ou «vous» (selon les types de lecteurs)
- Présenter le thème, donner des exemples puis détailler
- Donner votre opinion et vos sentiments personnels
- Varier les structures grammaticales utilisées
- Inviter les lecteurs à réagir, faire des commentaires

Vous pouvez mettre des photos, mais vous n'êtes pas jugé(e)s sur vos talents artistiques à l'examen, donc ne passez pas de temps à dessiner!

■ **Comment écrire un article pour le magazine de l'école**
Voir l'Unité 1 à la page 14.

Répondez à cette question personnelle en prenant compte des aspects étudiés dans ce chapitre. Envisagez les opportunités et les défis du monde du travail au XXI siècle et visualisez-vous dans cet avenir.

- Utilisez les mots-clés du travail
- Utilisez plusieurs temps des verbes, notamment le subjonctif présent et le futur simple
- Choisissez un des trois types de texte suivants:

> Entrée de journal intime
> Billet sur votre blog personnel
> Editorial d'un magazine pour étudiants

Niveau moyen: 250 à 400 mots

Niveau supérieur: 400 à 600 mots

23 Finir l'unité en riant… L'humoriste: Anne Roumanoff

Vous pourrez voir un sketch comique de la comédienne Anne Roumanoff hébergé sur la chaîne YouTube, intitulé «L'entretien d'embauche»: https://youtu.be/4TfFiVzKmbc. Il reflète bien le stress qui précède un entretien professionnel.

Littérature

24 Présentation orale d'un extrait de *Germinal* d'Émile Zola

NIVEAU SUPÉRIEUR

Thème 1: Organisation sociale

Émile Zola est un romancier français très célèbre. Il était aussi journaliste et un homme public connu et respecté pour ses opinions et ses engagements. *Germinal* est publié en 1885 à une époque où les conditions de travail en France étaient déplorables. Ce roman représente la lutte et la révolte sociale. Émile Zola écrit en faveur des déshérités et des exploités.

Le lieu de ce roman est la mine de charbon. Il en existait beaucoup dans toute la France mais surtout au nord et le charbon était essentiel pour l'économie du pays. Cet extrait, «la mine infernale», évoque avec un réalisme frappant la dure condition des mineurs. Ce passage de l'œuvre peut aisément être divisé en deux parties distinctes. En premier lieu, Zola s'attache à dresser le portrait d'un mineur bien identifié saisi en plein labeur. En second lieu, il dépeint le décor dans lequel évoluent quotidiennement les mineurs.

C'était Maheu qui souffrait le plus. En haut, la température montait jusqu'à trente-cinq degrés, l'air ne circulait pas, l'étouffement à la longue devenait mortel. Il avait dû, pour voir clair, fixer sa lampe à un clou, près de sa tête; et cette lampe, qui chauffait son crâne, achevait de lui brûler le sang. Mais son supplice s'aggravait surtout de l'humidité. La roche, au-dessus de lui, à quelques centimètres de son visage, ruisselait d'eau, de grosses gouttes continues et rapides, tombant sur une sorte de rythme entêté, toujours à la même place.

Il avait beau tordre le cou, renverser la nuque: elles battaient sa face, s'écrasaient, claquaient sans relâche. Au bout d'un quart d'heure, il était trempé, couvert de sueur lui-même, fumant d'une chaude buée de lessive. Ce matin-là, une goutte, s'acharnant dans son œil, le faisait jurer. Il ne voulait pas lâcher son havage[1], il donnait de grands coups, qui le secouaient violemment entre les deux roches, ainsi qu'un puceron[2] pris entre deux feuillets d'un livre, sous la menace d'un aplatissement complet.

Pas une parole n'était échangée. Ils tapaient tous, on n'entendait que ces coups irréguliers, voilés et comme lointains. Les bruits prenaient une sonorité rauque, sans un écho dans l'air mort. Et il semblait que les ténèbres fussent d'un noir inconnu, épaissi par les poussières volantes du charbon, alourdi par des gaz qui pesaient sur les yeux. Les mèches des lampes, sous leurs chapeaux de toile métallique, n'y mettaient que des points rougeâtres. On ne distinguait rien, la taille s'ouvrait, montait ainsi qu'une large cheminée, plate et oblique, où la suie[3] de dix hivers aurait amassé une nuit profonde. Des formes spectrales s'y agitaient, les lueurs perdues laissaient entrevoir une rondeur de hanche, un bras noueux, une tête violente, barbouillée comme pour un crime. Parfois, en se détachant, luisaient des blocs de houille[4], des pans et des arêtes, brusquement allumés d'un reflet de cristal. Puis, tout retombait au noir, les rivelaines[5] tapaient à grands coups sourds, il n'y avait plus que le halètement[6] des poitrines, le grognement de gêne et de fatigue, sous la pesanteur de l'air et la pluie des sources.

Chapitre 4, Partie 1 de Germinal par Émile Zola

[1] le havage: action de casser et de découper la roche d'une mine

[2] un puceron: tout petit insecte qui vit dans les plantes

[3] la suie: matière noire produite par la fumée

[4] la houille: combustible minéral solide

[5] une rivelaine: outil dont se servent les mineurs

[6] le halètement: respiration forte et rapide

Travaillez sur les points suivants pour faire une présentation du texte de trois à quatre minutes:

- La présentation rapide de l'auteur et le contexte de son époque
- Le résumé du texte: qui, quoi, où, quand, pourquoi et comment?
- La présentation du personnage de Maheu
- L'explication du thème de l'extrait
- Quelle est l'opinion de Zola sur le travail?
- Quels sentiments ou émotions provoque ce texte?
- Quelle est votre avis sur le texte?
- Pour vous aider dans l'analyse du texte, réfléchissez sur les champs lexicaux
- Est-ce qu'il existe des romans similaires dans votre culture?

25 Le Laboureur et ses Enfants

Jean de La Fontaine est un grand auteur du 17ème siècle qui appartient au classicisme et qui est connu pour ses Fables. Il s'est inspiré essentiellement des fables d'un écrivain grec de l'antiquité: Ésope. Ses fables sont toujours enseignées dans les écoles car elles ont un but didactique, c'est-à-dire de faire passer des messages de morale.

[1] le fonds: la ressource, le capital
[2] un laboureur: un propriétaire d'une terre agricole

Travaillez, prenez de la peine:
C'est le fonds[1] qui manque le moins.
Un riche laboureur[2], sentant sa mort prochaine,
Fit venir ses enfants, leur parla sans témoins.
Gardez-vous, leur dit-il, de vendre l'héritage
Que nous ont laissé nos parents.
Un trésor est caché dedans.
Je ne sais pas l'endroit; mais un peu de courage
Vous le fera trouver, vous en viendrez à bout.
Remuez votre champ dès qu'on aura fait l'Août.
Creusez, fouiller, bêchez; ne laissez nulle place
Où la main ne passe et repasse.
Le père mort, les fils vous retournent le champ
Deçà, delà, partout; si bien qu'au bout de l'an
Il en rapporta davantage.
D'argent, point de caché. Mais le père fut sage
De leur montrer avant sa mort
Que le travail est un trésor.

Jean de La Fontaine

Lisez et répondez aux questions:

1. Ce texte est:
   a. un poème
   b. une fable
   c. des paroles de chanson
2. L'atmosphère est:
   a. réaliste
   b. surréaliste
   c. imaginaire
3. À la ligne 7, que fait croire le laboureur à ses enfants?
4. Ce texte défend les valeurs…:
   a. de la famille
   b. du travail
   c. de la campagne
5. De quelle erreur le père avertit-il ses enfants?
6. Qu'est-ce que le véritable trésor?
7. Trouvez quatre verbes d'action qui renforcent le rythme soutenu et incessant du travail.
8. Trouvez cinq mots du champ lexical de la fortune.
9. Quelle ligne montre que le travail des terres va être dur et va devoir se faire consciencieusement?
10. Deux expressions de temps montrent que les enfants doivent être patients; lesquelles?
11. À la ligne 1 («travaillez») et à la ligne 13 («vous»), à qui s'adresse Jean de La Fontaine?
12. Dans quelles circonstances le laboureur a-t-il décidé de donner son message de morale à ses fils?
13. Que va léguer le père, à part l'héritage de ses terres?
14. Quelle est la morale de cette histoire?
15. Pensez-vous que les fables sont efficaces pour faire passer des messages universels? En connaissez-vous d'autres?

UNITÉ 3 Monde du travail

UNITÉ 4 — Loisirs

Thème 2: Expériences

Le tourisme et les vacances

- Réfléchir à la valeur du tourisme et des vacances pour le développement personnel ainsi que pour l'économie globale
- Rédiger une revue (texte professionnel)

C'EST L'ÉTÉ, C'EST LE TEMPS DES VACANCES!

lucajalbert.com

RÉFLÉCHIR

- Des mots pour le dire… nommez tout ce que vous voyez sur cette image.
- Aimez-vous partir en vacances? Pourquoi ou pourquoi pas?
- Avez-vous déjà visité des destinations touristiques populaires? Lesquelles?
- Quel était le but de votre séjour?
- Quelle a été votre expérience de ces pays?
- Pourquoi certains pays sont plus particulièrement prisés que d'autres?
- Croyez-vous aux dépliants touristiques des agences de voyages?

1 Les vacances

Ne pas [1]_____, ne [2]_____ faire, [3]_____ tard le matin, [4]_____ coucher tard, [5]_____ jusqu'à plus soif, [6]_____ dans la mer, [7]_____ les montagnes, [8]_____ l'odeur de la crème solaire sur des corps de rêve ou [9]_____ les muscles des volleyeurs.

A Placez ces mots dans le texte.

a contempler	**d** plonger	**g** boire
b humer	**e** se	**h** dormir
c jalouser	**f** rien	**i** travailler

B Vous comprenez? Analysez l'utilisation de l'infinitif dans ce texte.

2 Les avantages et inconvénients des vacances

A Qui donne un avantage (A) et qui donne un inconvénient (I)?

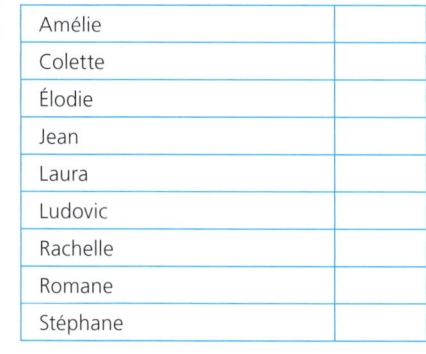

Piste 5

Amélie	
Colette	
Élodie	
Jean	
Laura	
Ludovic	
Rachelle	
Romane	
Stéphane	

B Finissez ces phrases selon le passage:

1. Au bord de la mer ce qu'Élodie préfère, c'est _____
2. L'idéal pour Stéphane, ce serait de / d' _____
3. En vacances, Romane a vraiment envie de / d' _____
4. Le plus gros atout de la campagne d'après Ludovic, c'est _____
5. Selon Jean, il est primordial de / d' _____
6. Ce que Laura ne peut pas supporter, c'est _____
7. Cela ne dit pas grand-chose à Colette de / d' _____
8. Ce qui agace Rachelle le plus, c'est _____
9. Ce qui ne plaît pas à Amélie, c'est _____

UNITÉ 4 Loisirs

87

3 Qu'est-ce que des vacances réussies?

Selon un sondage Voyages-sncf.com, les vacanciers veulent se reposer et avoir des plaisirs simples.

Ouf! L'école arrive à sa fin, on va enfin pouvoir passer en mode vacances. Les premiers chanceux de l'été à partir en congé prennent dès ce week-end les routes teintées d'orange aujourd'hui et demain en région parisienne, vers la vallée du Rhône et sur les axes principaux de la région sud-est.

Au terme du voyage, selon ses désirs et particulièrement selon ses moyens, chacun espère évidemment «réussir» ses vacances si attendues. Une enquête, dirigée par Harris Interactive pour le site web Voyages-sncf.com que nous avons pu consulter en avant-première, et qui a été publiée aujourd'hui, affirme que les Français sont très modérés dans la planification de leur cocktail idéal. Pas d'ingrédient «carte postale», pas de caprice «cocotiers-lagon bleu», mais plutôt des plaisirs simples à partager.

Loin, mais pas trop, et surtout en voiture. Peu importe le mode de transport choisi, une grande majorité (74%) des vacanciers français choisissent une destination à environ trois heures de chez eux. Pour 88% des vacanciers, le dépaysement est un élément essentiel. «Cela révèle un vrai désir de couper les ponts et de changer d'environnement, analyse Sophie Barré, directrice tourisme chez Voyages-sncf.com. C'est un point rassurant car il indique que l'envie de voyager reste intacte malgré les difficultés économiques actuelles». Pour des raisons indéniables de coût, la voiture continue à être le moyen de transport favori (48%), devant l'avion (32%) et le train, qui n'intéresse que 7% des candidats aux congés d'été. A cause de la voiture, la France reste la première destination et 56% des vacanciers resteront dans l'Hexagone.

À la mer, en famille ou entre amis. Le bord de mer demeure le lieu de séjour préféré de l'été pour 53% des personnes interrogées, loin devant la campagne (20%) et la montagne (18%). On y loue un appartement, un mobile home ou une maisonnette (50% contre 21% pour l'hôtel) que l'on partage en famille ou avec des amis. «Vacances à plusieurs» concilient d'ailleurs, pour 95% des Français, avec «vacances réussies».

Calme et repos! Lessivés par l'année qui se termine, les vacances veulent avant tout recharger leurs batteries. C'est pour cela que 91% d'entre eux considèrent que le repos est vital et qu'ils passeront la plus grande partie de leurs vacances à se requinquer. Au bord de la piscine, dans leur location, au camping ou au club de vacances, sont les lieux évidents pour la moitié des Français, néanmoins, ceux-ci restent une «petite folie» moins indispensables que … la gastronomie! Pendant les vacances d'été, on se fait plaisir et, fidèle à sa réputation, le français privilégie ceux de la bouche. Pour 79%, apéritifs, barbecues et bons restaurants sont prioritaire au programme estival.

Sondage Harris Interactive pour Voyages-sncf.com réalisé en ligne du 13 au 20 juin auprès de 1000 individus. Méthode des quotas.

A Expliquez avec vos propres mots:
1. … prennent dès ce week-end les routes teintées d'orange…
2. … selon ses désirs et particulièrement selon ses moyens…
3. … un vrai désir de couper les ponts et de changer d'environnement…
4. … le français privilégie ceux de la bouche…

B Vrai ou faux? Justifiez votre réponse.
1. Les vacances sont importantes pour les Français.
2. Les Français rêvent de vacances exotiques.
3. Le chômage, l'augmentation des impôts et l'insécurité économiques font que les Français hésitent à partir en vacances.
4. Les Français ne voyagent que rarement à l'étranger.

C Répondez aux questions.
1. Où préfèrent partir les français?
2. Comment?
3. Avec qui?
4. Pourquoi partent-ils?
5. Quel est le moyen de logement préféré des Français?
6. Que leur est-il indispensable pour réussir leurs vacances d'été?
7. Pour quelle raison?

4 Turquie. Géopolitique d'un club de vacances

L'Allemand organisé, le Français râleur, le Russe porté sur la boisson – autour du buffet d'un village de vacances en Turquie, les touristes confortent les stéréotypes nationaux, s'amuse un journaliste algérien.

Quelque part au sud de la Turquie. Au pied de montagnes chauves, dans un «resort», sorte d'enclave luxuriante pour touristes encagés où tout (ou presque) est compris, la bataille des transats fait rage. L'Allemand se lève très tôt et, avant même de fondre sur le buffet du petit-déjeuner, il se dépêche d'étendre ses serviettes à la plage ou à la piscine. Sa satanée obsession de la profondeur stratégique le mène souvent à réserver plus de chaises longues que nécessaire.

Au grand dam de l'Anglais, son fidèle rival, qui n'hésite donc pas, pensant que personne ne le regarde, à jeter lesdites serviettes sur la pelouse et à récupérer quelques pliants au risque d'un gros raffut une ou deux heures plus tard.

Le Russe se lève tôt lui aussi ce qui n'est pas un moindre exploit quand on sait qu'il a levé le coude jusque tard dans la nuit au son de Shakira ou de Tarkan. Visage bouffi, accompagné par madame, blonde, cela va de soi, et de leurs deux ados – tout ce beau monde faisant la mine –, il accorde un bref regard de mépris à l'Allemand en train de délimiter son périmètre.

Puis, la famille au complet chausse ses palmes et entre dans l'eau encore froide sans la moindre hésitation. En moins d'une minute, la voilà déjà au large, presque invisible. Son éloignement inquiète un peu l'Allemand qui se demande si les Russes ne vont pas saccager sa mise en place une fois sortis de l'eau. Il hésite à attendre leur retour mais l'appel des œufs brouillés et des crêpes à la confiture de rose est trop fort.

Parasols, merguez de volaille et faux sacs Vuitton

Le Français, lui, râle. Bien sûr, cela fait cliché que de l'écrire mais la réalité est ce qu'elle est. Pourquoi n'y-a-t-il pas de vraies saucisses de porc à la place de ces merguez de volaille au cumin est son premier grief de la journée. Quelques minutes plus tard, découvrant l'étendue des annexions germano-britanniques, il va se mettre en quête «d'un responsable» pour protester puisque le règlement – placardé sur la plage – interdit la réservation de transats.

Un garçon de plage finit par lui trouver un parasol de libre et, gros bouquin de Marc Levy ou de Jean-Christophe Grangé en main, voici notre râleur qui, enfin calmé, joue au tournesol. De temps à autre, la moitié de la plage (ou presque, n'exagérons pas) bénéficie de ses réflexions. Il juge ainsi que l'arak ressemble un peu trop à l'ouzo mais que, de toutes les façons, rien ne vaut le pastis et les vacances en Corse. Sa femme, elle, se demande si acheter un faux sac Vuitton au marché d'à côté est vraiment dangereux. Un seul, pas dix, comme les Russes, précise-t-elle.

Tiens, voilà un Algérien accompagné de sa femme et de celle qui semble être sa belle-sœur. Le premier jour, ces dames se sont baignées entièrement vêtues d'une ample robe noire. À la piscine, un maître-nageur leur a fermement demandé de quitter le bassin pour raisons hygiéniques et elles ont été obligées de se rabattre sur la plage où des dizaines de regards, curieux, réprobateurs ou carrément hostiles, ont pesé sur elles. Quelques jours plus tard, une certaine sensation de détente et de frivolité générale aidant, les robes de bain ont fini par disparaître remplacées par de sages maillots une-pièce achetés à la boutique hors de prix de l'hôtel…

Comme le Français, avec lequel il a fini par sympathiser, l'Algérien parle haut, avec cet accent néo-algérois si difficile à blairer. Mais il ne râle pas. Il s'extasie devant tout ce que font les Turcs. «Qu'est-ce qu'ils travaillent! On aurait pu tellement apprendre d'eux. On est loin, vraiment! Pourtant, Béni Saf c'est bien plus beau qu'Antalya, non?»

Toutes nationalités confondues, les mâles de la plage ne cessent d'observer les quatre ou cinq Iraniennes qui, telles des stars, arrivent tard et repartent toujours les premières. Nez visiblement refaits, poitrines opulentes et tailles de guêpes, pagnes transparents, maillots, ou plutôt strings de marque, longues cigarettes à la main et ne dédaignant pas une pression servie dans l'une des multiples buvettes gratuites. Ces jeunes femmes assurent le spectacle et montrent, s'il le fallait encore, que rien n'est simple concernant le pays des ayatollahs.

Akram Belkaïd, 19/08/2014
www.courrierinternational.com/article/2014/08/19/geopolitique-d-un-club-de-vacances

A **Analysez cette revue de presse de vacances:**
- Le contenu
- Le style
- Le registre
- Le format

UNITÉ 4 Loisirs

Comment écrire une revue

Voici les 10 règles:

- Règle 1: Définissez un thème et une audience.
- Règle 2: Recherchez des faits et des données.
- Règle 3: Prenez des notes en lisant.
- Règle 4: Choisissez le type de revue que vous voulez écrire.
- Règle 5: Restez concentré sur le sujet en attirant l'intérêt général.
- Règle 6: Soyez critique mais cohérent.
- Règle 7: Trouvez une structure logique.
- Règle 8: Utilisez les impressions et les remarques.
- Règle 9: Incluez vos opinions mais restez objectif.
- Règle 10: Respectez l'actualité.

B À vous! Écrivez une revue (texte de type professionnel) sur les vacances des étrangers en France.

5 Souvenir de vacances

NIVEAU SUPÉRIEUR

Le petit Nicolas est un personnage de la littérature de jeunesse imaginé en 1959 par René Goscinny et illustré par Jean-Jacques Sempé.

Les histoires, où se mêlent l'humour et la tendresse de l'enfance, mettent en scène un petit garçon appelé Nicolas.

Les thèmes sont, avant tout, ceux de l'enfance (comme la camaraderie, les disputes, les rapports avec la maîtresse d'école, les premières amourettes) mais Goscinny décrypte également le monde complexe des adultes.

Nous allons travailler un extrait du chapitre *Souvenir de vacances*, qui se trouve dans le livre *Les vacances du Petit Nicolas*.

Moi, je suis rentré de vacances; j'étais dans une colo, et c'était très bien.

Quand nous sommes arrivés à la gare avec le train, il y avait tous les papas et toutes les mamans qui nous attendaient. C'était terrible: tout le monde criait, il y en avait qui pleuraient parce qu'ils n'avaient pas encore retrouvé leurs mamans et leurs papas, d'autres qui riaient parce qu'ils les avaient retrouvés, les chefs d'équipe qui nous accompagnaient sifflaient pour que nous restions en rang, les employés de la gare sifflaient pour que les chefs d'équipe ne sifflent plus, ils avaient peur qu'ils fassent partir les trains, et puis j'ai vu mon papa et ma maman, et là, ça a été chouette comme je ne peux pas vous dire. J'ai sauté dans les bras de ma maman, et puis dans ceux de mon papa, et on s'est embrassés, et ils m'ont dit que j'avais grandi, que j'étais tout brun, et maman avait les yeux mouillés et papa il rigolait doucement en faisant «hé hé» et il me passait sa main sur les cheveux, moi j'ai commencé à leur raconter mes vacances, et nous sommes partis de la gare, et papa a perdu ma valise.

J'ai été content de retrouver la maison, elle sent bon, et puis ma chambre avec tous les jouets, et maman est allée préparer le déjeuner, et ça c'est chouette, parce qu'à la colo, on mangeait bien, mais maman cuisine mieux que tout le monde, et même quand elle rate un gâteau, il est meilleur que n'importe quoi que vous n'ayez jamais mangé. Papa s'est assis dans un fauteuil pour lire son journal et moi je lui ai demandé:

– Et qu'est-ce que je fais maintenant?

– Je ne sais pas moi, a dit papa, tu dois être fatigué du voyage, va te reposer dans ta chambre.

– Mais je ne suis pas fatigué, j'ai dit.

– Alors va jouer, m'a dit papa.

– Avec qui? j'ai dit.

– Avec qui, avec qui, en voilà une question! a dit papa. Avec personne, je suppose.

– Moi je sais pas jouer tout seul, j'ai dit, c'est pas juste, à la colo, on était des tas de copains et il y avait toujours des choses à faire.

Alors papa a mis le journal sur ses genoux, il m'a fait les gros yeux et il m'a dit: «Tu n'es plus à la colo ici, et tu vas me faire le plaisir d'aller jouer tout seul!» Alors moi je me suis mis à pleurer, maman est sortie en courant de la cuisine, elle a dit: «Ça commence bien», elle m'a consolé et elle m'a dit qu'en attendant le déjeuner, j'aille jouer dans le jardin, que peut-être je pourrais inviter Marie-Edwige qui venait de rentrer de vacances. Alors je suis sorti en courant pendant que maman parlait avec papa. Je crois qu'ils parlaient de moi, ils sont très contents que je sois revenu.

Extrait de Les vacances du Petit Nicolas *par Sempé–Goscinny, Éditions Gallimard*

A Lisez l'extrait puis faites cet exercice de compréhension: vrai ou faux.

1. À la gare, il n'y avait que les moniteurs qui sifflaient pour que les enfants restent en rang.
2. Pour Nicolas, la nourriture en colonie de vacances est bonne.
3. Nicolas ne sait plus à quoi jouer.
4. Le père de Nicolas est allé jouer avec lui.
5. À la colonie de vacances Nicolas jouait avec peu d'enfants.

B Analyse de texte:

1. Comment comprenez-vous cet extrait? Quels en sont les thèmes principaux selon vous?
2. Comment est décrit le retour de colo?
3. Les enfants sont-ils heureux de rentrer? Justifiez votre réponse en citant le texte.
4. Nicolas est-il heureux d'être de retour chez lui? Expliquez votre réponse.
5. Décrivez la relation de Nicolas avec son père puis sa mère.
6. Est-ce que la colo a changé Nicolas selon vous? Justifiez votre réponse.
7. Pourquoi Nicolas a-t-il été envoyé en colonie de vacances selon vous?

C Préparez une présentation individuelle de quatre minutes pour expliquer votre compréhension de cet extrait.

Thème 2: Expériences

Le sport

- Réfléchir à la pratique du sport en France
- Rédiger une brochure (texte média de masse)

«Donner, recevoir, partager: ces vertus fondamentales du sportif sont de toutes les modes, de toutes les époques. Elles sont le sport».

*Aimé Jacquet
Entraineur, Entraineur de football, Sportif (1941–)*

«Peu importe combien de fois vous gagnez un prix, c'est toujours très spécial».

*Zinedine Zidane
Footballeur, Sportif (1972–)*

«Si les olympiades restent toujours l'objectif final, chaque compétition est un défi en soi».

*Laure Manaudou
Nageuse, Sportive (1986–)*

«La vraie réussite d'une équipe, c'est d'assurer la compétitivité dans la pérennité».

*Alain Prost
Pilote de course, Sportif (1955–)*

«Baisser les bras dans une compétition sous prétexte qu'on ne peut terminer premier est incompatible avec l'esprit du sport».

*Éric Tabarly
Navigateur (1931–1998)*

http://citation-celebre.leparisien.fr/citation/sport#aWJf3lP9VHvmHiZk.99

RÉFLÉCHIR

- Comment comprenez-vous les citations de sportifs célèbres ci-dessus? Expliquez.

6 Zinedine Zidane

Zinedine Zidane est tout simplement l'un des meilleurs footballeurs de la planète. Sa simplicité, son humilité, son grand respect pour beaucoup de choses et surtout sa manière de manier le ballon et de distribuer le jeu font de lui le véritable chef d'orchestre de l'équipe tricolore.

Zinedine Zidane grandit dans les quartiers Nord de Marseille, à la Castellane. Très tôt il se fait remarquer dans ses clubs de quartiers et un émissaire de l'AS Cannes le fait venir sur la Croisette en 1987. Un an plus tard, en 1988, il fait ses débuts en pro, alors qu'il a à peine 16 ans.

L'enfant de la Castellane est né dans une famille où les grandes valeurs sont respectées et mises en avant. Zizou débute sa carrière dans les rues de la banlieue de Marseille où il consacre le plus clair de son temps à assouvir sa passion pour le ballon rond. Dribbles, crochets, sens de l'équilibre et de la passe, vision du jeu, intelligence, etc… Tous les superlatifs sont bien là pour se rendre compte que ce jeune a beaucoup de talent, c'est pourquoi l'AS Cannes l'engage puis les Girondins de Bordeaux se l'arrachent par la suite…

Grammaire

Les structures avec «si»

Les structures avec «si» sont utilisées pour exprimer une situation impliquant une condition. Elles sont principalement formées ainsi:

Pour exprimer une probabilité ou une quasi-certitude:
- Si + présent de l'indicatif, présent de l'indicatif, par exemple:
  Si tu veux devenir un sportif avéré, il faut t'entrainer.

- *Si* + présent de l'indicatif, futur simple, par exemple:

  Si tu peux te dépasser, tu pourras gagner.

- *Si* + présent de l'indicatif, présent de l'impératif, par exemple:

  Si tu préfères partir dans un club étranger, fais-le!

Pour exprimer une hypothèse:

- *Si* + imparfait, conditionnel présent, par exemple:

  Si tu t'entendais mieux avec tes co-équipiers, tu pourrais faire plus de progrès.

Pour exprimer une hypothèse non réalisée dans le passé:

Ayant des conséquences dans le présent:

- *Si* + plus-que-parfait, conditionnel présent, par exemple:

  Si tu avais écouté ton entraineur, tu n'en serais pas là aujourd'hui.

Ayant eu des conséquences dans le passé:

- *Si* + plus-que-parfait, conditionnel passé, par exemple:

  Si tu t'étais entraîné plus assidument, tu aurais pu intégrer une meilleure équipe.

Pour exprimer une hypothèse réalisée dans le passé:

- *Si* + passé composé, passé composé, par exemple:

  Si tu as compris les règles, tu as pu arbitrer.

Attention! On peut aussi trouver la structure suivante: verbe 2, *Si* + verbe 1, par exemple:

- *Tu réussirais tes examens **si** tu travaillais mieux.*

Écrivez des phrases avec «si» à partir de l'extrait de la bibliographie de Zinedine Zidane.

7 La salle de sport et les Français: Je t'aime moi non plus

A Lisez le texte suivant et complétez-le avec les mots donnés ci-dessous.

En 1967, un journaliste [1] _____ déjà de la sédentarisation de sa génération. Le corps humain [2] _____ 600 muscles et seuls ceux [3] _____ la mastication et de la déglutination sont sollicités régulièrement. Ce sont des événements fortuits, tels que la grève des transports publics, afin de [4] _____ cette léthargie maladive. Ainsi, le Français se voit [5] _____ d'user ses jambes, sans imaginer une seule seconde que les maux et douleurs dont il souffre, [6] _____ grâce à cet exercice quotidien. De plus, le manque de mouvement, [7] _____ la sclérose de l'organe, nous amène à une génération «d'hommes-tronc».

a cesser	**e** possède
b de	**f** s'inquiétait
c entraînant	**g** se résorberaient
d obliger	

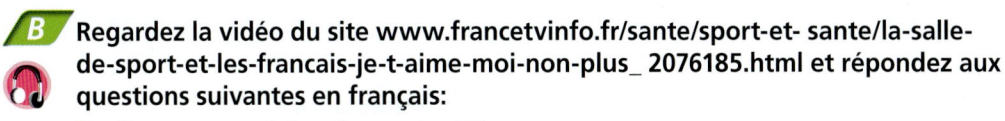

B Regardez la vidéo du site www.francetvinfo.fr/sante/sport-et-sante/la-salle-de-sport-et-les-francais-je-t-aime-moi-non-plus_2076185.html et répondez aux questions suivantes en français:

1. Que se passe-t-il dans les années 60?
2. Quel est l'avantage selon cet extrait d'assister aux séances de sports dédiées aux cadres?
3. Selon ce médecin de 1966 que permettrait la culture physique?

8 Les pratiques sportives des Français en baisse

A Sans lire le site web, écoutez puis faites un résumé de l'extrait: www.francetvinfo.fr/sports/video-les-pratiques-sportives-des-francais-en-baisse_781613.html

Donnez huit informations-clé.

B Répondez aux questions en français.
1. Comment justifie-t-on dans l'extrait que la pratique sportive des Français est en recul?
2. Quelles sont les préconisations de l'OMS en ce qui concerne les enfants et les adultes?
3. Comment peut-on allier économie et simplicité en matière de sport selon l'extrait?

9 Santé: le sport sur ordonnance se développe en France

A Sans lire le site web, écoutez puis reliez les phrases: www.francetvinfo.fr/sante/sante-le-sport-sur-ordonnance-se-developpe-en-france_1387115.html

1. Michelle Obama…
2. Atteints de maladies chroniques, obésité, diabète, problèmes cardio-vasculaires, …
3. La ville et ses partenaires…
4. 900 personnes …

a … ils font du sport sur ordre du médecin.
b … ont découvert ou repris une activité physique régulière.
c … offrent aux malades chroniques la pratique gratuite de plusieurs sports.
d … en fait la promotion à la télévision.

B Écrivez un compte rendu de l'histoire de Dominique Collet et son mari.

C Expliquez comment le Dr Watier justifie de prescrire le sport sur ordonnance.

10 Les Français aiment le sport

L'Observatoire de la vie quotidienne des Français BVA – La Dépêche du Midi est consacré ce mois-ci aux Français et au sport. L'occasion de vérifier que les Français sont sportifs et, surtout, que le rugby est devenu un sport vraiment plébiscité.

Les Français aiment le sport. C'est ce que démontre l'Observatoire de la vie quotidienne des Français BVA – La Dépêche du Midi du mois de novembre consacré à ce sujet. Un peu plus d'un Français sur deux aime faire du sport et plus de huit sur dix en font au moins de temps en temps; 7 sur 10 en tant que membre d'une association sportive. De quoi réjuir le gouvernement qui avait lancé l'opération «Manger, bouger» pour inciter à faire de l'exercice. «55% des Français déclarent aimer faire du sport, dont 14% beaucoup. La pratique du sport est tout particulièrement appréciée des hommes (63%) et des catégories socio-professionnelles supérieures (CSP + à 68%)», détaille Blandine Tardieu, chef de groupe chez BVA.

Interrogés sur leur rythme sportif «plus d'un Français sur quatre (29%) déclare pratiquer une activité physique plusieurs fois par semaine ou tous les jours, et 23% en font une fois par semaine. Au final, une courte majorité de Français fait du sport au moins une fois par semaine (52%).» Seuls 14% des Français font comme Winston Churchill: jamais de sport.

L'Observatoire met en évidence que le sport le plus pratiqué des Français est la randonnée; un sport qui trouve tout son sens en Occitanie. À 41%, la randonnée devance la course à pied (23%) et la natation (22%). Viennent ensuite le cyclisme (20%), le fitness (16%) et le ski (10%). «Les sports collectifs sont quant à eux très peu pratiqués», observe BVA: 5% pour le football, 2% pour le basket-ball et 1% pour le volley comme pour le handball…

«Si les femmes et les hommes montrent un intérêt commun pour la randonnée (41% et 40% respectivement), les femmes sont particulièrement attirées par la natation (29%) alors que les hommes font plus de footing (31%). Les jeunes se distinguent pour leur pratique de la course à pied (38%) et du fitness (32%)», note BVA; le fitness étant dans la même catégorie que la musculation.

Si la randonnée est le sport le plus pratiqué, c'est aussi – étonnamment – le sport préféré des Français à 31%. À contrario, «si très peu de Français pratiquent le rugby, ce sport se hisse en deuxième position dans le classement des sports favoris (28%) suivi de la natation (26%).

Philippe Rioux, 26/11/2016
www.ladepeche.fr/article/2016/11/26/2466583-les-francais-aiment-le-sport.html

A Trouvez le synonyme des mots ci-dessous dans le texte:

1. approuvé
2. révèle
3. comme
4. plaire à
5. pousser à
6. principalement
7. au bout du compte
8. met au jour
9. se place devant
10. tandis que
11. se différencient
12. de manière imprévisible
13. contrairement à
14. s'élève

B Faites des recherches sur l'opération gouvernementale «Manger, Bouger». De quoi s'agit-il?

11 Generali fête le sport responsable

La démarche Sport responsable (six ans d'existence) a été célébrée, jeudi au Pavillon Champs-Elysées à Paris. À l'initiative de Generali, 250 structures sportives dans 39 disciplines ont répondu, en 2017, à l'appel Sport responsable qui met à l'honneur des actions exemplaires. L'Association sportive Los Sautaprats Coarraze Nay dans la catégorie «accessibilité», les mousquetaires de Joinville dans la catégorie «mixité», le Paris Université Club dans la catégorie «santé et prévention», le Kawann Triathlon Club dans la catégorie «éco-responsabilité», l'association badminton Salbris dans la catégorie «insertion et reconversion», l'USC Bonneuil dans la catégorie «fairplay et citoyenneté», la Fédération Nationale CAMI Sport & Cancer dans la catégorie «acteurs engagés» remportent les trophées 2017 et ont reçu, des mains de Sébastien Chabal, président du jury, et de nombreux experts présents, leurs récompenses. L'ancien joueur de rugby a résumé: «Nous avons encore vu et récompensé ce soir de belles initiatives de structures qui viennent des quatre coins de la France. Elles naissent grâce à beaucoup de volonté et d'envie. Nous pouvons être fiers d'avoir mis à l'honneur de si beaux exemples dans le sport. Sport responsable est en train de se propager et c'est vraiment une bonne chose. Rendez-vous en 2018!»

La rédaction, 15/12/2017
http://sport24.lefigaro.fr/free-zone/fil-info/generali-fete-le-sport-responsable-888928

A Lisez le texte ci-dessus et répondez aux questions suivantes:

1. En quoi consistent les sept actions exemplaires qui ont été mises à l'honneur dans le domaine sportif?
2. Selon vous, laquelle des sept actions est la plus importante et pourquoi?
3. Êtes-vous pour ou contre le «sport responsable»? Expliquez et justifiez votre réponse.
4. Choisissez l'une des catégories mise à l'honneur et expliquez comment vous vous y prendriez pour valoriser ce domaine en particulier par le sport.
5. Faites des recherches puis préparez une présentation / description sur l'une de ces structures sportives. Inspirez-vous des articles lus pour vos recherches.

B Jeune journaliste en herbe, vous décidez d'écrire un article pour votre hebdomadaire local sur le thème des «sports responsables». Votre association locale vient de recevoir une récompense et vous voulez leur rendre hommage en mettant en valeur leur initiative et son importance.

12 AXA Prévention

Qui sommes-nous?

Depuis 1984, l'association AXA Prévention met en œuvre une activité de prévention des accidents de la route. En 2011 son périmètre s'est élargi. Sa vocation: «étudier et mettre en œuvre toutes mesures de nature à prévenir les risques auxquels sont exposés les personnes et leurs biens, spécialement en matière de circulation routière et de santé» (extrait des statuts du 1/01/11).

Association loi 1901, elle contribue au développement de comportements responsables, intervenant chaque année sur l'ensemble du territoire français, avec de nombreuses actions de terrain sur ses différents domaines. AXA Prévention est présidé par Éric Lemaire et Catherine Chazal en est la Secrétaire Générale. Un maître mot de chaque action engagée par AXA Prévention dans ces causes d'intérêt général: la pédagogie et l'éducation aux risques.

À cet effet, elle mène des enquêtes nationales, publie de la documentation pédagogique, participe à des actions de sensibilisation sur le terrain et communique via les supports de télévision, de radio, ainsi que les canaux numériques.

Ainsi, AXA Prévention s'inscrit pleinement dans l'engagement d'entreprise responsable d'AXA.

www.axaprevention.fr/sante-bien-etre/activite-physique/pourquoi-faire-du-sport#Sport-et-activité-physique

■ Comment écrire une brochure

Voir l'Unité 1 à la page 13.

Écrivez une brochure (type de texte média de masse) pour AXA Prévention intitulée «Faire du sport: des motivations propres à chacun.»

Analysez ce site web: www.axaprevention.fr/sante-bien-etre/activite-physique/pourquoi-faire-du-sport#Sport-et-activité-physique pour idées et vocabulaire utile!

Copiez et complétez ce tableau pour vous aider en écrivant votre brochure.

Idées	Langue

13 Le sport pour tous

Décrivez puis commentez cette image.

Le Tour de France

- Comprendre la signification et l'impact de cet évènement sportif pour les Français
- Rédiger un blog (texte personnel)

Thème 2: Expériences

RÉFLÉCHIR

Connaissez-vous le Tour de France de sa création à nos jours? Testez vos connaissances avec ce petit QCM de dix questions.

1 En quelle année a eu lieu le premier tour de France?
   a 1878
   b 1903
   c 1947
2 Combien de Tours de France Lance Armstrong a-t-il remporté?
   a 3 Tours de France
   b 5 Tours de France
   c 7 Tours de France
3 Quelle est la couleur du maillot du vainqueur?
   a Maillot à pois
   b Maillot vert
   c Maillot jaune
4 Quelle est la couleur du maillot du meilleur sprinter?
   a Maillot à pois
   b Maillot vert
   c Maillot rouge
5 Comment est surnommé le Tour de France?
   a La petite reine
   b Le tour étape
   c La grande boucle
6 Parmi ces cyclistes lequel n'a pas remporté le Tour de France?
   a Bernard Thévenet
   b Raymond Poulidor
   c Laurent Fignon
7 Lors de quelle ascension le cycliste Tom Simpson trouve-t-il la mort lors du Tour de France 1967?
   a Le mont Ventoux
   b Le col du Tourmalet
   c Le col du Galibier
8 Comment était surnommé Eddy Merckx?
   a Le cannibale
   b Le boss
   c Le philosophe
9 Qui est le vainqueur du Tour de France de 2018?
   a Chris Froome
   b Mark Cavendish
   c Geraint Thomas
10 Qu'est-ce que la lanterne rouge?
   a Le coureur le plus combatif
   b Le dernier du classement général
   c La dernière voiture du convoi

www.quiz-en-folie.com/quiz-tour-de-france.php

14 Tour de France: La vidéo de T. Voeckler pour recruter des bénévoles

Répondez aux questions en français.

1. Où est donné le grand départ du Tour de France 2018?
2. Que se passe-t-il à La Roche-sur-Yon?
3. Quelle stratégie est utilisée par cette ville pour recruter des bénévoles?
4. Qu'est-ce qui a été dévoilé le weekend du 31 mars au 1ier avril?
5. Jusqu'à quelle date peut-on s'inscrire en tant que bénévole?
6. Qu'est-ce que la Voecklermania selon vous?
7. Quel est le contenu du message diffusé sur les réseaux sociaux par Thomas Voeckler?

15 Dopage: Alain Souchon crée la polémique sur le Tour de France

■ Les propos d'Alain Souchon n'ont pas plu au manager de la FDJ Marc Madiot

Des propos du chanteur insinuant que les cyclistes professionnels sont forcément dopés ont provoqué de vives réactions sur le Tour de France lors de la journée de repos.

Tour de France

C'était jour de repos lundi sur le Tour de France. L'occasion pour les coureurs et les managers de faire le point sur les deux premières semaines de course. Mais dans le paddock, l'attention des directeurs d'équipe s'est portée sur un acteur extérieur au Tour en la personne… d'Alain Souchon. Pour avoir insinué que les coureurs cyclistes sont forcément dopés, le chanteur s'est attiré les foudres des principaux intéressés.

«Des clichés vieux d'il y a vingt ans». Tout est parti d'une petite phrase lâchée par Souchon lors d'une interview dans *La Voix du Nord*, le 27 juin. «Je ne vais pas me faire que des amis mais je trouve le cyclisme honteux. C'est inhumain. On ne peut pas faire du cyclisme de haut niveau sans se doper. Quand on voit tous ceux qui meurent à cinquante ans…», pointe l'auteur de *Foule sentimentale*. Une déclaration qui n'a pas du tout plu à Marc Madiot, manager de la Française des Jeux et président de la Ligue nationale de cyclisme, qui a dénoncé «des propos malveillants et infondés». «On a basculé dans une nouvelle période mais on reste sur des clichés vieux d'il y a vingt ans», critique-t-il dans les colonnes de l'*Équipe*.

«C'est facile le "tous pourris"». «On parle de 1998 (*année de l'affaire Festina, ndlr*) mais chez nous, David Gaudu, qui vient de passer pro, est né en 1998. Pourquoi fait-on porter à ces jeunes un fardeau qui n'est pas le leur?», poursuit Marc Madiot, avant de conclure, calme: «Alain Souchon va recevoir une petite lettre». Son collègue Vincent Lavenu, directeur sportif d'AG2R, l'équipe de Romain Bardet, n'est guère plus tendre avec le chanteur. «Même quand on est un personnage aussi respectable que Souchon, on n'est pas obligé de manquer de discernement», contre-attaque le manager français dans le quotidien sportif. «Je veux bien l'inviter dans notre bus à discuter cinq minutes avec Romain Bardet, il comprendra de quoi il parle. C'est facile le "tous pourris", comme en politique.»

«Souchon n'y connaît rien». Ayant déjà dû faire face à des soupçons de dopage au sein de son équipé par le passé, le directeur sportif de la Sky Nicolas Portal s'est montré agacé. «Souchon? Il s'y connaît bien en sport…», a-t-il ironisé. «Il ne connaît rien à notre milieu. C'est comme si je disais que ses chansons ne valent rien, qu'elles font du mal parce qu'elles rendent les gens tristes. Il se trompe complètement», a martelé Portal. Les coureurs étant préservés de toute polémique en cette journée de repos, c'est l'ancien professionnel et vainqueur d'étape sur le Tour en 2007, 2009 et 2010 Sandy Casar qui s'est fait leur porte-parole. «Le problème, ce sont les non-sportifs qui ne comprennent pas que l'entraînement fait la différence», regrette le cycliste.

C.L, 18/07/2017
www.europe1.fr/sport/dopage-alain-souchon-cree-la-polemique-sur-le-tour-de-france-3391613

A Analyse de la langue et du registre :

1 Quel est le type de lexique utilisé dans ce texte?
   a Niveau familier
   b Niveau courant
   c Niveau soutenu

2 Comment est la syntaxe?
   a Ruptures de constructions, répétitions et ellipses
   b Les règles de la grammaire sont respectées, utilisation des temps simples de l'indicatif
   c Les règles sont appliquées rigoureusement, les constructions sont complexes et la concordance des temps est respectée

3 Y-a-t-il des figures de style?
   a Hyperboles
   b Périphrases
   c Expressions toutes faites
   d Ton neutre
   e Recherche d'effets

4 Que peut révéler ce registre de langue?

B Analyse du format:

1 De quel type de texte s'agit-il?

2 Justifiez votre réponse.

C Analyse du contenu:

1 Quel est le message principal de ce texte?
2 Comment le message est délivré?
3 Par qui? et pour qui?
4 Comment le lecteur réagit-il à ce message?

16 Expériences VIP Tour de France

www.sportstoursinternational.fr/evenements/experience-vip-tour-de-france

Quelques informations:

Découvrez ci-dessous l'ensemble de nos offres pour le Tour de France par Sports Tour International.

Village départ:

Vous aurez accès au village du Tour de France où les télévisions, sponsors et célébrités se retrouvent avant le départ de l'étape du jour.

Le pass inclut la dégustation de produits locaux avec thé et café et sur certaines étapes (en fonction de la logistique et des mesures de sécurité du jour) vous pourrez circuler dans le parking des bus des équipes afin d'être au plus proche de la préparation des cyclistes et des vélos.

Le village départ est également le lieu de signature du registre pour chaque cycliste avant de prendre le départ et vous assisterez au départ fictif de l'étape.

Hospitalité à l'arrivée d'une Étape: ligne d'arrivée avec programme Izoard:

Le Tour de France met en place un nombre limité de zones VIP nommées «Izoard» ou «Galibier» sur les arrivées d'étapes.

Sur les Champs Élysées, nous vous proposons un grand nombre d'options en tribune officielle.

L'accès à ces zones est généralement réservé et sur invitation seulement aux célébrités, anciens cyclistes, sponsors et les invités d'équipes. Généralement, ces zones se trouvent à 200 mètres environ de la ligne d'arrivée.

Vous pouvez profiter d'une restauration et suivre le déroulement de l'étape du jour sur plusieurs écrans de télévision.

Une coupe de champagne vous sera servie pour célébrer le passage des coureurs.

Une journée dans une voiture officielle du Tour de France:

Cette option VIP la plus populaire vous propose de passer toute la journée sur le parcours lors d'une étape du Tour de France. Vous rejoindrez votre chauffeur dans le village départ et roulerez devant la caravane officielle.

Le déjeuner est inclus et vous serez accueillis dans le «Bus Izoard» pour vivre l'arrivée en VIP.

http://es.answers.yahoo.com

■ Comment écrire un blog
Voir l'Unité 3 à la page 82.

Vous avez suivi le Tour en tant que VIP avec Sports Tour International. Vous écrivez un blog pour partager vos expériences et réactions avec le grand public.

■ THÉORIE DE LA CONNAISSANCE
Les voyages forment-ils la jeunesse?

On connaît le célèbre dicton, mais pas forcément son explication… En quoi les voyages peuvent-ils aider au bon développement de l'enfant? Tous les voyages offrent-ils la même expérience?

Thierry TAHON vit sur la côte basque, où il enseigne la philosophie. Il est l'auteur de Petite philosophie du voyage, *ainsi que de* Petite philosophie à l'enfant qui vient de naître, *aux éditions Milan.*

Pourquoi les voyages sont-ils bénéfiques aux enfants?

Thierry Tahon: Un voyage permet à l'enfant et à la famille de sortir de son cadre de vie ordinaire, d'affronter des situations nouvelles et inédites, en partant à la découverte du monde. L'intérêt d'un voyage est de se frotter à l'inconnu, de perdre ses repères. C'est une façon de mettre à l'épreuve ses convictions, ses valeurs, ses jugements… En cela, le voyage est une véritable expérience philosophique, qui nous apprend à relativiser et à nous ouvrir aux autres. Et la période de l'enfance, durant laquelle nous possédons une plus grande fraîcheur d'esprit, est particulièrement propice à la découverte de nouveaux peuples, de nouvelles façons de vivre et de nouvelles cultures.

www.toboggan-magazine.com/blog/voyages-jeunesse

CRÉATIVITÉ, ACTIVITÉ, SERVICE

Pour votre programme de CAS, vous décidez de lancer l'initiative «sport responsable» dans votre école.

Décidez des démarches à suivre, de votre public et de vos co-équipiers. Écrivez un compte-rendu de votre projet.

Littérature

NIVEAU SUPÉRIEUR

17 Passion ou métier?

Entraîneur de la célèbre équipe Festina 95–98, Antoine Vayer est la «mouche du coche» du vélo. Chroniqueur pour *Le Monde*, il est le plus influent des experts de ce milieu «fermé» et le plus qualifié pour le décrire, en mots comme en chiffres. C'est «l'insider» logique qui a choisi le Cycliste Masqué le plus compétent au monde, et l'a convaincu de se mettre à nu.

www.decitre.fr/livres/je-suis-le-cycliste-masque-9782755623079.html#fiche-technique

Le vélo, au départ, avant de passer pro, est une passion. Tu vibres pour les exploits. Tu as des idoles. Tu admires. Moi, c'étaient deux qui avaient du panache et qui faisaient des raids dans les étapes de montagne. Et puis Greg LeMond! Je lui ai dit que je l'admirais, il était gêné. Je l'ai côtoyé, minot, une première fois, à un critérium justement, lui et sa femme. Je suis devenu fan, avec son poster dans ma chambre. À côté des Bettini, Virenque, Chiappucci. Il n'y a plus de poster détachable dans les magazines. J'ai acheté, ado, des maillots à pois de meilleur grimpeur. Chaque tour de quartier, le soir après l'école, j'étais Bettini, Virenque, Chiappucci. LeMond, je n'osais pas, je n'étais pas assez fort. Je gagnais les étapes de montagne, au moins trois par demi-heure, mais pas celles au sprint. Quand j'allais rouler sur les ponts qui surplombaient l'autoroute, je montais le col à 10% de pente dans ma tête (qui était en fait une petite côte a 2%) en danseuse, en reproduisant les mimiques des géants de la route auxquelles je m'étais identifié. Mes copines imitaient la gestuelle des filles qui chantaient à la télé et s'habillaient comme elles. Moi, ma Violetta, c'était Jaja Ado, plus tu grandis, plus tu es passionné. Tu réussis. Tu bandes, même dans un cuissard qui te serre les parties. La passion t'anime, mais progressivement les mauvais côtés vont l'entamer. Ça devient un métier. Et tu débandes. Ça va très vite. À mon premier stage d'entraînement, en janvier, avec ma première équipe, je suis mis en chambre avec un vieux. On est comme les témoins de Jéhovah, toujours par deux en hôtel, les cyclistes, sauf si on est malade. On engage un premier dialogue.

– Bon alors, gamin, ça va? C'est quoi ta spécialité?
– Oh ben moi j'en sais rien, je suis content, j'suis pro, j'ai un cuissard, un beau vélo.
– Ah non, gamin! C'est pas comme ça que ça se passe. Va falloir vite que tu comprennes ce que tu sais faire et pas faire, parce que notre but, c'est de gagner de l'argent et de le gagner vite, parce que ça va pas durer!
– Moi, j'm'en fous de l'argent!
– Tu verras, quand t'auras deux ou trois ans de plus, tu parleras plus comme ça!

Je me dis que de voir les grands noms me parler comme ça, ce n'est pas possible. Ça gâche tout, d'entrée. Finalement, il avait raison. Un travail, gagner de l'argent vite. Tes rêves ne sont plus les mêmes.

Extrait de Je suis le cycliste masqué *aux Editions Hugo sport*

A Analyse de texte:

1. À quel moment du texte le rêve devient-il réalité?
2. Analysez le changement de ton au niveau du langage.
3. Quelle est l'importance du premier dialogue?
4. À quoi pourrait-on comparer ce passage de la passion au métier?
5. Commentez le dernier paragraphe, «Je me dis que… Tes rêves ne sont plus les mêmes.»

B Préparez une présentation individuelle de quatre minutes pour expliquer votre compréhension de cet extrait.

UNITÉ 5 — Coutumes et traditions

Des traditions dans le monde francophone

- Comprendre ce qu'est la francophonie
- Réfléchir à des traditions moins connues

Thème 2: Expériences

RÉFLÉCHIR

- D'où vient le mot «francophone»?
- Comment est-il construit?
- Pensez-vous que tous les pays ont des traditions propres même à l'époque de la mondialisation? Pourquoi (pas)?
- Est-ce une bonne chose de défendre des traditions? Ou bien est-ce uniquement regarder vers le passé? Pourquoi (pas)?

1 La francophonie, qu'est-ce que c'est?

A Essayez de trouver une définition de la Francophonie (sans regarder dans le dictionnaire). Observez la construction du mot et reliez-le à d'autres mots que vous connaissez déjà peut-être: francophone, téléphone, etc.

B Maintenant, essayez d'imaginer à quoi ça sert. Quels sont les pays concernés? Faites-en une liste et placez-les sur une carte du monde. Pourquoi peut-on parler de pays francophones?

C Qu'est-ce qu'on appelle les DOM-TOM? Faites des recherches et nommez les pays concernés.

2 Les Jeux de la Francophonie

Quand le sport s'allie à la culture pour témoigner de la solidarité francophone, cela donne… «les Jeux de la Francophonie», une formidable rencontre entre plus de 3000 jeunes artistes et athlètes venus du monde entier.

Arts, sports et langue française

Organisés tous les quatre ans, dans l'année post-olympique, les Jeux de la Francophonie invitent, sous la bannière de l'amitié, la jeunesse de l'espace francophone à se rencontrer au travers d'épreuves sportives et de concours culturels.

Le français, langue commune des pays engagés, favorise le dialogue entre les participants et avec le public. Langue olympique, il se met au service des deux langages universels, le sport et la culture, pour affirmer les liens créés par les rencontres.

1987, création des Jeux de la Francophonie

Lors du deuxième sommet de la Francophonie, en 1987, les Chefs d'États et de gouvernements sont séduits par l'idée de créer un évènement où la jeunesse francophone serait mise en valeur. Décision est prise de créer les Jeux de la Francophonie.

L'idée est novatrice puisqu'il est également décidé que ces Jeux auront lieu en alternance dans un pays du Nord et un pays du Sud (en développement) et qu'aux compétitions sportives seraient associés des concours culturels, comme au temps des Jeux de l'Antiquité.

Deux ans plus tard, les premiers Jeux de la Francophonie naissaient à Casablanca et Rabah. 900 athlètes et 600 artistes de 39 délégations y participaient.

Objectifs des Jeux

- contribuer à la promotion de la paix et du développement à travers les rencontres et les échanges entre jeunes francophones;
- permettre le rapprochement des pays de la Francophonie et constituer un facteur de dynamisation de sa jeunesse en contribuant à la solidarité internationale dans le respect de l'égalité des genres;
- faire connaître l'originalité des cultures francophones dans toute leur diversité et développer les échanges artistiques entre les pays francophones;
- favoriser l'émergence de jeunes talents artistiques francophones sur la scène artistique internationale;
- contribuer à la préparation de la relève sportive francophone en vue de sa participation à d'autres grands évènements sportifs;
- contribuer à la promotion de la langue française.

www.jeux.francophonie.org

A Trouvez un titre au document. Selon vous, quel titre conviendrait le mieux?
1. La naissance des Jeux
2. Des infos sur les Jeux
3. La promotion de la Francophonie

B Que retenez-vous de ce document? Vous écrivez à un(e) ami(e) et vous lui racontez ce que vous venez d'apprendre en lisant cet article. Complétez cet extrait de lettre: Je viens de lire un document sur les Jeux de la Francophonie…

Utilisez vos propres mots.

C Observez le vocabulaire. Ce document a pour but d'informer de façon positive sur une manifestation sportive et culturelle. Relevez tout le vocabulaire positif que vous pourriez réutiliser en cas de besoin.

Grammaire

Les verbes au présent de l'indicatif

Voici un rappel de la conjugaison des verbes réguliers au présent:

aimer	finir	répondre
j'aime	je finis	je réponds
tu aimes	tu finis	tu réponds
il / elle / on aime	il / elle / on finit	il / elle / on répond
nous aimons	nous finissons	nous répondons
vous aimez	vous finissez	vous répondez
ils / elles aiment	ils / elles finissent	ils / elles répondent

Reportez-vous au précis de grammaire en fin de livre.

D Trouvez dans le texte tous les verbes au présent et retrouvez leur forme à l'infinitif parmi le choix ci-contre:

apercevoir	s'étirer	perpétuer	retracer
appartenir	exister	receler	séparer
être	passer	rencontrer	visiter

E Production écrite:

Vous travaillez pour le Comité des Jeux qui vous demande de préparer une publicité pour promouvoir et faire connaître les Jeux de la Francophonie parmi les jeunes de votre âge.

3 Comment faire pour présenter une image ou une photo?

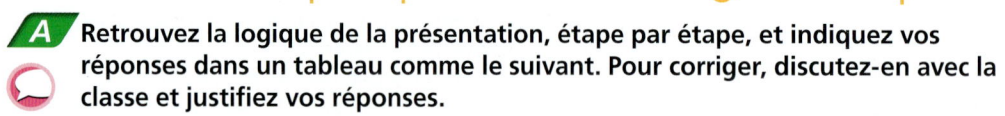

A Retrouvez la logique de la présentation, étape par étape, et indiquez vos réponses dans un tableau comme le suivant. Pour corriger, discutez-en avec la classe et justifiez vos réponses.

a Illustrer avec des exemples.
b Dire comment elle est organisée, composée.
c Dire pourquoi, dans quel but cette photo a été prise.
d Dégager le thème général et développer vos idées.
e Bien observer la source.
f Décrire les éléments importants de la source: personnages, lieux, objets, texte.
g Identifier son origine / dire d'où elle vient / donner ses références.
h Exprimer ce que cette photo inspire (quelles sont les impressions quand on regarde cette photo?).
i Décrire ce qu'elle représente d'une manière générale.

Étapes	1	2	3	4	5	6	7	8	9
Ce que je vais faire									

B Cherchez une photo puis préparez la présentation en suivant les conseils précédents.

4 La fête de l'igname à Yaté

A Écoutez le passage sur la fête de l'igname et répondez aux questions suivantes:

1 Quelle expression signifie: au cœur de la terre?
2 Donnez deux raisons pour lesquelles l'igname est un légume sacré.
3 À quel moment récolte-t-on l'igname?
4 Combien y a-t-il de tribus en Nouvelle Calédonie?
5 Avec quel type de viande l'igname est-il préparé?
6 Comment se termine la fête?

B Donnez le titre le mieux approprié aux différentes idées du texte que vous avez écouté:

a Comment respecter la coutume
b La fin de la fête
c Où et quand
d Symbole
e Les préparations

C Réécoutez le dernier paragraphe et écrivez-le comme on vous le dicte.

5 Le carnaval en Guyane

Il se déroule entre l'Épiphanie au début de janvier, et le Mercredi des Cendres en février ou mars.

Cette fête appartient à la culture créole guyanaise. Il a pour origine le carnaval tel qu'il est pratiqué en Europe. Au début de la colonisation, les colons pratiquaient le carnaval, mais il était interdit aux esclaves. Bravant l'interdiction, les esclaves pratiquaient le carnaval, dans des fêtes clandestines. Ils y voyaient un moyen de retrouver un peu de liberté, de commémorer comme les Africains la fertilité et les moissons et de tourner en dérision les colons. Aujourd'hui les communautés métropolitaines, brésiliennes et chinoises y prennent part.

Il a une durée variable fixée par les fêtes religieuses, il a lieu entre l'Épiphanie au début de janvier, et le Mercredi des Cendres marquant le début du Carême calculé selon la date de Pâques en février ou mars. Il a lieu du vendredi soir au lundi matin.

Les jours gras clôturent le carnaval – il s'agit du dimanche gras – c'est le jour de la grande parade, la plus grande parade du carnaval. Les groupes concourent pour obtenir des prix en fonction de leur performance.

A Lisez le texte, puis donnez des titres à chaque paragraphe. Mélangez-les et testez la compréhension de votre partenaire.

B Reliez les mots de la colonne de gauche à celle de droite (synonymes). Travaillez seul(e) puis vérifiez avec un(e) partenaire:

1 se dérouler
2 appartenir
3 pratiqué
4 au début de
5 braver
6 commémorer
7 tourner en dérision
8 variable
9 prendre part

a au commencement de
b défier
c se moquer de
d célébrer
e se passer
f qui change
g fêter
h participer
i concerner

C Certaines personnes trouvent l'idée du carnaval offensante et n'aiment pas du tout ce genre de fête. Vous allez écrire un discours pour convaincre de l'importance d'une telle célébration.

CRÉATIVITÉ, ACTIVITÉ, SERVICE

Grâce à vos activités de CAS vous avez peut-être rencontré des personnes de cultures différentes de la vôtre (par exemple lors de travail à l'étranger). Comment évaluez-vous ces différences? Pourquoi y a-t-il tant de cultures différentes dans le monde?

UNITÉ 5 Coutumes et traditions

Thème 2: Expériences

Les traditions culinaires

- Comprendre comment les autres appréhendent la nourriture
- Explorer la part du rituel dans la nourriture

RÉFLÉCHIR

- Les traditions culinaires existent-elles dans tous les pays? Pourquoi (pas)?
- Trouvez-vous que manger a une importance sociale? Pourquoi (pas)?
- Les humains pourraient-ils se passer de manger des repas et pourraient-ils se contenter de pilules? Pourquoi (pas)?

6 «Manger pour vivre ou vivre pour manger?»

Lisez le texte puis faites les activités qui suivent:

L'expression: «Il faut manger pour vivre et non pas vivre pour manger» a été attribuée à Socrate. Son sens était qu'il ne faut pas passer son temps à manger. Plus tard, reprise par Molière dans *L'avare*, ce sera plutôt une diatribe dirigée contre l'avarice et prise dans le sens ironique.

L'humain est un animal social, et donc le seul animal qui a donné une valeur symbolique au repas. Dans certaines expressions connues, on trouve notamment: «on dresse la table»; «on se met à table» au sens propre et au sens figuré; «on met les pieds dans le plat», etc. Les métaphores culinaires sont nombreuses.

La place du repas est importante dans notre vie, parce qu'on estime que, dans une vie moyenne, on consomme environ 55 000 repas. Au départ, effectivement, manger est une nécessité de survie. Mais l'homme, qui est un animal grégaire, a très vite remarqué que c'était un lien social. Le premier lien social lié à la nourriture remonte à la cueillette, puis la chasse, où il fallait se mettre en bande.

c'est la tétée; c'est son premier contact avec l'humanité. Les mémoires les plus [3]_____ sont souvent au niveau des odeurs et des goûts.

On pourrait dire que la symbolique du repas est tellement [4]_____ que, dans certaines cultures, quand on refuse de tout manger, c'est comme si on signifiait une déclaration de guerre. Dans bien des cultures, à partir du moment où l'on [5]_____ la nourriture, on devient un hôte, donc sacré. Manger peut être un instrument commercial, tel le repas d'affaires. [6]_____, peut être aussi un instrument politique, comme on l'a vu récemment par la [7]_____ de la faim du maire de Sevran en Seine-Saint-Denis, Stéphane Gatignon. C'est un acte politique fort.

Par ailleurs, il y a des gens qui sont tellement dans une relation [8]_____ avec la nourriture que cela envahit toute leur vie; ce sont les problèmes d'anorexie ou de boulimie.

Ensuite, nous avons lié les nourritures terrestres et les nourritures de l'esprit. De fait, il n'y a pas d'événement sans repas: mariage, baptême, communion, et jusqu'aux enterrements!

Le repas, qui n'est pas uniquement lié à la [1]_____, est un lien humain. Lorsque l'enfant vient au monde, son premier [2]_____ social,

02/03/2013
http://cafes-philo.org/2013/02/faut-il-manger-pour-vivre-ou-vivre-pour-manger

A Donnez des titres aux trois premières parties du texte.

B Dans le deuxième paragraphe, retrouvez les expressions idiomatiques qui signifient:
1. aborder maladroitement un sujet à éviter
2. mettre le couvert
3. faire des aveux

C Trouvez une définition pour chacune de ces expressions:
1. les métaphores culinaires
2. un animal grégaire

D Replacez les mots suivants dans les espaces du texte

| a anciennes | c grève | e manger | g pathologique |
| b forte | d lien | f partage | h survie |

7 Le repas, un rôle essentiel dans la construction de la famille

Pour le sociologue Jean-Claude Kaufmann, les repas jouent un rôle essentiel dans la construction de la famille. Certes ils sont parfois déstructurés, pris à la va-vite, chacun mangeant à droite à gauche. Il y a l'alimentation de tous les jours qu'on assume comme on peut, et de façon très variable suivant les familles: certaines arrivent à préserver de «vrais repas» tous les soirs, d'autres les week-ends. La tradition du gigot du dimanche chez la belle-mère laisse place à l'improvisation ou à l'invention de nouveaux rites: le poisson du samedi, les crêpes du mercredi, le pique-nique du dimanche soir devant la télé.

Les «bonnes manières» ont fait place, elles aussi, à un certain laisser-aller, les ados ont du mal à mettre correctement le couvert, on reste moins longtemps à table, on se lève… Les repas ont tendance à être rabotés à chaque bout: il y a

UNITÉ 5 Coutumes et traditions

toujours au début les retardataires et le dessert est souvent escamoté, chacun se servant dans le frigo.

«Mais quand le cri "À table!" est lancé, chacun stoppe sa course folle, met entre parenthèses ses différentes activités et vient se mettre en cercle pour partager ce moment, en rupture avec ce qui domine dans la société d'aujourd'hui: on se pose, on s'arrête pour faire groupe, souligne Jean-Claude Kaufmann.

Dans une société très éprouvante par son individualisme, l'évaluation et la compétition permanente, on a besoin de cette pause.» Cette nouvelle quête de convivialité autour de la table se développerait ainsi, selon le sociologue, un peu partout dans le monde. Mais la France, riche de son patrimoine culturel et de sa tradition du goût, a dans ce domaine quelques longueurs d'avance…

Christine Legrand, 02/12/2010
www.la-croix.com/Actualite/France/Les-repas-nourrissent-les-relations-familiales-_NG_-2010-12-02-605407

A Lisez l'article et expliquez en utilisant vos propres mots:
1. le rôle des repas dans la construction de la famille
2. pourquoi les repas peuvent être de plus en plus courts
3. l'importance de partager en groupe.

B Quelle est votre expérience des repas? Expliquez à la classe comment les repas se passent chez vous: pendant la semaine, le week-end, etc.

8 Le repas de Noël en Guadeloupe

A Décrivez la photo ci-contre du mieux possible en vous souvenant des recommandations données dans les pages précédentes.

B Qui a dit ça? Écoutez les témoignages et décidez qui a dit de Mélissa, Anaïs, Hanrick, Maël, Laury ou Enrico:

Piste 8
1. Elle parle des boissons et des desserts.
2. Tous les arbres sont fleuris.
3. Noël, c'est pour la famille.
4. Les plats sont préparés bien à l'avance.
5. Le père Noël ne risque pas de se brûler.
6. Les enfants aiment utiliser les couleurs de Noël.
7. On décore avec ce qu'il y a dans la région.

C Réécoutez et complétez ces phrases selon le sens:
1. Au cours de la soirée, on se rend chez des _____
2. Après la _____ religieuse, on s'empresse de placer Jésus dans la crèche.
3. Le jour de Noël, tous les enfants s'habillent en couleurs _____
4. On _____ manger du jambon de Noël et du boudin épicé.
5. La _____ peut également se manger en dessert.
6. Le _____ participe à la fête en faisant bouger les branches des arbres.

D Vous allez écrire un article sur un repas typique de chez vous. Expliquez en quoi il consiste, pourquoi il est important et pourquoi il est considéré comme une tradition.

9 Le participe présent

Grammaire

Le participe présent et le gérondif

Le participe présent exprime une action non accomplie et simultanée par rapport à une autre, par exemple:

Prononçant ces paroles, elle est sortie.

Le participe présent est formé en remplaçant la terminaison *-ons* de la première personne du pluriel au présent, par *-ant*. Il est parfois utilisé comme adjectif. Il doit donc s'accorder avec le nom qu'il décrit.

Le gérondif présente une action dans son déroulement, simultanée par rapport à l'action principale. Il est toujours accompagné de «en», par exemple:

*J'écoute la radio **en mangeant**.*

***En travaillant** dur, tu auras ton diplôme.*

Reportez-vous au précis de grammaire en fin de livre.

A Faites une phrase simple (un seul verbe conjugué) en utilisant un gérondif, par exemple:

Je prends ma douche et je chante.

Je prends ma douche en chantant.

1 Le chien rongeait son os et surveillait le chat.
2 Stéphane chantait et bricolait dans son garage.
3 Le moteur de la voiture tourne et fait un bruit bizarre.

B Transformez en utilisant le participe présent.

1 Les facteurs (qui craignent) les chiens ont un métier difficile.
Les facteurs _____ les chiens ont un métier difficile.
2 Les personnes (qui croient) que tout est cher se trompent.
Les personnes _____ que tout est cher se trompent.

C Écrivez le participe présent ou l'adjectif verbal qui correspond au verbe à l'infinitif.

1 Les clients _____ [adhérer] à notre club de fidélité auront une réduction sur leurs achats.
2 Nos arguments, _____ [différer] beaucoup des vôtres, sont bien plus convaincants.
3 Si vous voulez nous convaincre, utilisez des arguments _____ [différer]
4 Nos _____ [exceller] athlètes remporteront sans problème la compétition.
5 Nos athlètes, _____ [exceller] au lancer du poids, remporteront sans problème la compétition.

■ THÉORIE DE LA CONNAISSANCE

Est-ce que l'intérêt que les Français montrent à la nourriture devrait être toujours de mise, alors que tant n'ont pas accès à suffisamment de nourriture?

Comment peut-on interpréter les différentes façons de montrer qu'on a bien mangé? Par exemple laisser de la nourriture dans son assiette à la fin du repas, etc.

Est-ce que ce sont des pratiques culturelles qui peuvent être mal vues?

Pourquoi à votre avis ne peut-on pas facilement traduire le mot «terroir» pourtant si utilisé en référence à la nourriture française?

Thème 2: Expériences

Les hymnes nationaux: toujours d'actualité?

- Réfléchir à la notion d'hymne national et à son utilité

RÉFLÉCHIR

- Qu'est-ce qu'un hymne national?
- À quoi sert-il?
- Est-ce que tous les pays en ont un?
- À part celui de votre pays, en connaissez-vous d'autres?
- Ont-ils tous des éléments communs?
- Peut-on dire qu'ils représentent bien un pays?

10 Des hymnes nationaux francophones

Lisez ces deux hymnes nationaux et faites les activités qui suivent.

La Marseillaise – 1792 (extrait)
Allons enfants de la Patrie
Le jour de gloire est arrivé!
Contre nous de la tyrannie
L'étendard sanglant est levé
Entendez-vous dans les campagnes
Mugir ces féroces soldats?
Ils viennent jusque dans vos bras.
Égorger vos fils, vos compagnes!
Aux armes citoyens
Formez vos bataillons
Marchons, marchons
Qu'un sang impur
Abreuve nos sillons
Couplet 7 (dit couplet des enfants)
Nous entrerons dans la carrière
Quand nos aînés n'y seront plus,
Nous y trouverons leur poussière
Et la trace de leurs vertus *(bis)*
Bien moins jaloux de leur survivre
Que de partager leur cercueil,
Nous aurons le sublime orgueil
De les venger ou de les suivre

La Marseillaise – *1792 (extrait)*

La Brabançonne – 1830 (extrait)
Après des siècles d'esclavage,
Le Belge sortant du tombeau,
À reconquis par son courage,
Son nom, ses droits et son drapeau.
Et ta main souveraine et fière,
Désormais peuple indompté,
Grava sur ta vieille bannière:
Le Roi, la Loi, la Liberté!
Marche de ton pas énergique,
Marche de progrès en progrès;
Dieu qui protège la Belgique,
Sourit à tes mâles succès.
Travaillons, notre labeur donne
À nos champs la fécondité!
Et la splendeur des arts couronne
Le Roi, la Loi, la Liberté!

La Brabançonne – *1830 (extrait)*

UNITÉ 5 Coutumes et traditions

Thème 2: Expériences

A **Lisez les extraits puis répondez aux questions suivantes :**
1. Comment sait-on de quel régime est la Belgique?
2. Comparez *La Brabançonne* et *La Marseillaise* et dites quel élément de la société ne figure pas dans la Marseillaise. Qu'est-ce que cela indique sur le fondement de la société française?

B **Trouvez en ligne maintenant l'hymne national du Sénégal** – *Le lion rouge* – **et écoutez-le.**

Vrai ou faux? Justifiez vos réponses et corrigez les phrases qui sont fausses.
1. La kora est un instrument de musique à corde.
2. Le balafon est un instrument à vent.
3. Le lion a fait disparaître les moments difficiles.
4. Le soleil éclaire l'avenir.
5. Il n'y a aucune référence à l'Afrique.

> koras et balafons sont des instruments de musique typiquement sénégalais

C **Répondez aux questions suivantes en réécoutant l'hymne.**
1. À quoi est comparé le Sénégal?
2. Pourquoi le vert et le rouge sont-ils mentionnés?
3. Pourquoi utiliser un lion et pas un autre animal?
4. Citez les références géographiques.
5. Quel est le mot qui signifie «noir» dans le deuxième couplet?
6. Pourquoi est-il fait référence à la mer?

D **Questions culturelles un peu plus difficiles:**
1. À votre avis, à quelle époque cet hymne a-t-il été adopté?
2. Pourquoi était-il nécessaire d'unir les gens avec les autres?

E **Maintenant écoutez cette version de *La Marseillaise* – Serge Gainsbourg (1928–1991): https://youtu.be/CrAOw5i9UwM**
1. Pourquoi à votre avis a-t-elle fait scandale à l'époque?
2. Le scandale est-il justifié? Pourquoi (pas)?

F **Vous êtes chargé d'expliquer à un groupe de touristes la signification et l'importance de l'hymne national de votre pays – vous pouvez en choisir un autre si vous voulez. Préparez le texte de votre présentation.**

11 L'hymne national: un élément changeant du patrimoine culturel

L'hymne national est une importante caractéristique identitaire et culturelle d'un pays – malgré ou plutôt à cause de la mondialisation et des alliances transnationales. Tel un instantané de l'histoire nationale, l'hymne national aurait même le potentiel de consolider davantage encore les valeurs et l'esprit communautaire à l'intérieur du pays, tout en renforçant son image identitaire à l'extérieur.

A l'instar du Cantique suisse, la plupart des hymnes nationaux sont nés au milieu du 19e siècle. En effet, les constitutions des États nationaux remontent à cette même époque. Alors que les États et le monde ont considérablement changé depuis, les hymnes nationaux, eux, n'ont guère subi de modifications. De nos jours, la question se pose donc si dans un monde globalisé post-national, des hymnes nationaux font encore sens. Spontanément, on serait tenté de répondre: tant qu'il y aura une Coupe du monde de football et des Jeux Olympiques opposant des équipes nationales, les hymnes nationaux auront leur raison d'être. Toutefois, la question est plus complexe. Car la globalisation et les alliances transnationales ont conduit dans de nombreux États à une prise de conscience et à la renaissance d'éléments fédéraux ou régionaux créateurs d'identité et d'esprit communautaire.

Les hymnes parlent à l'esprit, au cœur et aux sens

Outre les noms des États, leurs couleurs et drapeaux, monnaies, langues officielles, capitales, fêtes nationales et tribunaux nationaux, les hymnes nationaux caractérisent l'identité et la culture des pays. À l'approche de l'introduction de l'euro au 1er janvier 2002, les débats allaient forts et la moitié du continent européen était engagée dans une chaude controverse sur la potentielle perte d'identité liée à l'abolition des monnaies nationales. Les farineux billets de lires italiennes représentaient l'Italie au même titre que le salami, Gucci et la tour de Pise. Les hymnes nationaux sont des éléments essentiels des identités nationales. Lors des visites officielles de personnages politiques étrangers et lors des manifestations sportives internationales, les États se présentent avec leurs drapeaux et leurs hymnes. Les hymnes nationaux sont une sorte de carte de visite à l'extérieur du pays; à l'intérieur, ils favorisent le sentiment de cohésion. Les hymnes parlent aux humains – par la musique, les voix, le langage et le texte; ils génèrent des réactions au niveau des sens, des émotions et du cerveau. Dans les jeunes États d'Afrique et d'Europe de l'Est, les hymnes ont une quasi fonction de «religion civile».

Différences sur le plan du contenu, de la forme et de la qualité musicale

D'un pays [1]____ un autre, les textes et mélodies des hymnes nationaux ne se ressemblent pas. [2]____ hymnes sont l'œuvre de grands compositeurs: Pablo Casals pour l'hymne de l'ONU, Ludwig van Beethoven pour [3]____ de l'UE, Joseph Haydn pour l'Allemagne et Wolfgang Amadeus Mozart pour l'Autriche. Les contenus [4]____ se distinguent: patriotiques et faisant appel à la nation ou à la Constitution, pacifiques ou belliqueux, se référant à Dieu ou areligieux, rappelant le passé ou orientés vers l'avenir, égocentriques ou ouverts sur le monde. Certains hymnes sont des chants à la patrie, au roi ou au drapeau; d'autres, des odes aux montagnes ou aux rivières. D'autres [5]____ sont nés de combats pour l'indépendance ou de révolutions; ils mettent l'accent sur le danger, le secours mutuel ou le serment. Les textes plus modernes conjurent des valeurs comme la liberté, l'unité et la paix. […]

La culture entre tradition et changement

Est-il judicieux de fixer des hymnes et d'autres caractéristiques identitaires culturelles dans un cadre légal? Outre son rôle de norme légale, la Constitution doit-elle servir à conserver l'héritage culturel, doit-elle présenter le pays et exprimer son état de développement culturel? Certains États ont défini leurs nom, couleurs, drapeau, monnaie, langues officielles, capitale, fête nationale et hymne national dans leur Constitution ou dans d'autres lois ou actes législatifs. [6]____ Suisse, les principales caractéristiques identitaires de la culture du pays sont réglées de différentes manières. Le nom du pays, Confédération helvétique, est fixé dans la Constitution fédérale [7]____ le premier article. La définition des quatre langues officielles suit à l'article 4 de cette même Constitution. Les jours de fêtes sont réglés à deux niveaux, fédéral et cantonal. La Fête fédérale est célébrée le 1er août depuis 1891, [8]____ en fait il n'existe pas de jour de Fête nationale de l'État fédéral moderne. En ce qui concerne le terme de capitale, la Suisse y a délibérément renoncé en 1848. Berne est simplement la ville où siège l'Assemblée fédérale; c'est donc la «ville fédérale», un titre qui toutefois n'est pas juridiquement fondé. […]

Lukas Niederberger
www.sgg-ssup.ch/fr/news-detail-hymne-fr/hymne-national-un-element-changeant-du-patrimoine-culturel.html

UNITÉ 5 Coutumes et traditions

A Répondez aux questions suivantes:

1. Quelle expression signifie «à la manière de»?
2. Dans le premier paragraphe, quel mot signifie «à peine»?
3. Donnez une raison pour laquelle, à priori, les hymnes nationaux feraient encore sens.
4. Dans le deuxième paragraphe, quel mot signifie «mis à part»?
5. Dans le deuxième paragraphe, quelle expression veut dire «vigoureux»?
6. Dans le deuxième paragraphe, quel mot est équivalent à «presque»?

B Replacez les mots manquants dans les deux derniers paragraphes. Attention: il y a deux mots dont vous n'avez pas besoin.

a à	c aussi	e celui	g dès	i encore
b au	d aux	f certains	h en	j mais

115

C Relisez l'article et résumez chaque paragraphe avec vos propres mots. Quelles sont les idées principales qui ressortent de ces paragraphes?

D Êtes-vous d'accord avec la phrase du texte «les hymnes nationaux caractérisent l'identité et la culture des pays»? Faites un débat en classe. Divisez-vous en deux groupes et explorez les arguments de chaque groupe avant de débattre.

12 Canada: l'hymne national modifié

Les députés canadiens ont adopté mercredi une proposition de loi qui modifie les paroles de l'hymne national pour en éliminer toute distinction de genre. Présent dans la version anglaise uniquement d'«Ô Canada», le vers «*true patriot love in all thy sons command*» («un véritable amour de la patrie anime tous tes fils») serait remplacé par «*true patriot love in all of us command*» («un véritable amour de la patrie nous anime tous»).

La proposition de loi doit maintenant être examinée au Sénat, qui approuve généralement les textes votés par la Chambre des communes. «Je pense que c'est un symbole très important de notre implication en faveur de l'égalité des sexes dans ce pays», a commenté avant le vote Patty Hajdu, la ministre de la Condition féminine.

Depuis son élection en octobre dernier, le premier ministre, Justin Trudeau, a fait de l'égalité des sexes une de ses priorités. Son gouvernement de 30 membres est strictement paritaire.

Lefigaro.fr avec Reuters, 16/06/2016
www.lefigaro.fr/flash-actu/2016/06/16/97001-20160616FILWWW00124-canada-l-hymne-national-modifie.php

A Lisez l'information courte sur le Canada.

Que pensez-vous de cette décision? Un texte n'est-il pas le reflet de son époque ou bien devrions-nous tout adapter y compris les textes littéraires?

B Vous allez écrire une lettre à Patty Hajdu, la ministre canadienne de la Condition féminine et lui faire part de vos idées. N'oubliez pas de relier l'information que vous avez lue au thème des traditions.

La culture et le patrimoine

- Comprendre ce qu'est la culture

RÉFLÉCHIR

- Essayez de définir le mot «culture» sans consulter un dictionnaire.
- Ensuite partagez votre définition avec celles du reste de la classe.
- Est-elle similaire?

13 Qu'est-ce que la culture?

Lisez le texte et répondez aux questions qui suivent.

La culture régit chaque aspect de notre vie et, comme la plupart des gens, nous n'en sommes pas vraiment [1]____. Si on vous demandait de la définir, vous avanceriez probablement la musique, la littérature, les arts visuels, l'architecture ou le [2]____ et vous n'auriez pas tort. Cependant, vous n'auriez pas entièrement raison non plus. En effet, les produits [3]____ que nous percevons avec nos cinq sens ne sont que les manifestations de ce que signifie vraiment la culture – ce que nous faisons, pensons et ressentons. La culture est [4]____, acquise et partagée – il n'existe pas une culture propre à chacun. Et pourtant, la culture n'est pas [5]____ – les personnes existent différemment au sein d'une culture. Elle est en fait [6]____. La signification est attribuée aux comportements, aux mots et aux [7]____, et cette signification est objectivement arbitraire, et subjectivement logique et [8]____. Une «maison», par exemple, est une structure physique, un [9]____ familial et une référence morale, [10]____ selon la culture.

La culture est cruciale, car elle permet à ceux qui partagent une culture semblable de communiquer les uns avec les autres sans avoir besoin de discuter de la signification des choses à tout instant. La culture s'acquiert et s'oublie, aussi, malgré son importance, nous sommes généralement inconscients de son influence sur la façon dont nous percevons le monde et dont nous interagissons dans celui-ci. <u>La culture est importante, car lorsque nous travaillons avec les autres, elle est à la fois un recours et un frein dans notre capacité de travailler avec les autres et de les comprendre.</u>

www.international.gc.ca/cfsi-icse/cil-cai/whatisculture-questlaculture-fra.asp

A Replacez les mots suivants dans les espaces du premier paragraphe.

a culturels	c conscients	e enseignée	g monolithique	i rationnelle
b concept	d distincte	f langage	h objets	j symbolique

B Donnez des exemples concrets de culture enseignée. Faites de même pour la culture acquise et celle qui est partagée.

C Expliquez l'adjectif «monolithique». Cet adjectif est composé de deux mots. Comment pourriez-vous le décomposer? Que signifient «mégalithique» et «monothéiste»?

D Dans le deuxième paragraphe, à quoi se réfère le mot «celui-ci»?

E Expliquez la dernière phrase du texte.

Maintenant comparez-la à votre propre définition de la culture.

■ THÉORIE DE LA CONNAISSANCE

Pourquoi est-il si difficile de définir le mot «culture»? Notre origine nous donne-t-elle des points de vue différents?

14 Les Francofolies de Montréal

A Décrivez et commentez cette photo.

À votre avis, qu'est-ce qu'elle promeut?

Comment le savez-vous?

B Écoutez cette interview et faites les activités suivantes.

1 Vrai ou faux (trois premières parties)?
   a New York a été la première ville suggérée pour le festival.
   b L'endroit le plus propice était pourtant Montréal.
   c L'organisation du festival a pour mission d'encourager la chanson dans toutes les langues.
   d La chanson est très prisée au Québec.
   e On doit payer tous les concerts.

2 Répondez aux questions suivantes (reste de l'interview).
   a Quel genre de musique la chanson francophone utilise-t-elle le plus?
   b Comment est décrite Montréal?
   c Comment est l'ambiance du festival?

15 Le succès grandissant des festivals de musique français

Les festivals en France: 1 200 000 spectateurs pour 3000 spectacles!

Les festivals en France se portent plutôt bien. Festivals de rock, de jazz ou de musique classique: les festivals français – tous styles confondus – enregistrent presque tous de nouveaux records de fréquentation d'une année à l'autre. D'après France Festivals – la fédération regroupant l'ensemble des festivals français de musique – les festivals français en 2010 ont accueilli 1 200 000 spectateurs. Ces chiffres représentent une augmentation de la fréquentation de 20% par rapport à 2009 et de presque 40% par rapport à 2004!

Rappelons que les festivals en France sont une véritable institution. Les festivals, ce sont en tout chaque année 3000 spectacles, quelque 30 000 artistes présents (avec parmi eux une grande majorité d'artistes français) et enfin 50 millions d'euros de recettes. Et c'est bien sûr pendant la belle saison que se déroulent les plus grands festivals en France: on estime en effet que les 30 plus grands festivals d'été accueillent à eux seuls 1 million de spectateurs! Cette année encore, les prévisions optimistes des festivaliers semblent témoigner de la bonne santé des festivals français et du rayonnement culturel français. Pas de doute, la culture demeure le premier facteur d'attractivité culturelle en France et le succès des festivals en est le premier témoin.

04/04/2012
http://blogfr.communes.com/le-succes-des-festivals-francais.html

A Trouvez dans le texte l'équivalent des expressions et mots suivants.

1. l'été
2. l'étendue
3. une hausse
4. d'argent gagné
5. qui participent à un festival
6. pas trop mal
7. quelque chose d'incontournable

B Après avoir lu le texte précédent, répondez aux questions suivantes en utilisant vos propres mots.

1. Comment définiriez-vous l'état des festivals en France?
2. De combien la fréquentation a-t-elle augmenté depuis 2004?
3. Combien les festivals gagnent-ils chaque année?
4. De quelle origine sont la plupart des artistes?
5. À quelle saison les festivals se déroulent-ils?
6. Qu'est-ce qui attire dans les festivals?

C Quels grands festivals de musique connaissez-vous dans votre pays? Y avez-vous déjà participé?

D Vous venez de rentrer d'un festival de musique et vous avez décidé de partager vos impressions avec un(e) ami(e) en lui écrivant une lettre.

16 La BD à Bruxelles

Décrivez la photo ci-contre. Faites des recherches sur ce qu'est la BD et imaginez pour quelles raisons autant de personnes l'aiment.

17 Fête de la BD

Où? Place des Palais et partout à Bruxelles
Quand? Les 6, 7 & 8 septembre 2013
Web? www.fetedelabd.be

Les Schtroumpfs ont envahi New York, Tintin joue la vedette à Hollywood et nous en sommes très fiers. Tous les héros de BD bruxellois et belges vont se déchaîner et mettre une ambiance du tonnerre à Bruxelles pour saluer ces beaux succès.

La fête de la BD, c'est le rendez-vous incontournable des amoureux du 9ème art. Bruxelles va vivre un week-end de délire bédéesque sur la Place des Palais et partout dans Bruxelles avec des visites guidées BD gratuites, des expos BD dans les lieux dédiés à la Bande Dessinée, en particulier au Centre Belge de la Bande Dessinée et au Palais des Beaux-Arts (BOZAR).

Cette année, les activités se multiplient avec des projections de films d'animation, des dîners à thème, des nocturnes…

Son et lumière

Vendredi 6 septembre dès 22h30 et le samedi 7 septembre à 21h30, un spectacle son & lumière décoiffant transformera la Place Royale en une planche BD vivante. Des lasers, des effets sonores et un feu d'artifice, vous découvrirez vos personnages de BD préférés dans un spectacle monumental. À ne manquer sous aucun prétexte!

Balloon's Day Parade

Samedi, dès 15h30, la Balloon's Day Parade et ses gentils géants gonflés se mettront en marche pour un défilé en fanfare dans les rues du centre de Bruxelles.

Rallye de voitures

Le dimanche 8 septembre, un rallye de voitures du Journal Tintin démarrera de la Place des Palais à 10h. Une quarantaine de voitures et motos anciennes représentées dans les planches de différentes bandes dessinées du Journal Tintin suivront un itinéraire qui passera par différents lieux mythiques de la Bande Dessinée à Bruxelles et par le Musée Hergé.

www.brusselslife.be/fr/article/fete-de-la-bd

A Lisez le texte et répondez aux questions suivantes.

1 Vrai ou faux?
   a La fête ne se passe que dans un quartier de Bruxelles.
   b Les spectateurs ne pourront voir que des héros de BD de Belgique.
   c On désigne aussi la BD comme le 9ème art.
   d Il faut payer les visites accompagnées.
   e On ne pourra voir des spectacles que pendant la journée.
   f Le spectacle son et lumière promet d'être extraordinaire.

B Associez ces expressions du texte avec leurs explications.

1 se déchaîner
2 une ambiance du tonnerre
3 le rendez-vous incontournable
4 bédéesque
5 un spectacle décoiffant

a un rassemblement immanquable
b faire la fête
c qui concerne la BD
d une ambiance de fête incroyable
e une représentation époustouflante

18 La BD qu'est-ce que c'est?

Fréquemment définie comme le 9ème art, la BD ou bande dessinée est une histoire illustrée. La manière d'illustrer diffère selon les pays et les époques. Dans les pays francophones, la BD est très présente en Belgique et en France. Vous connaissez [1]_____ par exemple, Tintin ou Astérix.

L'école franco-belge au commencement

En 1929, Tintin voit le jour, et celui-ci connaîtra un succès international. Hergé va considérablement influencer la bande dessinée européenne, [2]_____ au niveau graphique et narratif. [3]_____, il va introduire deux éléments fondamentaux:

- Le scénario construit du début à la fin
- La documentation

En 1938 naissent Spirou et son journal, qui sera un vivier d'auteurs de premier plan: Franquin (Gaston Lagaffe), Morris (Lucky Luke), Peyo (les Schtroumpfs), Roba (Boule et Bill), et beaucoup d'autres.

Le journal de Tintin apparaît en 1946 et va lui [4]_____ publier des auteurs et des séries phares de la bande dessinée: Jacobs (Blake et Mortimer), Martin (Alix), etc.

On peut remarquer que "Spirou" et "Tintin", ces deux grands journaux de BD pour enfants, sont belges. En France il existe un autre grand hebdomadaire de bande dessinée: Vaillant qui va devenir Pif Gadget. Il publie également de grandes signatures. Cette production [5]_____ riche laissera moins de traces dans l'histoire de la BD qu'elle ne l'aurait mérité, [6]_____ à cause d'une politique de production d'albums quasi inexistante.

A Replacez les connecteurs dans leurs espaces logiques. Attention: il y a plus de mots proposés que d'espaces.

a à la fois	**e** peut-être
b aussi	**f** pourtant
c mais	**g** sans doute
d néanmoins	**h** surtout

B Reliez les mots à leurs définitions.

1. une bulle
2. une planche
3. un idéogramme
4. le plan panoramique
5. le gros plan
6. une vignette
7. la typographie

a. icône, symbole ou petit dessin exprimant une pensée ou un sentiment
b. forme variable qui, dans une vignette, contient les paroles ou pensées des personnages reproduites au style direct
c. manière dont le texte est imprimé: caractères, forme, épaisseur, disposition
d. image d'une bande dessinée délimitée par un cadre
e. page entière de BD, composée de plusieurs bandes
f. le décor disparaît; il cadre en général le visage et fait ressortir les jeux de physionomie
g. vue d'ensemble, de très loin; prédominance du décor; détails et personnages très réduits

UNITÉ 5 Coutumes et traditions

19 Parcours BD à Bruxelles

Le parcours BD de Bruxelles est constitué d'un ensemble de peintures murales qui célèbrent les grands auteurs de la bande dessinée belge. Ce circuit de fresques géantes permet de découvrir la ville au travers des héros de la BD immortalisés sur près de 50 pignons urbains.

■ Comment écrire pour persuader

Voici les quatre questions clés pour **faire un dépliant touristique**:

- **Question 1:** Qui est le public / lectorat visé? Ici un public de vacanciers potentiels.
- **Question 2:** Quoi? Quel est mon message? Il faut identifier les idées essentielles afin d'être original par rapport aux concurrents.
- **Question 3:** Pourquoi est-ce que je veux produire un dépliant touristique? De quoi est-ce que je veux faire la promotion?
- **Question 4:** Comment encourager mon public ciblé à me choisir par rapport aux autres?

Utilisez la bonne structure informative ainsi que le langage approprié à la tâche.

Dans le cas d'un dépliant, vous pouvez commencer par un croquis de votre document (même pendant l'épreuve 2) en mettant en page vos informations principales.

Allez à l'essentiel. Utilisez de la précision dans la langue ainsi que des titres courts pour ne pas perdre l'intérêt du public.

Faites usage de langue accrocheuse pour séduire les lecteurs (mais attention à ne pas être mensonger!).

Faites comprendre quels sont vos points forts.

Utilisez des questions rhétoriques. Cela attirera l'attention.

Faites des recherches en ligne sur le parcours BD à Bruxelles.

Utilisez les informations recueillies pour produire une brochure visant spécifiquement les touristes.

Littérature

20 Le Fils du pauvre

Mouloud Feraoun (1913–1962) est un écrivain algérien d'expression française qui a été assassiné à Alger par l'OAS en 1962. Il est né dans une famille de paysans pauvres. *Le Fils du pauvre* (1950) est son premier roman autobiographique dans lequel il fait de la culture Kabyle la principale composante de son identité.

Cherchez sur internet l'extrait de *Le Fils du pauvre* qui commence «Le père Ramdane réussissait avec beaucoup de vigilance» et qui termine «la mesure de sa tendresse» (par exemple: http://parler-francais.forumactif.fr/t858-textes-choisis).

A Questions de compréhension sur l'extrait:

1. Qui est à votre avis le père Ramdane?
2. Dans le premier paragraphe, quelles expressions montrent la pauvreté?
3. Dans le quatrième paragraphe, quelle expression signifie «sans dire beaucoup»?
4. Que se passe-t-il à onze heures?
5. Pourquoi, à votre avis, les pères sont-ils contrariés?
6. Expliquez «nous mangeons quand même».
7. Pourquoi le père n'est-il pas content du narrateur?
8. Pour quelles raisons le père a-t-il laissé sa place à son fils?
9. Pourquoi dit-il qu'il n'a pas faim?
10. À votre avis, quelle est la différence entre le couscous «blanc» et le couscous «noir»?

B Questions plus générales:

1. Réfléchissez aux thèmes de l'extrait et parlez-en en groupes.
2. Quelle est la place de la nourriture dans cet extrait?
3. Pouvez-vous faire preuve d'empathie en lisant cet extrait?
4. Que pensez-vous de l'attitude du père?

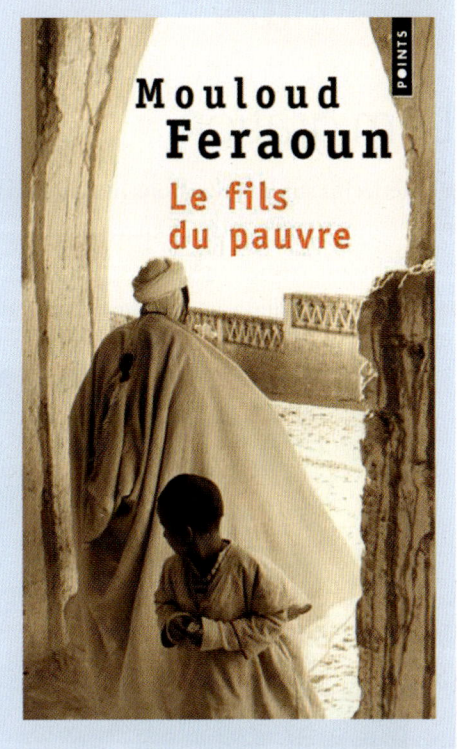

UNITÉ 6 — Migration

Thème 2 : Expériences

L'émigration

- Réfléchir sur les migrations humaines dans le temps et dans le monde
- Définir les raisons de l'émigration
- Utiliser le passé simple de narration pour décrire un parcours de vie
- Travailler le dialogue dans un exercice d'écriture créative

RÉFLÉCHIR

- Que fait cette famille ?
- Pourquoi partent-ils ?
- Imaginez le contexte de leur vie.
- Est-ce une expérience difficile ?
- Connaissez-vous des exemples de migrations dans votre pays ?
- Connaissez-vous des exemples de migrations dans les pays francophones ?

Vocabulaire des migrations

émigrer quitter son pays pour s'établir dans un autre
un émigré personne qui quitte son pays dans le but de s'établir dans un autre pays
une vague d'émigration nombre important de personnes qui émigrent
immigrer venir s'établir dans un pays différent du sien
un immigré personne étrangère qui est venu s'établir dans un pays
une vague d'immigration nombre important de personnes qui viennent s'établir dans un pays
les flux migratoires l'ensemble des personnes migrants d'une région ou d'un pays à un autre
un migrant personne qui a quitté son pays mais qui n'a pas encore de nouveau pays de résidence
un réfugié personne qui a quitté son pays, souvent en urgence, et qui cherche refuge dans un autre pays

UNITÉ 6   Migration

1 Le champ lexical de l'émigration

V Que vous évoque le mot «émigration»? Associez-lui trois noms, trois adjectifs et trois verbes.

2 Que mettriez-vous dans votre valise?

A Votre famille a décidé d'émigrer dans un pays lointain, alors qu'allez-vous mettre dans votre valise? Discutez en binômes ou en petits groupes.

B Regardez maintenant la vidéo de Kristine Kovacevic, Gestionnaire de l'interprétation et de l'expérience du visiteur du Musée Canadien de l'Immigration du Quai 21: www.quai21.ca/accueil

Voulez-vous changer le contenu de votre valise? Pourquoi?

3 Témoignages d'émigration au Québec

Le Canada est une terre d'accueil pour les immigrants du monde entier et beaucoup de familles francophones décident d'aller y vivre. Visitez le site web d'Immigrant Québec: https://immigrantquebec.com/fr. Allez dans la section «Consulter», puis «Témoignages».

A Les raisons d'émigrer sont multiples. Lisez les témoignages et prenez de brèves notes dans le tableau ci-dessous.

Raisons pour émigrer	Nom	Provenance	Résumé de son expérience
Professionnelles			
Pour suivre des études			
Politiques			
Guerres / conflits			
Économiques			
Personnelles			
Familiales			
Autres			

B Partagez ensuite votre échantillon d'expériences avec la classe.

- Quelles semblent être les raisons les plus courantes d'émigrer au Québec de nos jours?
- Dans l'ensemble, ces émigrants vivent-ils une expérience plutôt positive ou négative?
- Avez-vous lu des témoignages qui vous ont surpris ou émus?
- Envisageriez-vous d'émigrer à l'étranger? Quand? Où? Pourquoi?

4 Jacques Cartier, le navigateur qui découvrit le Canada

Jacques Cartier naquit en 1491 à Saint Malo d'une famille de marins. Il rencontra François I, roi de France, qui le promut capitaine de navire et le subventionna pour effectuer trois voyages en Amérique du nord. Les autorités françaises voulaient trouver un passage par le nord vers la Chine, découvrir de nouvelles contrées et s'enrichir.

Cartier partit de Saint-Malo en avril 1534 et aborda Terre Neuve en mai de la même année. Il explora l'estuaire du fleuve Saint Laurent puis explora la région du Labrador dont il prit possession et qu'il appela Canada.

Il rentra en France et entreprit un deuxième voyage en mai 1535. Le roi lui mit à disposition une flotte de trois navires pour terminer la découverte de ces terres occidentales. Il poursuivit son exploration et atteignit le site de Québec. Il nomma l'endroit où il s'arrêta Mont Royal, que nous connaissons de nos jours comme la ville de Montréal. Il faisait très froid et beaucoup de ses marins furent victimes de la maladie du scorbut. Cartier dut retourner en France.

Cartier entreprit une troisième expédition en 1541 avec cinq navires. Des colons essayèrent de s'implanter en Nouvelle France sur les rives du Saint Laurent mais durent rentrer en France à cause des maladies et des conflits avec les indiens canadiens.

Cartier rentra aussi en France dans la région de Saint Malo où il mourut d'une épidémie de peste en 1557.

Grammaire

Le récit au passé: Le passé simple

Pour raconter des événements passés, ce qu'une personne a fait dans sa vie, on utilise le passé simple, le passé composé et l'imparfait. Nous verrons dans cette unité comment ces trois temps sont utilisés.

Le passé simple:

Le passé simple est un temps que vous devez être capable de reconnaître. Il est utilisé *à l'écrit* pour la narration de récits, de contes, de textes historiques, de biographies et en littérature en général.

Il décrit une action produite dans le passé, dans un temps défini qui n'a pas de lien avec le présent. Il est donc souvent utilisé pour des récits loin dans le passé, par exemple:

Antoine de Saint-Exupéry, l'écrivain, poète et aviateur, **naquit** *en 1900 et* **mourut** *en 1944.*

Notez que les biographies sont aussi quelquefois écrites au présent de l'indicatif (ce qui les rend plus vivantes), ou au passé composé dans un registre moins formel que le passé simple.

Reportez-vous au précis de grammaire en fin de livre et prenez des notes sur la formation du passé simple pour les verbes réguliers et irréguliers.

Relevez tous les verbes au passé simple dans la biographie de Jacques Cartier.

5 Connaissez-vous l'aventurière Alexandra David-Néel?

– 24 octobre 1868: Naissance à Saint-Mandé en France.

– 1888: Départ de France – Arrivée à Londres pour être chanteuse.

– 1900: Tunis – Rencontre de Philippe Néel, futur mari. Mariage malheureux.

– 1911: Départ pour l'Asie. Visite du Népal, de la Chine, du Japon. Conversion au bouddhisme. Rencontre du Dalaï Lama.

– 1924: Entrée à Lhassa après plusieurs tentatives infructueuses. Capitale du Tibet, ville alors interdite aux étrangers. Reconnaissance dans le monde entier comme orientaliste experte.

– 1924: Départ de Chine et retour pour la France.

– 1924–1939: Bloquée en France à cause de la guerre. Activité principale, l'écriture. Ses ouvrages les plus célèbres: *Voyage d'une*

Parisienne à Lhassa, Au pays des brigands gentilshommes.

– 8 septembre 1969: Décès à l'âge de 100 ans. Cendres dispersées dans le Gange en Inde, dernier voyage.

A Avec les notes ci-dessus, rédigez la biographie d'Alexandra David-Néel au passé simple.

B Qu'est-ce qui vous a surpris(e) ou impressionné(e) du parcours de vie d'Alexandra David-Néel?

6 Fiona, 23 ans, est serveuse au Japon

Ni stupeur, ni tremblements. Contrairement à l'héroïne du best-seller d'Amélie Nothomb, dont l'expatriation au Japon tourne au douloureux exil, Fiona, 23 ans, est tombée amoureuse de l'archipel nippon. La jeune femme a posé ses valises il y a quatre mois à Niseko, une station de ski d'Hokkaido, la plus au nord des quatre îles principales du pays.

Fiona, qui a signé un contrat local, est aujourd'hui serveuse chez *Ezo Sea Food*, un restaurant de fruits de mer à deux pas des *onsen*, les sources chaudes, à l'ombre du mont Yotei et de ses pentes enneigées «où la poudreuse est super».

Un départ pour l'autre bout du globe longuement mûri, minutieusement préparé? «Je n'avais pas du tout anticipé! élude-t-elle en riant. Je me suis décidée en un mois, le temps de faire le visa et de souscrire une assurance privée.» L'expatriation, Fiona connaissait déjà, elle a passé trois ans à Londres de 2013 à 2015, où elle s'est cassé le dos dans un magasin de chaussures. Au Japon, le choc culturel est néanmoins sans commune mesure avec celui qu'on peut éprouver chez nos cousins d'outre-Manche. Fiona s'adapte, s'enrichit.

Elle commence à se débrouiller en japonais et n'hésite pas à s'appuyer sur le traducteur automatique de son smartphone.

La saison chez *Ezo Sea Food* s'arrête le 31 mars. Après? Un van puis trois mois de vadrouille jusqu'à Okinawa, un archipel du Sud perdu au milieu du Pacifique. Dans ces îles où l'espérance de vie est la plus grande au monde (86 ans pour les femmes et 78 ans pour les hommes) et où se concentrent le plus grand nombre de centenaires sur terre, la jeune Française n'entend pas prendre racine et veut «faire seulement la saison d'été». Elle dresse un bilan dithyrambique de l'expatriation, qui lui a permis d'échapper «à une existence où tu t'éclates pas». Au Japon, «j'ai la sensation d'avancer dans la vie, s'enthousiasme-t-elle. D'œuvrer pour mon avenir». Un bac communication-marketing en poche, elle envisage de reprendre ses études d'ici quelque temps, puis de valoriser ses expériences à l'étranger pour dénicher un métier dans le commerce international.

22/03/16
www.leparisien.fr/espace-premium/fait-du-jour/j-ai-la-sensation-d-avancer-dans-la-vie-22-03-2016-5648137.php

A Lisez attentivement l'article.

Dites si les phrases suivantes sont vraies ou fausses. Justifiez avec un élément du texte:

1. Fiona est tombée amoureuse d'un homme japonais.
2. Fiona a longtemps préparé son expatriation.
3. Fiona avait un bon travail en Angleterre de 2013 à 2015.
4. Elle a trouvé beaucoup plus de différences culturelles au Japon qu'en Angleterre.
5. Fiona parle bien le japonais maintenant.
6. Elle aimerait partir à l'aventure quand se termine son contrat.
7. Fiona veut s'installer et vivre au Japon.
8. Pour elle, le but de travailler à l'étranger est d'échapper à la vie française.
9. Elle aimerait travailler à l'étranger plus tard.

B Expliquez ces expressions du texte:

1. longuement mûri
2. être … sans commune mesure
3. un bilan dithyrambique de l'expatriation

7 Une autre expérience: *Stupeur et tremblements* d'Amélie Nothomb

Amélie Nothomb naquit le 13 août 1967 à Kobé au Japon de parents belges. Son père était diplomate et elle passa sa petite enfance au Japon, à New York et en Chine. Elle retourna dans son pays d'origine, la Belgique, à 17 ans et s'installa à Bruxelles. Elle fit des études universitaires de Lettres puis repartit au Japon pour travailler dans une entreprise nippone comme interprète. Elle trouva le monde l'entreprise cruel et eut du mal à le supporter.

Dans *Stupeur et tremblement*, la narratrice, Amélie, est embauchée par la grande entreprise japonaise Yumimoto. Elle est au début enthousiasmée de pouvoir débuter sa carrière professionnelle dans un pays qui la fait rêver. Cependant, elle va vite découvrir une autre réalité du monde du travail au Japon. Elle fait l'expérience de l'autorité hiérarchique et de codes de conduite opposés de ceux de l'occident. Elle commet de multiples erreurs. Avec humour et un brin d'absurde, Amélie Nothomb décrit son cauchemar et sa descente aux enfers jusqu'à l'humiliation la plus totale.

Monsieur Saito me présenta brièvement à l'assemblée. Après quoi, il me demanda si j'aimais les défis. Il était clair que je n'avais pas le droit de répondre par la négative.

– Oui, dis-je.

Ce fut le premier mot que je prononçai dans la compagnie. Jusque-là, je m'étais contentée d'incliner la tête.

Le «défi» que me proposa monsieur Saito consistait à accepter l'invitation d'un certain Adam Johnson à jouer au golf avec lui, le dimanche suivant. Il fallait que j'écrive une lettre en anglais à ce monsieur pour le lui signifier.

– Qui est Adam Johnson? eus-je la sottise de demander.

Mon supérieur soupira avec exaspération et ne répondit pas. Était-il aberrant d'ignorer qui était monsieur Johnson, ou alors ma question était-elle indiscrète? Je ne le sus jamais et ne sus jamais qui était Adam Johnson.

L'exercice me parut facile. Je m'assis et écrivis une lettre cordiale: monsieur Saito se réjouissait de jouer au golf le dimanche suivant avec monsieur Johnson et lui envoyait ses amitiés. Je l'apportai à mon supérieur.

Monsieur Saito lut mon travail, poussa un petit cri méprisant et le déchira:

– Recommencez.

Je pensai que j'avais été trop aimable ou trop familière avec Adam Johnson et je rédigeai un texte froid et distant: monsieur Saito prenait acte de la décision de monsieur Johnson et conformément à ses volontés jouerait au golf avec lui.

Mon supérieur lut mon travail, poussa un petit cri méprisant et le déchira:

– Recommencez.

J'eus envie de demander où était mon erreur, mais il était clair que mon chef ne tolérait pas les questions, comme l'avait prouvé sa réaction à mon investigation au sujet du destinataire. Il fallait donc que je trouve par moi-même quel langage tenir au mystérieux Adam Johnson.

Je passai les heures qui suivirent à rédiger des missives à ce joueur de golf. Monsieur Saito rythmait ma production en la déchirant, sans autre commentaire que ce cri qui devait être un refrain. Il me fallait à chaque fois inventer une formulation nouvelle.

Il y avait à cet exercice un côté: «Belle marquise, vos beaux yeux me font mourir d'amour» qui ne manquait pas de sel. J'explorai des catégories grammaticales en mutation: «Et si Adam Johnson devenait le verbe, dimanche prochain le sujet, jouer au golf le sujet et monsieur Saito l'adverbe? Dimanche prochain accepte avec joie de venir adamjohnsoner un jouer au golf monsieur Saitoment. Et pan dans l'œil d'Aristote!»

Je commençais à m'amuser quand mon supérieur m'interrompit. Il déchira la énième lettre sans même la lire et me dit que mademoiselle Mori était arrivée.

Extrait de Stupeur et tremblements
par Amélie Nothomb

A Lisez le texte et répondez aux questions suivantes.

1. Comment imaginez-vous la personnalité de la narratrice en lisant ce passage?
2. Que comprend-on des valeurs de l'entreprise japonaise?
3. Pourquoi le passage est-il comique?
4. Quel est le registre de ce texte?
5. Relevez les verbes au passé simple de narration dans le texte et retrouvez leur infinitif.
6. Quelle valeur ce temps verbal a-t-il dans cet extrait?

B Pour en savoir plus sur Amélie Nothomb…

Chercher sur la chaîne YouTube les bandes annonces des deux films semi-biographiques d'Amélie Notomb: *Tokyo fiancée* et *Stupeur et tremblement*.

8 Imaginez la rencontre de Fiona et d'Amélie

Écrivez *le dialogue* de la rencontre fictive de Fiona et d'Amélie dans la salle d'embarquement de l'aéroport de Tokyo, alors que les deux jeunes filles sont sur le point d'embarquer sur le vol pour Paris–Charles de Gaulle. Toutes les deux terminent leur expérience de travail au Japon et reviennent en France avec des expériences, des anecdotes et des sentiments… distincts! Imaginez leur conversation.

Niveau moyen: 250 à 400 mots

Niveau supérieur: 400 à 600 mots

L'expatriation; une émigration choisie

- Envisager ou parler de vivre à l'étranger
- Comprendre les aspects de l'expatriation
- Présenter un récit de vie à l'oral
- Maîtriser le passé composé du récit
- Commenter un film documentaire

UNITÉ 6 Migration

RÉFLÉCHIR

Avez-vous déjà vécu à l'étranger?

Oui
- Pour quelles raisons êtes-vous parti(e)?
- Est-ce que c'était une expérience dans l'ensemble positive?

Non
- Aimeriez-vous partir vivre à l'étranger? Pourquoi?

Oui
- Quels obstacles ou difficultés avez-vous rencontrés?
- Qu'est-ce que vous avez appris ou découvert de l'autre culture?
- Qu'avez-vous retiré de cette expérience?

Non
- Quels obstacles ou difficultés avez-vous rencontrés?
- Qu'est-ce qui vous a manqué?
- Est-ce que vous repartiriez en faisant les choses différemment?

Non
- Expliquez pourquoi votre vie est meilleure dans votre pays.
- Quels sont les désavantages de l'expatriation selon vous?

Oui
- Dans quel pays vous expatrieriez-vous?
- Serait-ce difficile de convaincre votre entourage?
- Imaginez ce que vous retireriez de cette expérience.

Thème 2: Expériences

9 Pierre et Amélie changent de vie

A Écoutez cette conversation téléphonique entre deux amis. Pierre appelle Monique pour lui annoncer son nouveau projet d'expatriation. Numérotez les expressions suivantes dans l'ordre dans lequel vous les entendez.

Piste 10

Exemple: partir vivre à l'étranger	1
a un expatrié (*fam.* un expat)	
b un nouveau départ	
c une meilleure qualité de vie	
d déménager	
e emménager	
f la nostalgie	
g foncer	
h tenter sa chance	
i garder le contact	
j manquer	
k tâter le terrain	
l réaliser un rêve	
m vivre une aventure	
n s'adapter	
o se sentir déracinés	
p avoir une chance	

B Trouve les définitions des expressions ci-dessus dans un dictionnaire unilingue version papier ou en ligne.

10 Hausse du nombre d'expatriés français

Le nombre des expatriés est de plus en plus nombreux: 2,5 millions de Français vivent hors de la France. La moitié des expatriés sont en Europe. Actuellement, 1,78 million sont inscrits au Registre des Français de l'étranger, soit une augmentation de 4,2% par rapport à 2015. Les cinq pays préférés des Français, notamment des jeunes, pour s'expatrier sont la Suisse, les États-Unis, le Royaume-Uni, la Belgique et l'Allemagne.

10/03/17
www.rfi.fr/france/20170310-hausse-nombre-expatries-francais

A Résumez le texte dans vos propres mots en une phrase.

B Maintenant connectez-vous sur le site de Radio France International (www.rfi.fr/france/20170310-hausse-nombre-expatries-francais) et répondez aux questions.

1. Quelles sont vos réactions par rapport aux données du texte?
2. Que veut dire M. Heyraud par: «le monde est devenu plus petit»?
3. Qu'est-ce qui est «globalisé»?
4. Que dit-il sur la situation de l'emploi des jeunes en France?
5. Que signifie l'expression «l'herbe est toujours plus verte ailleurs»?

11 Le récit au passé: Le passé composé

Grammaire

Le récit au passé: Le passé composé

C'est un temps du passé que vous devez bien connaître et savoir utiliser. Il est utilisé à *l'oral* et à *l'écrit* dans les biographies ou dans les récits d'événements passés mais il est moins formel que le passé simple.

- Action unique, par exemple:

  Mes amis **ont décidé** de partir vivre à l'étranger en mai dernier.

- Action avec un début et une fin, par exemple:

  Ils **ont commencé** à organiser leur déménagement en avril et leur déménagement **a commencé** le 3 mai.

- Succession d'événements, par exemple:

  On **a offert** un emploi en Thaïlande à ma sœur; elle **a accepté** puis elle l'**a annoncé** à mes parents.

Les difficultés du passé composé sont de savoir quel auxiliaire utiliser (*avoir* ou *être*), de connaître les participes passés réguliers et irréguliers et de savoir si on doit les accorder.

Reportez-vous au précis de grammaire en fin de livre.

UNITÉ 6 Migration

A Conjuguez les verbes au passé composé dans ce récit d'un jeune Français qui est parti vivre à l'étranger.

1. Quand j'avais 19 ans, je ____ [partir] en Angleterre et j'y ____ [rester] presque dix ans finalement!
2. On m' ____ [offrir] un poste d'un an d'assistanat et j' ____ [accepter] immédiatement.
3. J' ____ [travailler] avec des assistants espagnols et allemands dans un grand lycée du sud de Londres.
4. Nous ____ [avoir] la chance de suivre des cours d'anglais gratuitement à l'université et nous ____ [faire] beaucoup de progrès rapidement.
5. Nous ____ [profiter] de nos vacances pour visiter et nous ____ [tomber] amoureux de l'Angleterre.
6. Je peux dire que j' ____ [vivre] une expérience inoubliable, que je recommande à tous les jeunes.

B Qu'est-ce qui changerait si c'était l'histoire de Mathilde? Et celle de Michelle et Jeanne? Notez les différences orthographiques.

12 Témoignages: «Mes études au Québec? La meilleure décision que j'ai prise!»

Lisez attentivement le texte et répondez aux questions de compréhension et de grammaire qui suivent.

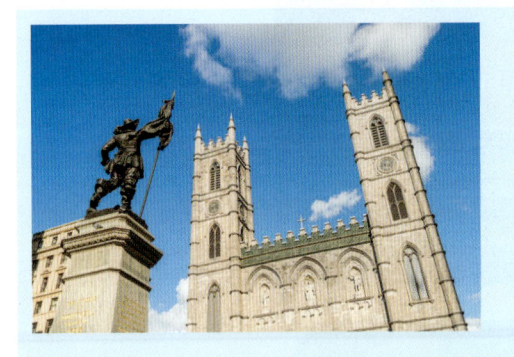

[...]

Anne: «Ici, on nous fait confiance!»

Comment intégrer une bonne école de commerce sans passer par une prépa[1]? Pour Anne, aujourd'hui en dernière année de baccalauréat [équivalent de la licence] en administration des affaires, la solution s'appelle HEC[2] Montréal:

«Je me suis renseignée sur internet et je suis tombée tout de suite sur HEC Montréal. J'ai regardé les modalités d'acceptation: avoir obtenu son bac avec mention bien et minimum 12 en maths. Je me suis lancée dans les démarches: d'abord, un nouveau passeport pour éviter que la date d'expiration n'arrive en plein milieu de mes études, ce qui m'aurait obligée à refaire les papiers une seconde fois. Ensuite, le CAQ (certificat d'acceptation au Québec) et mon permis d'études. Toutes les informations sont sur le site du gouvernement canadien. Ça demande de l'organisation et de la rigueur, mais j'ai fini par tout remplir et envoyer toutes mes demandes à temps.»

L'arrivée sur place se passe très bien:

«L'école avait mis en place énormément d'ateliers d'orientation et d'aide pour que les nouveaux arrivants s'y retrouvent. Tout a été très vite. En une semaine j'avais trouvé un appart en colocation avec d'autres étudiantes rencontrées à HEC, j'avais un numéro de téléphone canadien et un compte en banque. Et hop, c'était parti!»

Tout commence par une année préparatoire à HEC, «bien moins stricte et difficile qu'une prépa en France». Les cours d'intégration se révèlent très utiles: «On a vite tous les outils nécessaires pour s'intégrer.» De fait, au bout de six mois, le mal du pays devient supportable et Anne apprécie l'ouverture d'esprit et l'accueil chaleureux des Québécois:

[1] Classe prépa – classe préparatoire aux grandes écoles (CPGE): en France, ces classes d'enseignement supérieur préparent les étudiants qui ont obtenu le Baccalauréat aux concours d'admissions aux grandes écoles comme les meilleures écoles de commerce

[2] HEC: école des hautes études commerciales

«La vie à Montréal est agréable, et pour illustration, en quatre ans de vie ici, je n'ai jamais été harcelée dans la rue. J'ai toujours pu rentrer seule le soir, même tard. C'est une société très pacifique et cela se ressent au quotidien. Dans la rue, tout le monde se sourit. Souvent mes parents me disent: «mais tu connais tous ces gens? Pourquoi sourient-ils? Mais parce qu'ils sont québécois! Ils sont comme ça...»

Aujourd'hui, Anne insiste sur les perspectives d'emploi, «tellement belles», qui lui sont offertes:

«Le marché du travail est beaucoup plus facile d'accès qu'en France par exemple. Ici, les gens nous font confiance! On commence au bas de l'échelle si on n'a pas d'expérience mais après, on peut très bien gravir les échelons en fonction de nos capacités. Quand je serai diplômée, normalement en mai 2018, j'aurai un renouvellement de visa qui me permettra de rester quatre années supplémentaires. Je compte rester au moins un an de plus, pour demander la résidence permanente puis la double nationalité.»

Seul bémol pour Anne: le froid hivernal et le manque de soleil durant la mauvaise saison («une moyenne de seulement 2 heures d'ensoleillement par jour!»). Le niveau d'anglais qu'elle a acquis en quatre ans lui permet, son baccalauréat en poche, d'aller travailler au États-Unis, en Australie ou en Nouvelle-Zélande... à moins qu'elle décide de rester au Canada, mais plutôt du côté de Vancouver, où les hivers sont nettement plus cléments. […]

27/11/2017
www.courrierinternational.com/article/
temoignages-mes-etudes-au-quebec-
la-meilleure-decision-que-jai-prise

A Vrai ou faux? Trouvez la justification dans le texte.

1. À Montréal, on ne doit pas faire une école préparatoire pour accéder à une bonne école de commerce comme en France.
2. Le CAQ (*certificat d'acceptation au Québec*) est la seule démarche administrative pour étudier à Montréal.
3. On doit se débrouiller tout seul à son arrivée à Montréal.
4. On souffre du mal du pays, c'est à dire de nostalgie au début du séjour.
5. Montréal n'est pas une ville dangereuse pour les jeunes filles étrangères.
6. Le Canada offre des opportunités de promotion aux jeunes employés méritants.
7. Anne aimerait rester à Montréal après la fin de ses études mais elle hésite à cause du climat.

B Listez les arguments d'Anne qui montrent que son expatriation est réussie.

C Relevez tous les verbes du texte conjugués au passé composé.

D Imaginez qu'Anne ait construit son projet et soit allée étudier à Montréal avec son amie Claire. Transposez les verbes au passé composé que vous avez trouvés à la deuxième personne du pluriel: «nous». Attention à l'accord des participes passés!

UNITÉ 6 Migration

135

13 Expatriée, je suis rentrée en France au bout d'un an: l'herbe n'est pas plus verte ailleurs

Lisez le texte à http://leplus.nouvelobs.com/contribution/1296004-expatriee-je-suis-rentree-en-france-au-bout-d-1-an-l-herbe-n-est-pas-plus-verte-ailleurs.html et répondez aux questions qui suivent.

A Faites correspondre ces expressions tirées de la première partie du texte (à gauche) avec leurs synonymes (à droite):

1	en revenir	a	être exploité par les impôts
2	de prédilection	b	personne qui vit en couple avec une autre
3	voir d'un autre œil	c	de bonnes relations
4	un beau tissu social	d	en avoir assez
5	un conjoint	e	la mentalité
6	dans l'âme	f	être désabusé, ne plus y croire
7	l'état d'esprit	g	de choix, de préférence
8	être étranglé par les charges	h	être voué à…
9	en avoir marre (familier)	i	les autres vivent mieux et c'est mieux
10	l'herbe est plus verte ailleurs	j	percevoir différemment

B Cherchez les éléments de réponse à ces questions dans la deuxième partie du texte.

1. Que veut dire «le rêve américain»?
2. Quel est l'avantage du Québec pour les Français?
3. Quelle expression nous fait comprendre que le travail du conjoint ne sera pas ce qu'il espérait?

C Quelles phrases sont vraies dans la troisième partie du texte?

1. Le couple a adoré la nature dans leur nouvel endroit.
2. Le couple s'est senti trop éloigné de la civilisation.
3. L'entreprise où le conjoint travaillait a dû déposer le bilan.
4. Le conjoint a touché une allocation de chômage.
5. L'hôpital devait faire les démarches pour leur permettre d'obtenir un nouveau permis de travail.
6. La formation des infirmières françaises n'est pas entièrement reconnue par l'ordre infirmier québécois.
7. Après 75 jours la femme a pu travailler en tant qu'infirmière.

D Dans la quatrième partie du texte, listez toutes les raisons pour lesquelles le couple a décidé d'abandonner leur expérience d'expatriation.

E Dans la cinquième partie du texte, quelles difficultés le couple a rencontrées à son retour en France?

F Que pensez-vous de l'expérience de ce couple? Auriez-vous réagi de la même façon? Auriez-vous fait les choses différemment? Quelle leçon peut-on en tirer? Discutez avec la classe.

14 Génération Expat

Regardez le film documentaire sur l'expatriation: *Génération Expat*. Ce documentaire de 40 minutes, coproduit par les assurances Chapka, est hébergé sur la Chaîne YouTube: https://youtu.be/T7mW2nu54RA

Portraits croisés de 14 expatriés français qui ont tout quitté pour vivre leur rêve à l'autre bout du monde. Partir entreprendre, se faire embaucher sous contrat local, tenter l'aventure, ces nouveaux expats sont loin des clichés de l'expatriation. Du Brésil au Pérou, de la Colombie au Canada, de Singapour à l'Inde, de la Thaïlande à la Malaisie jusqu'à la Nouvelle Zélande. Un tour du monde pour plonger dans leur quotidien, découvrir leurs histoires, la façon dont ils ont su s'adapter à une nouvelle vie dans un pays qu'ils ont adopté et qui les adopte.

A Regardez-le attentivement en prenant des notes qui vous aideront à rédiger un commentaire.

B Écrivez un commentaire détaillé du film documentaire Génération Expat pour le site web expatriés.com

- Donnez votre opinion sur le documentaire.
- Expliquez s'il vous a donné envie de tenter une expérience d'expatriation.
- Choisissez un ou plusieurs expatriés du documentaire comme exemple(s) d'aspects de l'expatriation qui vous étonnent / plaisent / repoussent, etc. (motivations, langue, intégration, choc culturel, zone de confort, projet, préparation, difficultés, liberté, relations sociales, etc.).
- Choisissez une citation du documentaire et expliquez sa pertinence ou trouvez-en une autre qui justifie mieux votre point de vue.

Niveau moyen: minimum 250 mots.

Niveau supérieur: minimum 400 mots.

Questions de compréhension conceptuelle:
- **Public:** Quel type de personnes vont sur les sites web d'Expatriation?
- **Contexte et objectif:** Vos lecteurs veulent savoir s'ils devraient regarder le film documentaire. Faut-il alors écrire un commentaire objectif ou subjectif?
- **Signification:** Quel langage devez-vous utiliser pour convaincre vos lecteurs de regarder ou de ne pas regarder le film documentaire?

Thème 2: Expériences

Récits d'immigration

- Explorer les raisons de l'immigration
- Expliquer comment l'immigration est une richesse pour le pays d'accueil
- Discuter de la problématique de l'immigration
- Se préparer à l'examen oral
- Élaborer une campagne humanitaire pour CAS

RÉFLÉCHIR

Immigrer: Quitter son pays de naissance ou d'origine pour s'installer de façon durable, voire définitive, dans un autre pays, par exemple:

L'immigration des pays du sud vers les pays du nord est l'un des phénomènes migratoires majeurs de notre époque.

www.linternaute.com

- Quelle est la différence entre un expatrié et un immigré?
- Cette différence est-elle toujours objective?
- Connaissez-vous des exemples d'immigration des pays du sud vers ceux du nord?
- L'immigration est parfois perçue comme un avantage ou parfois comme un problème: expliquez.
- Pourquoi dit-on que la France est une terre d'immigration, une terre d'asile et d'accueil?
- Les pays et leur gouvernement ont des politiques d'immigration. Connaissez-vous celle de la France, du Canada, de votre pays?
- Quelle est votre avis face à l'immigration?

15 Récits d'immigration: 10 réfugiés canadiens au parcours exceptionnel

Le Canada a accueilli des milliers de réfugiés au fil du temps et bientôt 25 000 nouveaux réfugiés syriens. Voici de courts portraits de 10 d'entre eux.

Maryam Monsef

La nouvelle ministre canadienne des Institutions démocratiques est née en Iran en 1985 (elle avait initialement déclaré être née en Afghanistan). Son père meurt lorsqu'elle et ses deux sœurs sont toutes jeunes. Sa mère accumule des petits emplois pendant un temps, puis trouve refuge en Iran avant de s'installer au Canada. Maryam Monsef a 11 ans lorsqu'elle arrive au pays.

«Mon histoire canadienne a commencé il y a 20 ans lorsque ma mère, mes deux sœurs et moi sommes arrivées à Peterborough comme réfugiées [...] et mon désir de servir cette communauté a réellement commencé à ce moment-là.»

Maryam Monsef, octobre 2015

Organisatrice communautaire, elle a terminé deuxième lors de l'élection à la mairie de Peterborough, en Ontario, l'automne dernier. Depuis plusieurs années, elle est très impliquée dans l'aide aux immigrants et aux réfugiés.

La Voix de Corneille

Auteur-compositeur-interprète, Cornelius Nyungura, de son vrai nom, est né en 1977 à Fribourg-en-Brisgau, en Allemagne. Ses parents s'y étaient installés pour étudier. En 1984, la famille retourne vivre à Kigali, au Rwanda.

Dix ans plus tard, ses parents et ses frères et sœurs sont tués pendant le génocide. Il survit en se cachant derrière un sofa, puis en marchant jusqu'au Zaïre, devenu depuis la République démocratique du Congo. Il trouve ensuite refuge chez une tante en Allemagne.

En 1997, il s'envole pour le Canada pour poursuivre ses études en communication à l'Université Concordia, à Montréal. Cinq ans plus tard, il lance son premier album, *Quand on vient de loin*, qui lui apporte le succès au Québec, comme ailleurs dans la francophonie.

«J'espère qu'un jour, par ma notoriété et mon discours neutre, je vais rallier les gens. Tous les Hutus n'ont pas tué, tous les Tutsis n'ont pas tué. C'est ce qu'il faut retenir.»

Corneille, avril 2006

La fillette au napalm, Kim Phuc Phan Thi

À neuf ans, Kim Phuc Phan Thi est gravement brûlée au napalm lors de la guerre du Vietnam. Le photographe américain Nick Ut immortalise ce moment où elle fuit, nue, les bombes le 8 juin 1972. Cette image qui a fait la une des médias du monde entier a permis d'illustrer et témoigner de la souffrance vécue par la population civile lors de cette guerre. Kim Phuc Phan Thi est hospitalisée pendant plusieurs mois et subit de multiples opérations chirugicales.

«Pour me libérer entièrement, je devais apprendre à pardonner. Cela aura été la tâche la plus difficile de toute ma vie, mais j'y suis parvenue.»

Kim Phuc Phan Thi, juin 2012

Traquée par les autorités vietnamiennes et utilisée comme outil de propagande, Kim Phuc Phan Thi demande finalement l'asile au Canada en 1994. Elle vit maintenant en banlieue de Toronto avec son mari et ses enfants. Elle s'occupe de la fondation qui porte son nom, dont la mission est d'aider les enfants qui sont victimes de la guerre.

Les mots de Dany Laferrière

Lorsqu'il a 4 ans, son père, ancien maire de Port-au-Prince, quitte Haïti. Sa mère envoie le jeune Dany à Petit-Goâve avec sa grand-mère Da pour éviter qu'il ne subisse des représailles du régime Duvalier. À 11 ans, il retourne à Port-au-Prince pour ses études secondaires. Il devient ensuite chroniqueur culturel à l'écrit et à la radio.

À 23 ans, il part pour Montréal après l'assassinat de son ami journaliste Gasner Raymond, craignant de subir le même sort. Au Québec, il travaille notamment dans des usines avant d'écrire son premier roman, *Comment faire l'amour avec un Nègre sans se fatiguer*, qui sera traduit dans plusieurs langues.

Tout en continuant à écrire, il est aussi chroniqueur à la télévision et la radio. En mai dernier, Dany Laferrière est devenu officiellement membre de l'Académie française.

«C'est un étrange animal que celui qui vit loin de sa terre natale. Ces écrivains de l'exil ont donné un nouveau sens au mot voyage. Je persiste à croire que la bibliothèque est le vrai pays de l'écrivain».

Dany Laferrière, mai 2015

Les vies de Michaëlle Jean

La famille Jean fuit aussi Haïti au moment où le régime Duvalier est en place. En 1968, alors qu'elle a 11 ans, Michaëlle s'installe avec sa famille à Thetford Mines, au Québec.

Après des études en langues et littérature, elle commence une carrière de journaliste et animatrice à Radio-Canada, en 1988, puis à CBC. En 2005, le premier ministre Paul Martin la nomme gouverneure générale. Son mandat n'est pas renouvelé par le gouvernement Harper.

«Quand on est une femme d'action comme moi, ce que l'on souhaite, c'est de toujours porter son énergie là où on peut contribuer à faire une différence».

Michaëlle Jean, avril 2010

Par la suite, Michaëlle Jean se tourne vers la diplomatie en devenant envoyée spéciale de l'UNESCO pour Haïti. Depuis le début de l'année, elle est maintenant secrétaire générale de l'Organisation internationale de la francophonie.

Les métiers de Kim Thúy

Née à Saïgon en 1968, elle quitte le Vietnam avec ses parents et ses deux frères à bord d'un bateau de *boat people* lorsqu'elle a 10 ans pour fuir le régime communiste. La famille Thúy se retrouve dans un camp de réfugiés en Malaisie avant de s'installer à Granby, au Québec.

«Quand on partait, on avait l'impression que la communauté internationale nous attendait, alors que les migrants d'aujourd'hui, j'ai l'impression que personne ne les attend.»

Kim Thúy, avril 2015

Après avoir étudié la linguistique et la traduction, elle termine un deuxième baccalauréat en droit. Celle qui était traductrice et interprète devient alors avocate, puis restauratrice. Sa prochaine profession: auteure. En 2009, avec son récit à saveur autobiographique, *Ru*, elle connaît le succès. Kim Thúy obtient d'ailleurs le Prix du gouverneur général pour ce roman. En plus d'écrire, elle est chroniqueuse à la radio et à la télévision.

Les rythmes rap de K'naan

L'auteur-compositeur-interprète est né en 1978 à Mogadiscio, en Somalie. À 13 ans, Keinan Abdi Warsame, de son vrai nom, quitte son pays avec sa mère et ses frères et sœurs en pleine guerre civile. Ils se rendent à New York, où son père travaille comme chauffeur de taxi.

La famille Warsame quitte ensuite Harlem pour Toronto. Jeune, K'naan a connu pendant près de huit ans l'enfer des gangs de rue dans la capitale ontarienne. Il raconte cette vie difficile dans ses chansons.

«En tant que Canadien, j'ai toujours senti que je devais expliquer l'Afrique à mes voisins pour leur dire: "Eh! ce n'est pas ce que vous croyez!"»

K'naan, juillet 2010

Son titre le plus connu: *Wavin' flag*, qui fut l'hymne pour la Coupe du monde de football 2010, en Afrique du Sud.

L'histoire d'Adrienne Clarkson

Née à Hong Kong en février 1939, Adrienne Louise Clarkson fuit avec sa famille au moment où les Japonais envahissent la ville après l'attaque sur Pearl Harbor. Elle a 3 ans lorsqu'elle arrive au Canada. Sa famille obtient une dérogation dans le cadre de programme d'échange de prisonniers, ce qui permet de contourner l'interdiction pour les Chinois d'entrer au pays.

La jeune Adrienne étudie la littérature anglaise à l'Université de Toronto, puis poursuit ses études à la Sorbonne, en France. Elle commence une carrière en journalisme à la télévision de CBC, en 1964. Elle publie aussi plusieurs livres.

En octobre 1999, Adrienne Clarkson devient la 26ème gouverneure générale du Canada. Elle est la première immigrante à occuper cette fonction. Depuis, elle a notamment publié ses mémoires en deux tomes.

«J'ai voulu raconter moi-même mon histoire et celle de ma famille. Je ne voulais pas voir l'histoire écrite par quelqu'un d'autre.»

Adrienne Clarkson, septembre 2008

La politique vue par Peter C. Newman

C'est à Vienne, en Autriche, qu'est né Peta Karel Neuman en mai 1929. Son père était un propriétaire d'usines. Juifs, ses parents et lui fuient le régime nazi en 1940 pour s'installer au Canada. Son père espère qu'il mènera une carrière dans les affaires. Devenu Peter Charles Newman, il choisit plutôt le journalisme. Il travaille d'abord pour le *Financial Post*. Par la suite, il devient éditeur du *Toronto Star*, puis du *Maclean's*.

«Ayant échappé aux nazis dans une série de fuites heureuses au cours de ma jeunesse, je voulais désespérément prouver que j'étais un vrai Canadien.»

Peter C. Newman, au sujet de sa décision de joindre la réserve navale, août 2015, tiré du Maclean's.

Peter C. Newman est aussi connu pour ses ouvrages politiques, dont une biographie sur Brian Mulroney, *The Secret Mulroney Tapes: Unguarded Confessions of a Prime Minister*, publiée en 2005, qui a suscité la controverse. L'ex-premier ministre lui reprochait d'avoir utilisé de façon cavalière les douzaines de conversations privées entre les deux hommes, enregistrées quand Mulroney était à la tête du pays.

Le saut de Mikhaïl Barychnikov

C'est à Riga, en Lettonie, que naît en janvier 1948 Mikhaïl Nikolaïevitch Barychnikov, souvent présenté comme l'un des danseurs les plus importants du 20ème siècle. Il commence des études en danse classique à 9 ans, puis parvient à se joindre au prestigieux ballet du Bolchoï, à Moscou.

Mikhaïl Barychnikov profite d'une tournée canadienne, en 1974, pour demander l'asile politique au Canada. En pleine guerre froide, il annonce au monde de la danse qu'il ne rentrera pas en URSS.

Il entre au American Ballet Theatre (ABT) en 1974, puis au New York City Ballet sous la direction de George Balanchine. En 1980, il revient au ABT comme directeur artistique. Il a créé le White Oak Dance Project en 1990.

«Lorsque je danse, je ne cherche à surpasser personne d'autre que moi.»

Mikhaïl Barychnikov

En plus d'être chorégraphe, il est acteur au cinéma et à la télévision. Il a joué notamment le rôle de l'artiste russe Aleksandr Petrovsky dans la série *Sex and the City*.

20/11/2015

http://ici.radio-canada.ca/nouvelle/750803/refugies-portraits-canada

A Lisez attentivement ces dix parcours de vie d'immigrés canadiens et remplissez le tableau ci-dessous avec les informations manquantes.

Nom	Origine	Profession	Raisons et parcours d'immigration
Maryam Monsef			
Corneille			
Kim Phuc Phan Thi			
Dany Laferrière			
Michaëlle Jean			
Kim Thúy			
K'naan			
Adrienne Clarkson			
Peter C. Newman			
Mikhaïl Barychnikov			

B Questions de grammaire:

1. Quel temps verbal est utilisé pour ces parcours de vie? Quelle valeur a-t-il?
2. Réécrivez le passage sur Kim Thúy en utilisant le passé simple comme temps de référence du récit.
3. Réécrivez le passage sur Mikhaïl Barychnikov en utilisant le passé composé comme temps de référence du récit.
4. Si Peter C. Newman était invité à une émission de télévision sur l'immigration pendant la deuxième guerre mondiale, quel temps du passé utiliserait-il pour raconter son histoire?
5. Si Dany Laferrière écrivait un livre sur l'histoire de sa famille et les raisons pour lesquelles ils ont fui Haïti, quel temps du passé utiliserait-il?

16 Un migrant raconte son voyage

Le dimanche 19 avril, lors d'un grave naufrage, près de 800 migrants sont morts noyés. Depuis le début de l'année 2015, ils sont de plus en plus nombreux à tenter la traversée de la Méditerranée pour venir en Europe. 1jour1actu a interrogé un homme qui a fait cette traversée.

Seydou a 26 ans. Il est né au Sénégal, un pays d'Afrique de l'Ouest. Il est arrivé en France en 2013, après avoir traversé la Méditerranée avec d'autres migrants. Voici son histoire: www.1jour1actu.com/monde/un-migrant-raconte-son-voyage-76350

A Écoute cet entretien et réponds aux questions:

1. Remets les étapes du parcours de Seydou dans l'ordre:
   - a Lampedusa
   - b Bangui
   - c La Mauritanie
   - d La France
   - e La Lybie
   - f L'Italie
2. Comment Seydou a-t-il pu financer son voyage?
3. Que s'est-il passé pendant son voyage de Libye jusqu'en Italie?
4. Explique pourquoi il utilise le passé composé quand il raconte ce qu'il s'est passé à son arrivée en France.
5. Quelles personnes l'ont aidé à se sentir mieux, à s'acclimater à la France?

Grammaire

Les temps du récit: L'imparfait

On utilise l'imparfait pour faire une description ou pour raconter une action passée, sans durée déterminée.

- Pour décrire le contexte, par exemple:

  Le Soudan **était** en guerre; la population **vivait** dans la pauvreté.

- Pour décrire un personnage, par exemple:

  Seydou **était** un jeune de 24 ans quand il est parti du Soudan.

- Pour décrire une action secondaire, qui ne fait pas progresser le récit, par exemple:

  Ses amis lui **disaient** que beaucoup d'africains **émigraient** en Europe par la mer.

- Pour décrire une action répétitive, par exemple:

  Les magasins n'**étaient** souvent pas approvisionnés.

Formation de l'imparfait:

Reportez-vous au précis de grammaire en fin de livre.

B Décrivez comment était la situation de Seydou en répondant à ces questions à l'imparfait.

1. Au Soudan, Seydou vivait-il avec ses parents?
2. Comment vivaient-ils?
3. Pourquoi était-il difficile de vivre convenablement?
4. Combien les immigrés payaient-ils les passeurs?
5. Comment étaient les bateaux qui transportaient les immigrés?
6. Qu'est-ce que les passeurs les laissaient prendre sur les bateaux?
7. Comment se sentait-il quand il est arrivé en France? Que faisait-il?

UNITÉ 6 Migration

Thème 2: Expériences

17 «C'est déjà ça»

«C'est déjà ça» est une chanson d'Alain Souchon et de Laurent Voulzy écrite en 1993, interprétée par Alain Souchon. Plus tard, en 2014, le groupe Tryo l'interprète aussi car elle est encore d'actualité.

Écoutez la chanson, regardez les deux clips vidéo officiels et répondez aux questions:

https://youtu.be/jBIWL9S32QQ

https://youtu.be/ZR86pme_SWQ

1. D'où vient le narrateur de la chanson?
2. Où habite-t-il maintenant?
3. Comment vit-il?
4. Comment pourrait-on paraphraser le titre: «C'est déjà ça»?
5. Pouvez-vous imaginer pourquoi il a immigré en France?
6. Que représente l'air de son sac en plastique vert?
7. Que dénonce-t-il dans la troisième strophe? Cherchez les paroles en ligne.
8. À quoi rêve-t-il?
9. Lequel des deux clips vidéo officiels représente le mieux les sentiments d'un immigré? Faites une liste de ces sentiments.

Les connecteurs logiques

énumération: d'abord, en premier lieu, enfin, ensuite

addition: aussi, de même, de plus, encore, et, également

liaison / résumé: bref, d'ailleurs, donc, ensuite, en somme, en outre, or, par ailleurs, puis

explication: car, c'est-à-dire, en effet, effectivement, étant donné que, puisque

illustration / comparaison: entre autres, notamment, par exemple, c'est-à-dire, autant dire que

opposition: au contraire, néanmoins, par contre, pourtant, quoique, toutefois

conséquence: alors, ainsi, c'est pourquoi, d'où, dans ces conditions, de sorte que, donc, en conséquence, par conséquent

terminaison: ainsi, étant donné, puisque

but: pour, en vue de, pour que

18a Préparation à l'examen oral

NIVEAU MOYEN

Présentation d'une photo de réfugiés:

Choisissez *un* des quatre étudiants sur la photo. Ils sont tous réfugiés. Préparez une présentation de trois à quatre minutes pour décrire le parcours de vie de cette personne. Pensez à utiliser plusieurs temps des verbes et à organiser vos idées en utilisant des connecteurs.

18b Préparation à l'examen oral

NIVEAU SUPÉRIEUR

Étranges étrangers

Kabyles de la Chapelle et des quais de Javel
hommes de pays loin
cobayes des colonies
Doux petits musiciens
soleils adolescents de la porte d'Italie
Boumians de la porte de Saint-Ouen
Apatrides d'Aubervilliers
brûleurs des grandes ordures de la ville de Paris
ébouillanteurs des bêtes trouvées mortes sur pied
au beau milieu des rues
Tunisiens de Grenelle
embauchés débauchés
manœuvres désœuvrés
Polacks du Marais du Temple des Rosiers

Cordonniers de Cordoue soutiers de Barcelone
pêcheurs des Baléares ou bien du Finisterre
rescapés de Franco
et déportés de France et de Navarre
pour avoir défendu en souvenir de la vôtre
la liberté des autres

Esclaves noirs de Fréjus
tiraillés et parqués
au bord d'une petite mer
où peu vous vous baignez

Esclaves noirs de Fréjus
qui évoquez chaque soir
dans les locaux disciplinaires
avec une vieille boîte à cigares
et quelques bouts de fil de fer
tous les échos de vos villages
tous les oiseaux de vos forêts
et ne venez dans la capitale
que pour fêter au pas cadencé
la prise de la Bastille le quatorze juillet

Enfants du Sénégal
départriés expatriés et naturalisés.

Enfants indochinois
jongleurs aux innocents couteaux
qui vendiez autrefois aux terrasses des cafés
de jolis dragons d'or faits de papier plié

Enfants trop tôt grandis et si vite en allés
qui dormez aujourd'hui de retour au pays
le visage dans la terre
et des hommes incendiaires labourant vos rizières.

On vous a renvoyé
la monnaie de vos papiers dorés
on vous a retourné
vos petits couteaux dans le dos

Étranges étrangers

Vous êtes de la ville
vous êtes de sa vie
même si mal en vivez
même si vous en mourez.

Étranges Étrangers et autres poèmes par Jacques Prévert

UNITÉ 6 Migration

143

Notez que ce texte a été chanté par André Minvielle & Christophe Monniot et peut être écouté sur la chaîne YouTube.

Présentation du poème «Étranges Étrangers» de Jacques Prévert:

1. Résumez et expliquez le poème.
2. Connaissez-vous les allusions historiques aux vagues d'immigration en France?
3. Analysez les champs lexicaux, les rimes, les figures de style et expliquez quels effets et sentiments ils provoquent chez le lecteur.
4. Quelles impressions avez-vous en lisant ce poème?
5. Quelle attitude a Jacques Prévert à l'égard des immigrés?
6. Mettez en relation le thème du poème avec le chapitre que vous étudiez.
7. Connaissez-vous d'autres textes sur un sujet semblable? Comparez-les.
8. Que pensez-vous des interprétations musicales qui existent?
9. En conclusion, donnez votre avis sur le poème et expliquez en quoi il illustre bien les parcours de vie des immigrants.

Comment écrire un discours
Voir l'Unité 2 à la page 50.

Comment écrire une interview
Voir l'Unité 1 à la page 15.

Comment écrire une lettre formelle
Voir l'Unité 1 à la page 9.

CRÉATIVITÉ, ACTIVITÉ, SERVICE
Élaborer une campagne humanitaire

Pour votre programme de CAS, vous avez monté avec un groupe d'étudiants de votre lycée une association qui vient en aide aux réfugiés / immigrés dans votre région. Pour continuer vos actions, vous avez besoin de membres supplémentaires et de dons.

Vous avez trouvé que ce projet vous a aidé à vous développer personnellement et vous souhaitez partager cette expérience avec d'autres personnes.

Choisissez un des trois types de texte suivants pour décrire votre campagne humanitaire et vos besoins:

- Un discours lors d'une assemblée dans votre école
- Un entretien sur une chaîne radio locale
- Une lettre formelle à la mairie de votre ville

Niveau moyen: 250 à 400 mots.

Niveau supérieur: 400 à 600 mots.

La compréhension conceptuelle

- Quel est le but de votre texte?
- Pour qui écrivez-vous?
- Devez-vous utiliser le «tu» ou le «vous»?
- Quels pronoms conviennent le mieux pour la narration: je, nous, vous, on…?
- Le style est-il formel ou informel?
- Le registre de langue est-il familier, courant ou soutenu?
- Quel ton choisir pour votre texte?
- Comment est la mise en page de ce type de texte?
- Quels sont les éléments caractéristiques de ce type de texte?
- Devez-vous utiliser des formules de début et de fin?
- Quels temps des verbes conviennent le mieux?
- Devriez-vous utiliser des exemples, des citations, des chiffres…?

Les multiples visages des Français

- Comprendre et discuter de la diversité des jeunes Français
- Se mettre dans la peau d'enfants de la troisième culture, de métisses et de jeunes issus de l'immigration
- Débattre des migrations et de la compréhension du monde en Théorie de la Connaissance

RÉFLÉCHIR

L'émigration, l'expatriation et l'immigration ont changé l'image et la configuration du peuple français. L'histoire, la globalisation et les mouvements des populations ont transformé les générations d'enfants qui en sont issus.

La France a des immigrés de 1ère, 2ème, 3ème génération et de plus longue date. On dit qu'ils sont issus de l'immigration. Les couples mixtes sont de plus en plus nombreux et les Français vivant à l'étranger ont des enfants de la troisième culture.

On parle de mixité, de diversité et la nationalité ne suffit plus pour définir son identité et sa culture. Regardons dans cette section quelques témoignages personnels de ces changements.

- De quelle(s) nationalité(s) êtes-vous?
- Y a-t-il des immigrés dans votre famille?
- D'où viennent-ils?
- Parlez-vous plusieurs langues?
- Quelles coutumes / croyances gardez-vous de vos parents et de vos ancêtres?
- Comment définiriez-vous votre culture familiale?
- Vivez-vous dans un pays multiculturel?
- Aimez-vous vivre ou voyager dans des lieux où les cultures se mélangent?

19 «Les bâtisseurs de France»

Écoutez la chanson «Les bâtisseurs de France» de Toma:
https://youtu.be/7l2o1tgFZGk

1. Quels thèmes sont abordés par la chanson?
2. Présentez une personne que vous connaissez qui vient d'ailleurs.
3. Que signifie le titre: «Les bâtisseurs de France»?
4. Quels noms de pays et adjectifs de nationalités sont mentionnés dans la chanson?
5. Quel message veut faire passer le chanteur Toma dans la cinquième strophe?
6. Quelle vision de la diversité culturelle présente la chanson?

20 Les enfants de la troisième culture: Maman, je viens d'où moi?

«– Tu le sais bien mon chéri, tu es né aux Philippines, à Manille, et tu y as vécu pendant quatre ans.

– Je ne m'en rappelle pas trop, juste comment était ma chambre et un peu de ma nounou Barbara.

– C'est normal, tu étais petit et je suis sûre que ta sœur ne s'en rappelle pas du tout, elle.

– Mais alors je suis philippin moi?

– Non, ton papa est anglais et moi je suis française alors tu as la double nationalité : Français et Anglais. C'est génial non?

– Oui…bof, c'est quand même un problème parce que, quand je serai footballeur professionnel, je veux jouer pour l'Angleterre et pas pour la France.

– Ah c'est dommage parce que la France aurait bien besoin de toi dans son équipe… C'est pas grave, si tu deviens un grand écrivain, tu écriras en français, ok?!

– Ok, peut-être mais je crois pas que je vais écrire des livres, c'est trop dur… Alors, je viens de Paris comme mon meilleur copain?

– Mais non, pas du tout ! Nous venons de la Provence. C'est le sud de la France, tu sais bien, on y va tous les étés, c'est là où vivent Papi et Mamie.

– Mais Grand Dad and Grand Ma, ils ne viennent pas de là et ils ne parlent qu'anglais.

– C'est parce qu'ils sont du nord de l'Angleterre, juste en dessous de l'Ecosse.

– Mais alors pourquoi ma sœur, elle dit aux gens qu'elle vient de Bali? C'est parce qu'elle parle bien indonésien?

– C'est sûrement parce qu'elle est arrivée en Indonésie quand elle était toute petite et qu'elle parle en indonésien avec sa nounou.

– Moi, je parle pas aussi bien qu'elle mais je parle un peu quand même, alors je suis un peu indonésien moi aussi?

– Tu sais quoi, on va dire que tu es philippin, anglais, français, indonésien, tu es d'accord?

– Oui, pourquoi pas, mais… on met quelle nationalité en premier?

– French of course! En fait, quand on te demandera, tu pourras choisir.

– Trop cool!

– Et tu sais, l'ancien président des États-Unis qu'on voit souvent à la télé, Barack Obama, il est un peu comme toi. Quand il était petit, il a vécu en Indonésie, son papa et sa maman ne venaient pas du même pays et un jour, il a choisi et il est devenu le chef de l'Amérique mais il a toujours tous ces autres pays dans son cœur.

– Ah ouais… je comprends… et tu sais maman, j'ai pas encore choisi pour quelle équipe je vais gagner la Coupe du Monde.

Laetitia Chanéac-Knight
http://bali-gazette.com/maman-je-viens-d-ou-moi/amp

A Lisez cette conversation entre une maman française et son fils de 7 ans qui vivent en Indonésie.

1 De quel registre est ce texte?
2 Le texte oppose deux types d'appartenance identitaire; lesquelles?
3 Si vous étiez cet enfant, de quel pays vous sentiriez-vous le plus proche et pourquoi?
4 Quelle langue parleriez-vous le mieux?

B Lisez la suite de cette histoire et répondez aux questions qui suivent.

Cette famille a vécu sept ans en tout en Indonésie. Les quatre premières années les parents travaillaient comme professeurs dans des écoles internationales à Jakarta, puis à Bali. Les enfants étudiaient dans l'école de leurs parents. La langue d'enseignement était l'anglais.

Après deux ans à Bali, ils ont rejoint l'École Française Internationale où ils ont étudié pendant trois ans.

Ensuite la famille a décidé de passer un an au Mexique, puis de vivre au Nicaragua pendant deux ans. Leurs enfants ont appris l'espagnol. Ils vivent maintenant en Espagne et l'enfant a maintenant 14 ans. Ils pensent y rester jusqu'à la fin du lycée… et peut-être plus longtemps.

1 Pensez-vous que les sentiments d'appartenance de l'enfant vis-à-vis des cultures ont changé depuis ses 7 ans?
2 Pensez-vous que la situation linguistique de l'enfant a changé?

21 Livre: Les enfants de la troisième culture

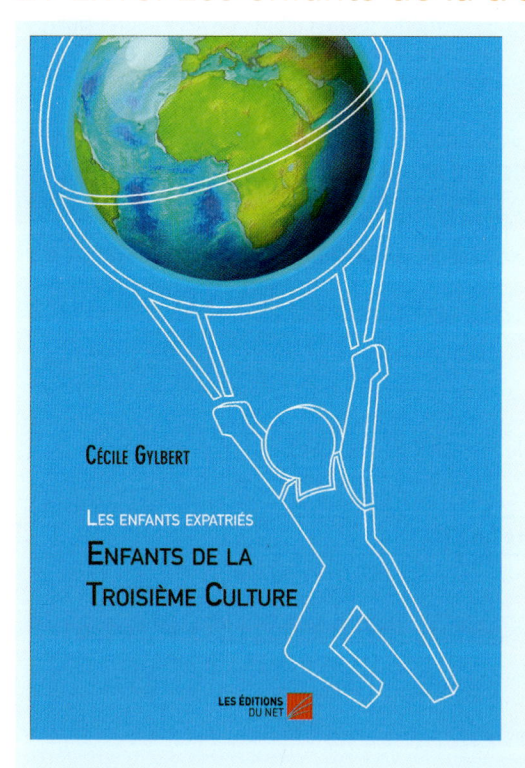

[…]

Lepetitjournal.com: Que recouvre le terme «enfant de la troisième culture»?

Cécile Gylbert: C'est une notion développée dans les années 50 par la Dr Ruth Unseems puis étudiée dans les années 1980 par le Dr David Pollock et la Dr Ruth Van Reken. Leur définition des enfants de la troisième culture est la plus précise et la plus complète: «Un enfant de la troisième culture (ETC) est une personne qui a passé une partie importante de ses années de croissance dans une culture autre que celle de ses parents. Elle développe des relations avec chacune de ces cultures et s'identifie dans une certaine mesure avec elles, mais elle ne se considère pourtant pas comme faisant intégralement partie d'elles. Même si différents éléments de chaque culture s'assimilent à son expérience et influencent son système de valeurs et son mode de vie, son sentiment d'appartenance va vers ceux qui ont un vécu semblable au sien.»

Comme toute culture elle crée des liens dans un groupe. Ce groupe, c'est celui des enfants ayant passé leur enfance à l'étranger. Ils ont une histoire différente, un parcours toujours personnel mais se retrouvent dans cette culture mosaïque. Un enfant français élevé au Brésil aura davantage en commun avec un Américain qui a passé son enfance en Inde qu'avec un Français «de France». […]

Pensez-vous que vivre longtemps à l'étranger altère forcément notre sentiment d'appartenance à la culture française?

Si vivre une seule expérience en expatriation altère notre sentiment d'appartenance à la culture française (et cela se vérifie au moment du retour), que dire de plusieurs expatriations! Les multi-expatriés le savent bien, il arrive un moment ou, adultes, nous nous sentons nous éloigner progressivement de notre culture d'origine. Nous ne pensons plus français, nous n'agissons plus français mais plutôt de façon transculturelle. Et pourtant, en tant qu'adultes, nous avons des bases culturelles françaises solides!

Pour ceux qui passent leur enfance à l'étranger, ces bases sont plus instables, la France représente souvent le pays des vacances, celui de la famille mais rarement le leur. Le sentiment d'appartenance est certainement l'un des défis les plus difficiles à relever pour les enfants de la troisième culture. Ils se sentent de «partout et nulle part» à la fois. Si cela peut apparaitre comme un atout dans notre monde globalisé, il n'en reste pas moins que se pose le problème des racines. Si les ETC détestent plus que tout la question «d'où viens-tu?», ce n'est pas un hasard!

Quels sont les avantages conférés par cette troisième culture aux enfants?

Les ETC développent de nombreuses compétences. Ils savent s'adapter à leur environnement de façon remarquable, on les appelle souvent «caméléons culturels». Ils ont une ouverture d'esprit très large. Ils savent qu'il n'existe pas une seule façon de faire les choses, une seule façon de penser, ils sont naturellement capables d'envisager une situation selon plusieurs perspectives. Ils ont une vision globale et élargie du monde qui les entoure.

Ils sont doués d'une acuité particulière pour découvrir rapidement les points communs entre plusieurs personnes ou plusieurs situations. Ils sont souvent bilingues voire multilingues dès leur plus jeune âge.

La troisième culture leur confère également une grande tolérance vis-à-vis de la diversité. Ils ont des amis de plusieurs nationalités et le monde extérieur ne se limite pas pour eux à un reportage. Ils sont souvent différents de leur entourage, savent gérer cette différence et donc accepter celle des autres.

Et les inconvénients?

Les défis que doivent relever les enfants de la TC sont réels. Nous, les parents, dans notre vision parfois idyllique de l'enfance hors du commun que nous offrons à nos enfants, n'en sommes pas toujours conscients. Ils font face à une absence d'équilibre culturel, cette base qui donne les points de repères, la stabilité et la sécurité. Gérer plusieurs cultures est extrêmement enrichissant mais, à l'âge où se forme la personnalité, cela peut être terriblement déstabilisant. Être confronté à la réconciliation des valeurs entre celles de la culture d'origine transmise par les parents et celles des cultures des pays d'accueil est une démarche souvent difficile, notamment à l'adolescence.

Ils font face également au challenge de l'identité. Qui suis-je? D'où suis-je? Dans un groupe d'enfants de leur âge, ils hésitent souvent entre se fondre dans la masse et donc ressembler le plus possible aux autres (quitte à renier certains traits de leur personnalité) ou bien insister sur leur différence.

Dans les deux cas, il ne s'agit pas d'une attitude naturelle. Se positionner vis-à-vis des autres (Français ou locaux) dicte une démarche qui leur demande un effort.

Ils manquent de connaissance sur leur culture d'origine, ce qui leur est rarement pardonné, notamment lors du retour en France. Ils n'ont pas mêmes repères de culture populaire, ne connaissent pas le vocabulaire à la mode et pour certains parlent parfois un français laborieux.

Leur adolescence est souvent retardée. Recommencer un processus de connaissance culturelle tous les trois ans les ramène chaque fois à un stade de «débutant». Au lieu d'acquérir les fondements d'une culture, de les intégrer puis d'en appliquer les différents éléments tout au long de leur enfance puis adolescence (comme tout enfant sédentaire), ils doivent sans cesse recommencer ce processus sans avoir toujours le temps d'aller au bout. Ce fait de recommencer à zéro régulièrement retarde leur processus de maturité. […]

05/10/2014
https://lepetitjournal.com/expat-pratique/famille/livre-les-enfants-de-la-troisieme-culture-24740

Lisez le texte attentivement et répondez aux questions.

1. Résumez la définition d'un ETC dans vos propres mots.
2. Quels sont les avantages et les inconvénients d'être un enfant de la troisième culture? Faites une liste.

Avantages d'être un ETC	Inconvénients d'être un ETC

3. Êtes-vous un ETC ou connaissez-vous des ETC? Si oui, cette liste vous paraît-elle juste ou manque-t-il d'autres aspects?
4. Connaissez-vous une anecdote qui illustrerait un ou plusieurs points de la liste?
5. En tant que parent, envisageriez-vous de vivre une vie d'expatrié et de partir vivre à l'étranger avec votre mari / femme et vos enfants? Pourquoi?

22 Témoignage d'une jeune fille métisse

Écoutez ce témoignage et choisissez les phrases qui sont vraies dans la liste ci-dessous.

1. Elle n'a pris conscience de la problématique du métissage que récemment.
2. Elle compare sa couleur de peau de sa mère à du café au lait.
3. Ses parents sont d'origine belge et sénégalaise.
4. Elle est métisse car elle est née d'un mariage mixte.
5. Un jour elle s'est rendue compte qu'elle était différente des autres jeunes autour d'elle.
6. Un jour elle s'est rendue compte qu'elle pouvait être victime de racisme.
7. Être métisse, c'est être responsable des deux cultures.
8. Elle s'identifie avec 90% des jeunes de son lycée.
9. Le plus dur pour elle, c'est de ne pas appartenir entièrement à une origine ethnique et de se sentir au centre du conflit entre deux origines.

le métissage: croisement entre individus appartenant à des ethnies différentes; on peut aussi parler de *métissage culturel* quand des aspects de deux cultures se combinent

métis (adj. / nom masc.) / **métisse** (adj. / nom fem.): personne née de parents d'ethnies différentes

10 Parce qu'elle est métisse, elle sent qu'on ne la regarde pas.
11 On lui fait des remarques désobligeantes.
12 On la regarde d'abord pour son physique, plutôt que pour sa personnalité.
13 Maintenant elle est fière d'être métisse parce qu'elle ne ressemble pas aux autres.
14 Maintenant elle est fière d'être métisse parce qu'elle représente un amour sans race, celui de ses parents.
15 Elle reconnaît maintenant la richesse de ses origines et de ses expériences dans les deux pays.
16 Elle préférerait devenir blanche ou noire.
17 Elle conseille de s'intéresser au métissage car c'est une belle différence.

23 Chanson: Métis(se)

Je suis métis, un mélange de couleurs
Oh métis, je viens d'ici et d'ailleurs

Marcher pieds nus dans la ville, en sandales dans la jungle
Tu sais, l'mélange est facile, il suffit d'être simple
Je suis une éclipse, une rencontre insolite,
Je suis fier d'être métis, j'ai la chance de choisir

Je suis métis, un mélange de couleurs
Oh métis, je viens d'ici et d'ailleurs

Je suis métis, un mélange de couleurs
Oh métis, je viens d'ici et d'ailleurs

Si parfois je me perds au milieu des deux rives
Si j'ai besoin de repères, mes racines me guident
Un sentiment basé, un élan, une chance
Une si belle mosaïque et dans mon cœur ça danse…

Je suis la preuve vivante que tous les humains sont les mêmes
Je suis l'enfant d'Adam et Eve, je suis un rêve comme Ismaël
En Israël, renie ta haine, et fais sourire les hommes
J'mélange le Gange et Tamise, métis des Indes et du Brésil
On est métis comme Sade et Bob Marley
Tu peux t'marrer¹ ou bien t'barrer², on peut en parler

Multicolores, anti-connards et tous mes colocataires
Caracolent en tête pour des idées d'un monde plus métissé…

Métisse, un mélange de couleurs
Oh métisse, je viens d'ici et d'ailleurs

Je suis métisse, un mélange de couleurs
Oh métisse, je viens d'ici et d'ailleurs

Je suis métis…
Deux êtres différents qui se mélangent et ne font qu'un
Je suis métis…
Deux cultures, deux passés qui se rassemblent et ne font qu'un
Je suis métis…
Deux façons de penser qui se rassemblent pour ne faire qu'un
Je suis métis…
Pas besoin de voyager pour dire que je viens de loin

Je suis métis, un mélange de couleurs
Oh métisse, je viens d'ici et d'ailleurs

Je suis métis, un mélange de couleurs
Oh métisse, je viens d'ici et d'ailleurs

«Métis(se)» par Disiz & Yannick Noah (paroles et musique de Serigne M'Baye Gueye, Humphrey Milondo, Christophe Battaglia & Jacques Veneruso)

¹se marrer (familier): rire

²se barrer (familier): partir, s'en aller

Regardez le clip vidéo: https://youtu.be/XfYzRCQ3ZpA, écoutez la chanson en lisant les paroles et répondez aux questions.

1. Quelle perception du métissage présente la chanson?
2. Cherchez les mots qui font référence à la double identité des métis.
3. Qu'est-ce que l'antithèse «Marcher pieds nus dans la ville, en sandales dans la jungle» signifie?
4. Quelle phrase du texte montre que le métissage est l'inverse du racisme?
5. Quelles phrases pourraient montrer que le métissage représente la paix et la fin des conflits entre cultures?
6. Connaissez-vous des exemples de métissages culturels?
7. Comparé au passé, le métissage de nos jours est de plus en plus considéré comme un symbole d'échange culturel. Est-ce la même chose dans votre pays?

24 La deuxième génération: Être né en France d'un parent immigré

- La France compte 7,3 millions de descendants d'immigrés
- Ils représentent 11% de la population, soit davantage que les immigrés (9% de la population)
- 45% ont des origines européennes (Italie, Portugal, Espagne: 29% du total à eux trois)
- 42% ont des origines africaines (Le Maghreb: Maroc, Algérie, Tunisie: 31%)
- 9% ont des origines asiatiques
- 4% ont des origines océaniques et américaines
- 47% sont âgés de moins de 25 ans (contre 30% de la population française)
- 77% des 18–24 ans vivent encore chez leurs parents
- 89% habitent dans des villes, dont 30% en région parisienne
- 54% sont eux-mêmes issus de couples mixtes
- 67% vivent en couple mixte

Chiffres tirés de www.insee.fr/fr/statistiques/2575541

Discutez de ces chiffres en groupes, trouvez des raisons et comparez avec les similitudes et les différences dans votre pays.

25 Égalités des chances pour les jeunes issus de l'immigration?

Regardez la bande-annonce du film documentaire «Le plafond de verre» de Yamina Benguigui: https://youtu.be/1Cl2y4Xt82A (ou pour voir le film documentaire en entier: https://youtu.be/Eulgd_SXq20) et répondez aux questions.

1. Quel est la première inégalité mentionnée dans la bande-annonce?
2. À quel problème inattendu la première fille qui témoigne est confrontée?
3. Qu'est-ce que la discrimination invisible?
4. Quel est le problème inhérent aux principes français de la République?
5. Quelle expérience a vécu Rachid lors d'un entretien?
6. Où commence la discrimination par rapport à l'emploi?
7. Quelle autre type de discrimination est dénoncé ici?
8. Quel est le message de la dernière femme qui parle?
9. Pensez-vous que ces discriminations existent dans votre pays? Donnez des exemples.

■ THÉORIE DE LA CONNAISSANCE

Débat

Est-ce que vivre dans une autre culture peut nous aider à mieux comprendre le monde?

En groupe vous débattrez de la question de Théorie de la Connaissance ci-dessus en essayant de démontrer comment nous pouvons comprendre le monde. Il sera essentiel de donner des exemples.

Chaque personne devra se donner un rôle dans ce débat et présenter ses arguments du point de vue de la personne qu'il / elle représente.

Exemples de rôles:
- Nathalie, une étudiante française d'une école internationale en Chine
- Malik, un immigrant somalien vivant à Marseille
- Amida, réfugiée afghane
- Tarek, réfugié syrien
- Le Ministre de l'égalité des chances
- Un membre du Front National
- Michel, un impatrié de retour après 15 ans d'expatriation en Asie
- Azouz Begag, écrivain et homme politique

Les critères utilisés pour évaluer votre participation au débat seront le langage, le message et la communication au sein du groupe.

Expressions pour exprimer l'opinion

à mon avis...

selon moi...

je pense que...

je crois que...

il me semble que...

en ce qui me concerne...

bien sûr / bien sûr que non

absolument / absolument pas

peut-être bien que oui, peut-être bien que non...

j'ai changé d'avis

nous sommes du même avis

je suis d'accord / je ne suis pas d'accord

je (ne) partage (pas) ton / votre avis

tu te trompes / vous vous trompez!

tu crois / vous croyez que ça en vaut la peine?

Littérature

NIVEAU SUPÉRIEUR

26 Comprendre le ton d'un texte

Le ton d'un texte va produire des sentiments ou des émotions chez le lecteur. Par exemple on peut ressentir de la joie, de la tristesse, de la haine, de la nostalgie… Pour analyser un texte et comprendre l'intention de l'auteur il faut toujours se demander quel est le ton du texte.

Le ton peut être comique, pathétique, tragique, lyrique, épique, oratoire, didactique ou polémique.

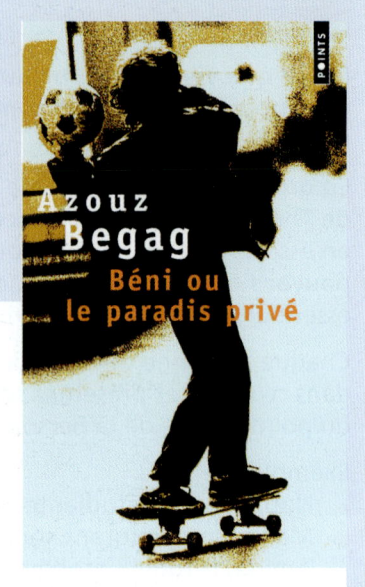

– Ben Abdallah Bellaouina est-il présent?

– Présent, m'sieur!

Il se moquait. Ça se voyait bien que j'étais dans la classe, non? J'étais facilement reconnaissable!

Les autres profs étaient moins vicieux. Au début de l'année, l'un avait demandé quel était le nom de famille dans les deux morceaux, l'autre la signification, comme si moi je me cassais la tête de savoir ce que voulait dire Thierry Boidard ou Michel Faure.

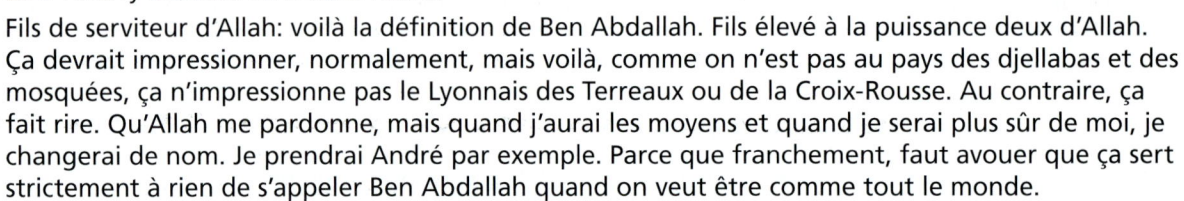

Fils de serviteur d'Allah: voilà la définition de Ben Abdallah. Fils élevé à la puissance deux d'Allah. Ça devrait impressionner, normalement, mais voilà, comme on n'est pas au pays des djellabas et des mosquées, ça n'impressionne pas le Lyonnais des Terreaux ou de la Croix-Rousse. Au contraire, ça fait rire. Qu'Allah me pardonne, mais quand j'aurai les moyens et quand je serai plus sûr de moi, je changerai de nom. Je prendrai André par exemple. Parce que franchement, faut avouer que ça sert strictement à rien de s'appeler Ben Abdallah quand on veut être comme tout le monde.

Bien sûr, les profs pourraient m'appeler Béni et je serais mieux dans ma peau, mais ils n'aiment pas les familiarités avec les élèves.

Abboué ne serait pas content du tout s'il apprenait le fond secret de mes pensées. Jamais de la vie il ne pourrait m'appeler André, sa langue elle-même refuserait de prononcer ce nom de traître. Certaines choses ne méritent pas d'être dites aux parents. Alors s'ils savaient aussi que je suis tombé amoureux fou de France dès la première heure de cours, mon père m'expédierait illico au bled et ma mère, comme d'habitude, se déchirerait les joues, s'arracherait les cheveux, avant d'aller consulter un marabout.

France, c'est un joli prénom, comme le pays qui lui aussi est joli. Mais qui aurait l'idée de rire de ce prénom? Habiter à Lyon, avoir les cheveux blonds et les yeux bleus, tout en s'appelant France n'a rien de surprenant. André et France… France et André, ou Dédé pour les amis: voilà un accord naturel et harmonieux. Ben Abdallah et France! tout de suite, ça sent l'agression, l'incompatible.

Quand elle m'a parlé pour la première fois, elle m'a demandé comment je m'appelais et avant qu'elle ait fini de poser la question je lui ai lancé:

– Béni!

– C'est joli! elle a dit. Ça vient d'où?

– De partout. Mon père est africain et ma mère anglaise! j'ai ajouté pour conserver mes chances.

– Ah bon! C'est marrant ces mélanges.

Béni ou le Paradis privé *par Azouz Begag*

Répondez aux questions:

1. À quelle personne est écrit ce texte?
2. Quel âge doit avoir le narrateur? Quels sont les éléments qui vous permettent de déterminer son âge?
3. Pourquoi se fait-il appeler Béni?
4. Où habite Béni?
5. Quelle phrase nous apprend qu'il est d'origine algérienne?
6. Comment décrit-il ses professeurs?
7. Pourquoi envisage-t-il de changer son nom pour André?
8. Quel thème est abordé dans ce texte?
9. Quel est le ton du texte?
10. Quel mensonge dit-il à France? Pourquoi?
11. Ce texte est un extrait de roman autobiographique. Dans quel autre type de texte peut-on retrouver les mêmes caractéristiques?
12. Comment interprétez-vous la réponse de France: «Ah bon! C'est marrant ces mélanges.» Quelle est la signification de «marrant» ici?
13. Que pensez-vous de la façon de présenter le phénomène du racisme dans cet extrait?

Thème 3: Identités

UNITÉ 7 — Santé et bien-être

L'alimentation et les régimes

- Réfléchir aux conséquences de ses actions en ce qui concerne l'alimentaire
- Rédiger une interview (texte média de masse)

Des mots pour le dire… décrivez cette assiette française typique.

- L'alimentation française est-elle équilibrée?

RÉFLÉCHIR

- Comment composer des repas sains et équilibrés pour tous?
- Comment répondre à la fois à l'appétit, aux besoins nutritionnels et aux goûts de chaque membre de votre famille?
- Est-ce que «bien manger», c'est adopter une alimentation variée et équilibrée, c'est-à-dire manger de tout mais en quantités adaptées, selon vous?
- Existe-t-il des aliments interdits ou des aliments miracle?
- Comment limiter la prise de poids mais également un certain nombre de problèmes de santé comme les cancers, le diabète de type 2, l'excès de cholestérol, les maladies cardiovasculaires, l'ostéoporose, etc?

1 L'étiquetage des emballages alimentaires

Entre des informations souvent [1]_____ et [2]_____ à comparer, et les allégations [3]_____ que l'on peut entendre dans les publicités et voir sur [4]_____ emballages, pas [5]_____ de s'y retrouver lorsque l'on fait ses courses! Voici les informations [6]_____ à regarder en priorité: le nutri-score, la composition détaillée des produits et le décryptage des allégations alimentaires.

Trouvez le bon mot pour compléter ce passage. Il manque les adjectifs!

N'oubliez pas de faire les accords!

| complexe | nutritionnel | évident |
| difficile | certain | essentiel |

2 Que se passerait-il si tout le monde était végan?

A Écoutez l'extrait de 3:20: www.lemonde.fr/festival/video/2017/08/30/que-se-passerait-il-si-tout-le-monde-etait-vegan_5178386_4415198.html

1. Citez les quatre exemples de produits végan mentionnés au début de l'extrait.
2. Quelle est la définition donnée des végans dans l'extrait?
3. Que ne peuvent-ils pas acheter?
4. Donnez les quatre conséquences potentielles d'un monde entièrement végan.
5. Expliquez chacune de ces quatre conséquences selon les données de l'extrait.

B À vous maintenant d'exprimer vos opinions à l'oral.

Peut-on réellement envisager une France entièrement végane?

UNITÉ 7 Santé et bien-être

3 Les promesses extravagantes des cures détox

Des sous-titres

a Ces régimes à la mode, bien que leur efficacité ne soit pas scientifiquement prouvée.

b Une alimentation saine pour moins de toxines

c Cure d'intox ou de détox?

Des paragraphes

d «Certaines de ces cures peuvent même s'avérer néfastes, précise le Dr Laurent Chevallier, nutritionniste au CHRU de Montpellier et auteur du best-seller Alors, on mange quoi? (Ed. Fayard). En effet, beaucoup d'entre elles sont fortement hypocaloriques et ne permettent pas d'atteindre les apports recommandés en vitamines et minéraux. Quant à leur effet amaigrissant, il ne sera que transitoire.»

e L'idée de la détox est simple: notre corps ne serait plus capable de gérer les déchets et éléments toxiques auxquels il est soumis… Une alimentation trop riche et des polluants toujours plus nombreux en seraient la cause. Aussi faut-il l'aider à éliminer les toxines produites dont l'accumulation provoque déséquilibres et maladies.

f En 2010, l'EFSA (Autorité européenne de sécurité des aliments) a établi que de nombreux aliments comme le pamplemousse ou l'abricot ne pouvaient prétendre à aucune allégation détox. De même, en 2012 et 2013, deux études ont remis en question le pouvoir des antioxydants notamment dans la prévention du cancer ou des maladies cardiovasculaires.

g De même, manger bio évite ou limite la contamination aux résidus de pesticides. Pour renforcer sa flore intestinale (le microbiote), il faut privilégier les aliments fermentés tels le pain au levain, les yaourts nature, le jambon sec…: les bactéries qu'ils apportent aident à neutraliser les toxines. Les accros à la détox peuvent toujours boire régulièrement des tisanes à base d'artichaut, de romarin et de mélisse, des plantes utilisées traditionnellement pour soulager le foie dans sa tâche de détoxification: bonnes au goût et à la santé, et légères pour le portefeuille…

h Première règle des fans de détox: manger quasi exclusivement des fruits et légumes; mixés ou non, sous forme liquide ou solide. Les formules proposées sont variées: de la cure au pamplemousse au régime à base de soupe au chou exclusivement. Cette végétalisation de l'alimentation aiderait le foie et les reins dans leurs tâches de purification et apporterait un surplus d'antioxydants (vitamines C, caroténoïdes…) permettant de lutter contre les radicaux libres, ces déchets de notre métabolisme favorisant la mort cellulaire. Deuxième règle: éliminer tout ce qui est censé encrasser l'organisme. À savoir, sucres raffinés, produits animaux, matières grasses, café, alcool et, bien évidemment, cigarette.

i La détox est contraignante et monotone mais le jeu en vaut chandelle, paraît-il: bien-être général, surplus d'énergie, peau lumineuse, système immunitaire renforcé et, en prime, une perte de poids garantie… Malheureusement, ces promesses n'ont pas de fondements scientifiques.

j Toutefois, le Dr Chevallier admet que notre organisme peine à éliminer tous les déchets et les toxines agressives. Mais, selon lui, la meilleure des cures détox est de manger équilibré en suivant quelques règles simples: par exemple, réduire sa consommation de viande, surtout de viandes grasses, au profit de protéines végétales provenant de légumineuses, comme les lentilles ou les pois chiches. «On limite ainsi l'apport de mauvaises graisses tout en diminuant l'intoxication par les polluants liposolubles qui s'accumulent dans le gras animal, en particulier les perturbateurs endocriniens comme les dioxines ou les PCB.»

Un gros titre

k Les promesses extravagantes des cures détox

Des accréditations

l Par Laurent Giordano

m Mis à jour le 27/10/2017 à 20:15

n Publié le 27/10/2017 à 20:15

Laurent Giordano, 27/10/2017
http://sante.lefigaro.fr/article/les-promesses-extravagantes-des-cures-detox

A Reconstruisez l'article en mettant les lettres dans le bon ordre.

B Qu'avez-vous appris en lisant cet article?

C Êtes-vous plutôt d'accord avec ce message?

D Exprimez un doute sur les cures de détox en utilisant les expressions de l'encadré Grammaire.

Grammaire

L'emploi du subjonctif: Le doute

- *Je doute que…*
- *Il ne fait aucun doute que…*
- *Ce n'est pas certain que…*
- *Je ne suis pas sûr(e) que…*
- *Il est peu probable que…*
- *Cela m'étonnerait beaucoup que…*

Ces formules introduisent le plus souvent des propositions substantives qui se rattachent à la proposition principale par la conjonction «que».

Généralement, le mode utilisé dans la subordonnée est le subjonctif, mode qui exprime l'éventualité, car l'action n'est envisagée que dans la pensée, elle n'est pas placée sur le plan de la réalité.

Reportez-vous au précis de grammaire en fin de livre.

4 Les adolescents pas si accros à la malbouffe

L'attention se relâche à l'entrée dans l'âge adulte

À l'adolescence, manger «c'est exprimer son style ou celui du groupe de pairs qu'on s'est choisi», rappelle-t-elle. Chez les nomades de la génération Z, plus accrochés à leur smartphone qu'à l'ordinateur familial, «la fréquentation des fast-foods reste d'actualité, mais elle relève davantage d'une recherche de convivialité et de mobilité dans le repas plutôt que de l'envie frénétique d'une nourriture que les adolescents eux-mêmes qualifient de "malbouffe"», explique Véronique Pardo, anthropologue, responsable de l'Observatoire des habitudes alimentaires (OCHA) du Centre national interprofessionnel de l'économie laitière (Cniel).

Par essence, les goûts des adolescents diffèrent de ceux des adultes: en pleine quête d'eux-mêmes, ils ne veulent pas ressembler à leurs parents! Leur assiette n'échappe pas à la règle. Mais là comme ailleurs, les modes changent. Comment cette émancipation s'exprime-t-elle chez les ados d'aujourd'hui, surnommés «la génération Z»? Pas forcément par une adhésion massive à la «malbouffe», concluent des experts lors d'une conférence organisée par le Fonds français pour l'alimentation et la santé. Équilibre alimentaire, traçabilité et terroir sont des dimensions de l'alimentation qu'ils valorisent autant que la simplicité.

Dominique-Adèle Cassuto, médecin nutritionniste, auteur de *Qu'est-ce qu'on mange? L'alimentation des ados de A à Z* (éditions Odile Jacob), en fait le constat au quotidien dans son cabinet. «D'ordinaire, on me consulte davantage pour des problèmes touchant des filles. Mais j'observe des situations nouvelles avec l'arrivée de parents déboussolés par l'attitude de leur fils qui ne veut plus manger de viande dans un souci écologique. Ces jeunes sont en bonne santé et déterminés, et je dois apprendre à leurs parents comment cuisiner végétarien et à l'adolescent à garder un bon équilibre alimentaire.»

Selon une étude française (Inserm) réalisée auprès de 15 000 jeunes, 60,5% des adolescents disent faire attention à leur alimentation, les filles encore plus que les garçons (64% contre 56%). Les motivations premières diffèrent aussi selon le sexe: les premières sont plus concernées par leur poids, tandis que les seconds se soucient avant tout de leur santé. L'attention se relâche à l'entrée dans l'âge adulte; c'est d'ailleurs là que l'on constate un pic de surpoids, rappelle le Dr Cassuto.

Les aspirations au «bien manger» se heurtent toutefois au réel. «L'étude européenne Helena montre que les jeunes qui déjeunent chez eux mangent plus équilibré qu'à la cantine, peut-être parce que c'est meilleur», constate Laurent Béghin, chercheur Inserm à Lille. Les lycéens et les étudiants sont par ailleurs 90% à grignoter, selon un sondage de la mutuelle Smerep. Dans un tiers des cas, c'est par faim parce qu'ils ont sauté le repas précédent. «Les adolescents connaissent les normes nutritionnelles, assure Véronique Pardo. Mais ils négocient avec.»

Pauline Fréour, 11/10/2016
http://sante.lefigaro.fr/actualite/2016/10/11/25506-loin-cliches-malbouffe-adolescents-font-attention-leur-alimentation

A Vrai ou faux? Justifiez votre réponse en citant le texte.

1 Les jeunes, tout âge et sexe confondus, surveillent désormais ce qu'ils mangent.
2 La «génération Z» veut se différencier de leurs parents en mangeant mal.
3 Les jeunes aujourd'hui donnent la priorité à la valeur nutritive et à l'origine de ce qu'ils ingurgitent.
4 Les médecins voient arriver dans leur cabinet des parents d'ado qui n'y comprennent plus rien.
5 Malgré tout, le menu McDo demeure ce qui convient le mieux aux papilles gustatives des jeunes.
6 Les garçons veulent bien se porter et ne pas être malades alors que les filles ne veulent pas grossir.
7 Les jeunes ne mangent plus entre les repas pour réaliser leur intention de «bien manger».

B À qui ou quoi se réfèrent ces pronoms?

1. Par essence, les goûts des adolescents diffèrent de ceux des adultes.
2. Comment cette émancipation s'exprime-t-elle chez les ados d'aujourd'hui?
3. Manger «c'est exprimer son style ou celui du groupe de pairs qu'on s'est choisi».
4. Les jeunes qui déjeunent chez eux mangent plus équilibré qu'à la cantine.
5. Dans un tiers des cas, c'est par faim parce qu'ils ont sauté le repas précédent.

Grammaire

Pronoms complément d'objet direct et indirect

- *Connaissez-vous votre médecin nutritionniste?*
- *Vous devez le rencontrer et lui demander conseil.*

	Singulier	**Pluriel**
1ère personne	Il **me** connaît, il **me** parle.	Il **nous** connaît, il **nous** parle.
2ème personne	Il **te** connaît, il **te** parle.	Il **vous** connaît, il **vous** parle.
3ème personne masculin	Il **le** connaît, il **lui** parle.	Il **les** connaît, il **leur** parle.
3ème personne féminin	Il **la** connaît, il **lui** parle.	Il **les** connaît, il **leur** parle.

Le choix du pronom dépend de la construction verbale pour la **3ème personne**.

Si la construction du verbe est **directe** (verbe + quelqu'un ou quelque chose), on utilisera «le», «la», «l'», «les».

Si la construction du verbe est **indirecte** (verbe + à quelqu'un), on utilisera «lui», «leur».

Reportez-vous au précis de grammaire en fin de livre.

C Remplacez les mots soulignés par un pronom, par exemple:

Ils ne veulent pas ressembler à leurs parents.

Ils ne veulent pas leur ressembler.

1. Je dois apprendre à leurs parents comment cuisiner végétarien.
2. Je dois apprendre à l'adolescent à garder un bon équilibre alimentaire.
3. Dans un tiers des cas, c'est par faim parce qu'ils ont sauté le repas précédent.
4. «Les adolescents connaissent les normes nutritionnelles, assure Véronique Pardo.

■ Comment écrire une interview

Voir l'Unité 1 à la page 15.

D Écrivez une interview (texte de type média de masse) sur l'efficacité de manger bio.

Vous êtes épidémiologiste à l'Institut national de la recherche agroalimentaire (Inra). Le journal *Le Figaro* vous interviewe pour la rubrique «Santé» du journal. Manger bio préserve-t-il la santé? Voici ce que cherche à comprendre le journaliste.

Quelques questions utiles:

- Que penser à priori des aliments bio?
- Pourquoi douter ces produits d'origine biologique?
- Sont-ils comparables aux légumes du potager?
- Que ne peut-on pas nier?
- Peut-on donc affirmer que les légumes bio sont moins nocifs pour la santé?
- Qui mange bio? Reflètent-ils un mode de vie différent?

Thème 3: Identités

La méditation et le bien-être

- Comprendre comment mieux vivre aujourd'hui
- Rédiger une page de journal intime (type de texte personnel)

RÉFLÉCHIR

Vrai ou faux? 9 idées reçues sur la méditation:

- Méditer, c'est ne penser à rien et faire le vide.
- Il faut être croyant pour méditer.
- La méditation se passe dans la tête et non dans le corps.
- La méditation est une pratique complexe.
- Si on est d'un naturel calme, pas besoin de méditer.
- La méditation nous met dans un état second.
- Il faut être dans un endroit calme, et s'asseoir pour méditer.
- Il faut méditer longtemps pour en ressentir les bienfaits.
- Méditer est une méthode de relaxation.

Louise Ballongue, 11/10/2017
http://madame.lefigaro.fr/bien-etre/vrai-ou-faux-9-idees-recues-sur-la-meditation-111017-134736

5 Les adjectifs possessifs

Remplissez les blancs:

1. M. Viel, revenons, s'il vous plaît, sur _____ idées reçues au sujet de la méditation.
2. Martine dit que _____ objectif de la méditation n'est absolument pas de stopper _____ pensées.
3. Il faut laisser libre cours à _____ pensées, tout en essayant, au maximum, de se concentrer sur _____ souffle.
4. «Certes, la majorité des techniques de méditation s'inspirent du bouddhisme tibétain, mais je n'ai pas besoin d'y adapter _____ philosophie de vie pour méditer!»
5. Il faut que tu essayes de te reconnecter à _____ corps. Ne t'enferme surtout pas dans _____ tête! Ce n'est pas ça, la méditation.
6. Vous comprendrez rapidement l'intérêt de méditer lorsque vous en percevrez les impacts dans _____ vie quotidienne.
7. Nous devons comprendre que la méditation est un chemin et que _____ corps doivent apprendre à trouver la bonne position.

Grammaire

Les adjectifs possessifs
Voir l'Unité 1 à la page 3.

Reportez-vous aussi au précis de grammaire en fin de livre.

6 Le bien-être au travail, une idée qui ne date pas d'aujourd'hui

Suivez ce lien: https://binged.it/2LKWaan et débutez l'écoute à 00:35.

Répondez aux questions en français.

1. Qu'est-ce qui peut nuire à notre santé mentale?
2. Quelle est l'une des solutions en France? et depuis quand?
3. À qui sont destinés les exercices accomplis à Troyes?
4. Donnez trois exemples de métiers pour lesquels ces exercices étaient particulièrement utiles.
5. Quels en sont les effets?
6. Qu'en pensaient les patrons à l'époque?
7. Que se passe-t-il pour la gent masculine?
8. Selon l'avis médical donné dans cet extrait, dix minutes d'exercices est-il suffisant?

7 Pour mieux dormir ou être moins stressé, la méditation se connecte à internet

Loin de son aspect religieux ou philosophique, de nombreuses applications proposent aux internautes de pratiquer une méditation utile et centrée sur le bien-être.

Dans le monde de la finance ou des nouvelles technologies, beaucoup connaissent la voix d'Andy. Calme, sympathique et avec un fort accent britannique. «Bonjour, je m'appelle Andy», se présente-t-il poliment lors de notre première rencontre. «Durant les dix prochains jours, je vais vous apprendre à faire le vide dans votre tête.» Il nous recommande ensuite de «laisser notre corps et notre esprit se détendre».

Pour prendre des cours avec Andy Puddicombe, il faut disposer d'un smartphone ou d'un ordinateur. Il est le cocréateur et la star de l'application Headspace1, l'une des applications de méditation les plus populaires dans le monde. Disponible sur smartphone et sur le Web, elle propose à ses utilisateurs des exercices simples de relaxation. Chaque session démarre par un court dessin animé expliquant le but du jour. Puis Andy Puddicombe prend le relais et guide les utilisateurs dans leur exercice. Les dix premières séances, de dix minutes chacune, sont gratuites. On peut ensuite s'abonner afin d'accéder à l'ensemble de l'audiothèque de l'application, qui contient actuellement plus de 400 exercices.

L'application Headspace est née en 2012, grâce à la collaboration de deux Anglais. «J'avais 25 ans, je travaillais dans la publicité et j'étais épuisé», se souvient Rich Pierson, cofondateur de Headspace. «Un ami m'a conseillé de me mettre à la méditation, mais je n'étais pas vraiment convaincu». Il croise alors la route d'Andy Puddicombe. Ce moine bouddhiste s'est exercé pendant des années à la méditation avant de retourner en Angleterre et de donner des cours de méditation. Les deux hommes commencent à travailler ensemble et fondent leur entreprise, Headspace, en 2010. «Au départ, nous organisions des évènements et des initiations à la médiation à Londres», explique Rich Pierson. «Nous recevions énormément de mails de personnes souhaitant écouter nos cours. C'est comme ça qu'est née l'application.»

L'idée d'une application mobile de méditation est à priori un peu incongrue. Pourquoi utiliser son smartphone, qui nous envoie tout au long de la journée notifications intempestives et mails pressants, pour se détendre? De plus en plus d'applications assument ce paradoxe. Le site spécialisé App Annie recense plus de 2000 app mobiles de méditation, presque autant que pour le sport.

«C'est un peu paradoxal, mais la technologie est à la fois partie prenante et solution à notre stress», estime Benjamin Blasco, cofondateur de l'application française de méditation Petit Bambou2. «Il est important d'atteindre les gens là où ils sont. Si le seul moment libre de la journée est leur trajet de métro du matin, il faut s'y plier.» Lancée en 2015, l'application Petit Bambou compte 90 000 utilisateurs. Headspace, de son côté, en rassemble plus de 3 millions dans le monde. Même si ses contenus sont en anglais, la France est son quatrième plus gros marché.

«Un abonnement à la gym pour l'esprit»

La multiplication de ces applications n'a rien de surprenant: dans la Silicon Valley, maison-mère des nouvelles technologies, la méditation est depuis longtemps en odeur de sainteté. Au milieu des années 1970, le fondateur d'Apple, Steve Jobs, était parti étudier le bouddhisme en Inde. Beaucoup d'entreprises disposent aujourd'hui d'espaces permettant la relaxation à ses employés, comme chez Facebook, ou disposent même d'un professeur de méditation, comme Google. Chaque année, les PDG de grandes entreprises se pressent à Wisdom 2.03, un évènement dédié à la relaxation et aux nouvelles technologies, qui dispose de cinq éditions dans le monde. En France, la conférence LeWeb dispose d'une salle pour permettre aux invités de méditer à leur guise. Son cofondateur, Loic Le Meur, est un fervent défenseur de la pratique. «Je suis plus calme, détendu et je me concentre beaucoup plus facilement», expliquait-il en 2013.

«Notre communauté d'utilisateurs va bien au-delà du secteur des nouvelles technologies», assure Rich Pierson. «On peut utiliser notre application pour de nombreuses raisons.» Outre les séances de méditation classiques, Headspace propose une foule d'exercices destinés à accompagner une situation spécifique: prendre les transports en commun, améliorer ses relations avec les autres, remonter sa confiance en soi ou même accompagner sa grossesse.

Ces applications ne sont associées à aucune religion. Elles proposent une méditation [1]_____ et utile. On les utilise pour être plus efficace et heureux, comme on boirait une tasse de café le matin pour mieux se réveiller. Au risque de [2]_____ les puristes et les croyants, pour qui la pratique est sacrée. «Certains experts ont du mal à comprendre notre [3]_____, mais globalement l'accueil a été chaleureux», assure Benjamin Blasco, dont l'application porte un logo en forme de [4]_____ en robe. Headspace, lui, ne fait aucune référence au bouddhisme et [5]_____ sa communication sur le bien-être. L'entreprise londonienne collabore avec de nombreux scientifiques pour prouver sa [6]_____: d'après elle, la méditation permet d'[7]_____ significativement les personnes anxieuses dans 90% des cas. Headspace assure être «un [8]_____ à la gym pour l'esprit» de ses utilisateurs.

La comparaison avec le sport ne s'arrête pas à ce slogan. Après les applications, des start-up commencent à développer des objets connectés censés nous aider à nous relaxer. Exactement comme on utiliserait un smartphone pour compter ses pas. C'est par exemple le cas de Spire, une petite machine qui s'attache à la ceinture et qui envoie des notifications sur son portable lorsque son utilisateur respire trop vite. Thync, lui, est un casque qui promet à ses utilisateurs de les aider à se détendre ou au contraire à se concentrer grâce à l'envoi sur demande de vibrations.

Le Melomind

En France, une start-up française, myBrain Technologies, développe un outil permettant la mesure de l'activité cérébrale pour mieux apaiser ses pensées. Baptisé Melomind6, il a été pensé par deux docteurs en neurosciences, en partenariat avec l'Institut du cerveau et de la moelle épinière. «Nous voulons apprendre aux gens à maîtriser leur stress, sans le faire disparaître», explique Julien Fiszman, porte-parole de myBrain Technologies. Le public visé est le même que celui de Headspace ou Petit Bambou: les personnes actives qui n'ont pas forcément une heure à consacrer dans la journée à un cours de yoga. Une fois le casque posé sur la tête, l'utilisateur est soumis à un exercice simple en écoutant une bande-son qui peut varier selon son degré de relaxation. L'application enregistre en temps réel les évolutions de l'activité cérébrale, qu'elle soit active, neutre ou détendue. L'expérience est intrigante, bien qu'un peu intimidante. Le Melomind doit encore être amélioré: ses créateurs veulent en commercialiser une version définitive en 2016. «C'est véritablement un coach de relaxation», assure Julien Fiszman. «L'important, c'est de pratiquer cet entraînement cérébral de manière régulière. Exactement comme un sportif!»

Lucie Ronfaut, 23/08/2015
www.lefigaro.fr/secteur/high-tech/2015/08/23/32001-20150823ARTFIG00005-pour-mieux-dormir-ou-etre-moins-stresse-la-meditation-se-connecte-a-internet.php

A Compréhension écrite:

1. Qui est Andy? Donnez trois réponses.
2. Qu'est-ce qu'Headspace?
3. Quel est son paradoxe?
4. Que veut dire… choisissez **i** ou **ii**.
   a faire le vide dans votre tête
      i se laisser aller
      ii occulter
   b prend le relais
      i poursuit
      ii alterne
   c incongrue
      i opportune
      ii malséante
   d partie prenante
      i déterminée
      ii intéressée
   e en odeur de sainteté
      i adéquate
      ii bien vu
5. À quoi ou qui se réfère les pronoms suivants (soulignés dans le texte):
   a … qui contient
   b Un ami m'a conseillé
   c nous organisons
6. Trouvez le synonyme dans le texte:
   a commencer
   b inopportunes
   c urgents
   d endossent
   e toucher
   f se soumettre
   g à leur gré
   h zélé
7. Que propose l'application Headspace en plus des séances de méditations classiques?
8. À quel geste est comparée la méditation proposée par Headspace?
9. Remplissez le paragraphe (en gras) avec les mots suivants:

a bonne foi	c athée	e axe	g froisser
b démarche	d apaiser	f moine	h abonnement

10. Quel est l'équivalent français de Headspace?
11. «La pratique de la méditation peut être comparée à la pratique d'un sport.» Vrai ou faux? Justifiez votre réponse.
12. Que fait «Melomind»?

Comment écrire une page de journal intime
Voir l'Unité 1 à la page 5.

B
Écrivez dans votre journal intime au sujet des potentiels bienfaits de la méditation.

Vous avez eu une journée éprouvante au boulot. La SNCF faisait grève. Le supermarché venait de fermer quand vous êtes arrivé. Vous vous êtes de nouveau nourri au kebab du coin. Vous n'en pouvez plus de cette vie-là et avez besoin de vous détendre. Parlez-en à votre journal intime!

8 Préparation à l'examen oral   **NIVEAU MOYEN**

Décrivez et analysez l'image. N'oubliez pas de commenter la légende.

Pour vous aider:
- Que se passe-t-il dans cette photo?
- Selon vous que s'est-il passé précédemment?
- Pouvez-vous prédire ce qui va se passer ultérieurement?
- Personnellement, que vous inspire cette photo? Justifiez votre réponse.
- Croyez-vous aux vertus du yoga? Pourquoi ou pourquoi pas?
- Faut-il savoir se vider l'esprit pour améliorer son mental?

■ Les incroyables bienfaits du yoga!

Thème 3: Identités

Les médicaments et la médecine en France

- Comprendre la relation des Français avec les médicaments et la médecine
- Écrire une lettre officielle (texte de type professionnel)

L'automédication tire la croissance des pharmacies
Armelle Bohineust, 03/02/2017
www.lefigaro.fr/societes/2017/02/03/20005-20170203ARTFIG00043-l-automedication-tire-la-croissance-des-pharmacies.php

Automédication: la liste des médicaments sans ordonnance à éviter
Cécile Thibert, Aurélie Franc, 14/11/2017
http://sante.lefigaro.fr/article/nouvelle-liste-des-medicaments-sans-ordonnance-a-eviter/

L'État appelle les pharmacies à tester la délivrance de médicaments à l'unité
Charlotte Peyronnet, 21/08/2014
www.lefigaro.fr/conjoncture/2014/08/21/20002-20140821ARTFIG00189-l-etat-appelle-les-pharmacies-a-tester-la-delivrance-de-medicaments-a-l-unite.php

Ces plantes pour aller mieux
Christophe Doré, 08/04/2016
www.lefigaro.fr/sciences/2016/04/08/01008-20160408ARTFIG00158-ces-plantes-pour-aller-mieux.php

Plus de 10 000 morts par an liées à un mauvais usage des médicaments
22.03.2018
www.lemonde.fr/sante/article/2018/03/22/plus-de-10-000-morts-par-an-liees-a-mauvais-usage-des-medicaments_5274559_1651302.html

En France, l'inquiétant trafic des «faux» médicaments
Chloé Hecketsweiler, 12.01.2018
www.lemonde.fr/economie/article/2018/01/11/en-france-l-inquietant-trafic-des-faux-medicaments_5240109_3234.html

RÉFLÉCHIR

- Réfléchissez à la signification de ces «gros titres».
- Que révèlent-ils?

9 Médecins: cliquez, vous êtes soignés!

Suivez ce lien: www.francetvinfo.fr/sante/politique-de-sante/medecins-cliquez-vous-etes-soignes_2226525.html et regardez le vidéo jusqu'à minute 2:46.

A Écoutez l'extrait puis remplissez ce passage avec les mots que vous entendez.

Prendre rendez-vous chez un médecin est parfois un vrai [1] _____ à cause des [2] _____ médicaux, ou parce que les spécialistes sont [3] _____ . Depuis quelques mois, des [4] _____ privées se multiplient sur internet. Via une plateforme, des patients peuvent poser une question et discuter en ligne avec les [5] _____ . Quels sont les avantages pour les patients, et ces sites sont-ils [6] _____ ?

164

B Répondez aux questions.

1 Pour quelles raisons Marion opte-t-elle pour une visioconférence sur une plateforme médicale? Donnez trois raisons.
2 Les patients ont accès à des médecins qui sont disponibles 24h/24. S'agit-il…
   a de concurrence entre confrères
   b de consultations complémentaires?
3 La consultation internet est…
   a plus chère qu'en cabinet
   b moins chère qu'avec son médecin traitant?
4 Ces conseils virtuels sont-ils fiables? Citez les deux exemples qui sont donnés.
5 Pourquoi cette pratique est décrite comme «un gadget» par un médecin généraliste?

C Discutez: Avec la télémédecine, va-t-on vers l'ubérisation de la médecine?

10 Les plantes peuvent-elles remplacer les médicaments?

Visitez www.passeportsante.net/fr/Actualites/Dossiers/DossierComplexe.aspx?doc=plantes-peuvent-elles-remplacer-medicaments, lisez le texte et répondez aux questions en français.

1 Qu'est-ce que la phytothérapie?
2 Pourquoi cet engouement actuel pour les plantes?
3 Quels sont les effets médicinaux de l'artichaut? et du pavot?
4 La phytothérapie peut-elle tout soigner?
5 Par quelles plantes peut-on prévenir les problèmes cardiaques?
6 Pourquoi l'automédication de traitements à base de plantes n'est-elle pas recommandée?

11 Pourquoi et contre quoi se faire vacciner en Suisse?

La vaccination ne protège pas seulement la personne vaccinée, mais également celles – vaccinées ou non – qui l'entourent.

Nous possédons tous un système immunitaire naturel, qui nous permet de nous défendre contre les virus, les bactéries, les champignons, les parasites ou même les cellules cancéreuses. Mais ce système de défense nécessite plusieurs années pour devenir efficace, ce qui explique la fragilité des petits enfants. De plus, il s'épuise progressivement avec l'âge.

Pourtant, à tout âge, les mécanismes de protection naturels sont insuffisants contre les microbes les plus agressifs. Il faut donc entraîner le corps à se défendre contre eux, autrement dit se faire vacciner.

Car un vaccin a pour rôle de stimuler les défenses naturelles de l'organisme. Choisir de ne pas faire tel ou tel vaccin a des conséquences importantes pour celui qui n'est pas protégé, mais aussi pour son entourage qui court des risques supplémentaires de contamination.

La crainte des effets secondaires (voir encadré plus bas) fait parfois renoncer à une vaccination pourtant utile: or, le risque le plus élevé après une vaccination est celui d'une réaction inflammatoire pendant un à deux jours à l'endroit de la piqûre, avec parfois un peu de fièvre. Dans un à deux cas pour un million de personnes vaccinées, une réaction allergique immédiate peut nécessiter un traitement, facile à appliquer.

Quelle maladie est-elle la plus dangereuse en Suisse pour un bébé non (encore) vacciné: le tétanos, la poliomyélite, la coqueluche, la diphtérie?

Le tétanos, la poliomyélite et la diphtérie sont extrêmement rares en Suisse. Sans hésiter, le vaccin le plus important pour les bébés est celui contre la coqueluche. C'est une infection respiratoire fréquente chez les grands enfants et les adultes, qu'elle fait tousser pendant des semaines. Les bébés risquent d'étouffer, de voir leur cerveau privé d'oxygène pendant les quintes de toux ou même d'arrêter soudainement de respirer. Chaque année, des bébés sont hospitalisés avec une coqueluche grave et l'on estime que, sans vaccination, plusieurs centaines mourraient en Suisse. Jadis, c'était une calamité: l'Annuaire statistique de la Suisse rapporte ainsi 987 décès pour la seule année 1886.

[1]_____ il fallait ne choisir qu'un vaccin pour protéger son bébé, ce serait [2]_____ celui de la coqueluche. Heureusement, les vaccins combinés permettent [3]_____ d'élargir la protection [4]_____ la coqueluche au tétanos, à la diphtérie (DiTePer), à la polio et aux méningites [5]_____ augmenter du tout le risque d'effets secondaires.

Quel est le risque le plus élevé en Suisse pour un enfant non (encore) vacciné: le tétanos, la rougeole, les oreillons, les méningites bactériennes?

Les méningites bactériennes et les complications des oreillons sont elles aussi très rares. Pour un enfant non vacciné, le risque le plus élevé est celui de la rougeole, qui a fait 19 jeunes victimes en 2005–2006 en Europe. Le virus est tellement contagieux qu'il suffit d'entrer dans la même pièce – école, transports publics, magasins… – qu'un patient incubant la rougeole pour l'attraper. La rougeole ne provoque pas seulement de la fièvre, de la toux et des plaques rouges. Ses complications sont fréquentes: pendant l'épidémie de 2007–2008, qui a touché plus de 3400 personnes en Suisse, un malade sur huit a fait des complications (pneumonie) et un sur quinze a dû être hospitalisé. Huit patients ont présenté des complications neurologiques graves (inflammation ou abcès du cerveau). L'épidémie s'est poursuivie en 2009, continuant d'occasionner des hospitalisations et provoquant la mort à Genève d'une fillette de 12 ans, jusqu'alors en bonne santé. Le vaccin peut être fait seul ou combiné avec les oreillons et la rubéole (ROR), pour une protection élargie.

Quel est le risque le plus élevé en Suisse pour une personne âgée non vaccinée: la pneumonie, la grippe saisonnière, le zona, le tétanos?

Toutes ces maladies peuvent être dangereuses pour un senior, dont les défenses immunitaires s'affaiblissent avec le temps qui passe. Le risque le plus élevé est celui de la grippe saisonnière, qui tue chaque année entre 300 et 1000 personnes âgées en Suisse.

22/03/2012
www.planetesante.ch/Mag-sante/Ma-sante-au-quotidien/Pourquoi-et-contre-quoi-se-faire-vacciner-en-Suisse

A Exercice de compréhension:

1 Pourquoi les jeunes enfants ont-ils besoin d'être vaccinés?
2 Pourquoi les personnes âgées ont-elles besoin de se faire vacciner?

Vrai ou faux? Justifiez vos réponses.

3 Le vaccin remplace le système immunitaire naturel.
4 Ne pas se faire vacciner a des conséquences seulement pour la personne qui fait ce choix.
5 La pire conséquence après une vaccination est d'avoir un peu de fièvre.

Répondez aux questions.

6 Quels sont les risques de la coqueluche? Donnez-en deux.
7 Dans la phrase «qu'elle fait tousser pendant des semaines», que remplace le mot «qu'»?
8 Remplissez le paragraphe (en gras) avec les mots de l'encadré. Attention: il y a trop de propositions!

a contre	e également
b pour	f sans
c donc	g aujourd'hui
d s'	

■ Comment écrire une lettre formelle
Voir l'Unité 1 à la page 9.

B Une lettre officielle au ministère de la Santé:

Le débat sur la vaccination obligatoire en France fait rage. Les Français sont méfiants et les experts inquiets.

«Il y a en France une baisse assez inquiétante de la vaccination, en particulier (contre) des pathologies qui risquent d'être graves», s'inquiète le Pr Roger Salomon, président du Haut conseil de la santé publique (HCSP).

Le Pr Salomon écrit une lettre au ministre de la Santé pour lui faire part de son inquiétude. Il en explique les raisons et suggère de potentielles solutions. Écrivez cette lettre formelle.

■ THÉORIE DE LA CONNAISSANCE

Peut-on améliorer la santé des Français sans aggraver le déficit de la sécurité sociale?

Réformer le système de santé, est-ce aussi apprendre à penser «santé» bien au-delà des cases traditionnelles?

Comment réduire le déficit de la sécurité sociale tout en maintenant une politique de santé efficace?

Améliorer la santé est-ce d'abord lutter contre les inégalités?

CRÉATIVITÉ, ACTIVITÉ, SERVICE

Vous croyez que la pratique du yoga et de la méditation peut contribuer à un monde plus juste et plus sain.

- En contribuant à une meilleure santé globale et en aidant à parfaire la connaissance de soi.
- En développant notre sentiment d'interconnexion et notre engagement communautaire.
- En étant accessible à tous, indépendamment de toutes considérations physiques, monétaires ou identitaires.
- En étant enseignée dans un esprit d'ouverture et de respect des différences.

Voici votre vision pour votre programme de CAS. Créez la page d'accueil de votre site «Esprit de Corps Yoga Communautaire».

Littérature

12 Jours sans faim

NIVEAU SUPÉRIEUR

Née le 1er mars 1966 à Boulogne-Billancourt, **Delphine De Vigan** cultive la discrétion. Publiant son premier livre sous pseudonyme, Lou Delvig retrace le parcours d'une jeune femme anorexique. Largement autobiographique, *Jours sans faim* est paru en 2001 aux éditions Grasset. Cadre dans un institut de sondages, Delphine de Vigan écrit le soir, en plus de son activité professionnelle. Elle parvient ainsi à gagner le cœur du public avec *Jolis garçons*, un recueil de nouvelles édité sous son vrai nom cette fois en 2005, chez Lattès. Persévérant sur la thématique amoureuse, elle publie ensuite, en 2006, *Un soir de décembre*. Toutefois, ce n'est qu'avec *No et moi*, en 2007, qu'elle devient une révélation pour un plus large lectorat. Séduisant les libraires, *No et moi* remporte rapidement un vif succès.

Dans le silence de l'après-midi, la porte s'est refermée. Elle s'est allongée. Pour la première fois depuis des semaines, des larmes sortent de son corps de pierre, de ce corps épuisé qui vient de capituler. Elle pleure ce soulagement confus qui la livre tout entière entre leurs mains. Les larmes brûlent les paupières. Un sac d'os sur un lit d'hôpital, voilà ce qu'elle est. Voilà tout. Les yeux sont agrandis et cerclés de noir, sous les pommettes aiguës les joues s'enfoncent, comme aspirées de l'intérieur. Autour des lèvres un duvet brun recouvre la peau. Dans les veines apparentes, le sang bat trop lentement.

Elle grelotte. Malgré le collant de laine et le col roulé. Le froid est à l'intérieur, ce froid qui l'empêche de rester immobile. Une emprise qui ressemble à la mort, elle le sait, la mort en elle comme un bloc de glace.

Le néon ronronne mais elle n'entend que sa propre respiration. Sa tête résonne de ce souffle régulier, amplifié, obsédant. Parce qu'elle est devenue presque sourde, bouffée de l'intérieur à force de ne rien bouffer.

Elle s'est levée pour fermer le store orange qu'elle fait glisser le long de la fenêtre. La lumière jaune colle aux murs pâles. Elle fait l'inventaire du décor: un lit, une grande table, un néon, une chaise, une petite table sur roulettes, dont on peut régler la hauteur, deux placards intégrés, un plafonnier, une arrivée d'oxygène, une sonnette d'appel. Derrière une porte étroite, on trouve les toilettes et le lavabo. La douche est à l'extérieur.

Dehors la nuit tombe et on apporte déjà le premier plateau-repas. Sous le couvercle d'aluminium, un steak haché trop cuit voisine avec quelques haricots plus très verts, faites un effort même si c'est difficile. Elle mâche consciencieusement. Elle pourrait mâcher pendant des heures, s'il ne s'agissait que de ça, remplir la bouche de salive, ballotter les aliments d'un côté, de l'autre, broyer sans fin cette bouillie dont le goût s'estompe peu à peu. Le problème, c'est de déglutir. Déjà une boule s'est coincée dans son ventre qui fait mal. Le temps est immobile. Il faudra réapprendre à manger, à vivre aussi. L'aide-soignante est revenue, elle soulève le couvercle reposé sur l'assiette, c'est bien pour le premier jour, vous allez réussir à dormir?

Le sommeil l'emporte en bloc pour une fois. Entre les draps tendus et lisses, il suffit de fermer les yeux.

Extrait de Jours sans faim, Chapitre II par Lou Delvig © Éditions Grasset & Fasquelle, 2001
www.babelio.com/livres/Vigan-Jours-sans-faim/126004/extraits

A Analyse de texte:

1. De quelle maladie souffre notre protagoniste? Justifiez votre réponse en citant le texte.
2. Pourquoi ce chapitre est-il écrit à la troisième personne du singulier selon vous?
3. Quelle est la signification du «froid» qu'elle ressent et de la «nuit qui tombe» dehors?
4. Trouvez trois adjectifs pour décrire la scène du repas.
5. L'auteur utilise-t-elle un ou des procédés stylistiques dans ce paragraphe, de «Dehors la nuit tombe…» à «il faudra réapprendre à manger, à vivre aussi»?
6. Que pourrait-on penser de ces deux dernières phrases: «Le sommeil l'emporte en bloc pour une fois. Entre les draps tendus et lisses, il suffit de fermer les yeux»? Comment les comprenez-vous?
7. Par quel moyen l'auteur intensifie-t-elle la tension et l'attention du lecteur?

B Préparez une présentation individuelle de quatre minutes pour expliquer votre compréhension de cet extrait.

13 Le Malade imaginaire

Argan est un grand hypocondriaque, «soigné» par M. Purgon, qui lui administre saignées, lavements et potions diverses. La fille d'Argan, Angélique, partage l'amour de Cléante, qui s'introduit dans la maison à la place du maître de musique de la jeune fille. Mais Argan a le projet de marier sa fille à Thomas Diafoirus, neveu de M. Purgon, jeune médecin et de surcroît fils de médecin. Les Diafoirus père et fils sont en visite de présentation chez Argan. Après des salutations embarrassées entre les pères et les compliments ampoulés du fils, «un grand benêt, nouvellement sorti des Écoles», Angélique est mise en demeure d'épouser, «dans quatre jours, ou Monsieur, ou un couvent». Le projet est soutenu par Béline, la jeune épouse d'Argan, qui, briguant la fortune de son mari, entend se débarrasser des enfants. Argan ne saurait laisser passer cette occasion d'être informé sur sa santé, d'où cette «consultation» improvisée où les Diafoirus font assaut de ridicule avec des diagnostics obscurs qu'ils s'efforcent de concilier avec ceux, contradictoires, de M. Purgon.

A Analyse de texte:

1. Comment sont décrits les médecins dans ce résumé?
2. Expliquez comment vous comprenez «Argan ne saurait laisser passer cette occasion d'être informé sur sa santé». Que penser d'Argan?

ARGAN	Je vous prie, Monsieur, de me dire un peu comment je suis.
M. DIAFOIRUS (*lui tâte le pouls*)	Allons, Thomas, prenez l'autre bras de Monsieur, pour voir si vous saurez porter un bon jugement de son pouls. Quid dicis[1]?
THOMAS DIAFOIRUS	Dico[2] que le pouls de Monsieur est le pouls d'un homme qui ne se porte point bien.
M. DIAFOIRUS	Bon.
THOMAS DIAFOIRUS	Qu'il est duriuscule[3], pour ne pas dire dur.
M. DIAFOIRUS	Fort bien.
THOMAS DIAFOIRUS	Repoussant.
M. DIAFOIRUS	Bene.
THOMAS DIAFOIRUS	Et même un peu capricant[4].
M. DIAFOIRUS	Optime.
THOMAS DIAFOIRUS	Ce qui marque une intempérie dans le parenchyme splénique, c'est-à-dire la rate[5].
M. DIAFOIRUS	Fort bien.
ARGAN	Non: Monsieur Purgon dit que c'est mon foie qui est malade.

M. DIAFOIRUS	Eh! oui: qui dit parenchyme, dit l'un et l'autre, à cause de l'étroite sympathie qu'ils ont ensemble, par le moyen du vas breve du pylore, et souvent des méats cholidoques[6]. Il vous ordonne sans doute de manger force rôti?
ARGAN	Non, rien que du bouilli.
M. DIAFOIRUS	Eh! oui: rôti, bouilli, même chose. Il vous ordonne fort prudemment, et vous ne pouvez être en de meilleures mains.
ARGAN	Monsieur, combien est-ce qu'il faut mettre de grains de sel dans un œuf?
M. DIAFOIRUS	Six, huit, dix, par les nombres pairs; comme dans les médicaments, par les nombres impairs.
ARGAN	Jusqu'au revoir, Monsieur.

Extrait de Le Malade imaginaire *par Molière*
www.ibibliotheque.fr/le-malade-imaginaire-moliere-mol_malade

[1]*quid dicis*: «qu'en dis-tu?»

[2]*dico*: «je dis»

[3]*duriuscule*: latinisme qui signifie «un peu dur»

[4]*capricant*: qui bat avec irrégularité

[5]ce qui marque une intempérie dans le parenchyme splénique, c'est-à-dire la rate: ce qui signale un déséquilibre dans les tissus de la rate

[6]*vas breve*: canal situé dans l'estomac; *pylore*: orifice reliant l'estomac aux intestins; *méats cholidoques*: canal conduisant la bile

B Analyse de texte:

1. Interprétez cet extrait dans un français plus courant et contemporain.
2. Analysez ce qui rend cet extrait comique.
3. Pensez-vous qu'Argan est malade? Expliquez votre réponse.

UNITÉ 8 — Convictions, valeurs et sous-cultures

Thème 3: Identités

Les jeunes et leurs valeurs

- S'intéresser à ce qu'est une valeur
- Comprendre les valeurs des jeunes francophones

RÉFLÉCHIR

- Décrivez la photo ci-dessus et commentez-la.
- Comment définiriez-vous le mot «valeur»?
- Quelles sont vos valeurs?
- Pensez-vous que les valeurs des jeunes dans le monde sont toutes différentes?
- À votre avis les valeurs changent-elles selon les époques? Pourquoi? Pourquoi pas?

Thème 3: Identités

1 Valeur: une définition

A Tout d'abord, essayez de définir ce que signifie le mot «valeur». Puis comparez votre définition avec celle donnée ci-dessous.

Valeur: une définition

En fait le mot «valeur» a différentes définitions; tout dépend du contexte. Voici un extrait du dictionnaire Larousse en ligne:

- Ce que vaut un objet susceptible d'être échangé, vendu, et, en particulier, son prix en argent: *Terrain qui a doublé sa valeur.*
- Équivalent d'une quantité: *Ajoutez la valeur de deux cuillerées de rhum.*
- Mesure conventionnelle attachée à quelque chose, à un symbole, à un signe: *La valeur des cartes à jouer.*
- Ce par quoi quelqu'un est digne d'estime sur le plan moral, intellectuel, professionnel, etc: *Recrue de grande valeur.*
- Caractère de ce qui remplit les conditions requises pour être valable: *Sans signature, cet acte n'a aucune valeur.*
- Caractère de ce qui produit l'effet voulu: *Valeur d'une méthode.*
- Importance, prix attaché subjectivement à quelque chose: *Attacher de la valeur à des souvenirs de famille.*
- Ce qui est posé comme vrai, beau, bien, d'un point de vue personnel ou selon les critères d'une société et qui est donné comme un idéal à atteindre, comme quelque chose à défendre: *Nous avions des systèmes de valeurs différents.*
- Nuance de sens que prend un mot dans la phrase considérée, effet littéraire produit.

www.larousse.fr/dictionnaires/francais/valeur/80972#mCLWdQizW4QoGjGm.99

B Considérez les questions suivantes.

1. Quelle est, à votre avis, la meilleure définition du mot «valeur» dans le contexte de cette unité?
2. Après avoir trouvé la meilleure définition dans le contexte, donnez deux phrases en exemples.
3. Que pensez-vous des valeurs des jeunes? Pourriez-vous en citer?

2 Sommes-nous une génération de moutons? Enquête sur les valeurs de la jeunesse en 2017

Indépendants, têtus, toujours collés à leurs écrans... On entend beaucoup de choses sur les jeunes d'aujourd'hui. Une étude leur donne la parole, et ses résultats sont un peu surprenants!

Difficile d'englober une génération entière dans certaines considérations. On a beau avoir un âge proche, on ne pense pas toutes forcément la même chose, de la même façon, au même moment. Et heureusement!

Cependant, on peut quand même dégager des tendances selon les époques. Des points de vue qui nous rassemblent et qui permettent en quelque sorte de prendre la température d'une génération.

L'IFOP a réalisé une étude pour Moteur!, projet sociétal sur l'égalité des chances, destiné aux 14–22 ans.

L'enquête porte sur les valeurs et les modèles des jeunes en 2017 et permet vraiment de réfléchir. Loin des clichés négatifs que peuvent avoir les plus vieux sur notre génération, que démentait notamment le documentaire *Allons Enfants*.

Les jeunes accordent beaucoup d'importance au respect

L'étude a été réalisée sur un échantillon de 1003 personnes, âgées de 15 à 22 ans. Elle se découpe en trois axes:

- comment les jeunes se sentent perçues dans la société,
- quelles sont leurs valeurs et leurs modèles,
- quels sont leurs moteurs.

172

L'enquête dans l'ensemble est vraiment intéressante, mais il y a une question en particulier qui a retenu mon attention: quelle est selon vous la qualité qui a le plus d'importance?

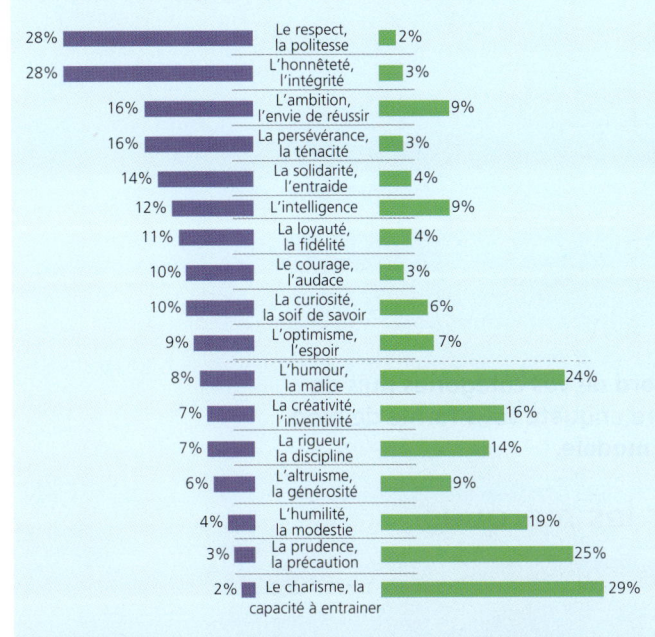

Qualité	Plus importantes	Moins importantes
Le respect, la politesse	28%	2%
L'honnêteté, l'intégrité	28%	3%
L'ambition, l'envie de réussir	16%	9%
La persévérance, la ténacité	16%	3%
La solidarité, l'entraide	14%	4%
L'intelligence	12%	9%
La loyauté, la fidélité	11%	4%
Le courage, l'audace	10%	3%
La curiosité, la soif de savoir	10%	6%
L'optimisme, l'espoir	9%	7%
L'humour, la malice	8%	24%
La créativité, l'inventivité	7%	16%
La rigueur, la discipline	7%	14%
L'altruisme, la générosité	6%	9%
L'humilité, la modestie	4%	19%
La prudence, la précaution	3%	25%
Le charisme, la capacité à entraîner	2%	29%

■ En bleu, les qualités jugées les plus primordiales par les sondées. En rouge celles considérées comme les moins importantes.

Je trouve ça vraiment intéressant de constater que les interrogées ont été très nombreuses à désigner le respect et la politesse comme la qualité la plus importante.

Comme quoi, quand nos parents nous disaient «sois polie et tiens-toi droite», ils ne croyaient pas si bien dire…

Selon moi, ça devient inquiétant lorsqu'on constate que l'échantillon désigne le charisme et la capacité à entraîner comme une qualité peu importante.

Si l'on suit ces statistiques, ça voudrait dire qu'on ferait partie d'une génération polie et peu charismatique?!

L'estime de soi, moteur des jeunes

Pourtant, il y a aussi plein de points positifs dans cette étude. La troisième partie consacrée aux modèles des jeunes est plutôt encourageante. Les interrogées considèrent être les premiers maîtres de leur bonheur.

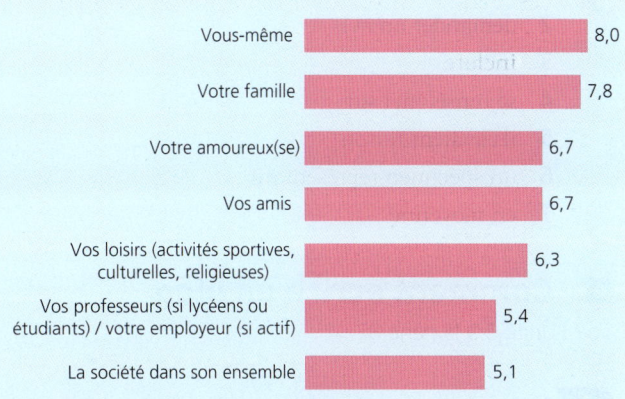

Vous-même	8,0
Votre famille	7,8
Votre amoureux(se)	6,7
Vos amis	6,7
Vos loisirs (activités sportives, culturelles, religieuses)	6,3
Vos professeurs (si lycéens ou étudiants) / votre employeur (si actif)	5,4
La société dans son ensemble	5,1

L'étude regroupe aussi les professions qui sont le plus souvent ressorties durant les entretiens. Dans le nuage ci-dessous, les mots les plus gros sont ceux qui ont été le plus prononcés.

On constate que des métiers appartenant à des catégories socio-professionnelles plutôt élevées ressortent beaucoup: ingénieur, informaticien, vétérinaire, PDG… La preuve que les interviewées ont dans l'ensemble de l'ambition, ce qui est plutôt encourageant!

Et vous, que pensez-vous de ces constats? Pensez-vous que les 15–22 ans ont plutôt tendance à être «moutonniers», à valoriser la politesse au détriment du charisme? Si oui, à quoi ce serait dû selon vous?

Lise F, 28/06/2017
www.madmoizelle.com/etude-jeunesse-2017-793499

UNITÉ 8 Convictions, valeurs et sous-cultures

A Lisez le texte ci-dessus sur les valeurs des jeunes et choisissez les quatre phrases vraies.

1 Les jeunes sont toujours sur leurs portables.
2 Tout le monde dans une même génération pense la même chose.
3 Il est plus juste de parler de tendance plutôt que de la même façon de penser.
4 L'IFOP a mené une étude de société.
5 Les plus âgés ont des idées négatives sur les jeunes.
6 Les jeunes ne sont pas intéressées par la politesse.
7 Les jeunes interrogées trouvent que le charisme est une qualité importante.
8 Les métiers les plus cités par les jeunes sont ceux accessibles après avoir fait de longues études.

B Trouvez l'équivalent des mots et expressions suivants dans le texte.

1 ceux qui suivent
2 demander un avis
3 inclure
4 se renseigner sur
5 ils avaient raison
6 un spécimen représentatif
7 en moyenne

Comment écrire un blog
Voir l'Unité 3 à la page 82.

C Faites une enquête dans la classe. Décidez d'abord de vos catégories puis de vos questions. Enfin écrivez les résultats de votre enquête sous forme de blog. Vous pouvez utiliser le texte précédent comme modèle.

3 Les Millennials, un casse-tête pour les marques

A Visitez le site suivant: www.latribune.fr, recherchez l'article intitulé «Les Millennials, un casse-tête pour les marques» et lisez le texte. Selon vous, quelle partie du texte correspond à chaque titre ci-dessous?

a Une start-up aide les entreprises à converser
b Une idée en contradiction
c Des valeurs partagées par d'autres classes d'âges
d Consommer autrement
e La vidéo fait mauvaise impression
f Consommer mais choisir
g Les Millennials sont accros au numérique
h Une erreur

B Écrivez les verbes entre parenthèses au subjonctif.

1. Les jeunes souhaitent que leurs opinions _____ [être] prises en compte plus souvent.
2. Les Millennials désirent que leur vie _____ [avoir] du sens.
3. J'aime mieux que tu _____ [travailler] dans une organisation caritative que dans une banque.
4. Il est triste que certaines marques ne _____ [comprendre] pas les valeurs des Millennials.
5. Marjolaire Grondin doute que la plupart des entreprises _____ [savoir] converser avec les Millennials.
6. Kantar Media craint que les Millennials n'_____ [estimer] pas vraiment les marques.

Grammaire

Sentiments et utilisation du subjonctif

Après les expressions suivantes, vous devez utiliser des verbes au mode subjonctif:

- souhaiter
- désirer
- craindre
- douter
- regretter
- préférer
- aimer mieux
- être triste
- être content(e)
- être heureux/se
- être ravi(e)
- être satisfait(e)

Reportez-vous au précis de grammaire en fin de livre.

4 Les jeunes et la culture: une étude surprenante

A Écoutez la première partie de l'enregistrement et insérez les mots manquants dans le texte ci-dessous.

Piste 12

Les [1] _____ Montréalais ont été sondés récemment et ce qui en ressort montre des résultats [2] _____.

Tout d'abord, il est observé que les jeunes sont [3] _____ de culture [4] _____ que consommateurs. De plus l'utilisation du [5] _____ à grande échelle rend les [6] _____ entre les [7] _____ assez complexes.

B Écoutez le reste du reportage et choisissez les trois phrases vraies.

1. La télé traditionnelle est toujours autant appréciée.
2. Les différentes plateformes permettent aux jeunes de regarder des séries.
3. Les plus jeunes ont surpris les chercheurs.
4. Les plus jeunes sont capables de faire plusieurs choses à la fois.
5. Les jeunes Québécois ne sont pas très ouverts.
6. Les artistes québécois sont souvent piratés.

5 Plus d'un tiers des jeunes investis dans le bénévolat

Les 18–30 ans ont tendance à bouder les urnes et les partis politiques traditionnels, mais ils sont de plus en plus nombreux à s'impliquer dans la vie de la cité.

C'est ce que montre un baromètre commandé par le
5 ministère de la jeunesse et publié mardi 18 octobre.

Delphine Minaud, 22 ans, est étudiante en sciences politiques et ambassadrice de l'Association de la fondation étudiante pour la ville (Afev), un réseau d'étudiants qui intervient dans des quartiers populaires et qui vient de passer le cap du
10 million d'heures de bénévolat annuel. Elle a effectué l'an dernier un service civique volontaire de 9 mois auprès de jeunes en difficulté dans un collège de ZEP de Bordeaux, où elle a animé des ateliers et des débats pour lutter contre les discriminations.

Un geste «politique»

15 «J'ai voulu m'engager pour me rendre utile, servir l'intérêt général, agir à mon échelle, pour faire évoluer notre société vers plus de solidarité». «C'est un acte politique, au vrai sens du terme», ajoute-t-elle.

Delphine ne se reconnaît pas du tout, en revanche, dans les formes d'engagement militant traditionnelles, juge les hommes politiques «complètement hors-sol» […]

S'impliquer dans la vie de la cité

20 De plus en plus de jeunes ont tendance, comme elle, à bouder les urnes, déserter les syndicats et les partis politiques. On les dit de ce fait «dépolitisés». Or ils sont de plus en plus nombreux à vouloir s'impliquer autrement dans la vie de la cité.

C'est ce que montre un baromètre réalisé par le Crédoc et l'Institut National de la jeunesse et de l'éducation populaire (Injep) à la demande du ministère de la Jeunesse.

25 «Oui, les jeunes sont engagés, politisés, même s'ils le sont autrement que leurs aînés» souligne Thibaut de Saint Pol (35 ans), directeur de l'Injep. «Ils ne se reconnaissent pas forcément dans les institutions mais manifestent un réel intérêt pour la société, la vie publique, la politique, au vrai sens du terme».

Des modes d'engagement particuliers

Fidèles à l'image traditionnelle d'une jeunesse rebelle, prête à se mobiliser pour une cause, ils
30 privilégient de manière croissante «les modes d'engagement protestataires non affiliés à un groupe», relève l'Injep: boycott, occupation de lieux, manifestations, grèves, sit-in…

Adeptes des nouvelles technologies, ils sont nombreux à signer des pétitions en ligne (36%). Ils utilisent les réseaux sociaux pour exprimer leurs opinions, partager des commentaires ou des vidéos sur des sujets d'actualité qui les mobilisent (l'environnement, les guerres, les
35 injustices…). […]

Un engagement sur le terrain qui ne cesse de croître

L'enquête montre aussi que beaucoup de jeunes sont prêts à se mobiliser sur le terrain. L'engagement bénévole des 18–30 ans ne cesse de progresser depuis plusieurs années et s'est particulièrement accru en 2016: la part des jeunes donnant bénévolement et ponctuellement du temps à une association ou autre organisation, est passée de 26% en
40 2015 à 35%.

L'engagement hebdomadaire et régulier a encore plus progressé: il est passé de 9% en 2015 à 14%. Le taux de participation bénévole des plus jeunes (18–24 ans) serait ainsi l'un des plus élevés d'Europe (en deuxième position après l'Islande). Les attentats du 13 novembre 2015 semblent avoir réveillé l'envie de s'investir: un jeune sur cinq (19%) le dit. Et ils ont été
45 nombreux à vouloir s'engager dans l'armée ou rejoindre la réserve opérationnelle.

L'environnement, première cause mobilisatrice

Le nombre de jeunes qui n'a pas encore franchi le pas, mais se dit prêt à le faire s'accroît aussi: 90% d'entre eux se disent prêts à se mobiliser pour une cause qui les motive, en particulier l'environnement (27%) et la paix dans le monde.

Les 18–30 ans cumulent aussi souvent les formes d'engagements: ceux qui s'investissent
50 dans des associations se mobilisent aussi davantage sur des causes ponctuelles.

Une sociologie marquée

Comme chez leurs aînés, les jeunes hommes sont plus souvent bénévoles que les jeunes femmes. Contrairement aux idées reçues, l'engagement associatif est plus important chez les jeunes ruraux que chez les citadins. Il a tendance à toucher davantage les jeunes de milieu favorisé, qui ont fait des études et / ou ont un emploi.

55 Il n'attire pas en revanche ceux qui cumulent toutes les difficultés (échec scolaire, chômage…) et ne désirent pas s'engager. «Cette minorité de jeunes, en retrait de toute vie sociale, n'est pas non plus réceptive aux propositions type service civique, car ils n'ont pas confiance dans les institutions. C'est un vrai enjeu pour les pouvoirs publics de pouvoir les "rattraper"», alerte Sandra Hoibian.

60 Cette enquête met en évidence une fois de plus l'hétérogénéité de la jeunesse. Ainsi, l'écart entre une grande majorité de jeunes (83%) engagée dans la vie publique, ou prête à s'investir, et les autres se creuse. […]

Christine Legrand, 18/10/2016
www.la-croix.com/France/Plus-tiers-jeunes-sinvestissent-dans-benevolat-2016-10-18-1200797031

A Lisez le texte entre les lignes 1 et 20 et faites correspondre les débuts de phrases à leurs fins.

1 Delphine est bénévole dans une association…
2 Elle vient…
3 Elle est intervenue…
4 Delphine a animé des débats…
5 Elle juge les hommes politiques…
6 De plus en plus de jeunes…
7 On dit que…

a … dans un collège à Bordeaux.
b … les jeunes sont de moins en moins politisés.
c … ne veulent plus aller voter.
d … qui s'occupe des quartiers populaires.
e … pour s'attaquer aux injustices.
f … de faire plus d'un million d'heures de bénévolat.
g … sans liens avec les gens normaux.

B Lisez les lignes 21 à 27 et trouvez le vocabulaire suivant.

1 Quel est le mot équivalent à «une façon»?
2 Quel est le mot qui veut dire «arrêter le travail»?
3 À quoi correspond le mot «les» à la ligne 26?

C Lisez le reste du texte et répondez aux questions suivantes.

1 Comment décririez-vous l'engagement des jeunes depuis plusieurs années?
2 Qu'est-ce qui a progressé plus rapidement?
3 Quels sont les événements qui ont encore plus fait bouger les jeunes?
4 Quelles sont les deux causes les plus motivantes pour les jeunes?
5 Est-ce que la jeunesse est homogène? Pourquoi (pas)?

D Préparez en classe un débat sur les valeurs des jeunes. Essayez de considérer une variété de points de vue.

■ THÉORIE DE LA CONNAISSANCE

Peut-on dire qu'avoir des valeurs est une conception universelle ou non? Pourquoi (pas)?

Les valeurs sont-elles toutes les mêmes dans le monde?

CRÉATIVITÉ, ACTIVITÉ, SERVICE

Avez-vous déjà fait du bénévolat? Faites-vous du bénévolat régulièrement?

Expliquez dans quelles circonstances.

Aimeriez-vous aider plus? Dans quels secteurs?

UNITÉ 8 Convictions, valeurs et sous-cultures

Thème 3: Identités

La religion, pour quoi faire?

- Faire un tour d'horizon de la place des religions dans le monde
- Comprendre pourquoi les humains ont besoin de croire
- Réfléchir à la place des religions dans l'identité

RÉFLÉCHIR

«Le troisième millénaire sera religieux ou ne sera pas».

André Malraux

- Y a-t-il un avenir pour les religions?
- Les religions font-elles partie de l'identité?
- La religion au 3ème millénaire: Décrivez la photo ci-dessous. Pensez à la place de la religion dans la société, à la place des traditions et la place de la religion par rapport à l'identité. N'oubliez pas de donner votre avis.

6 La religion, pour quoi faire?

Depuis toujours, les humains s'interrogent sur le monde qui les entoure. Autrefois le monde paraissait plus mystérieux encore. La science a apporté des explications à beaucoup de questions, mais des interrogations essentielles demeurent: Qui a créé le monde? Comment et pourquoi la vie a-t-elle commencé? Pourquoi y a-t-il des humains?

La peur de la mort entraine de nombreuses questions; l'une d'entre elles, et non des moindres: la vie a-t-elle un sens? On peut y répondre de façon philosophique mais aussi religieuse en pensant que la vie sur terre n'est pas une fin en soi.

Extrait de «L'Encyclopédie Larousse des 6/9 ans: Les religions»

A Lisez l'extrait à la page précédente et répondez aux questions suivantes.

1. Sur quoi les humains se posent-ils des questions?
2. Quel est le mot qui signifie «dans le passé»?
3. Quelles sont les préoccupations qui restent?
4. Quels sont les types de réponses à la peur de la mort?
5. Quelle expression signifie «n'est pas le seul but»?

Malgré la persistance de certaines traditions religieuses et l'organisation du calendrier français autour de nombreuses dates d'origine religieuse, l'Église a cependant subi de très grands changements dans la deuxième moitié du vingtième siècle.

B Complétez les phrases suivantes en choisissant la bonne réponse (une seule par phrase). Vous obtiendrez ainsi des informations sur la France et la religion.

1. La France est traditionnellement un pays à majorité…
   a … catholique.
   b … protestante.
   c … bouddhiste.

2. De nos jours, on voit toujours sur les calendriers français les noms des saints et certaines fêtes religieuses sont ainsi…
   a … des jours fériés.
   b … protestantes.
   c … païennes.

3. À une époque beaucoup de Français étaient pratiquants, mais de nos jours…
   a … de plus en plus de gens vont à la messe.
   b … on préfère regarder la télé.
   c … il y a de moins en moins de fidèles dans les églises.

4. Même si on n'est pas vraiment pratiquant, on va à l'église…
   a … pour les mariages et certains événements familiaux.
   b … par obligation.
   c … pour voir les décorations.

5. De plus en plus de jeunes…
   a … n'ont jamais entendu parler de la Bible.
   b … connaissent peu la Bible.
   c … pensent que la Bible est un roman.

6. La France est un pays laïc depuis 1905, ce qui signifie que…
   a … 50% des Français sont pratiquants.
   b … la religion et l'État sont séparés.
   c … on a interdit la religion complètement.

7. Les autres religions représentées majoritairement en France sont…
   a … l'hindouisme et le confucianisme.
   b … l'islam.
   c … le protestantisme, l'islam et le judaïsme.

8. À l'école, les étudiants ont de plus en plus de mal à comprendre les références religieuses dans la littérature et l'art par exemple, donc l'Éducation Nationale…
   a … subventionne aussi les écoles privées.
   b … a décidé que le christianisme serait étudié.
   c … continuent à aller au catéchisme.

9. De nos jours les églises sont ouvertes régulièrement comme…
   a … salles de concert et monuments à visiter.
   b … discothèques.
   c … cinémas.

10. Beaucoup se sont détournés du catholicisme et de la religion, parce que…
    a … ils veulent habiter ailleurs.
    b … à leurs yeux, l'Église ne s'est pas assez modernisée en ce qui concerne les orientations sexuelles par exemple.
    c … ils n'ont pas le temps.

UNITÉ 8 Convictions, valeurs et sous-cultures

179

Thème 3: Identités

C Faites des recherches, si nécessaire, sur la religion dans votre pays (ou dans un pays de votre choix) puis préparez un quiz.

7 *L'Histoire de Pi* de Yann Martel

La religion pour mieux vivre? Lisez le texte et répondez aux questions qui suivent.

Le sens de la vie

Après avoir écrit des œuvres boudées par le grand public, voilà que Yann Martel rebondit avec une œuvre très médiatisée. Le rayonnement dépasse largement les frontières des langues qui ont présidé à son éducation. Ce succès est d'autant plus surprenant que ce fils de diplomate a écrit une œuvre qui rebute habituellement. Pourtant *L'Histoire de Pi* est à la tête des palmarès même s'il présente une vision chrétienne de l'humanité.

Ce roman se divise en trois parties. La première est consacrée à l'enfance du héros à Pondichéry, où son père était le directeur d'un zoo. Déjà en bas âge, Piscine Patel, le héros, est attiré par des questions métaphysiques, dont les réponses ne peuvent être que d'ordre divin. À cause de son prénom, le jeune garçon a évité le sobriquet de «pisse» en se baptisant lui-même Pi, inspiré de la célèbre formule mathématique. Dans la seconde partie, la famille veut immigrer au Canada à cause des politiques de Mme Gandhi. Comme le bateau fait naufrage, le héros se retrouve seul dans une chaloupe de sauvetage avec un tigre du Bengale pendant 227 jours. Enfin, des enquêteurs japonais rencontrent l'ado, rescapé au Mexique, afin d'établir les indemnités à payer aux héritiers des victimes.

Ce roman peut s'interpréter au premier degré. Il s'agit de l'histoire d'un naufragé aux prises avec un passager malcommode. Vu sous cet angle, il captivera tous les aventuriers passionnés par les exploits de ceux qui mettent leur vie en péril. Comment un ado de 16 ans se débrouille-t-il en pleine mer avec un animal féroce comme compagnon de survie? Heureusement, les connaissances acquises au zoo de son père lui seront d'une grande utilité. Pour le reste, il se fie à son imagination et à Dieu pour affronter la situation. Pendant 200 pages, on suit un cours d'initiation à la vie pélagique[1], capable de faire pâlir *Thalassa* ou *National Geographic*. Dans ce roman, c'est une question de vie ou de mort, qui ne ménage pas les cœurs sensibles.

On peut aussi envisager cette œuvre sous son angle allégorique. Si l'histoire raconte la traversée de l'océan, on peut imaginer le vécu du héros comme faisant partie de l'océan de la vie, tantôt caressant, tantôt périlleux.

C'est une œuvre qui fait une énorme confiance en l'homme. Elle le place dans la nature au centre de l'univers. On le sent quand Pi parvient à dompter le tigre qui l'accompagne dans ce périple involontaire. La vie n'est pas présentée comme une épreuve malgré les circonstances. On peut vaincre les difficultés si l'on s'appuie sur l'amour de Dieu. Ce ne sont pas les propos naïfs du nouvel âge ou la répétition d'un mantra pour se convaincre de l'importance de la vie. L'auteur s'inspire davantage de la doctrine péripatéticienne[2] pour composer un univers tournant autour de l'unité des êtres vivants. Abattons les murs, dit-il, en attirant aussi l'attention sur les mirages qui garantissent le bonheur. Quand Pi trouve une île, il se rend vite compte que les oasis de paix, vendues à prix fort par les profiteurs, sont plutôt des germes de mort. «La mort est jalouse de la vie». Elle multiplie ses efforts pour détourner les vivants du but qu'ils doivent poursuivre: cette union avec le Créateur à travers sa création. Elle est possible surtout si on se laisse accompagner de rituels qui la facilitent comme le dit Amélie Nothomb: «Sans la grandiloquence des rites, on n'aurait de force pour rien.» Quand on sait que l'auteur est un bénévole dans les centres palliatifs, on comprend mieux cette œuvre ouverte sur la vie comme la chanson de Jean Ferrat.

Parallèlement au double contenu est distillée une somme de connaissances intéressantes sur l'univers animal et marin. Les anthropomorphistes fronceront les sourcils, les autres s'enrichiront des recherches effectuées par l'auteur pour soutenir cette belle histoire racontée avec une plume dense, maîtrisée et à la fois toute simple et humoristique.

Paul-André Proulx
www.critiqueslibres.com

[1] la vie pélagique: qui concerne la haute mer

[2] la doctrine péripatéticienne: qui concerne la doctrine philosophique d'Aristote

A Dans les deux premiers paragraphes, trouvez l'équivalent des mots suivants:
1 ignorées
2 diffusion
3 décourage
4 abstraites
5 compensations

B Trouvez les affirmations vraies parmi les suivantes (troisième paragraphe):
1 Le roman peut s'expliquer de différentes façons.
2 Ce roman ne peut intéresser que les aventuriers.
3 Le héros n'a aucune connaissance en matière zoologique.
4 La religion lui est d'un grand secours pour la vie en pleine mer.

C Transformez les verbes suivants en noms (le reste du texte):

Verbe	Nom
éprouver	
présenter	
proposer	
répéter	
composer	
détourner	
ouvrir	

8 75% des francophones en Belgique, revendiquent une identité religieuse

A Écoutez le document sonore et répondez aux questions suivantes.
1 Comment va la religion?
2 À quoi aurait-on pu s'attendre?
3 Comment peut-on décrire l'opinion des Belges francophones?
4 Combien de personnes se reconnaissent comme athées?
5 Quel est le pourcentage de catholiques non-pratiquants?
6 Quelle est la vision de la religion de 4 personnes sur 10?

B En vous basant sur les deux dernières réponses du document sonore, décidez si les phrases suivantes sont vraies ou fausses.
1 La religion n'est pas massivement dénigrée.
2 La question du repli identitaire divise.
3 La majorité pense que la religion est liée au repli identitaire.
4 Le courant religieux le plus fédérateur est l'islam.
5 L'évangélisme est jugé comme un mouvement tolérant.
6 La laïcité est considérée comme un facteur de tolérance.

C Mettez les verbes entre parenthèses au conditionnel présent ou passé.

1. Le journaliste _____ [pouvoir] communiquer mieux avec nous, s'il avait été au courant des nouvelles.
2. _____ [avoir]-tu des chiffres à nous donner, s'il te plait?
3. Elle nous _____ [avertir] si elle avait connaissance de la situation.
4. Même si ces questions divisaient fortement, 46% _____ [dire] que la religion est un facteur de paix.
5. Il parait que l'islam _____ [être] une religion intolérante pour 44% des interrogés.

Grammaire

Le conditionnel

Le conditionnel présent s'utilise:
- dans des phrases subordonnées quand l'un des éléments est au passé
- quand il y a une condition
- pour atténuer des propos (politesse)

Le conditionnel passé indique ce qui aurait pu se passer. Il s'utilise aussi dans le discours indirect.

Reportez-vous au précis de grammaire en fin de livre.

9 Croyants ou non, les jeunes veulent vivre la religion autrement

«Quelles valeurs partagent les jeunes? Comment évoluent-elles depuis 30 ans?». Telles ont été les questions posées mardi 4 juin lors d'une conférence-débat organisée par l'Injep (Institut national de la jeunesse et de l'éducation populaire) à la Maison des sciences de l'homme (Paris 13e). Parmi les thèmes abordés, il a été question de l'appartenance et de la pratique religieuse chez les jeunes générations. Les jeunes Français et ceux issus de l'immigration seraient enclins à relativiser leur religion et leur spiritualité.

■ Emmanuelle Santelli, Patrick Simon et Vincent Tiberj ont participé au deuxième débat concernant les valeurs des jeunes issus de l'immigration, mardi 4 juin. Un débat animé par Olivier Galland © Matthieu Stricot

Les jeunes Français sont-ils moins croyants? «La tendance dominante est à la sécularisation de la population. On constate une perte de prégnance des croyances religieuses chez les jeunes», remarque Pierre Bréchon, enseignant-chercheur à Sciences Po Grenoble. «Mais les croyances ne disparaissent pas pour autant, tempère-t-il. On va plutôt vers une relativisation de la religion. Les jeunes gardent une sorte d'espoir psycho-religieux». Ils croiraient encore en une possible vie après la mort. Autre remarque: les jeunes s'ouvrent au spirituel, à la sérénité et à l'esprit zen […]

La religion suivant les générations

«7% des Français ont cité la religion comme élément saillant de leur identité», révèle Patrick Simon, s'appuyant sur l'enquête «Trajectoires et origines» réalisée par l'INSEE et l'INED*. Mais ce chiffre varie en fonction de l'appartenance religieuse. Seulement 8% des catholiques considèrent leur religion comme déterminante. Ils sont en revanche plus nombreux chez les juifs (45%) et chez les musulmans (33%). «À noter cependant qu'il existe des disparités entre les nationalités d'origine, précise Patrick Simon: par exemple les Algériens sont plus distanciés par rapport à l'Islam» […]

Quelle est la place de la religion?

Mais appartenir à un groupe religieux ne signifie pas tout. Un autre critère à prendre en compte est la religiosité, à savoir l'importance de la religion dans la vie des individus. «Elle est très forte dans les populations originaires du Maghreb, d'Afrique subsaharienne et de Turquie, et reste faible dans la population majoritaire ainsi que dans les populations immigrées d'origine européenne», remarque Patrick Simon.

En la détaillant par groupe religieux, la religiosité concerne 25% des catholiques, contre 75% en ce qui concerne les juifs et les musulmans. Des chiffres qu'il faut toutefois observer plus attentivement, comme le fait remarquer le chercheur de l'Ined: «La religiosité dépend du contexte urbain. En prenant l'exemple des catholiques, on constate que la sensibilité religieuse est plus forte dans les îlots de population à forte concentration d'immigrés».

Les jeunes musulmans plus religieux

Le choix du conjoint est toujours lié à l'appartenance religieuse. 80% des musulmans ont des conjoints musulmans. «Ceci dit, ce taux est le même chez les catholiques et chez les personnes sans religion. La mixité se traduit plutôt en fonction des pays d'origine», relève-t-il.

À noter, l'homophilie religieuse est plus faible chez les musulmans que chez les autres. Cela signifie que les jeunes musulmans fréquentent plus de jeunes pratiquant une autre religion que ne le font les catholiques. «Un constat assez logique, puisque les jeunes d'origine musulmane fréquentent des individus de toutes origines dans la vie quotidienne», explique Patrick Simon.

*L'enquête a été réalisée auprès de 22 000 personnes entre septembre 2008 et février 2009

Matthieu Stricot, 06/06/2013
www.lemondedesreligions.fr/savoir/croyants-ou-non-les-jeunes-veulent-vivre-la-religion-autrement-06-06-2013-3154_110.php

Lisez l'article et faites la synthèse des chiffres en les présentant de façon visuelle (utilisez un graphique par exemple). Puis écrivez des phrases pour commenter votre graphique. N'oubliez pas de donner votre avis.

THÉORIE DE LA CONNAISSANCE

Est-ce que notre perspective du monde est influencée par une appartenance à une religion?

Est-il indispensable de connaitre les religions pour comprendre les autres et le monde qui nous entoure?

CRÉATIVITÉ, ACTIVITÉ, SERVICE

Avez-vous déjà aidé des réfugiés à s'adapter à leur nouvel environnement?

Pensez-vous que leur religion pourrait être un obstacle ou une chance à l'adaptation?

Thème 3: Identités

Les autres croyances

- Comprendre ce qu'est une secte et ce qui peut la rendre attractive
- Explorer la subsistance des superstitions dans un monde qui se veut de plus en plus moderne et rationnel

RÉFLÉCHIR

Mode de fonctionnement des sectes:

- Rejet du monde extérieur
- Difficultés pour quitter le groupe
- Structures organisées sur un mode autoritaire
- Adhésion inconditionnelle
- Contributions financières excessives
- Contrôle mutuel des membres
- Disponibilité toujours plus importante
- Endoctrinement des enfants
- Prosélytisme abusif

10 Les caractéristiques des sectes

Le terme de «secte» a pris une dimension polémique, et désigne de nos jours un groupe ou une organisation, le plus souvent à connotation religieuse, dont les croyances ou le comportement sont jugés obscurs ou malveillants par le reste de la société. Généralement, les responsables de ces groupes sont accusés d'une part de brimer les libertés individuelles au sein du groupe ou de manipuler mentalement leurs disciples, afin de s'approprier leurs biens et de les maintenir sous contrôle, et d'autre part d'être une menace pour l'ordre social.

Lisez le texte ci-dessus ainsi que les caractéristiques, puis faites des commentaires.

11 Les sectes dans notre société

A Donnez un titre à chaque paragraphe que vous écoutez.

Piste 14
1. Le spirituel en baisse
2. Appréhension face aux sectes
3. Attitude à trouver par rapport aux sectes
4. Déception de la vie moderne

B Répondez aux questions suivantes.

1. Pourquoi les sectes font-elles peur? Citez au moins deux raisons.
2. Pourquoi font-elles envie?
3. Quelles sont les raisons pour lesquelles la culture moderne peut désorienter?
4. Dans le contexte du document sonore, expliquez l'expression «Il ne faut pas imposer une chasse aux sorcières».

12 Les superstitions en France

Un Français sur dix dit avoir déjà consulté un médium; les horoscopes figurent parmi les pages les plus lues dans la presse; les livres des voyants sont de grands succès d'édition. Les Français seraient-ils de plus en plus nombreux à se réfugier dans l'irrationnel et le paranormal dès que peines de cœur, problèmes de santé ou doutes professionnels assombrissent leur quotidien?

Regardez bien cette image et essayez de trouver quelles superstitions françaises elle illustre. Varient-elles des superstitions dans votre pays? Pourquoi les superstitions existent-elles partout?

13 Le mariage à Madagascar

Le mariage à Madagascar suit un certain nombre de règles et se doit d'emprunter certaines étapes incontournables:

- *Fiantranoana*: le prétendant rencontre la famille de sa bien-aimée et demande la permission d'obtenir sa main en mariage.
- *Fisehoana*: Les deux familles se rencontrent.
- *Fanapahan-draharaha*: Les familles se retrouvent à nouveau pour décider de la date, le planning et la répartition des dépenses.
- *Fanateram-bodiondry*: Les fiançailles du couple:
  - Le futur marié est alors obligé de se présenter à pied au domicile de sa future épouse afin de lui demander sa main par l'intermédiaire d'un orateur.
  - *Vodiondry*: La famille de la mariée donne alors la dot à celle du futur marié dans une enveloppe.
  - Le futur marié offre aux parents de la mariée un mouton comme marque de respect, et à certains membres de la famille des enveloppes avec de l'argent: au minimum de trois, elles sont destinées à dédommager pour le départ de la mariée du foyer, où elle ne pourra plus aider ses proches à accomplir les tâches quotidiennes.
  - Le marié offre à l'élue de son cœur un cadeau, en général une alliance en or jaune pour symboliser leur union.
- *Hanim-pitoloha*: Il s'agit d'un repas en plein air entre les deux familles pour célébrer l'union.
- Enfin, le gâteau de mariage est un symbole fort qui devra impressionner les invités par sa couleur et sa forme, choisi en fonction de sa signification.

A C'est quelle étape? Lisez les descriptions puis liez-les à des étapes en fonction du sens:

1 C'est le moment de se restaurer.
2 L'homme rencontre sa future belle-famille pour demander son accord.
3 Les proches de la femme remettent à l'autre famille ce qui est dû.
4 Les deux familles cherchent à se connaître.
5 Décision quant à l'organisation.

B Y a-t-il une coutume, des superstitions concernant le mariage dans votre région? Expliquez à votre classe, par étapes, comment se passe le mariage tel que vous le connaissez.

14 Superstitions régionales françaises

La danse de la brioche (Vendée)

La danse de la brioche se passe à l'approche de minuit, après le repas, quand les mariés offrent une grosse brioche ronde aux invités, disposée sur un plateau. Sur fond de musique rythmée, les invités commencent à danser et passent en-dessous de la brioche, tenue à bout de bras par les mariés sur un grand plateau ou une civière. Puis, les membres de la famille des mariés viennent les relayer, ensuite les invités, jusqu'à ce que tout le monde soit passé en-dessous. Enfin, après avoir découpé le cœur, la mariée, la mère de la mariée et enfin sa belle-mère montent, une par une, au milieu de la brioche. Pour finir, la brioche est découpée, et servie à tout le monde.

La danse du parapluie (Bretagne et Pays de la Loire)

Les époux doivent danser un slow sous un grand parapluie –ou une ombrelle, plus distinguée et appréciée des plus superstitieux– tenu par le marié, pendant que les invités leur lancent des serpentins qui leur auront été distribués auparavant.

Le jeu de la brouette (Nord)

Tous les invités doivent amener à la cérémonie une boîte de conserve ayant enlevé l'étiquette entourant la boîte. En début de soirée, les mariés passent auprès des invités avec une brouette et chacun d'entre eux y pose sa boîte de conserve pour qu'ils aient de quoi se nourrir de plats surprises pendant les mois suivant leur mariage.

Le paquito (Pays Basque)

Les invités s'assoient par terre les uns derrière les autres et se balancent d'avant en arrière sur le rythme de la musique, jouée de préférence par un orchestre. Ceux qui participent vont alors se faire porter à bout de bras horizontalement les uns après les autres tout au long de la file humaine.

A Trouvez dans le texte les mots correspondant aux définitions suivantes:

1 caisse montée sur une roue et comportant deux bras servant à transporter
2 une pâtisserie
3 un petit rouleau de papier que l'on jette en le déroulant
4 suite de personnes les unes derrière les autres
5 toile tendue servant à transporter

B Travail individuel: Résumez chacune des superstitions régionales avec vos propres mots.

C Ensuite lisez vos résumés à un(e) partenaire et faites deviner de quelle superstition vous parlez.

D Il existe des superstitions régionales dans tous les pays. Vous travaillez pour l'office du tourisme de votre pays qui vous a chargé d'écrire une brochure de vacances à thème: Les superstitions régionales.

Sous-cultures et identité

- Comprendre ce qu'est une sous-culture
- Réfléchir sur la part des sous-cultures dans notre société

Décrivez l'image et commencez à penser à une définition de sous-culture. Cette notion existe-t-elle partout? Pourquoi à votre avis? A-t-elle une connotation péjorative?

15 Sous ou sub-culture?

> En sociologie contemporaine, en anthropologie et dans les études culturelles (*Cultural Studies*), une sous-culture – ou subculture, terme plus positif – est une culture (revendiquée, cachée, souterraine) partagée par un groupe d'individus, se différenciant ainsi des cultures plus larges (dites *mainstream*) auxquelles ils appartiennent.
>
> https://fr.wikipedia.org/wiki/Sous-culture

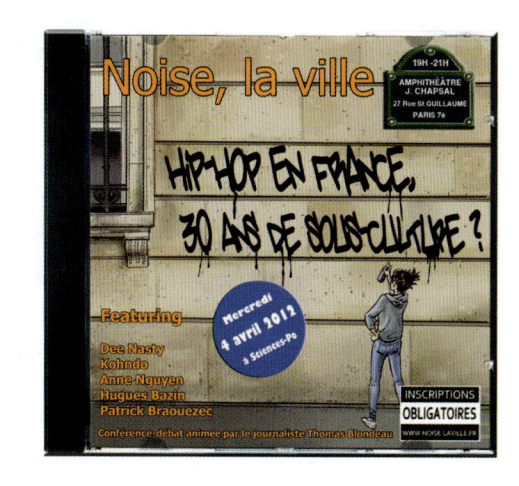

Lisez la définition et répondez aux questions.

1. Que pensez-vous de cette définition?
2. Est-elle similaire à ce que vous pensez? Pourquoi (pas)?
3. De quelles façons exprimons-nous notre identité?
4. Pourquoi certains individus cherchent-ils à se démarquer de la culture dominante?

16 Le phénomène des mèmes

Lisez l'entretien avec un biologiste qui explique un peu plus en détail ce phénomène puis faites les activités associées:

Nous recevons aujourd'hui la biologiste et chercheuse en psychologie Dr Diome qui va nous faire comprendre ce qu'est ce phénomène. Elle a passé quelques années à étudier différents mèmes en France et dans d'autres pays francophones.

Q Bonjour Dr Diome. Tout d'abord dites-nous ce qu'est ce mot «mème».

R Bien sûr, il est calqué sur le mot «gène» et correspond à un élément culturel qu'on peut facilement reconnaitre. Cet élément va ensuite être copié et diffusé par imitation.

Q Peut-on considéré le mème comme faisant partie de la culture?

R Tout à fait; on peut même ajouter qu'il fait partie des cultures et qu'il permet à celles-ci d'avancer puisqu'il agit comme réplicateur.

Q Comment peut-on expliquer que certains mèmes subsistent et d'autres non?

R Tout simplement parce que leur survie est basée sur leur capacité à susciter une attitude imitable. La communication virale, qui suppose la diffusion d'informations de bouche-à-oreille, transmet certains mèmes au travers du temps en subissant cependant certaines variations.

Q Les mèmes ont-ils un rôle dans notre société?

R Alors, ils peuvent avoir un rôle banal ou crucial, c'est-à-dire qu'ils seront soit des véhicules pour des marques connues par exemple ou bien, et de façon plus capitale, les véhicules de certains paradigmes.

Q Expliquez-nous le mot, s'il vous plaît.

R Pardon, un paradigme est une représentation du monde, une manière de voir les choses. Ce qui veut dire que celui-ci est crucial pour l'évolution des sociétés.

Q Serait-il juste de dire que les mèmes font partie de notre identité?

R Évidemment et ils ne sont pas récents non plus bien qu'ils soient un peu compliqués à définir.

Q Merci beaucoup de nous avoir accordé du temps, Dr Diome.

R Avec plaisir.

A Trouvez dans le texte l'équivalent des expressions suivantes:
1 copié sur
2 reproducteur
3 qui se propage
4 verbalement

B Remplissez les phrases suivantes par des pronoms démonstratifs:
1 Ma passion c'est la poésie; ____ de ma sœur, c'est le hip-hop.
2 Tu connais le dernier film de Klapisch? C'est ____ avec Romain Duris?
3 La jeune femme assise à côté de toi est ____ qui a appelé hier.
4 J'adore les papillons mais ____ que je préfère ont des couleurs vives.
5 Toutes les musiques font partie de notre société et elles permettent à ____ de prospérer.
6 Ce ne sont pas mes livres, ce sont ____ de ma mère.

> **Grammaire**
>
> **Les pronoms démonstratifs**
>
> Ils remplacent un nom spécifique qui a déjà été mentionné pour ne pas le répéter.
>
> **-ci** et **-là** peuvent être ajoutés pour indiquer la proximité ou l'éloignement.
>
> **Reportez-vous au précis de grammaire en fin de livre.**

17 Les sous-cultures musicales ont-elles encore un sens?

Peut-on vraiment se différencier par le biais de la musique quand on va la puiser à la même source que celle où s'abreuvent vos parents, vos profs ou vos pires ennemis?

Il est aujourd'hui possible d'avoir accès à n'importe quelle musique, n'importe où, n'importe quand. En un clic, on peut devenir propriétaire de la discographie de Neil Young ou de toutes les mixtapes de rap sudiste jamais sorties. Mais cet accès illimité n'est pas sans conséquences: aujourd'hui, à de très rares exceptions près (comme le psychobilly ou la country), plus personne n'écoute exclusivement un seul style de musique. On est de moins en moins investis dans les sous-cultures (ou contre-cultures) musicales et la musique a, de fait, perdu de son impact et de son pouvoir.

Aujourd'hui, la culture skin est devenue un hashtag et les concerts une simple opportunité pour tester son drone ou son selfie-stick. Il y a encore quelques années, on dansait, s'habillait et prenait des drogues en fonction du style de musique qu'on écoutait et on choisissait ses potes en fonction de leurs goûts. Les gamins dépensaient le peu d'argent qu'ils avaient dans les sapes et les disques et essayaient de se forger leur propre identité, se différenciant ainsi de la culture dominante. […]

Une soif de différence et une position volontairement en marge que partageaient d'autres cercles: punks, goths, skinheads, suedeheads, rude boys, teddy boys, mods, rockers, ravers et, globalement, toutes les sous-cultures embrassées par la jeunesse occidentale après la Seconde Guerre Mondiale. […] À l'école on parlait des groupes qu'on aimait et après les cours, on se retrouvait pour parler de musique.

Entre camarades de classe, c'était quelque chose qui nous liait. […]

Mais en 1979, impossible de commander ses sapes en deux clics sur Asos et de recevoir sa tenue complète le jour suivant. Pour ressembler à son groupe favori, il fallait te bouger le cul. Sérieusement. Et même avec tous ces efforts, la musique restait quelque chose de difficilement accessible. OK, il y avait des magazines et quelques émissions à la télé et à la radio, mais il n'y avait ni Soundcloud, ni YouTube. […] Le seul endroit où l'on pouvait glâner des bribes d'informations supplémentaires, c'était dans les recoins sombres des concerts – lieux alors difficilement accessibles pour les ados. […]

La génération actuelle est à des années lumières de tout ça. Et pas juste parce qu'elle doit se débrouiller avec la hausse du chômage, la baisse du pouvoir d'achat, le prix de l'immobilier

[…] Aujourd'hui, on baigne dans un flux d'informations toujours plus important et on a immédiatement accès à tout et n'importe quoi, «cette notion du "tout, tout de suite" développée par internet fait qu'il est de plus en plus difficile de conserver un esprit underground. Il y a toujours des sous-cultures. La différence, c'est qu'elles ne sont plus révolutionnaires.»

Car si internet a rendu la musique accessible à tous, en nous permettant de nous connecter avec des gens du monde entier qui partagent nos goûts, ça a aussi été un anesthésiant redoutable dans la grande course à la consommation. […]

Si le terme «culture» se réfère aux idées, aux coutumes ou aux comportements sociaux dominants, alors la contre-culture doit représenter une alternative à tout ça. Mais avec internet, la nouveauté est assimilée à la culture mainstream à une vitesse incroyable. Et est-ce qu'un artiste peut vraiment rester underground si ses vidéos sont disponibles sur YouTube? Peut-on vraiment se différencier par le biais de la musique quand on va la puiser à la même source (Spotify, iTunes) que celle où s'abreuvent vos parents, vos profs ou vos pires ennemis?

Aujourd'hui, si on jette un rapide coup d'œil à des tendances comme le Health Goth ou les Seapunks, on s'aperçoit qu'ils ne sont rien d'autre que le reflet du narcissisme qui caractérise la génération Y. […] Aucune des contre-cultures vestimentaires d'aujourd'hui n'est affiliée à un style de musique spécifique: elles renvoient juste à une image.

Vous voulez vraiment lancer une nouvelle tendance forte en 2015? Cassez votre iPhone, quittez Twitter et reprenez tout à zéro.

Tish Weinstock, 15/05/2015
https://noisey.vice.com/fr/article/rbzwjz/les-sous-cultures-musicales-ont-elles-toujours-un-sens

A Choisissez les phrases vraies selon les quatre premiers paragraphes:
1. Toute la musique n'est pas facile d'accès.
2. On écoute souvent un seul type de musique.
3. Avant on avait des ami(e)s selon ses goûts.
4. S'habiller différemment pouvait montrer qu'on voulait se démarquer.
5. On avait envie de se distinguer.
6. En 1979, il était facile de trouver les vêtements de nos groupes favoris.
7. Les ados n'allaient pas facilement aux concerts.

B Résumez le reste du texte en utilisant les mots et les expressions suivants:
- Une grande quantité d'informations
- Tout de suite
- Révolutionnaire
- Contre-culture
- La source
- Une image

C Après avoir lu le texte, discutez ces idées en groupes puis faites un débat en classe.

D Écrivez une lettre à la journaliste (auteure du texte) pour lui donner vos impressions et lui faire part de vos idées.

Littérature

18 La petite Fadette (1849)

George Sand (1804–1876) est une romancière, dramaturge, épistolière, critique littéraire et journaliste française. Elle compte parmi les écrivains les plus prolifiques, avec plus de 70 romans à son actif et 50 volumes d'œuvres diverses dont des nouvelles, des contes, des pièces de théâtre et des textes politiques. *La petite Fadette* fait partie des romans champêtres et régionalistes qui se situent dans le Berry et répond à l'intérêt croissant du nombre de Français au XIXème siècle pour les coutumes paysannes.

– Adieu donc, le beau besson[1] sans cœur, qui laisse son frère derrière lui. Tu auras beau l'attendre pour souper, tu ne le verras pas d'aujourd'hui ni de demain non plus; car là où il est, il ne bouge non plus qu'une pauvre pierre, et voilà l'orage qui vient. Il y aura des arbres dans la rivière encore cette nuit, et la rivière emportera Sylvinet si loin, si loin, que jamais plus tu ne le retrouveras.

Toutes ces mauvaises paroles, que Landry écoutait quasi malgré lui, lui firent passer la sueur froide par tout le corps. Il n'y croyait pas absolument, mais enfin la famille Fadet était réputée avoir tel entendement avec le diable, qu'on ne pouvait pas être bien assuré qu'il n'en fût rien.

– Allons, Fanchon **(surnom de la Fadette par sa grand-mère)**, dit Landry, en s'arrêtant, veux-tu, oui ou non, me laisser tranquille, ou me dire, si, de vrai, tu sais quelque chose de mon frère?

– Et qu'est-ce que tu me donneras si, avant que la pluie ait commencé de tomber, je te le fais retrouver? dit la Fadette en se dressant debout sur la barre du sautoir, et en remuant les bras comme si elle voulait s'envoler.

Landry ne savait pas ce qu'il pouvait lui promettre, et il commençait à croire qu'elle voulait l'affiner pour lui tirer quelque argent. Mais le vent qui soufflait dans les arbres et le tonnerre qui commençait à gronder lui mettaient dans le sang comme une fièvre de peur. Ce n'est pas qu'il craignît l'orage, mais, de fait, cet orage-là était venu tout d'un coup et d'une manière qui ne lui paraissait pas naturelle. Possible est que, dans son tourment, Landry ne l'eût pas vu monter derrière les arbres de la rivière, d'autant plus que se tenant depuis deux heures dans le fond du Val, il n'avait pu voir le ciel que dans le moment où il avait gagné le haut. Mais, en fait, il ne s'était avisé de l'orage qu'au moment où la petite Fadette le lui avait annoncé, et tout aussitôt, son jupon s'était enflé; ses vilains cheveux noirs sortant de sa coiffe, qu'elle avait toujours mal attachée, et quintant sur son oreille, s'étaient dressés comme des crins; le sauteriot[2] avait eu sa casquette emportée par un grand coup de vent, et c'était à grand'peine que Landry avait pu empêcher son chapeau de s'envoler aussi.

Et puis le ciel, en deux minutes, était devenu tout noir, et la Fadette, debout sur la barre, lui paraissait deux fois plus grande qu'à l'ordinaire; enfin Landry avait peur, il faut bien le confesser.

Extrait de La petite Fadette *par George Sand*

---

[1] le beau besson: jumeau
[2] le sauteriot: enfant malingre

A Questions de compréhension:

1. Quelle expression signifie «s'efforcer en vain de»?
2. Qui est Sylvinet?
3. Comment sait-on que Landry a peur?
4. Pourquoi Landry a-t-il peur?
5. Quelle expression signifie «l'orage dont il est fait référence»?
6. Pourquoi «cet» est-il utilisé devant «orage»?
7. À quoi se réfère «le haut» dans «il avait gagné le haut»?
8. Quel adjectif signifie «laids» dans la description de Fadette?

B Questions générales:

1. Montrez comment la petite Fadette est prise pour une sorcière par Landry.
2. Comment comprend-on que l'auteure n'adhère pas à l'explication de la sorcellerie?
3. Faites des recherches sur le mot «Fadet».
4. Qu'est-ce que l'auteure veut montrer à votre avis?
5. Est-ce qu'il existe des superstitions dans toutes les cultures? Pourquoi?

Thème 3: Identités

UNITÉ 9 Langue et identité

Qui suis-je?

- Explorer la notion d'identité
- Réfléchir sur la façon de se présenter aux autres
- Comprendre comment les autres nous perçoivent

RÉFLÉCHIR

- Dans la liste suivante trouvez les cinq mots synonymes d'«identité»:
  ☐ une contradiction
  ☐ une différence
  ☐ une opposition
  ☐ une parenté
  ☐ un particularisme
  ☐ une séparation
  ☐ un signalement
  ☐ une souveraineté
  ☐ une uniformité
- À la question «qui suis-je» notez spontanément cinq réponses courtes et partagez avec le reste de la classe. Que remarquez-vous dans les réponses?
- Avec vos propres mots, définissez le mot «identité».
- En général les femmes et les hommes ne répondent pas à la question initiale de la même façon. À votre avis quelles pourraient être leurs réponses? Pourquoi les approches sont-elles différentes?

1 Mais au fond qui suis-je?

Suis-je un nom, un métier, des valeurs, des sentiments, une éducation, un savoir? Tous ces visages suffisent-ils à me définir? Non, mais j'ai besoin de les reconnaître et de les explorer pour me sentir pleinement exister. Le travail passionnant de toute ma vie […]

En voyage, passeport en poche, je suis français. Au pied du berceau, je suis père. Entre les draps, je suis un homme. Au travail, je suis comptable ou commercial. Pendant ce congrès, je suis Peugeot, Danone ou ce que porte ma carte de visite. Ce sont mes rôles successifs, souvent au cours d'une même journée. Ils disent comment on me voit, ce que l'on attend de moi, mais ne sont que quelques-unes de mes mille facettes. À quoi me sert-il d'être français au lit, ou Peugeot pour aider mon enfant à s'endormir? J'aime la grande musique, je ne me sens pas à l'aise dans les réceptions, nager me procure un grand bien-être, la solitude ne me convient guère. Mes goûts, mes émotions, mes préférences guident en permanence mes choix. Mes désirs m'habitent et m'accompagnent, mais ils ne peuvent suffire à me définir.

Je vote à toutes les élections, il m'arrive de resquiller dans la queue au cinéma, je me sens coupable si j'ai oublié l'anniversaire d'un ami proche, je préfère mentir que de faire de la peine. Mes valeurs tracent souvent mon chemin, y compris de manière contradictoire. J'aurais du mal à les résumer à quelques principes simples. D'autant plus que je ne perçois tel ou tel aspect de moi-même qu'au gré des circonstances. […] Je connais une partie de moi-même et, au fur et à mesure que je vis, je constate, voire découvre, le reste. Une exploration qui ne sera jamais achevée. […]

Jean-Louis Servan-Schreiber
www.psychologies.com/Moi/Se-connaitre/
Personnalite/Articles-et-Dossiers/Savez-vous-
qui-vous-etes/Mais-au-fond-qui-suis-je

Lisez le texte ci-dessus et répondez aux questions suivantes:

1 À quoi «les» se réfère-t-il dans «j'ai besoin de les reconnaître» (ligne 2)?
2 Pourquoi a-t-on besoin de multiples visages?
3 Que montrent les rôles successifs d'une même personne?
4 Trouvez une expression qui signifie «musique classique».
5 Comment l'auteur se sent-il bien?
6 Qu'est-ce qu'il n'aime pas beaucoup?
7 Quelle est la limite des désirs?
8 Quel mot signifie «même / aussi»?

2 Rôle de la langue maternelle dans la construction de l'identité

Écoutez l'extrait du discours sur le rôle de la langue maternelle et faites les activités suivantes.

A Choisissez les cinq phrases correctes – première partie:

1. La langue première est primordiale dans l'élaboration de l'identité.
2. La langue maternelle n'a rien à voir avec la pensée.
3. L'enfant pense avant de commencer à parler.
4. Avant de pouvoir parler, l'enfant commence à faire des liens.
5. Ceux / Celles qui parlent une même langue ont une identité commune.
6. Parler un dialecte n'influence pas l'identité.
7. Une langue n'est pas uniquement un moyen de communiquer.
8. Nos conceptions du monde proviennent de notre langue maternelle.

B Répondez aux questions suivantes – deuxième partie:

1. Pourquoi la façon de penser est différente dans différentes langues?
2. Qu'est-ce qui existe dans chaque langue?
3. Qu'est-ce qui est reflété par les expressions imagées?
4. Est-ce que les expressions imagées peuvent être identiques dans toutes les langues?
5. La langue maternelle est-elle plus qu'un constituant de l'identité? Pourquoi (pas)?
6. Qu'est-ce qu'implique la pluralité des langues?

C
Vous avez décidé d'explorer qui vous êtes. Vous écrivez un blog dans lequel vous l'expliquez à vos lecteurs/trices. Vous pouvez utiliser le premier texte pour vous aider. Écrivez environ 300 mots.

Langue française et identité culturelle

- Identifier le lien entre la langue française et l'identité
- S'interroger sur les facteurs qui déterminent l'identité culturelle

UNITÉ 9 Langue et identité

> **RÉFLÉCHIR**
>
> L'image ci-dessus est une mosaïque murale conçue par l'artiste Myriam Morin. Cette fresque s'appelle «L'arbre de nos appartenances» et elle est exposée au musée régional du Saguenay-Lac-Saint-Jean au Canada.
>
> Faites les activités suivantes à l'oral:
>
> - Décrivez cette image. Vous paraît-elle bien décrire les appartenances? Pourquoi (pas)?
> - Pourquoi est-il important d'avoir le sentiment d'appartenir à quelque chose?

3 La voie de l'expression des identités culturelles

En 2005, l'UNESCO déclare «que la diversité linguistique est un élément primordial de la diversité culturelle, et [réaffirme] le rôle essentiel que l'éducation joue dans la protection et la promotion des expressions culturelles», accentuant ainsi l'importance que prend la langue dans l'expression des identités culturelles. Celle-ci permet d'appréhender l'identité d'un groupe d'individu de façon plus profonde que quand une culture est étudiée superficiellement. Toutes les langues sont d'une importance capitale pour montrer les différentes cultures et ainsi en conserver les originalités, ce qui explique une démarche de protection linguistique au niveau international. Toutefois, si l'on en croit les chiffres de l'UNESCO «plus de 50% des 6700 langues parlées mondialement sont en voie de disparition, […] 96% des langues ne sont parlées que par 4% de la population du monde, une langue disparaît à peu près toutes les deux semaines, et 80% des langues africaines n'ont pas de version écrite». Ce mouvement pourrait mener à la disparition des cultures qui utilisent ces langues pour s'exprimer. Les efforts produit à l'échelle internationale dans la volonté de protéger les langues apparaissent à travers les conférences, conventions et dates clés comme la neuvième édition de la «Journée Internationale de la langue maternelle», le 21 février 2008; journée d'autant plus importante que l'année 2008 a été déclarée «Année internationale des langues» par l'Assemblée générale des Nations Unies.

Dès 2005, la langue était identifiée par l'UNESCO comme [1]_____ partie du «patrimoine mondial» en tant que «patrimoine culturel [2]_____».

On comprend par «patrimoine culturel immatériel» les pratiques, représentations, expressions, connaissances et [3]_____ –mais aussi les instruments, objets, artefacts et espaces culturels qui leur sont associés– que les communautés, les groupes et, le cas échéant, les individus reconnaissent comme faisant partie de leur [4]_____ culturel […] Les constituants du patrimoine culturel immatériel sont [5]_____ plus importants qu'ils représentent les moyens de représentation [6]_____. Permettre à la langue de paraître dans cette liste montre à quel point elle est [7]_____ des identités mondiales, mais aussi de l'évolution du genre humain.

A Choisissez les phrases vraies parmi les suivantes (premier paragraphe):

1. L'UNESCO pense que l'éducation joue un rôle prépondérant dans le développement des cultures mondiales.
2. Les langues sont un des éléments clés qui constituent les identités.
3. Moins de la moitié des langues parlées dans le monde vont disparaître.
4. Une langue disparaît tous les 15 jours.
5. La grande majorité des langues africaines sont écrites.

B Replacez les mots manquants dans le deuxième paragraphe:

a d'autant
b faisant
c garante
d identitaires
e immatériel
f patrimoine
g savoir-faire

C Utilisez la citation sur la langue chamicuro et écrivez une page de journal intime comme si vous étiez cette personne. Écrivez environ 350 mots.

4 La langue française et l'identité culturelle

Sujet difficile, sur lequel beaucoup de voix s'exprimèrent sinon se confrontèrent.

«Il m'est arrivé, en méditant sur tout ce que je dois au français, de penser à la possibilité de quelques coups de pouce du destin […] qui m'auraient fait voir le jour dans un pays dont la langue n'eût pas été le français. Cet autre moi-même que j'imaginais alors, il a mes traits, c'est mon sang qui circule en lui, il me ressemble comme un frère. Et pourtant ce n'est pas moi, il ne pense pas exactement comme moi, il n'a ni ma sensibilité, ni mes goûts littéraires, ni mes préoccupations, ni mes ferveurs.»

Joseph Hanse, Moncton 1977, Actes IV p. 56

L'identité culturelle des Acadiens? «C'est malaisé, bien malaisé de connaître l'identité de celui qui vit en Amérique et pourtant n'est pas américain; qui est sorti de France il y a trois siècles et pourtant n'est plus français… Comment définir ce peuple déraciné, et pourtant qui a des racines si profondes qu'il les traîne partout derrière lui comme des algues flottantes… C'est dans la littérature orale, primitive, que nous chercherons notre lignage… et c'est avec ça que nous aspirerons à l'universel… Il reste à trouver le petit fil aux couleurs d'Acadie, qui viendra s'ajouter à la vaste tapisserie que tissent depuis mille ans les peuples de la Francophonie.»

Antonine Maillet, Moncton 1977, Actes IV p. 100

«Chaque homme est semblable à tous les autres, semblable à quelques autres, semblable à nul autre… Mais seule la deuxième proposition peut nous servir de point de départ pour l'analyse culturelle … Trois facteurs fondamentaux – la race, la religion, la langue – ont une puissance que n'ont pas les autres facteurs de l'identité ethnique […]. La langue transcende les autres éléments […] car elle permet de les nommer.»…

Selim Abou, Moncton 1977, Actes IV p. 33

«Une langue, c'est à la fois une identité, une mémoire. C'est aussi la somme de toutes les jouissances verbales accumulées à travers les siècles… et dans mon histoire. Ces points représentent quelque chose d'irréductible… Le corollaire, … c'est de dire que tout homme qui parle français peut être Français… Par le sol et par la langue, mais pas par le sang…»

Charles Méla, Neuchâtel 1997, Actes XV p. 400

«J'ai un quart de sang noir, un quart de sang indien, un quart de sang juif. La seule chose que je possède en propre est la langue française.»

Édouard Maunick, le poète mauricien, Namur 1965, Actes I

Au Luxembourg: «Nous parlons français dans la mesure du possible, et allemand dans la mesure de l'indispensable.»

Alphonse Arend, Québec 1967 Actes I p.50

www.biennale-lf.org

A De qui sont les idées suivantes? Joseph Hanse, Selim Abou, Édouard Maunick, Antonine Maillet, Charles Méla ou Alphonse Arend? Justifiez vos réponses avec des éléments du texte.

1. Même si on n'est pas français on peut accéder à la culture française grâce à la langue.
2. On ne parle allemand que si on en a besoin.
3. Parler une langue différente change les goûts.
4. Notre culture se transmet à travers la langue orale.
5. La langue est l'élément qui me permet de me situer.
6. Une langue sert à donner des noms.

B Servez-vous des citations et organisez un débat en classe sur la langue en tant qu'identité culturelle.

5 La langue de chez nous

C'est une langue belle avec des mots superbes
Qui porte son histoire à travers ses accents
Où l'on sent la musique et le parfum des herbes
Le fromage de chèvre et le pain de froment

Et du Mont-Saint-Michel jusqu'à la Contrescarpe
En écoutant parler les gens de ce pays
On dirait que le vent s'est pris dans une harpe
Et qu'il en a gardé toutes les harmonies

Dans cette langue belle aux couleurs de Provence
Où la saveur des choses est déjà dans les mots
C'est d'abord en parlant que la fête commence
Et l'on boit des paroles aussi bien que de l'eau

Les voix ressemblent aux cours des fleuves et des rivières
Elles répondent aux méandres, au vent dans les roseaux
Parfois même aux torrents qui charrient du tonnerre
En polissant les pierres sur le bord des ruisseaux

C'est une langue belle à l'autre bout du monde
Une bulle de France au nord d'un continent
Sertie dans un étau mais pourtant si féconde
Enfermée dans les glaces au sommet d'un volcan

Elle a jeté des ponts par-dessus l'Atlantique
Elle a quitté son nid pour un autre terroir
Et comme une hirondelle au printemps des musiques
Elle revient nous chanter ses peines et ses espoirs

Nous dire que là-bas dans ce pays de neige
Elle a fait face aux vents qui soufflent de partout,
Pour imposer ses mots jusque dans les collèges
Et qu'on y parle encore la langue de chez nous

C'est une langue belle à qui sait la [1] _____
Elle offre les [2] _____ de richesses infinies
Les mots qui nous manquaient pour pouvoir nous [3] _____
Et la force qu'il faut pour [4] _____ en harmonie

Et de l'Île d'Orléans jusqu'à la Contrescarpe
En écoutant chanter les gens de ce pays
On dirait que le vent s'est pris dans une harpe
Et qu'il a composé toute une symphonie

Et de l'Île d'Orléans jusqu'à la Contrescarpe
En écoutant chanter les gens de ce pays
On dirait que le vent s'est pris dans une harpe
Et qu'il a composé toute une symphonie.

Yves Duteil

A Avant de vous servir du texte de la chanson, faites des recherches en groupes sur les notions et lieux suivant(e)s, puis présentez à la classe:

- le Mont Saint Michel
- la Contrescarpe
- la Provence
- le Québec
- l'île d'Orléans

B Dans les trois premières strophes trouvez les mots équivalents à:

1 admirable
2 articulation
3 le goût
4 les mots

C Répondez aux questions suivantes (basées sur les strophes 5 à 7):

1 À quoi se réfère «au nord d'un continent»?
2 Pourquoi la langue française est-elle «sertie dans un étau»?
3 À quoi «elle» fait référence dans la strophe 6?
4 Quel est le «nid»?
5 Dans la strophe 7, quelle expression fait référence au Canada?
6 Pourquoi les vents «soufflent»-ils «de partout»?

D Replacez les mots nécessaires dans les espaces. Attention: il y a plus de mots donnés!

a apprendre	**c** défendre	**e** trésors
b comprendre	**d** habiter	**f** vivre

E La loi 101 au Québec existe pour défendre la langue française. Pensez-vous que défendre une langue avec des lois est une bonne idée? Écrivez un discours pour donner votre avis sur ce sujet (environ 300 mots).

6 Le français et la nouvelle génération

A Essayez de deviner ce que signifie ce langage utilisé dans les textos:

1 aprè-mi10
2 kdo
3 ojourd'8
4 ab1to
5 a2m1
6 koncR
7 6néma

B Existe-t-il la même chose dans votre langue? Pensez-vous que la nouvelle génération est en train de perdre l'usage du français? Pourquoi (pas)?

7 Les jeunes bousculent la langue française

Mots mutilés, écriture phonétique, vocabulaire appauvri... Le «français» des adolescents inquiète les adultes

Enquête: La langue des cités pour «dire les maux»

1 «Wesh» (salut, ça va?), «Wua mortel, une teuf chez oit? C'est chan-mé bien!» (traduction approximative: «Tu fais une fête chez toi? C'est super!»)... «C'est trop de la balle» (idem)... Bribes de conversation ordinaire entre lycéens ordinaires, saisies au hasard d'un coin de rue d'un quartier plutôt chic de la capitale. Ce «céfran» que parle aujourd'hui les adolescents surprend souvent leurs parents, qui ont du mal à les comprendre. Opération réussie, puisque s'ils emploient un langage codé, c'est précisément pour exclure les adultes de leur univers. Ce phénomène n'est pas nouveau et le javanais d'après-guerre

choquait autant les parents d'alors. Aujourd'hui, le langage des jeunes s'inspire souvent de la langue des cités, mélange de verlan, de termes empruntés à de vieux argots français, ou aux diverses cultures qui cohabitent dans nos cités […].

2 À cette langue orale s'est rajoutée plus récemment une langue écrite, elle aussi très «cryptée»: le langage «texto» que les jeunes utilisent à un âge de plus en plus précoce, pour communiquer par SMS sur leurs téléphones portables ou par MSN sur leurs ordinateurs. Une écriture qui transcrit phonétiquement leur langue parlée et achève de tordre le cou à la langue de Molière en mutilant la syntaxe et l'orthographe, ce qui la rend encore plus incompréhensible aux non-initiés («Kestufé? Tnaz? Je V06né A2m'1»: «Qu'est-ce que tu fais? Es-tu fatigué? Je vais au cinéma. À demain»).

3 Ces nouveaux modes d'expression constituent-ils une menace pour la langue française? Les observateurs les plus optimistes pensent que non. Les jeunes culturellement les plus favorisés feraient preuve d'une grande mobilité intellectuelle, jonglant en permanence avec ces outils et passant avec agilité d'un registre de langue à l'autre, en fonction de leur interlocuteur. Tandis qu'à l'autre bout de l'échelle sociale, l'écriture phonétique, libérée des carcans de l'orthographe, réconcilie avec l'écrit les jeunes les plus réfractaires, en les décomplexant. «Les garçons notamment se sont mis à l'écriture plus intime via l'ordinateur, remarque ainsi la sociologue Dominique Pasquier, auteur d'une enquête sur les pratiques culturelles des lycéens […] Mais ces nouveaux langages les éloignent encore plus de la langue qu'on leur enseigne à l'école et contribuent à propager une «culture de l'oralité» dans toutes les classes sociales (en particulier les classes moyennes), au détriment de la «culture livresque et humaniste» qui n'est quasiment plus transmise.

«Un écrit de l'immédiateté»

4 C'est ce que déplore Alain Bentolila, professeur de linguistique à l'université de Paris V et spécialiste de l'illettrisme. «L'écrit que pratiquent ces jeunes aujourd'hui a changé de perspective et de nature, dit-il. C'est un écrit de l'immédiateté, de la rapidité et de la connivence: réduit au minimum, il n'est destiné à être compris que par celui à qui on s'adresse. Or, la spécificité de l'écrit par rapport à l'oral est qu'il permet de communiquer en différé et sur la durée: il est arrivé dans la civilisation pour laisser des traces.»

5 Ce principe de «connivence» et d'«économie linguistique» qui touchait jusque-là les «ghettos» des cités («où on est condamné, dit-il, à ne s'adresser qu'à ceux qui nous ressemblent») traverse [1]_____ la jeunesse tout entière. «Ce qui a changé, dit-il, c'est que nos enfants, qu'on a cru nourrir de nos mots, utilisent un vocabulaire très restreint, réduit à [2]_____ 1500 mots quand ils parlent entre eux – et à 600 ou 800 mots dans les cités.» Les adolescents les plus privilégiés possèdent, [3]_____, une «réserve» de vocabulaire qui peut être très importante et dans [4]_____ ils piochent en cas de nécessité (à l'école, avec des adultes, [5]_____ d'un entretien d'embauche…), ce qui leur permet une «socialisation» plus importante. [6]_____ globalement, estime le linguiste, ce bagage de mots que possèdent les jeunes a tendance à s'appauvrir quel que soit leur milieu.

6 Première responsable: la télévision. [7]_____, parce que les émissions que la majorité des enfants et des adolescents regardent utilisent un vocabulaire très réduit. Mais aussi, explique Alain Bentolila, parce qu'elles entretiennent ce «principe de connivence»: «La compréhension ne se gagne pas, elle est donnée d'emblée.» Nous pensons avoir élevé nos enfants dans l'appétit de la découverte de l'inconnu et on est battu en brèche par cette télévision qui leur fait la promesse du déjà-vu, qui les habitue à n'accepter que du prévisible.

Christine Legrand, 16/11/2005
www.la-croix.com/Famille/Parents-Enfants/Dossiers/Enfants-et-Adolescents/13-a-18-ans/Les-jeunes-bousculent-la-langue-francaise-_NP_-2005-11-16-511385

A Donnez un titre à chaque paragraphe du texte précédent:

a L'écrit change de nature
b Plus besoin de réfléchir
c Le vocabulaire se réduit
d Une langue pour se reconnaître
e Une nouvelle langue
f La langue orale gagne du terrain

B Relisez le premier paragraphe et trouvez le vocabulaire suivant:

1 morceaux
2 assez
3 français
4 écarter
5 de cette époque
6 coexistent

C Relisez le deuxième paragraphe et répondez aux questions suivantes:
1. Est-ce que les jeunes utilisent le langage «texto» de plus en plus tard?
2. Comment pouvez-vous décrire cette nouvelle écriture?
3. Quelle expression idiomatique signifie «tuer quelque chose»?
4. Dites quel auteur est utilisé pour décrire le français.
5. Quel verbe signifie «déformer»?

D Selon le troisième paragraphe, reliez les débuts et fins de phrases:
1. Certains observateurs…
2. Les plus favorisés sont plus mobiles…
3. Ils peuvent…
4. Les jeunes les plus réfractaires se…
5. Les garçons…
6. La culture du livre est…

a … naviguer facilement entre différents registres.
b … réconcilient avec l'écrit grâce à la phonétique.
c … écrivent plus via l'ordinateur.
d … pensent que la langue française n'est pas menacée.
e … intellectuellement.
f … en voie de disparition.

E Replacez les mots manquants dans les paragraphes 5 et 6:

a certes
b d'abord
c désormais
d environ
e laquelle
f lors
g mais

F Dans le premier paragraphe sont mentionnés «le javanais», «le verlan» et «l'argot». Faites des recherches en groupe et présentez à la classe.
- Quels sont les grands principes de ces types de «langues»?
- Existe-t-il des principes similaires dans votre langue?
- Pourquoi sont-ils très populaires?

G Vous voulez réagir après avoir lu l'article. Écrivez une lettre à son auteur dans laquelle vous exprimez votre opinion quant à la «disparition» de la langue française. Vous écrirez environ 300 mots.

■ THÉORIE DE LA CONNAISSANCE

Une langue définit-elle une culture?

Les langues qui disparaissent sont-elles irremplaçables?

Une culture n'est-elle définie que par sa langue?

Pour une meilleure communication, pourrait-on envisager de tous parler la même langue? Pourquoi (pas)?

Est-ce que notre langue façonne notre connaissance du monde?

Est-ce que notre perspective est déterminée par notre appartenance à une culture?

CRÉATIVITÉ, ACTIVITÉ, SERVICE

Enseigner le français à des enfants d'école primaire.

Créer un club de français dans votre école et aider les plus jeunes avec leurs devoirs.

UNITÉ 9 Langue et identité

Bilinguisme et identité nationale

- Comprendre et discuter ce qu'est le bilinguisme
- Faire un lien entre bilinguisme et capacités cognitives
- Examiner les facteurs qui peuvent freiner le bilinguisme

Thème 3: Identités

RÉFLÉCHIR

- Que comprenez-vous dans l'expression «être bilingue»?
- Parlez-vous une autre langue que celle que vous utilisez à l'école dans votre vie de tous les jours? Comment vivez-vous cette situation?
- Vivez-vous dans un pays bilingue / multilingue? Comment s'organisent vos différentes langues?
- Que pensez-vous des enfants bilingues?
- Que pensez-vous de l'IB qui oblige à apprendre une langue?
- Seriez-vous prêt(es) à aller vivre dans un pays officiellement multilingue?

De nos jours, à travers le monde, le monolinguisme est une exception. De nombreux pays sont officiellement bilingues ou multilingues, c'est à dire qu'ils fonctionnent en plusieurs langues officielles. Quand bien même un État ne se reconnaît pas comme bilingue ou multilingue, celui-ci abrite une population qui peut fonctionner en différentes langues.

8 Éducation: grandir dans un milieu bilingue développe les capacités cognitives

Une nouvelle étude démontre que les enfants qui parlent deux langues bénéficient d'avantages décisifs en fait de capacité d'attention et d'aptitudes scolaires.

Vivre dans un environnement bilingue constitue un véritable atout pour les jeunes enfants. On s'en doutait un peu, mais c'est ce que confirme une étude récente conduite par l'université de l'Oregon, aux États-Unis, et que mentionne le quotidien britannique *The Independent*.

En cause: le développement du «contrôle inhibiteur», soit l'aptitude à ne pas agir sous le simple effet d'une impulsion, celui des «fonctions exécutives» – autrement dit les capacités cognitives qui permettent d'organiser pensées et comportements – ainsi que celui des capacités d'attention.

Publiée par la revue *Developmental Science,* l'étude a porté sur 1146 enfants, dont le contrôle inhibiteur a d'abord été évalué à l'âge de 4 ans et qui ont fait par la suite l'objet d'observations sur une période de dix-huit mois.

Le principe de l'expérience paraît très simple: il s'agissait de demander aux enfants de frapper deux coups avec un crayon quand l'expérimentateur frappait un seul coup et inversement. Une règle du jeu qui nécessite que l'enfant soit capable d'inhiber l'impulsion qui le porte à imiter ce que fait l'expérimentateur et à faire plutôt le contraire.

Les enfants ont été divisés en trois groupes: ceux qui parlaient uniquement l'anglais, ceux qui parlaient espagnol et anglais et ceux qui ne parlaient que l'espagnol au début de l'étude mais qui parlaient couramment l'une et l'autre langue au terme de l'étude.

«Dès le début de l'étude, le groupe qui était déjà bilingue a obtenu un score supérieur à celui des deux autres groupes», explique l'auteure principale de l'étude, Jimena Santillán.

Nouvelles évaluations six mois plus tard, puis au bout de dix-huit mois: le groupe bilingue et le groupe des enfants en cours d'apprentissage d'une seconde langue ont montré tous deux un développement du contrôle inhibiteur nettement plus rapide que celui des jeunes locuteurs parlant uniquement l'anglais.

«Contrôle inhibiteur et fonctions exécutives sont des compétences décisives pour la réussite scolaire, précise Atika Khurana, coauteure de l'étude. Mais ces capacités cognitives ont aussi des effets positifs sur la santé et le bien-être plus tard dans la vie.»

18/12/2017
*www.courrierinternational.com/article/
education-grandir-dans-un-milieu-bilingue-
developpe-les-capacites-cognitives*

A Indiquez les phrases qui sont correctes:

1. Les enfants bilingues sont plus attentifs.
2. Les bilingues se débrouillent mieux à l'école.
3. Vivre dans un environnement bilingue nuit à l'enfant.
4. Les enfants bilingues agissent moins sous l'effet d'une impulsion.
5. Les enfants ont été observés à partir de l'âge de dix-huit mois.
6. Un des groupes regroupait des enfants qui ne parlaient que l'anglais.
7. Ceux qui ne parlaient que l'anglais sont arrivés derniers de l'étude.

B En groupe, discutez les phrases suivantes. Vos discussions pourront mener à un débat.

1. «Il n'y a pas de meilleur exercice pour l'esprit que ces comparaisons entre la langue basque et la langue française; cette recherche des analogies et des différences entre une matière que l'on connaît bien est une des meilleures préparations à l'intelligence» Jean Jaurès, 1911
2. «Qui ne connaît pas de langues étrangères ne sait rien de sa propre langue». Johan Wolfgang von Goethe
3. «Les langues sont un trésor et véhiculent autre chose que des mots. Leur fonction ne se limite pas au contact et à la communication. Elles constituent d'une part des marqueurs fondamentaux de l'identité, elles sont structurantes, d'autre part, de nos perspectives». Michel Serres, Philosophe, «Atlas», Flammarion, Paris, 1996
4. «Quand tout se passe bien, le bilinguisme est incontestablement un plus pour le développement intellectuel. Un enfant qui reçoit une éducation bilingue a, en général, de meilleurs résultats scolaires pour des raisons de facultés intellectuelles très développées et, justement, celles qui sont demandées en général à l'école». Elisabeth Bauthier-Castain, psycholinguiste
5. «Le bilinguisme est une école de tolérance et une voie de survie. Il revêt l'importance des démarches fondatrices. Au delà du sens de la relativité des choses qui dégage les horizons et favorise tous les apprentissages, il permet d'acquérir ce qu'il faudra bien appeler un jour par son nom: un sens civique planétaire». Amin Maalouf, prix Goncourt, Académie Française

*http://multilingues-precoces.over-blog.com/2014/01/
citations-et-points-de-vue-sur-le-bilinguisme.html*

UNITÉ 9 Langue et identité

C Ajoutez les mots qui manquent dans les phrases suivantes:
1 Il est crucial que les enfants ne _____ pas leurs langues maternelles.
2 L'apprentissage d'une autre langue _____ renforcer les capacités intellectuelles.
3 Il ne faut absolument _____ la présence d'une seconde langue.
4 Le bilinguisme est sans _____ un facteur de développement cognitif.
5 Les enfants peuvent facilement apprendre n'importe _____.

9 Bien vivre son bilinguisme… pas si facile!

A Écoutez le reportage sur certaines difficultés dans le vécu du bilinguisme et remplissez les blancs ci-dessous:
1 En France, plus de _____ de personnes déclarent avoir une autre langue maternelle que le Français.
2 Un grand nombre d'enfants grandissent au contact de _____ langues.
3 La diversité _____ est grande en France.
4 Le bilinguisme harmonieux sera déterminé par le _____ dont jouit une langue dans notre société.
5 L'impact est négatif si la langue première est _____ par rapport à la langue d'accueil.
6 Il vaut mieux que les parents parlent leur _____ plutôt qu'un français mal maitrisé.
7 La langue maternelle a un impact pour le développement _____ et _____.

B Puisez dans votre expérience ou imaginez celle d'un(e) jeune qui grandit en deux langues. Vous écrivez une page de journal intime dans laquelle il / elle se confie quant à ses difficultés ou succès. Écrivez environ 300 mots.

Langues régionales et identités

- S'interroger sur une hiérarchie des langues
- Comprendre la question de la disparition de la multiplicité et son impact sur l'identité
- Explorer la place des langues régionales dans le monde moderne

RÉFLÉCHIR

- Quelles sont à votre avis les différences entre une langue, un patois, un dialecte?
- Réfléchissez en groupe puis partagez vos idées avec le reste de la classe.
- Ensuite lisez le petit texte ci-dessous.
- Pourquoi croyez-vous que certains pays ont discrédité certaines langues au profit d'autres?
- Existe-t-il une hiérarchie des langues?
- Une langue orale est-elle aussi «valable» qu'une langue écrite?

Quelle est la différence entre un dialecte et un patois?

Question de Doumbia Djak, New York, États-Unis

Pour commencer, il faut rappeler qu'une langue, selon les linguistes, est un système de signes vocaux ou scripturaux propre aux membres d'une communauté et leur permettant de communiquer entre eux. Elle peut n'avoir que quelques dizaines de locuteurs aussi bien que des centaines de millions. En France, par exemple, le breton est une langue au même titre que le français, même s'il ne bénéficie pas d'une diffusion aussi large.

On emploie le terme dialecte pour désigner la forme régionale d'une langue. Le normand ou le picard (de même que le wallon belge) sont des dialectes du français. L'arabe dialectal est la langue parlée au quotidien, par opposition à l'arabe classique enseigné à l'école et utilisé à l'écrit. Il varie souvent considérablement d'un pays à l'autre, tant au niveau de la syntaxe et du vocabulaire que de la prononciation.

Autre notion, celle de parler: celui-ci est utilisé sur une aire beaucoup plus restreinte que le dialecte: dans une zone montagneuse particulière, dans un groupe de village.

Pour ce qui est du patois, il équivaut au dialecte ou au parler, mais avec une connotation péjorative.

En fait, pour éviter toute confusion, mieux vaut retenir le terme général d'idiome: il recouvre aussi bien la notion de langue que celles de dialecte, de parler ou de patois.

Dominique Mataillet, 22/05/2006
www.jeuneafrique.com/83023/archives-thematique/quelle-est-la-diff-rence-entre-un-dialecte-et-un-patois

10 «Une langue disparaît tous les quinze jours»

Une vieille dame de 94 ans est morte en 1987, à Pala, en Californie. Elle était la dernière à connaître le cupeño. Plus personne ne parle cette vieille langue nord-américaine. Fini, donc, le cupeño. Mais aussi le matipú, l'amapá, le sikiana... Terminés l'apiakà, le koiari, le yimas... Oubliés le yugh, le palaung, le bahnar... Les vieillards s'en vont, les langues aussi. La moitié des 5000 langues actuelles auront disparu dans un siècle, emportées par la grande machine à communiquer. Et après «Que nous importe, finalement, qu'on ne parle plus le pataxó ou le nakrehé.» Le linguiste Claude Hagège publie cette semaine un extraordinaire panorama de la planète des langues, plaidoyer passionné pour leur survie (Halte à la mort des langues, chez Odile Jacob). Les langues, explique-t-il, sont un peu comme les espèces animales: elles vivent, meurent, cèdent aux assauts des prédateurs. Ce ne sont pas seulement des mots qui s'envolent avec chacune d'elles. C'est une histoire, une mémoire, une manière de penser. Un peu de notre humanité.

Thème 3: Identités

«Vous êtes un chercheur éminent, plutôt connu pour votre réserve et votre affabilité, et voilà que vous vous emportez et criez à la disparition des langues dans le monde. C'est si grave que ça?»

«Il existe aujourd'hui, dans le monde, environ 5000 langues parlées. Une langue disparaît tous les quinze jours! Vingt-cinq chaque année. Faites le compte: dans un siècle, si rien n'est fait, nous aurons perdu la moitié de notre patrimoine linguistique, et sans doute davantage à cause de l'accélération due aux prodigieux moyens de communication. Ce phénomène affecte les langues indonésiennes, néo-guinéennes et africaines […], mais il concerne aussi les autres langues de la planète, menacées par l'anglo-américain. C'est un véritable cataclysme, qui se produit dans l'indifférence générale.»

«Je comprends que cela chagrine le linguiste que vous êtes. Mais en quoi est-ce si important pour nous?»

«Une langue qui disparaît, ce ne sont pas seulement des textes qui se perdent. C'est un pan entier de nos cultures qui tombe. Avec la langue meurt une manière de comprendre la nature, de percevoir le monde, de le mettre en mots. Avec elle disparaît une poésie, une façon de raisonner, un mode de créativité. C'est donc d'un appauvrissement de l'intelligence humaine qu'il est question. Prenez les langues dites «à classes», comme les langues africaines, qui désignent les objets en les rangeant par catégories: longs, ronds, comestibles, non comestibles, etc. Eh bien, nous perdons ces précieuses classifications que l'esprit humain avait conçues pour ordonner l'Univers, ainsi que la connaissance d'espèces vivantes.»

«Comment meurt une langue?»

«Elle est généralement la victime d'une autre langue dominante, propre à ceux qui possèdent le pouvoir et l'argent ou s'imposent par l'armée, les médias, l'école; cette autre langue dispose d'une hégémonie politique, économique, sociale, et, surtout, elle a du prestige. En Inde, en Afrique, nombre de langues qui ont pourtant résisté à la colonisation sont aujourd'hui menacées par les grandes langues indiennes ou africaines, comme le swahili, le peul (en Afrique centrale), le haoussa (au Niger et au Cameroun) ou le ouolof (au Sénégal), particulièrement dangereuses parce qu'elles ne sont pas suspectes d'être des langues de l'étranger et possèdent le prestige des grandes langues africaines.» […]

«Vous parlez de "mort", de "disparition"… Comme si les langues étaient des espèces vivantes.»

«Cette métaphore, empruntée au vitalisme du XIXe siècle, a ses limites. Contrairement aux espèces vivantes, les langues peuvent ressusciter. Le grand Saussure, père fondateur de notre linguistique moderne, distinguait à juste titre entre la langue et la parole. La parole meurt, mais pas la langue, du moins si, par chance, il existe une littérature écrite. Pour l'acadien, le sumérien, le copte, le chinois confucéen, le hittite, les langues anciennes d'Asie Mineure, on dispose d'inscriptions sur stèles ou de tablettes d'argile qui ont permis de construire des grammaires et de conserver la trace de ces langues au-delà de l'extinction de la parole.»

«Il suffirait donc de les réveiller, comme la Belle au bois dormant.»

«Malheureusement, les langues qui disparaissent en ce moment sont pour la plupart celles de sociétés tribales de tradition orale. Par exemple, il existe des langues à tons, dans lesquelles la hauteur musicale, la mélodie, change le sens des mots. Voilà pourquoi nous, linguistes, allons sur le terrain interroger les derniers vieillards qui peuvent encore balbutier les restes d'une langue, alors que les autres sont passés à l'anglais, à l'espagnol ou au français. Écrire une grammaire, un dictionnaire, c'est la seule manière de sauver une langue. Mais cela ne suffit pas: pour qu'elle se parle derechef, il faut aussi une vraie volonté, un vrai désir de la communauté.»

«Y a-t-il des exemples où ce désir s'est exercé?»

«Le plus spectaculaire, c'est, bien sûr, l'hébreu. Dans les années 1920–1925, il était mort depuis 2520 ans. Depuis que Nabuchodonosor II avait exilé les juifs à Babylone, six cents ans avant la naissance de Jésus-Christ, même celui-ci, Yeochoua de Nazareth, parlait araméen, comme tous les juifs de son temps. En 1920, la diaspora parlait le judéo-allemand ou yiddish, le judéo-espagnol ou judesmo. L'hébreu avait perdu la parole, mais il imprégnait toujours la vie rituelle, puisqu'on s'en servait comme langue liturgique. Grâce, notamment, à Ben Yehuda, jeune juif russe, on est revenu à la langue des origines. Pourquoi? Parce que l'on disposait d'une littérature énorme, de la Bible, bien sûr. Mais aussi parce qu'une volonté gigantesque s'est manifestée, celle de la survie, qui faisait face à la longue série de tentatives de génocide, depuis Amalek jusqu'à Hitler. Si une société humaine veut vraiment ressusciter sa langue, elle le peut. Mais, hélas! la résurrection de l'arawak, de l'iroquois, de l'algonquin, toutes ces belles langues d'Amérique que les Blancs ont conduites à la mort, serait beaucoup plus difficile, car il existe peu de témoignages.» […]

Simonnet Dominique, 02/11/2000
www.lexpress.fr/informations/une-langue-disparait-tous-les-quinze-jours_640290.html

A Hypothèses: Lisez le titre puis l'introduction du texte et faites une liste des informations et des arguments que l'on peut s'attendre à trouver dans l'article.

B Donnez un titre à chaque paragraphe; vous pouvez vous aider de l'intervention du / de la journaliste.

C Relisez le texte (sauf l'introduction) et répondez aux questions suivantes:

1. Pourquoi les langues disparaissent-elles de plus en plus vite?
2. Quelle est l'opinion publique quant à la disparition des langues?
3. De quoi s'agit-il quand une langue meurt?
4. Pour quelles raisons une langue serait-elle dominante?
5. Qu'est-ce qui distingue une langue de le parole?
6. Quelle est la seule manière de sauver une langue?

D Dans vos propres mots expliquez l'exemple de l'hébreu. Puis faites des recherches pour savoir si une autre langue a été «ressuscitée».

E Imaginez que vous allez interroger une des dernières personnes parlant une langue. Écrivez cet entretien pour le journal de votre lycée.

11 Langues régionales: «Il est grand temps de se débarrasser de la particularité culturelle de l'identité unique»

Tandis que la campagne présidentielle a ranimé la discussion sur l'identité française, il semblerait que les langues régionales soient volontairement écartées.

«Nous vivons dans l'illusion que l'identité est une et indivisible […] Nous sommes tous des êtres poly-identitaires dans le sens où nous unissons en nous une identité familiale, une identité locale, une identité régionale, une identité nationale, transnationale (slave, germanique, latine) et éventuellement une identité confessionnelle ou doctrinale».

Edgar Morin, Penser l'Europe – 1987 Gallimard

Il est de fait qu'aujourd'hui, il n'y a plus de discorde entre les identités [1]_____ et l'identité [2]_____. Là où une discordance apparaît contre l'Europe, ce n'est pas un abandon d'appartenance, mais une opposition à des projets [3]_____.

Il n'existe pas non plus de conflits entre identité [4]_____ et européenne, puisque l'union européenne a conservé depuis un certain temps l'échelle régionale comme l'un des pylônes de son activité.

Néanmoins, la France est l'exemple particulier d'un pays qui a construit un différend entre identité nationale et identité régionale avec des répercussions psycho-sociales [5]_____ quelquefois majeures.

Effectivement, la France a bâti sa mythologie [6]_____ autour d'une identité unique fantasmagorique, mythologie dans laquelle les manuels [7]_____, jusqu'à une période [8]_____, inventaient un récit national où l'histoire se transformait en une aventure fictionnelle et dans laquelle l'identité régionale créait un ennemi de l'intérieur comme un démon contre lequel lutter.

Le produit final est pratiquement une mise à mort institutionnalisée des langues régionales et une folklorisation plaisante des indicateurs d'identités locales, avec pour conséquence une certaine perte de confiance en soi dans certaines régions (taux de suicide ou d'alcoolisation fréquente par exemple en régions bretonnantes ou flamandes).

Il est vrai que par ci par là l'État a remis, depuis peu de temps, en place une sorte de volontarisme sur la question de l'identité régionale. Mais à chaque fois, c'est en se cachant derrière une justification visant à prouver une singularité (la Corse est une île, l'Alsace a une histoire particulière, le Pays Basque est transfrontalier, etc.). En évitant ainsi de changer les principes même de l'identité unique, l'État a laissé se maintenir une situation archaïque, notamment en Bretagne, en Flandre, en Savoie et dans diverses régions des langues d'Oc.

Pourtant, les identités multiples se complètent et s'admirent plus qu'elles ne s'opposent. C'est

Thème 3: Identités

à l'école que se développe cet apprentissage primordial de cette multiplicité culturelle, où la confrontation précoce avec ces enjeux linguistiques permet l'ouverture au monde de notre jeunesse.

La quasi-totalité des Bretons, des Flamands ou des Occitans vivent, autant comme Européens que Français. Ils demandent à être reconnus dans leurs identités régionales ce dont ils sont privés à leur insu, comme le sont les Catalans en Espagne, les Écossais au Royaume Uni, les Bavarois en Allemagne, etc. Pour s'attaquer à ce défi de la modernité, l'État doit faire face aux lourdeurs plus mentales que financières. Afin d'entrer dans le siècle des identités plurielles, le prochain gouvernement devra accorder aux conseils régionaux, souvent volontaires, les moyens financiers, politiques et réglementaires d'intervenir dans le domaine de la promotion des langues régionales et particulièrement pour leur transmission et leur enseignement à l'école.

Ne rien faire serait, soit se plier à l'inaction, soit se placer dans une position nationaliste en inadéquation avec les aspirations de ceux qui, par le biais local, veulent entrer dans la complexité du monde. Les sociétés du XXIème siècle seront les sociétés d'identités multiples et non uniques. Il n'est plus question de parler d'identités binaires (nous et les autres) mais d'identités complexes. Situons les langues régionales de France dans la modernité européenne, avec un statut légal et des moyens de communications.

A Replacez les adjectifs qui manquent dans l'éditorial sur les langues régionales:

a européenne
b nationales
c négatives
d politique
e politiques
f récente
g régionale
h scolaires

B Choisissez les phrases correctes:

1 Dans certaines régions les locuteurs de langues régionales ont perdu confiance en eux.
2 L'État a redonné une apparence de décision.
3 L'Alsace n'est pas une exception.
4 Les différentes identités culturelles ne sont pas en opposition.
5 Les Catalans en Espagne sont complètement reconnus.
6 Les régions devraient avoir une certaine autonomie quant à l'enseignement des langues régionales.
7 Le XXIème siècle s'annonce comme celui de l'identité unique.

Grammaire

L'accord des adjectifs
Voir l'Unité 1 à la page 4.
Reportez-vous aussi au précis de grammaire en fin de livre.

C Utilisez les adjectifs de façon appropriée dans les phrases suivantes:

1 Les enjeux linguistiques de certaines régions sont _____ [multiple].
2 Les locuteurs de langues régionales sont _____ [folklorisé].
3 Les Bretons ne demandent qu'à être _____ [identifié] dans leur identité régionale.
4 La région _____ [occitan] a une langue en propre.
5 Une vue _____ [binaire] du monde n'est plus de mise.
6 Les langues régionales valent qu'on leur donne des statuts _____ [légal].

D Après avoir lu l'éditorial vous souhaitez répondre à son auteur(e). Vous lui écrivez une lettre. Vous pouvez être d'accord avec lui / elle ou non. Vous écrirez à peu près 350 mots.

Littérature

NIVEAU SUPÉRIEUR

12 La grammaire est une chanson douce

Erik Orsenna est un écrivain français né en 1947. Il est membre de l'Académie française. Dans le roman *La grammaire est une chanson douce* (2001) Erik Orsenna nous présente un monde imaginaire, situé sur une île, dans lequel les mots de la langue française sont en vie.

Les mots dormaient. Ils s'étaient posés sur les branches des arbres et ne bougeaient plus. Nous marchions doucement sur le sable pour ne pas les réveiller.

Bêtement, je tendais l'oreille: j'aurais tant voulu surprendre leurs rêves. J'aimerais tellement savoir ce qui se passe dans la tête des mots. Bien sûr, je n'entendais rien. Rien que le grondement sourd du ressac, là-bas, derrière la colline. Et un vent léger. Peut-être seulement le souffle de la planète Terre avançant dans la nuit.

Nous approchions d'un bâtiment qu'éclairait mal une croix rouge tremblotante.

– Voici l'hôpital, murmura Monsieur Henri.

Je frissonnai. L'hôpital? Un hôpital pour les mots? Je n'arrivais pas à y croire. La honte m'envahit.

Quelque chose me disait que, leurs souffrances nous en étions, nous les humains, responsables. Vous savez, comme ces Indiens d'Amérique morts de maladies apportées par les conquérants européens.

Il n'y a pas d'accueil ni d'infirmiers dans un hôpital de mots. Les couloirs étaient vides.

Seules nous guidaient les lueurs bleues des veilleuses. Malgré nos précautions, nos semelles couinaient sur le sol.

Comme en réponse, un bruit très faible se fit entendre. Par deux fois. Un gémissement très doux. Il passait sous l'une des portes, telle une lettre qu'on glisse discrètement, pour ne pas déranger.

Monsieur Henri me jeta un bref regard et décida d'entrer. Elle était là, immobile sur son lit, la petite phrase bien connue, trop connue:

Je t'aime

Trois mots maigres et pâles, si pâles. Les sept lettres ressortaient à peine sur la blancheur des draps. Trois mots reliés chacun par un tuyau de plastique à un bocal plein de liquide. Il me sembla qu'elle nous souriait, la petite phrase. Il me sembla qu'elle nous parlait:

– Je suis un peu fatiguée. Il paraît que j'ai trop travaillé. Il faut que je me repose. – Allons, allons, **Je t'aime**, lui répondit Monsieur Henri, je te connais. Depuis le temps que tu existes. Tu es solide. Quelques jours de repos et tu seras sur pied.

Il la berça longtemps de tous ces mensonges qu'on raconte aux malades. Sur le front de **Je t'aime**, il posa un gant de toilette humecté d'eau fraîche.

– C'est un peu dur la nuit. Le jour, les autres mots viennent me tenir compagnie. «Un peu fatiguée», «un peu dur», Je t'aime ne se plaignait qu'à moitié, elle ajoutait des «un peu» à toutes ses phrases.

– Ne parle plus. Repose-toi, tu nous as tant donné, reprends des forces, nous avons trop besoin de toi. Et il chantonna à son oreille le plus câlin de ses refrains.

Extrait de La grammaire est une chanson douce *par Erik Orsenna*

A Questions de compréhension:

1. Quelle expression signifie «écouter attentivement»?
2. Comment sait-on que l'action se passe sur une île?
3. Où se trouvent les mots (deux réponses possibles)?
4. Pourquoi Monsieur Henri murmure-t-il?
5. À quoi fait référence «leurs» dans «leurs souffrances»?
6. Comment sait-on que **Je t'aime** est malade?
7. Comment expliquez-vous «trop connue»?
8. Quelle expression signifie «être soigné»?

UNITÉ 9 Langue et identité

B **Questions générales:**

1. Quelle impression donne «vous savez» dans le texte?
2. Quels sentiments éprouve-t-on avec les phrases «Il n'y a pas d'accueil ni d'infirmiers dans un hôpital de mots. Les couloirs étaient vides.»?
3. Parlez de l'idée d'un arbre à mots.
4. À votre avis, pourquoi les mots pourraient-ils être malades?
5. Que pensez-vous de l'idée d'un livre comme celui-ci?
6. Aimeriez-vous le lire? Pourquoi (pas)?
7. Une langue a-t-elle besoin d'être défendue, protégée? Pourquoi (pas)?

UNITÉ 10 — Expressions artistiques

Les arts visuels et les musées

- Exprimer ses préférences par rapport à des œuvres d'art
- Présenter une œuvre d'art oralement
- Réfléchir au rôle des musées dans la société
- Établir une relation entre l'art et la culture

Thème 4: Ingéniosité humaine

RÉFLÉCHIR

- Quelles sont les dix formes d'art reconnues dans la classification populaire des arts?
- Quels arts appréciez-vous le plus?
- Quels sentiments peut-on éprouver en voyant de l'art?
- Où peut-on voir de l'art?
- À quoi sert l'art?

Thème 4: Ingéniosité humaine

1 Œuvres d'art

Choisissez *une* de ces œuvres d'art et présentez-la oralement.

- Quel type d'œuvre d'art est-ce? Décrivez-la.
- Quel message ou quelles informations transmet cette œuvre d'art?
- Pourquoi avez-vous choisi cette image?
- Quels sentiments éveille-t-elle en vous?

Pensez à utiliser les verbes de l'encadré de vocabulaire.

Verbes pour présenter une œuvre d'art

s'agir de...
représenter
appartenir à un courant artistique
évoquer
voir / apercevoir / découvrir
supposer que...
symboliser
apprécier
s'inspirer de...

suggérer
exprimer un sentiment de...
identifier / s'identifier
émouvoir / s'émouvoir
inquiéter / s'inquiéter
donner l'impression de...
faire penser à...
avoir un rapport avec...
ressentir
rendre heureux, triste, etc...

2 Que pensez-vous des musées?

Discutez en classe ou en petits groupes. Avec quelles affirmations êtes-vous d'accord? Pas d'accord? Pourquoi?

1. Les musées sont trop chers.
2. Les musées sont souvent ennuyants.
3. Les musées sont la mémoire du passé.
4. Les musées devraient être gratuits pour désacraliser la culture.
5. Maintenant on peut découvrir les œuvres d'art sur internet, plus la peine d'aller dans les musées!
6. Pourquoi s'enfermer dans un musée alors qu'il y tant de choses à faire à l'extérieur?
7. Les musées ont beaucoup changé; ils sont plus ludiques et interactifs.
8. Les musées se concentrent toujours sur le passé et devraient explorer plus l'avenir.
9. Les meilleurs musées sont ceux qui transforment une visite ordinaire en expérience sensorielle.

3 Musées insolites

Regardez ce reportage sur des musées insolites en France:
www.francetvinfo.fr/economie/emploi/metiers/art-culture-edition/tourisme-tour-de-france-des-musees-les-plus-insolites_2339029.html

1. Cherchez ces mots dans le dictionnaire si vous ne les connaissez pas:
   a. insolite
   b. allumette
   c. les égouts
   d. l'absinthe
   e. l'Inquisition
   f. le corbillard
   g. les moulages

2. À quoi font référence ces chiffres:
   a. 8000
   b. 20 000
   c. 2400
   d. 14
   e. 4800

3. Vrai ou faux? Trouvez la justification dans la vidéo.
   a. L'artiste du musée des allumettes a reproduit les châteaux dans lesquels sa femme a travaillé.
   b. Au musée de l'Inquisition à Carcassonne on peut voir des instruments de médecine ancienne.
   c. Les reproductions du musée des moulages servent encore à former des dermatologues et des maquilleurs de cinéma.
   d. On peut faire une dégustation d'absinthe avec la gardienne du musée.

4. Considérez-vous ces musées comme des musées d'art?
5. Lequel aimeriez-vous le plus visiter?

4 La nuit des musées, vous connaissez?

20 000 visiteurs pour la Nuit européenne des musées à Paris

Samedi, les musées de la Ville de Paris ont accueilli 18 898 visiteurs à l'occasion de la 13ème édition de la Nuit européenne des musées, selon un communiqué de presse de Paris Musées.

De 18h à minuit, les collections permanentes étaient accessibles gratuitement en nocturne, ainsi que certaines expositions.

Parmi la riche programmation, les visiteurs ont pu profiter des performances de danse au milieu des vestiges de la Crypte archéologique de l'Île de la Cité, de lectures autour de l'exposition «Une passion dans le désert» à la Maison de Balzac, ou encore s'exercer au dessin lors d'une initiation et d'un atelier de modèle vivant au Musée Cernuschi.

www.lefigaro.fr/flash-actu/2017/05/21/97001-20170521FILWWW00105-20000-visiteurs-pour-la-nuit-europeenne-des-musees-a-paris.php

A Trois de ces affirmations sont vraies: lesquelles?

1. Les visites des musées sont gratuites toutes les nuits.
2. Cet événement se déroule à Paris.
3. L'entrée aux musées est gratuite le soir.
4. On peut voir gratuitement toutes les collections permanentes et temporaires.
5. Des spectacles et activités exceptionnelles ont été organisés.
6. Les visiteurs pouvaient apprendre à dessiner des personnes.

B La Nuit des musées existe-t-elle dans votre pays?

C Quels seraient selon vous, les avantages de la gratuité des musées toute l'année?

5 Un Néerlandais passe la nuit dans un musée

Un Néerlandais a dormi dans la pièce où est exposé le [1]_____ tableau de Rembrandt «La Ronde de nuit», une expérience [2]_____ que le Rijksmuseum d'Amsterdam avait offerte hier à ce [3]_____ visiteur depuis la réouverture du musée en 2013.

«J'ai dormi dans un lit installé à deux mètres de "La Ronde de nuit" de Rembrandt, c'est [4]_____, je n'en reviens toujours pas», a réagi Stefan Kasper, professeur de dessin et artiste, quelques heures après son réveil dans le musée. Se réveiller au pied de l'œuvre [5]_____ de l'[6]_____ peintre néerlandais, cela n'avait été donné à personne jusqu'à présent. Reçu en grande pompe, telle une star, ce passionné d'art va avoir du mal à se remettre de ce «rêve [7]_____».

«Le 10 millionième visiteur du Rijksmuseum a gagné l'[8]_____ chance de passer la nuit pour la première fois de l'histoire au milieu des trésors néerlandais», s'est réjoui le directeur du musée, Taco Dibbits. L'heureux élu avait décroché le «ticket en or» alors qu'il encadrait une sortie avec ses élèves du collège Montessori d'Aerdenhout, près d'Amsterdam.

Encore sur un nuage, Stefan Kasper a assuré avoir été entièrement seul dans la pièce:

«il n'y avait pas de gardiens, ou alors ils étaient très bien [9]_____!» Sachant cela, il s'est mis à son aise. Il a fait des selfies et s'est «baladé en caleçon et en chaussettes dans des pièces complètement [10]_____» avant de déguster un gaspacho et une joue de bœuf servis par le chef étoilé Joris Bijdendijk.

«Incapable de trouver le sommeil», ce passionné d'art mais pas spécialement amateur de l'œuvre de Rembrandt, a eu tout le temps pour «voir le tableau d'un [11]_____ œil». «J'ai découvert des personnages que je n'avais jamais vu avant, ils prenaient vie devant moi. C'est une expérience [12]_____ à jamais dans ma mémoire», a-t-il répété.

www.lefigaro.fr/flash-actu/2017/06/02/97001-20170602FILWWW00187-un-neerlandais-passe-la-nuit-dans-un-musee.php

---

Grammaire

Les adjectifs qualificatifs et les participes passés

- Les adjectifs servent à qualifier ou à donner des précisions sur un nom. Ils s'accordent avec le nom en genre et en nombre, par exemple:

  *Les peintures **modernes** (féminin pluriel) sont exposées à l'étage **supérieur** (masculin singulier) dans la collection **permanente** (féminin singulier).*

- **Les participes passés des verbes peuvent avoir la valeur d'adjectif qualificatif.** Ils se terminent par **-é**, **-i**, **-u** ou peuvent être irréguliers. Ils sont employés avec le verbe «être» et s'accordent avec le nom en genre et en nombre, comme les adjectifs, par exemple:

  *Les œuvres **exposées** (féminin pluriel) sont du musée Pompidou.*

Replacez les adjectifs qualificatifs et les participes passés de la liste ci-dessous dans le texte:

a magique	d célèbre	g inoubliable	j cachés
b autre	e majestueuse	h inédite	k vides
c 10 millionième	f unique	i illustre	l gravée

6 Adjectifs et participes passés

Accordez les adjectifs qualificatifs et les participes passés avec les noms.

1 Adjectifs:
   a À Arles j'ai visité un musée (gallo-romain) très (intéressant).
   b La ville d'Arles, où a vécu Van Gogh, ne possède aucune œuvre (original) du peintre: c'est (incroyable)!
   c Si vous allez à Aix en Provence, n'oubliez pas de visiter l'atelier du peintre Cézanne. On peut y voir les objets qui lui étaient (cher), ses natures (mort) et son mobilier (original).
   d Si vous visitez les jardins de Monet à Giverny, il faut à tout prix voir son jardin d'eau d'inspiration (japonais): une (véritable) merveille!
   e Ce sont des jardins (riche) en perspectives, en symétries et en couleurs.
   f On y trouve des arbres (fruitier) ou d'ornement et des rosiers (grimpant).

2 Participes passés:
   a Claude Monet était un fervent de botanique, toujours (inspirer) par les plantes de son jardin.
   b Il était (fasciner) par les reflets dans l'eau et avait créé dans ses peintures des mondes (inverser) et (transfigurer) par l'élément liquide.
   c (Ouvrir) au public toute l'année sauf en hiver, la maison et les jardins de Claude Monet sont une visite incontournable si vous aimez l'art impressionniste.
   d Monet est peut-être le peintre le plus (convaincre) et (reconnaître) du mouvement impressionniste.

7 Un peu d'humour: Cyprien nous parle des musées

Pour les dix ans de la Fondation Culture & Diversité, Cyprien, un humoriste français, et Norman ont fait une vidéo: www.fondationcultureetdiversite.org/article/cyprien-et-norman-font-une-video-pour-les-10-ans-de-la-fondation_a297/1

Écoutez ce clip: https://youtu.be/XRs-Q8JIjwo et expliquez quels aspects des musées et des œuvres d'art Cyprien tourne en ridicule.

Thème 4: Ingéniosité humaine

L'art nous aide-t-il à comprendre notre monde?

- Identifier les fonctions de l'art à travers l'observation et la comparaison d'œuvres
- Réfléchir au contexte d'une œuvre d'art
- Exprimer l'hypothèse et la condition
- Faire une présentation de TdC sur l'art et la culture d'un pays francophone

RÉFLÉCHIR

- Qu'est-ce que l'art peut nous montrer?
- Est-ce que l'art doit être esthétique et beau?
- Quelles sont les différentes fonctions de l'art?
- Avez-vous des exemples d'œuvres d'art pour les fonctions que vous avez identifiées?

8 Cinq œuvres

A Regardez les œuvres présentées ici et expliquez ce qu'elles nous apprennent de notre monde.

Voici une statue, deux peintures, une œuvre architecturale et une sculpture.

- Chacune exemplifie une fonction distincte de l'art: laquelle?
- Que peut-on déduire du contexte de ces œuvres?
- Pourquoi ont-elles été créées?
- Cherchez les détails explicites mais aussi les messages implicites.

■ «*Cubist Cityscape*» d'Aristarkh Vasilyevich Lentulov

■ *The Gun for Peace* («le pistolet de la paix»)

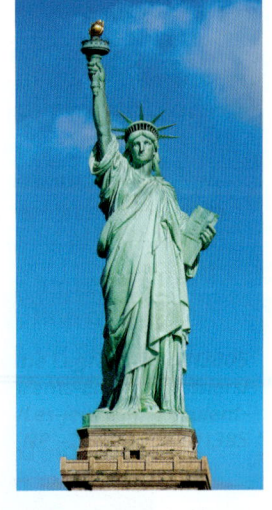

■ La statue de la liberté

■ Notre Dame de Paris

■ «Le Pont Neuf» d'Auguste Renoir, 1872

B Regardez les styles artistiques dans l'encadré. Cherchez des œuvres pour chaque type d'art… Demandez-vous quel(s) style(s) vous appréciez le plus. Essayez de définir pourquoi certains styles vous plaisent plus que d'autres.

Quelques styles artistiques

l'art classique	l'art impressionniste	l'art figuratif	l'art romantique
l'art moderne	l'art surréaliste	l'art abstrait	le pop art
l'art contemporain	l'art réaliste	l'art naïf	le cubisme

9 Le contexte d'une œuvre d'art

A Suivez le lien www.youtube.com/user/dArtdArtofficiel et cherchez les deux vidéos de l'émission d'Art d'Art dédiées aux deux œuvres ci-dessous:

- «Raboteurs de parquet» Caillebotte – d'Art d'Art
- «*Slave auction*» Basquiat – d'Art d'Art

Regardez-les et remplissez le tableau ci-dessous pour comprendre la vision des deux peintres.

Titre	«Raboteurs de parquet»	«*Slave Auction*» («marché aux esclaves»)
Peintre		
Date		
Lieu d'exposition		
Genre		
Sujet de l'œuvre		
Contexte historique		
Vie de l'auteur		
Point de vue ou le message		
Symboles		
Réaction du public		

B Quelle œuvre vous paraît expliquer le mieux une période et une vision du monde? Expliquez pourquoi.

C Connaissez-vous d'autres œuvres qui montrent un contexte ou un message social?

10 Le questionnaire de Proust

Grammaire

Expression de l'hypothèse et de la condition

- *Si* + imparfait, verbe au conditionnel présent, par exemple:
  Si j'allais à Aurillac, **j'irais** au festival du Théâtre de Rue.
  Si j'étais un peintre abstrait, **je peindrais** des formes géométriques.
- L'hypothèse se situe dans le présent ou le futur et l'action peut se réaliser ou pas.

Si + plus-que-parfait, verbe au conditionnel passé, par exemple:
  Si j'avais eu assez d'argent, **j'aurais acheté** une œuvre de ce jeune peintre chinois.
  Si tu étais allé à Marseille, **tu aurais pu** visiter le nouveau musée du MuCem.

L'hypothèse est située dans le passé et l'action ne s'est pas réalisée.

Thème 4: Ingéniosité humaine

Interrogez une personne de votre classe et découvrez ses goûts et son approche de l'art. Utilisez dans les questions et les réponses le point de grammaire sur l'hypothèse et la condition. Faites une synthèse de ses réponses et présentez-la à la classe.

- Si tu étais une forme d'art, laquelle serais-tu?
- Si tu étais un artiste, qui serais-tu?
- Si tu achetais une œuvre d'art contemporain, laquelle ce serait?
- Si tu visitais le musée du Louvre, quelle œuvre irais-tu voir en priorité?
- Si tu photographiais un monument, lequel ce serait?
- Si tu faisais un spectacle de rue, que ferais-tu?
- Si tu rencontrais un artiste très connu, que lui dirais-tu?
- Si tu pouvais peindre les murs de ton école, que peindrais-tu?
- Si tu pouvais faire une activité artistique pour ton programme de CAS, laquelle ferais-tu?
- Si tu faisais un voyage sur le thème de l'art, où irais-tu?
- Si Picasso t'avait demandé de poser pour lui, qu'aurais-tu répondu?
- Si tu avais pu voler une œuvre d'art, laquelle aurais-tu prise?
- Si tu avais pu connaître un artiste célèbre, qui cela aurait été?
- Si tu avais rencontré Van Gogh avant qu'il ne se coupe l'oreille, que lui aurais-tu dit pour le convaincre de ne pas le faire?
- Si, dans son testament, ta grand-tante t'avait légué(e) un chef-d'œuvre de Picasso, l'aurais-tu gardé?

11 Exprimer l'hypothèse et la condition

Choisissez des expressions ci-dessous et écrivez:

1. cinq phrases avec l'imparfait + conditionnel présent
2. trois phrases avec le plus-que-parfait + conditionnel passé.

Visiter un musée	Avoir une grande fortune
Copier la Joconde de Leonard de Vinci	Avoir du courage
Aller à une vente aux enchères d'art	Exprimer ses sentiments
Voir une performance de théâtre de rue	Regarder un documentaire sur…
Voir une exposition de…	Décorer sa maison
Défiler au Carnaval de Nice	Comprendre la rébellion des artistes
Apprendre la sculpture	Poser des questions
Jouer d'un instrument	Voir d'un autre œil
Prendre des photos	Découvrir
Essayer le théâtre d'improvisation	Explorer
Inventer un nouveau style de…	Comprendre
Apprécier l'art moderne	Savoir
Collectionner des œuvres de jeunes artistes	Se demander
Devenir un mécène de l'art	

Par exemple:

*Si j'**avais** du courage, j'**apprendrais** à jouer d'un instrument de musique indien.*

*Si ma sœur **avait su** que c'était une performance de danse classique, elle ne **serait** pas venue parce qu'elle ne supporte pas le ballet.*

12 Quand le théâtre nous fait comprendre notre société

Visitez www.rtbf.be/info/regions/detail_murs-murs-une-piece-detheatre-qui-raconte-le-periple-desmigrants?id=9746032, lisez le texte et répondez aux questions suivantes.

Pour voir d'autres initiatives sur ce thème, regardez ce reportage de France Info intitulé «Migrants: le théâtre pour faire changer les mentalités»: www.francetvinfo.fr/decouverte/migrants-le-theatre-pour-faire-changer-les-mentalites_1940131.html

A Quelles phrases sont vraies?

1. Le projet «Murs, Murs» a pour but d'aider les migrants financièrement en organisant des pièces de théâtre pour les écoliers.
2. Des migrants en Belgique jouent une pièce de théâtre pour faciliter leur apprentissage du français.
3. En regardant la pièce, les spectateurs peuvent se mettre dans la peau des migrants.
4. Les migrants veulent s'établir en Belgique.
5. Nathan joue son propre rôle sur scène mais sous un autre nom.
6. La pièce veut faire comprendre aux jeunes spectateurs comment le temps peut prendre une dimension différente pour un migrant.
7. La pièce permet à la communauté belge et à la communauté des migrants d'entrer en contact.
8. Nathan s'est rendu compte qu'il existait une grande humanité dans ce monde.

B Donnez la signification de ces expressions du texte avec vos propres mots:

1. un véritable périple
2. sur les planches
3. franchir la barrière de Melilla
4. c'est un peu chamboulant
5. se glisser dans la peau de quelqu'un

C Répondez aux questions suivantes:

1. Pourquoi avoir choisi le théâtre pour présenter le thème des migrations actuelles?
2. Qu'est-ce qu'une telle expérience peut amener aux acteurs migrants?
3. Qu'est-ce qu'une telle expérience peut amener aux spectateurs belges?

■ THÉORIE DE LA CONNAISSANCE

Présentation: L'art nous ouvre-t-il une porte sur la culture d'un pays?

Voici des pays qui font partie de la francophonie: le Maroc, Haïti, la Suisse, la Belgique, le Congo, la Polynésie française. Choisissez-en *un* et faites quelques recherches sur les expressions artistiques dans ce pays. Puis, préparez une présentation pour la classe. Vous pouvez vous guider des questions ci-dessous.

- Quels clichés aviez-vous avant de faire vos recherches sur les expressions artistiques de ce pays?
- Vous a-t-il été facile de trouver des informations?
- Quels thèmes sont traités dans les œuvres d'art que vous avez trouvées?
- L'art semble-t-il le privilège d'une élite ou est-il populaire?
- Est-ce que l'art est utilisé dans ce pays pour faire des revendications? pour établir le pouvoir? pour changer des pratiques? pour renforcer des valeurs? pour provoquer la population? pour montrer le beau? pour enrichir la culture du pays? etc.
- Que nous disent les œuvres d'art de la vision du monde de sa population?
- Qu'est-ce qui vous a étonné(e) en faisant ces recherches?
- Est-ce que votre vision de ce pays a changé?
- Est-ce que ce travail vous a donné envie de visiter le pays?

UNITÉ 10 Expressions artistiques

L'art de rue

- Comparer les différentes formes d'art de rue
- Réfléchir sur la liberté d'expression dans le cas du graffiti, du tag et des peintures
- Réagir à la question de l'art de la rue dans un jeu de rôle et dans un débat
- Se préparer à l'examen écrit

■ Gare de bus à Cannes

■ Danseurs de hip hop devant graffiti

RÉFLÉCHIR

L'art de la rue, ou «*Street Art*» (expression de l'anglais aussi utilisée en français), désigne des formes artistiques variées dans des contextes urbains comme l'art graphique sur les murs ou aussi les spectacles de rues en tout genre. Dans cette leçon, penchons-nous sur l'art graphique.

- Décrivez les trois formes d'art de rue sur les photos.
- Décrivez leur style.
- Aimeriez-vous peindre ou faire une performance dans un lieu public?
- Considérez-vous que c'est de l'art?

13 Les fresques murales à Lyon

Regardez cette présentation de Gilbert Coudène, peintre muraliste et Directeur de Cité Création: https://youtu.be/salcocseYAM, puis répondez aux questions.

1. Pourquoi la fresque des Lyonnais est-elle emblématique?
2. Nommez quelques personnages connus de Lyon.
3. Qu'est-ce que les fresques de Lyon amènent aux visiteurs?
4. Expliquez l'oxymore qu'utilise Gilbert Coudène: «inutile mais indispensable».
5. En conclusion, à quoi Giles Coudène compare-t-il les fresques?
6. Y a-t-il des fresques murales dans votre ville? Si oui, sont-elles semblables à celles de Lyon?
7. Voyez-vous d'autres avantages à autoriser l'art sur les murs des villes?

14 Le graffiti – liberté d'expression ou acte irresponsable?

Les tags et les graffitis sont qualifiés différemment, selon ce qu'on en pense.

A Les graffitis expriment-ils la liberté d'expression ou sont-ils un acte irresponsable? Discutez en groupes en utilisant les adjectifs qui correspondent le mieux à vos idées. Êtes-vous tous d'accord?

conventionnel	révolutionnaire	démocratique	vandale
anti-conventionnel	poétique	libre	emblématique
humoristique	clandestin	bâtard	
intellectuel	incontrôlé	futuriste	
politique	condamnable	dérangeant	

B Puis, partagez la synthèse de vos idées avec la classe.

15 Art Station: l'initiative qui veut remplacer la pub par de l'art dans le métro

Imaginez un instant… Ce matin, comme toujours, vous descendez sur votre quai de métro habituel pour vous rendre au travail. Et là, surprise! Au lieu des traditionnelles campagnes de publicité pour le dernier smartphone sorti des usines chinoises d'Apple ou du dernier plat surgelé prêt à tomber dans votre assiette, vous voyez… des œuvres d'art! Une fresque de street-art, une belle photo en noir et blanc, une reproduction d'une peinture d'histoire du XVIIIème… Le rêve! Et ce rêve, une pétition en ligne a été lancée pour le rendre réalité.

Une pétition pour voir la vie artistiquement et non plus d'un œil consumériste, voilà qui devrait réjouir le plus grand nombre! Sur Change.org, plateforme permettant de lancer des pétitions en ligne, c'est une citation de Victor Hugo qui nous accueille. Celle-ci déclare: «La rue est le cordon ombilical entre le citoyen et la société». On reconnaît bien là la verve citoyenne du grand écrivain. Et c'est en partant de cette idée simple que les initiateurs de cette pétition espèrent mettre un peu de couleur dans la vie des citoyens. Ou plutôt, le temps de quelques jours, leur ôter l'impression de n'être que des cibles privilégiées des publicitaires qui ne voient que le contenu de nos portefeuilles… Le principe? Remplacer les affiches publicitaires des stations de métro et de bus par des reproductions d'œuvres d'art.

Car le constat est on ne peut plus effrayant: partout dans l'espace public, la publicité sature notre regard. Sur les murs, sur les bâtiments publics, sur des panneaux, sur les flancs des bus, dans les couloirs des transports en commun (faites l'expérience un jour lors d'une correspondance entre deux lignes de métro: où que se posera votre regard, hormis sur le sol, votre œil entrera en contact avec une pub!)… On cherche à nous vendre des cosmétiques, des vêtements, de la nourriture, des objets connectés… Au point de provoquer une véritable overdose pour les citoyens un tant soit peu soucieux de ce à quoi notre société les confronte au quotidien.

Imaginez une ville où les affiches publicitaires seraient remplacées par des œuvres d'art. Imaginez que ce soit légal et que chaque année, à l'image de la fête de la musique, les villes se transforment en galeries éphémères. Imaginez que le temps d'un instant, nous encouragions les artistes urbains à produire en pleine rue au lieu de les poursuivre en justice… Alors, pourquoi ne pas laisser les artistes se réapproprier l'espace urbain, plutôt que la société de consommation nous indique, encore une fois, ce que nous devons acheter? À Paris, cinq millions de personnes prennent les transports en commun chaque jour et sont confrontés à 50 000 affiches publicitaires, qui ne représentent pourtant qu'1.5% du chiffre d'affaire de la RATP…

Un collectif (composé des associations Cercle Rouge et Street Art Avenue) a lancé au cours du mois de juin 2016 la première édition de l'événement Art Station. Grâce à un financement principalement obtenu grâce à une campagne de crowdfunding, les stations de tramway de la ville de Montpellier ont vu leurs pubs remplacées par de l'art urbain contemporain et ce, pendant une semaine! Après un accueil pour le moins enthousiaste de la part du public, pourquoi se limiter à Montpellier, pourquoi ne pas investir Paris? C'est la nouvelle étape de cette grande opération artistique avec, peut-être un jour, élargir l'idée à tout le territoire français…

Pour signer la pétition, c'est juste ici!

Agathe Lautréamont, 21 octobre 2016
www.exponaute.com/magazine/2016/10/21/art-station-linitiative-qui-veut-remplacer-la-pub-par-de-lart-dans-le-metro

Lisez attentivement le texte et répondez aux questions

1. Dans quel but le journaliste donne comme exemples de publicités le smartphone d'Apple et un plat de repas surgelé?
2. En quoi consiste Art Station?

3 Quelle est l'avis du journaliste sur les publicités? Citez le texte.
4 Expliquez dans vos propres mots en quoi consiste une pétition en ligne.
5 En avez-vous déjà signé? Pour quelles causes? Sont-elles efficaces?
6 En quoi consiste une campagne de finacement participatif (crowdfunding dans le text)? En avez-vous déjà organisé? Avez-vous déjà fait des dons?
7 Pourquoi le journaliste a choisi de citer un écrivain comme Victor Hugo?
8 Qu'est-ce que le journaliste aimerait qu'il se passe à l'avenir?

16 Art Station Montpellier 2016

Regardez la vidéo de présentation de l'événement Art Station: https://youtu.be/4cnpkF6ZFv8 et discutez en classe ou en groupe.

1 Quels endroits peut-on voir?
2 Que pensez-vous de l'art qui est exposé?
3 Comparez-le avec les publicités habituelles.
4 En regardant les personnes qui apparaissent dans la vidéo, que peut-on dire de l'accueil de cette initiative par les Montpelliérains (habitants de Montpellier)?
5 Pensez-vous que cet événement devrait avoir lieu tous les ans? Plus souvent? Toujours?
6 Quel est le message des organisateurs, des artistes?

17 L'art de la rue dynamise les destinations touristiques

Pièce incontournable du paysage urbain, le *street art* permet aux destinations de se révéler sous un nouveau jour. Séduite par sa popularité grandissante, l'industrie touristique courtise l'art de la rue et tente de l'intégrer à son offre.

Les particularités de l'art urbain

L'art de la rue (*street art*) caractérise les œuvres produites par un artiste qui cherche à se réapproprier l'environnement urbain en lui donnant une nouvelle signification. Souvent politisés et chargés en revendications, les messages s'exposent sur des espaces choisis en fonction de ce qu'ils représentent dans leur contexte original et après transformation artistique. L'artiste pose un geste illégal autant que gratuit. On note ici la différence avec l'art public, qui résulte d'une entente passée entre l'artiste et une partie prenante (municipalité, entreprise, etc.). La démarche devient alors légale, rémunérée et doit répondre à la demande du commanditaire.

En marge de l'art traditionnel, l'art urbain s'affiche dans la sphère publique, mais se veut l'expression d'une culture bien particulière. Sa forme originale lui confère certaines spécificités: le détournement des constructions urbaines, l'instantanéité, le caractère illégal de la démarche et l'aspect éphémère de l'œuvre achevée. De plus, il s'adresse et s'impose à tous: inutile de pousser la porte d'un musée ou d'une galerie pour admirer la production d'un artiste de la rue.

À qui appartient l'œuvre? L'artiste en possède les droits d'auteurs, mais l'espace sur lequel il s'est exprimé n'est pas le sien. Son propriétaire peut décider d'effacer ce qui reste considéré comme du vandalisme. Dans le cas d'une mise en tourisme de l'art de la rue, la question des droits d'auteur ne doit pas être oubliée. Bien que les graffiteurs posent un geste gratuit, faut-il pour autant les ignorer en cas de réutilisation de leurs œuvres à des fins commerciales?

Poser un nouveau regard sur les destinations touristiques

L'art de la rue révèle ce qui anime les populations

De par ses racines, son format et les messages qu'il porte, l'art de la rue révèle ce qui anime les populations (revendications sociales, références culturelles, opinions politiques, etc.). Les artistes urbains permettent aux touristes d'aborder la culture visitée de façon immersive et authentique.

Égrainant leurs œuvres des centres historiques aux périphéries, les artistes de la rue étendent leur terrain de jeu sur l'ensemble du territoire urbain. À Lille, une visite de l'art mural à vélo permet la découverte de nouveaux secteurs, tout en assurant une meilleure répartition des revenus.

À plus large échelle, l'art de la rue met en lumière des destinations ignorées du tourisme traditionnel. Vitry-sur-Seine, au sud de Paris, est devenue l'une des villes vedettes de la culture urbaine, où plane une ambiance de modernité, de poésie et d'ouverture d'esprit. Grâce à la tolérance de la mairie, les façades moroses ont accueilli des artistes du monde entier, ce qui dynamise la ville et attire des curieux dans cette localité jusque-là boudée par les touristes. [...]

Exemples d'ouvertures réussies à la clientèle touristique

Bien que l'art de la rue soit l'expression d'une culture marginale, sa valorisation grâce aux modes de diffusion traditionnels est possible. Le **MUU Street Art Museum** de Zagreb se veut un musée à ciel ouvert qui répertorie et met en évidence les fresques de la capitale croate. À Montréal, la galerie **Fresh Paint!** héberge des œuvres d'artistes locaux et internationaux. Initiative du même collectif, le festival **Under Pressure** cherche à démystifier l'art de la rue en présentant à la population la démarche sous-jacente à cette culture.

Le projet **Tour Paris 13**, plus grande exposition d'art urbain au monde, a accueilli plusieurs dizaines de milliers de personnes. Sa particularité? Les curieux ont eu uniquement le mois d'octobre pour la visiter, la destruction du bâtiment ayant été prévue pour le mois suivant. Les œuvres ont cependant été figées numériquement sur le site Web de la manifestation artistique.

Pour apprécier pleinement une réalisation d'art urbain, il faut comprendre la démarche des artistes. Un partenariat entre les intervenants touristiques et le milieu favorise l'immersion du touriste et répond à l'enjeu de la propriété intellectuelle. Les guides de **Street Art London Tours** sont issus de la culture urbaine; les revenus tirés sont réinvestis dans de nouveaux projets artistiques et aident au référencement ainsi qu'à la conservation numérique des œuvres londoniennes.

L'utilisation des nouvelles technologies permet de valoriser et de conserver les traces d'une démarche qui se veut éphémère. [...] Les applications mobiles aussi se laissent séduire par l'art de la rue. **Urbacolors** permet à l'utilisateur de repérer les œuvres situées à proximité, de les photographier et de les partager avec ses amis sur les réseaux sociaux. Des points sont accumulés quand une photo est partagée ou lorsqu'un membre de la communauté l'ajoute à sa collection personnelle. Dans la même veine, la Ville de Paris a lancé l'application **My Paris Street Art**, qui localise les productions d'art urbain, fournit des explications et permet à celui qui la consulte de participer à l'enrichissement de la base de données existante.

La mise en tourisme de l'art de la rue doit rester une démarche sincère, proche du milieu et conserver la saveur marginale typique de la culture urbaine. Les artistes de la rue proposent une expérience artistique unique qu'il serait dommage de transformer en produit touristique de masse.

03/02/2014
http://veilletourisme.ca/2014/02/03/lart-de-la-rue-dynamise-les-destinations-touristiques

Lisez le texte et trouvez les phrases qui démontrent les avantages d'une étroite relation entre le tourisme et l'art urbain.

18 Graffitis: Qu'en pense la justice?

Regardez la vidéo «Street art: art ou vandalisme» du ParisienTV:
https://youtu.be/pGObNTRSeOM

A La présentatrice, qui est avocate, nous explique la position de la justice face aux graffitis. Remettez ses phrases dans l'ordre.

a Il est poursuivi pour avoir dessiné un chat sur un mur provisoire de la gare du Nord à Paris.

b La loi considère qu'un graffiti équivaut en principe à une destruction d'un abribus ou d'une vitrine de magasin et en général les graffeurs ne sont condamnés qu'à des travaux d'intérêts généraux.

c Trois mois de prison ferme, c'est ce qu'encourt pour dégradation le *street artist* Thomas Ville, plus connu sous le nom de Monsieur Chat.

d Légalement, c'est un vide juridique dans lequel des sociétés se sont engouffrées.

e Le *street art* est considéré en fonction du contexte dans lequel il est réalisé, soit comme de l'art, soit comme du vandalisme.

f Réalisés à partir d'eau avec un pochoir ils ne dégradent pas les lieux publics.

g Monsieur Chat est donc poursuivi pour vandalisme, c'est à dire pour avoir détruit, dégradé, détérioré le bien d'autrui.

h   Azyle figure emblématique du graffiti a, lui, été condamné en mai dernier à verser 140 mille euros à la RATP pour avoir recouvert de graffitis plusieurs centaines de wagons de métro.

i   Reste la question des tags dits écolo ou propres qui laisse les juges perplexes.

B Retrouvez les définitions de chaque expression:

1   encourir une peine de prison
2   des travaux d'intérêts généraux (TIG)
3   dégrader le bien d'autrui
4   être condamné à verser une somme d'argent
5   un vide juridique

C Répondez aux questions:

1   La justice française vous semble juste et adaptée au cas de Monsieur Chat et d'Azyle?
2   Si vous étiez ministre de la Justice, changeriez-vous la loi? Comment?

19 Débat

Un groupe de jeunes artistes urbains propose à la direction de votre école de peindre les murs extérieurs du secrétariat, des salles de classe et du gymnase.

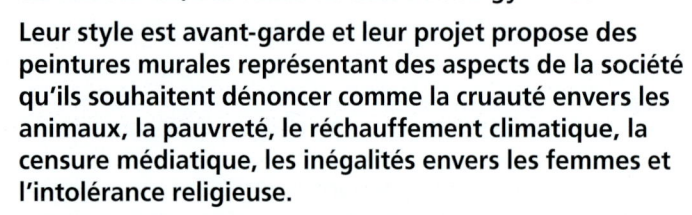

Leur style est avant-garde et leur projet propose des peintures murales représentant des aspects de la société qu'ils souhaitent dénoncer comme la cruauté envers les animaux, la pauvreté, le réchauffement climatique, la censure médiatique, les inégalités envers les femmes et l'intolérance religieuse.

Un débat est organisé pour voter pour ou contre la réalisation de ce projet. Votre groupe sera divisé en un nombre égal de partisans et d'opposants au projet. Vous adopterez un nom et un rôle, puis défendrez votre point de vue devant les parents, les étudiants et le personnel de votre école.

À la fin du débat, la classe votera pour le groupe dont les arguments les auront le plus convaincus.

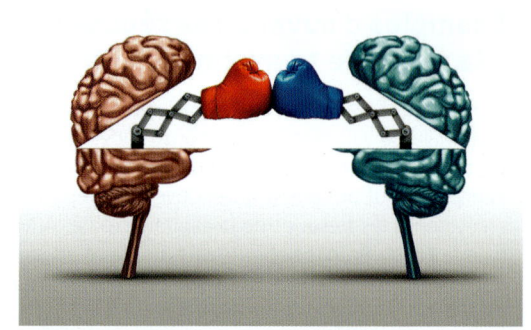

20 Jeu de rôles

La Rochelle: les artistes de rue veulent être entendus par la municipalité

Une centaine de personnes est venue soutenir les artistes de rue, hier soir devant le Café Leffe. Ils étaient une petite centaine près du Café Leffe hier soir pour protester contre les mesures prises à l'encontre des musiciens de rues. En cause un arrêté municipal datant de 2008, davantage appuyé cette année par la police municipale, qui interdit l'utilisation d'amplis pour les artistes de rues. Une démarche dénoncée par les artistes et leurs soutiens. C'est le cas de Julien Muller et Julien Castaing présents ce soir sur le port de La Rochelle. «Sans nos amplis c'est compliqué de nous faire entendre au milieu de la foule, de faire profiter de notre musique et de vous faire passer un bon moment», a déclaré Julien Muller après avoir repris Joe Dassin et ses «Champs Élysées».

L'artiste a d'ailleurs demandé à ce qu'«une table ronde soit organisée entre les élus, les riverains, les commerçants et nous, les artistes, pour qu'une solution soit trouvée.»

«Situation scandaleuse»

Stéphane était présent avec sa famille parmi la foule. Il dénonce «une situation scandaleuse. Il n'y a pas de mots pour décrire cela. Tous les ans, on découvre de nouveaux artistes, certains seraient même dignes de passer à la télé.» Stéphane regrette la décision du maire. «Je ne comprends pas qu'ils soient condamnés à jouer dans de telles conditions. Il y a sans doute eu de l'abus par certains comme ces groupes péruviens par exemple. Ils s'installent tout le long du port et utilisent de grands amplis. Mais cela ne doit pas pénaliser tout le monde», dénonce Stéphane. […]

D.-M. B., 04/03/2017
www.sudouest.fr/2017/03/04/les-artistes-de-rue-veulent-etre-entendus-par-la-municipalite-3248066-1391.php

Deux jours après la manifestation à La Rochelle et à la suite de l'article paru dans le journal Sud-ouest du 4 mars 2017 intitulé «La Rochelle: les artistes de rue veulent être entendus par la municipalité», une émission de télévision locale invite le maire de la ville et un artiste de rue à s'exprimer sur les faits. Un(e) présentateur/trice leur pose des questions.

Travaillez en groupe de trois personnes et jouez la scène.

21a Préparation à l'examen écrit

NIVEAU MOYEN

■ Comment écrire un courriel

1. Écrivez l'adresse email du destinataire, celle de l'envoyeur et le sujet:
   De: amélie@yahoo.fr
   À: marcopoloh@gmail.com
   Sujet: Arrivée à Montréal
2. Adressez-vous au destinataire:
   Cher / Chère X
   Salut
   Bonjour…
3. Décidez si vous tutoyez ou vouvoyez la personne.
4. Écrivez une introduction et une conclusion brèves.
5. Faites un paragraphe pour chaque idée.
6. Écrivez une formule de clôture et signez:
   À bientôt
   Il me tarde de te voir…
7. Les courriels sont en général plus concis que les lettres et donnent souvent des informations spécifiques.

■ Comment écrire une entrée sur un forum en ligne

1. Écrivez l'adresse du site:
   voyagespourlesjeunes.com
   voyageforum.com
2. Ajouter un sujet ou une question:
   Que visiter dans le nord du Maroc
   Danses traditionnelles de Tahiti
3. Date et heure de la publication:
   19 mars 2019 à 10h55
4. Adressez-vous à tous les internautes:
   Bonjour à tous
   Amis voyageurs…
5. Chaque nouvelle idée ou question est présentée dans un nouveau paragraphe.
6. Demandez ou donnez des conseils.
7. Remerciez les internautes qui vont vous répondre ou vous ont déjà répondu.
8. Vous pouvez éventuellement inclure des réponses des lecteurs.
9. Incluez des instructions:
   Signaler
   Partager
   Répondre

■ Comment écrire un blog

Voir l'Unité 3 à la page 82.

Thème 4: Ingéniosité humaine

Peut-on découvrir une culture à travers son art?

Vous allez bientôt visiter Montréal au Québec, une ville célèbre pour ses musées et son art de rue. Allez-vous prendre le temps d'en visiter certains et / ou de suivre les parcours thématiques sur ses formes variées d'art? Quel est votre point de vue sur la relation entre la culture et l'art?

Choisissez un des trois types de texte suivants pour traiter la question en 250 à 400 mots:

Cherchez des informations sur internet pour trouver des exemples pertinents.

- Un courriel à une amie que vous retrouverez à Montréal
- Une entrée sur un forum de voyage en ligne
- Une entrée sur votre blog personnel

21b Préparation à l'examen écrit

NIVEAU SUPÉRIEUR

«À chaque siècle son art, à l'art sa liberté.»
Gustav Klimt

«Un tableau ne vit que par celui qui le regarde.»
Pablo Picasso

www.evolution-101.com/pensees-sur-lart

■ **Comment écrire un discours**
Voir l'Unité 2 à la page 50.

■ **Comment écrire un blog**
Voir l'Unité 3 à la page 82.

■ **Comment écrire un éditorial**
Voir l'Unité 2 à la page 56.

Vous venez de lire ces deux citations sur l'art et elles vous semblent particulièrement pertinentes en ce qui concerne l'art de la rue. Expliquez votre réflexion en donnant des exemples dans un des trois types de texte suivants en 400 à 600 mots:

- Un discours pour l'inauguration de l'exposition d'art des étudiants de votre école
- Une entrée dans votre blog personnel
- Une lettre à Picasso ou à Gustav Klimt comme éditorial d'un magazine d'art

L'art est-il un outil d'expression contestataire?

- Comprendre la fonction de l'art contestataire à travers ses diverses époques, lieux et formes
- Faire des comparaisons interculturelles
- Transférer les connaissances sur l'art contestataire à un projet de groupe de CAS

RÉFLÉCHIR

«L'artiste a le pouvoir de réveiller la force d'agir qui sommeille dans d'autres âmes.»

Friedrich Wilhelm Nietzsche

- Comment comprenez-vous cette citation?
- À quel type d'art fait-elle référence?
- Connaissez-vous des exemples de ce pouvoir de l'art?

22 Qui est l'artiste contestataire?

Les artistes ont toujours voulu contester ou [1]_____ des idées, des valeurs, des droits. Les formes d'expression ont évolué au travers du temps et, de nos jours, l'artiste contestataire [2]_____ avec ses pinceaux, ses bombes aérosol, son appareil photo, ou son instrument sous le bras. On le retrouve dans les endroits publics ou les scènes du monde entier. Il [3]_____ le monde avec son art.

Un artiste [4]_____ et contestataire veut nous [5]_____ à les adopter ses revendications. Sa démarche se place généralement dans son contexte historique comme lors des guerres, des conflits sociaux ou les périodes de misère. À travers son art, il est le témoin d'une situation critique et il [6]_____ la réalité. Il [7]_____ et veut nous convaincre à [8]_____ à sa cause. Il [9]_____ parfois hommage aux personnages illustres de l'histoire et [10]_____ les dirigeants de son époque.

Ce qu'il veut souvent nous faire [11]_____ ou nous faire [12]_____ de mentalité. Pour y arriver, il touche notre sensibilité, il nous [13]_____, nous fait [14]_____ et nous [15]_____ à une prise de conscience.

Replacez les 15 verbes manquants dans le texte.

a inciter	**e** adhérer	**i** rend	**m** questionne
b agir	**f** émeut	**j** s'indigne	**n** réfléchir
c passer	**g** amène	**k** engagé	**o** dénonce
d révèle	**h** revendiquer	**l** changer	

Astuce: Pensez à la signification du texte mais pensez aussi au contexte grammatical de la phrase: le temps des verbes, les terminaisons, les infinitifs ou les participes passés, par exemple:

Dans la première phrase, nous avons un verbe au passé composé (ont voulu) suivi d'un deuxième verbe à l'infinitif (contester), puis la conjonction «ou»: le verbe qui suit devra lui aussi être à l'infinitif. Maintenant, concentrez-vous sur la signification des verbes à l'infinitif de la liste. «Revendiquer» est le verbe qui correspond le mieux grammaticalement et lexicalement.

23 La musique comme outil de dénonciation

Déjà les premiers mouvements hip-hop dénonçaient des injustices, revendiquaient des droits et avaient pour objectif de lutter et de résister. Le rap français est riche de contestations. Cette forme d'expression musicale et cette expression musicale a de nombreux fans.

Kery James chante sur les thèmes du racisme, de l'immigration et de l'oligarchie politique. Écoutez sa chanson «Lettre à la République» et répondez aux questions.

Vous pouvez regarder le clip officiel ici: https://youtu.be/gp3XZDK7Lw4

A Trouvez les synonymes:

1. trompeur
2. trop manger
3. travail pas cher
4. ridiculiser
5. un rêve
6. être innocent
7. enfermer les personnes dans un endroit limité
8. avoir une dette envers quelqu'un
9. l'époque de l'école
10. pas reconnaissant
11. au centre des discussions / sans compassion
12. raciste envers les étrangers
13. la pauvreté
14. exploser

a. avoir les mains blanches
b. bafouer
c. au cœur des débats sans cœur
d. l'époque du cartable
e. être redevable
f. gaver
g. hypocrite
h. ingrat
i. main d'œuvre bon marché
j. parquer
k. péter
l. la précarité
m. un songe
n. xénophobe

B Répondez à ces questions:

1. À quelles périodes de l'histoire se réfère Kery James?
2. Quel vers est selon vous le plus fort, le plus significatif du message de Kery James?
3. Expliquez avec vos propres mots ce que Kery James reproche à la République.
4. Que lui répondriez-vous?

24 En Tunisie, des graffitis engagés et citoyens

1 **Presque six ans après la révolution tunisienne, les murs ont encore beaucoup à dire. Et avec le temps, le ton a changé.**

«À travers mon art, je défends aujourd'hui la femme arabe, musulmane, artiste, voilée et libre! Ce que je suis, en fait», explique joyeusement Ouméma Bouassida, diplômée en design habillement et grapheuse de 25 ans. À Sfax, capitale de la culture arabe 2016, ses dernières œuvres sont encore toutes fraîches de l'évènement international «Arab street-art camp» organisé le 24 septembre. En cinq ans de pratique, la jeune femme a su tisser sa toile en redonnant vie aux murs, escaliers, et autres façades. Et par la force des bombes (de peinture) l'adolescente timide a laissé place à une femme engagée, plus connue sous le pseudonyme «Ouma».

Ailleurs dans le pays, les graffitis font désormais partie du décor. Mais loin d'être de simples supports de contestation post-révolution, les murs tunisiens servent aussi d'autres causes, à la fois politiques, sociales et citoyennes.

2 **Des graffitis en guise de porte-voix**

Teintés de colère, d'ironie, d'humour ou parfois de poésie, les messages et dessins interpellent les passants. À Tunis, les slogans révolutionnaires se sont peu à peu effacés pour laisser place aux fresques footballistiques, aux portraits d'hommes et de femmes plus ou moins célèbres (de Chokri Belaïd à Bob Marley), et à des mots contre le terrorisme et au nom de la démocratie, souvent écrits en arabe.

3 «Le graffiti est un art qui, historiquement, a toujours été porteur de messages et d'engagement pour les causes nobles», rappelle Ouméma Bouassida, affirmant que la révolution de 2011 a permis de «libérer les énergies, de booster les créations et de faciliter le travail des artistes.» Et c'est ce vent de liberté qu'elle entend représenter, à contre-courant des préjugés. «Pour moi, il n'existe aucune contradiction entre le voile de la femme et l'art en général. Ce genre d'idée prive chaque jour des filles et des garçons de découvrir leurs talents et d'aller plus loin dans leurs passions. C'est donc notre rôle de lutter contre ces stéréotypes. Sinon, à quoi servirait l'art?» Un art qui a d'autant plus d'impact qu'il éclot et vit à la vue de tous, accessible aux petits ou grands, riches ou pauvres, Tunisiens ou étrangers.

4 Face à la pauvreté, le chômage et la corruption qui sévissent encore aujourd'hui, d'autres continuent également à éclabousser les murs de leurs dissentiments. À l'image du groupe «Zwewla» («les pauvres», en Tunisien) qui signe d'un «Z» vengeur ses tags au nom des oubliés et des marginalisés.

Une autre série de tags intrigue les passants depuis plusieurs mois: de simples questions («virés?», «arrêtés?», «Ignorés?», «vous avez fumé?») toujours accompagnées du même dessin, et jamais signées.

5 Et il y a des graffitis qui font couler plus d'encre que de peinture… On pense par exemple à Dalanda Louati, qui avait elle aussi usé du graffiti pour attirer l'attention sur une cause. Artiste et chercheuse à l'institut supérieur des arts et métiers de Sfax, elle avait été arrêtée (puis libérée) en janvier 2016 pour avoir tagué une arme sur le mur de la Société industrielle d'acide phosphorique et d'engrais (Siape) pointée dans le sens de la cheminée de l'usine, en réaction à la pollution dont souffre sa région. […]

6 **Un médium citoyen**

En mars puis en août 2016, des jeunes de l'association «Les Volontaires» ont été invités par la société nationale des chemins de fer tunisiens (SNCFT) à repeindre plusieurs gares de métro pour embellir les lieux et sensibiliser au respect de l'environnement. Cette campagne appelée «Be'Art» a aussi fait le bonheur de plusieurs écoles, recouvrant les murs décrépis de jolis dessins. «L'association est principalement constituée de jeunes, ce qui explique en partie l'utilisation du graffiti. C'est le moyen le plus efficace aujourd'hui, selon nous, pour interpeller la génération qui fera la Tunisie de demain», explique un membre de l'association à *Jeune Afrique*. Un avis progressivement partagé par le reste de la société civile, qui n'hésite plus à faire de cet art de rue un moyen de communication.

7 Présenté début août par l'association «El Makhzen culturel», avec le soutien du centre culturel américain et du ministère de la culture, le projet «9oum ebni – Heroes build» a par exemple permis à 24 grapheurs de peindre des personnalités célèbres dans 24 gouvernorats. Ces graffitis, effectués dans des établissements scolaires et des maisons de culture, ont ensuite fait l'objet d'un jeux-concours sensé stimuler la créativité des jeunes Tunisiens et les inspirer à un changement positif.

Sur la devanture des cafés, dans les cours d'école, sur le bord des routes et même sur la coupole d'un mausolée, les graffitis séduisent par leurs couleurs et leur charme, malgré leur caractère sauvage. Avec pour ambassadeurs, des artistes à la renommée internationale comme El Seed, Shoof, Vajo, Inkman, Eska-one ou encore MEEN-ONE.

28/09/2016
www.jeuneafrique.com/361050/societe/
graffitis-tunisie-murs-se-entendre

Lisez l'article attentivement puis répondez aux questions.

1. Classez les causes défendues par le *street art* en Tunisie dans la / les colonne(s) qui leur correspondent.

Cause politique	Cause sociale	Cause citoyenne
	Par exemple: Droit de la femme arabe, musulmane, voilée, artiste et libre (Ouméma Bouassida)	

2. Quelle expression dans le premier paragraphe montre qu'Ouména Bouassida a changé personnellement et dans sa démarche artistique?
3. Qu'est-ce que la Révolution de 2011 a changé pour les artistes en Tunisie?
4. Pour Ouma quel est l'objectif majeur de l'art?
5. Quel mot du paragraphe 4 signifie «désaccords»?
6. Qu'est-ce qui représente un délit pour les autorités tunisiennes dans le paragraphe 5?
7. Expliquez le moyen de communication qu'utilise la campagne Be'Art du paragraphe 6.
8. Quels mots du dernier paragraphe montrent que le *street art* est encore considéré comme un art marginal?

25 Caricature, satire, liberté d'expression et censure

Vocabulaire clé

satire écrit, propos, œuvre par lesquels on raille ou on critique vivement quelqu'un ou quelque chose: *Ce film est une satire des mœurs politiques.*

censure examen préalable fait par l'autorité compétente sur les publications, émissions et spectacles destinés au public et qui aboutit à autoriser ou interdire leur diffusion totale ou partielle (en France, les films doivent comporter un visa de censure, le visa d'exploitation, délivré par le ministre de la Culture après avis d'une commission)

caricature représentation grotesque, en dessin, en peinture, etc, obtenue par l'exagération et la déformation des traits caractéristiques du visage ou des proportions du corps, dans une intention satirique

liberté d'expression droit pour toute personne de penser comme elle le souhaite

liberté de la presse droit donné à chacun de faire connaître par écrit, ou tout autre moyen de communication, ses opinions, droit de faire paraître un journal, sans autorisation préalable

www.larousse.fr

Regardez le reportage de France2, rediffusé par TV5 Monde, sur l'histoire de la satire et de la censure en France: http://enseigner.tv5monde.com/fle/la-satire-une-tradition-francaise

A Copies et remplissez le tableau avec les cibles de la satire pour chaque époque.

L'époque	Les cibles	Les moyens
En 1831		La caricature
Au début du XXe siècle		La revue satirique, la Marseillaise détournée, *le Canard enchaîné*
Dans les années soixante		Le journal satirique: *Hara Kiri*, *Charlie Hebdo*
Dans les années 70–80		Les humoristes: Pierre Desproges, Coluche
Aujourd'hui, le temps des crispations		Films, spectacles et caricatures

B **Puis répondez à ces questions à l'oral en classe:**

1. Est-ce que la censure a toujours existé en France?
2. La caricature est-elle un art? Est-elle acceptable dans toutes les situations?
3. Voici l'article 10 de la Déclaration des droits de l'homme et du citoyen de 1789: «Nul ne doit être inquiété pour ses opinions, même religieuses, pourvu que leur manifestation ne trouble pas l'ordre public établi par la loi». Discutez des exemples de satire du reportage à la lumière de droit fondamental français.
4. Au nom de la liberté d'expression, est-ce que les artistes devraient pouvoir exprimer n'importe quelle idée? Discutez en groupe et faites un compte rendu à la classe.
5. Y a-t-il des similitudes ou des divergences sur ce sujet entre la France et votre pays?

Comment écrire un article pour le magazine de l'école
Voir l'Unité 1 à la page 14.

Comment écrire une interview
Voir l'Unité 1 à la page 15.

Comment écrire un discours
Voir l'Unité 2 à la page 50.

CRÉATIVITÉ, ACTIVITÉ, SERVICE

Une situation dans votre école, dans votre communauté ou dans votre pays vous indigne, vous révolte même! Pour réveiller les consciences et rallier des partisans à votre cause, vous pensez utiliser l'art pour changer ce qui vous dérange. En cours de CAS, vous avez travaillé en groupe sur un projet d'art contestataire que vous voulez entreprendre dès que possible.

Définissez la situation que vous voulez changer, expliquez votre choix d'utiliser l'art pour la contester et les différentes étapes de votre projet. Soyez convaincant et demandez le support de votre public.

Présentez votre proposition de projet dans *un* des trois formats de textes ci-dessous:

- Article pour le magazine de votre école
- Entretien avec le prof d'art qui va vous aider dans ce projet
- Discours d'ouverture de l'exposition d'art des étudiants du Baccalauréat International

Littérature

NIVEAU SUPÉRIEUR

26 La plume comme arme

Marianne Cohn était d'origine allemande et membre de la Résistance Juive pendant la deuxième guerre mondiale. Elle a sauvé beaucoup d'enfants en les aidant à passer en Suisse ou en les plaçant dans des familles françaises sympathisantes. Elle a écrit ce poème qui témoigne de son courage et encourage la résistance. En 1944 la Gestapo l'a arrêtée, puis longuement torturée. Elle est morte en août 1944 à l'âge de 22 ans.

Pendant l'occupation allemande de la France (1943–1945), de nombreux poètes écrivirent des textes «engagés». Ils avaient choisi cette forme d'art pour exprimer leurs convictions. Ils prônaient leur amour pour la liberté, la vie, leur admiration pour la résistance et leur douleur pour les crimes de guerre. Ils défendaient la paix et donnaient espoir.

La poésie permettait d'utiliser des images fortes et d'exprimer des sentiments. Plusieurs de ces poèmes ont été mis en chanson pour être plus facilement mémorisés et donner du courage («Le chant des partisans»). Les textes étaient généralement courts et les résistants les apprenaient par cœur. Ils étaient imprimés clandestinement sous formes de tracts et parfois parachutés par les avions de la RAF (*Royal Air Force*). Écrire de tels poèmes ou les diffuser était une activité hautement dangereuse.

Je Trahirai Demain

Je trahirai demain, pas aujourd'hui
Aujourd'hui, arrachez-moi les ongles
Je ne trahirai pas!
Vous ne savez pas le bout de mon courage.
Moi, je sais.
Vous êtes cinq mains dures avec des bagues.
Vous avez aux pieds des chaussures avec des clous.
Je trahirai demain. Pas aujourd'hui,
Demain.
Il me faut la nuit pour me résoudre.
Il ne me faut pas moins d'une nuit
Pour renier, pour abjurer, pour trahir.
Pour renier mes amis,
Pour abjurer le pain et le vin,
Pour trahir la vie,
Pour mourir.
Je trahirai demain. Pas aujourd'hui–
La lime[1] est sous le carreau,
La lime n'est pas pour le bourreau[2],
La lime n'est pas pour le barreau[3],
La lime est pour mon poignet.
Aujourd'hui, je n'ai rien à dire.
Je trahirai demain.

[1] la lime: outil de métal garni d'aspérités servant à entamer et user par frottement du métal
[2] le bourreau: celui qui exécute les peines de mort
[3] le barreau: barre servant de clôture aux fenêtres des prisons

Je Trahirai Demain *par Marianne Cohn*

Thème 4: Ingéniosité humaine

Répondez aux questions:

1 Quel thème n'est *pas* traité dans ce poème?
   a la torture
   b la peine de mort
   c la résistance
   d la souffrance

2 Quelle affirmation résume le mieux le poème?
   a Marianne pense qu'elle supportera la torture jusqu'au lendemain.
   b Marianne pense qu'elle mourra le lendemain parce qu'elle va trahir les résistants.
   c Marianne préfère se suicider plutôt que de livrer des Juifs et des résistants à la Gestapo.

3 À qui s'adresse-t-elle en disant «vous»?
4 Que veut dire «trahir sa vie»?
5 Reconnaissez-vous des figures de style qui donnent un rythme cyclique au poème?
6 Quelle opposition de termes donne une dimension tragique et nous fait comprendre que la mort est la seule issue?
7 La violence est-elle explicite ou suggérée?
8 Quels sentiments ressentez-vous en lisant ce poème?
9 Connaissez-vous d'autres œuvres de littérature qui ont pour but de protester et de contester les guerres, les conflits ou les situations d'injustice?

Thème 4: Ingéniosité humaine

UNITÉ 11 Communication et médias

Comment communiquons-nous?

- Explorer le vocabulaire de la presse et des médias
- Identifier les moyens de communication et leur usage
- Considérer les éléments de compréhension conceptuelle des types de média
- Comparer les pratiques de communication des différentes générations
- TdC: Questionner le rôle des médias dans la recherche de la vérité

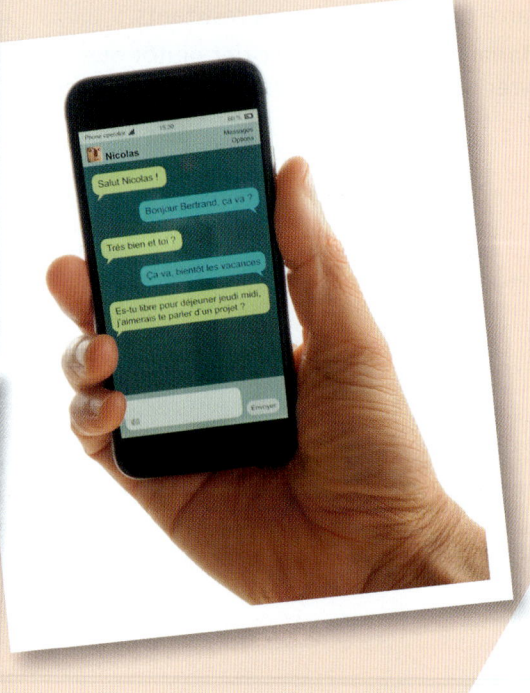

RÉFLÉCHIR

- Quels moyens de communication utilisez-vous à titre personnel?
- Les moyens de communication technologiques modernes comme les messages et les sms peuvent-ils remplacer la communication en face à face?
- Est-ce que l'utilisation des moyens modernes de communication peut conduire à des malentendus?
- Certains moyens de communication sont-ils inappropriés pour communiquer sur certaines choses?
- À quoi servent les smileys ou émojis?
- Quels moyens de communication utilisez-vous pour savoir ce qu'il se passe dans la société, le monde?
- Pourquoi existe-t-il tant de presse écrite, de stations de radio ou de magazines dans un même pays?
- Pourquoi la presse et les médias sont aussi appelés le **«quatrième pouvoir»**?

1 La presse écrite, la télévision ou la radio?

Classez les mots suivants dans le type de moyen de communication auxquels ils appartiennent.

1. les journalistes
2. une auditrice
3. les magazines
4. un hebdomadaire
5. un flash d'informations
6. un auditeur
7. un quotidien
8. une rubrique
9. la revue de presse
10. une chaîne
11. une téléspectatrice
12. les lecteurs
13. un hebdomadaire
14. les journaux télévisés
15. les lectrices
16. une émission
17. un canard
18. un téléspectateur
19. un mensuel
20. les journaux
21. l'audiovisuel

2 Les interviews radio: compréhension conceptuelle

A Pensez à une ou à plusieurs interviews que vous avez écouté récemment et essayez de déterminer les paramètres de compréhension conceptuelle suivants:

1. Qui était interviewé à la radio?
2. Quel était le ton de l'interview?
3. Qui étaient les auditeurs?
4. Quel était le contexte dans l'actualité du moment?
5. Quel était le but de cette interview?
6. Quelles étaient les différentes parties d'une interview?
7. Préférez-vous les interviews radio ou télévisées? Quels sont les avantages de chacune?

Le format des interviews

Le journaliste doit faire une introduction du sujet et présenter son ou ses invités. Pendant l'interview, il pose des questions, auxquelles la personne interviewée répond. Un journaliste expérimenté rendra l'échange naturel et spontané. Il peut poser des questions pour que son invité parle de lui, présente des faits ou des résultats de ses investigations ou défende son point de vue.

Il existe trois grands types d'interview radio:

A Interview explication

Le journaliste questionne un spécialiste (scientifique, sociologue, économiste, historien, etc.) afin qu'il apporte des informations précises sur le sujet de l'émission. Il ne parle pas de lui en tant que personne, mais simplement de la spécialité qu'il maitrise et qui le passionne.

B Interview portrait

Le journaliste questionne une célébrité sur sa vie, sa profession, ses expériences afin de faire connaître sa personnalité, son caractère, son parcours et ses choix. Elle peut faire partie du milieu culturel, scientifique, littéraire, etc.

C Interview déclaration

Le journaliste questionne une personnalité publique (représentant d'un parti politique ou d'une association) sur un fait d'actualité ou un événement auquel il vient de participer, etc. Cette personnalité prend la parole au nom du groupe qu'elle représente et donne sa réaction à chaud, sans avoir préparé son discours.

Pour écouter des exemples d'interviews et le découpage des différentes parties, allez sur https://savoirs.rfi.fr/fr/apprendre-enseigner/societe/linterview-version-pour-la-classe

UNITÉ 11 Communication et médias

B Maintenant à vous!

Travaillez en binômes ou en petits groupes et préparez une interview radio sur un des thèmes suivants que vous définirez.

- Un exploit sportif
- Un sujet politique
- Une découverte scientifique
- Un scandale récent
- Un phénomène de société
- La sortie d'un film ou d'un disque
- Des élections prochaines
- Un fait divers

Vous présenterez votre interview à la classe qui commentera votre compréhension conceptuelle. N'oubliez pas de dire quelques mots sur la chaîne de radio, l'émission et les horaires de diffusion.

3 Les jeunes et la presse: enquête

L'école Sup de Com s'est intéressée aux pratiques des jeunes en matière de presse. Quels sont les supports utilisés par les jeunes pour s'informer? Internet a-t-il surpassé la presse écrite? 457 jeunes ont participé à cette étude. Comprendre les nouveaux comportements des jeunes face à la presse, tel était l'objectif de l'enquête menée par Sup de Com en janvier et février 2014. 457 jeunes de 15 à 25 ans ont souhaité donner leur avis. Découvrez les résultats de cette étude.

Plus d'un tiers des jeunes lit la presse quotidiennement

On entend souvent que les jeunes ne s'intéressent pas à l'actualité. C'est pourtant faux, selon l'étude réalisée par Sup de Com. 35% des 15–25 ans lisent la presse quotidiennement. Les «meilleurs élèves» sont les étudiants, pour qui le taux atteint 38.5%. En revanche, 37.9% des jeunes interrogés lisent la presse moins d'une fois par mois. Ce sont les lycéens qui se sentent le moins attirés par la presse, puisque seuls 23.7% d'entre eux lisent la presse chaque jour.

La presse gratuite, internet ou papier, est celle qui a le plus d'adeptes. 37% des jeunes ne lisent que celle-ci. La presse payante a bien plus de mal à convaincre puisque seuls 9% des 15–25 ans la plébiscitent. Il faut dire qu'en plus de représenter un certain coût, elle est moins accessible que la presse gratuite. Un jeune sur 4 considère toutefois que l'information diffusée dans la presse payante est de meilleure qualité. De façon générale, les jeunes sont peu nombreux à être abonnés à un titre de presse. Seuls 13.6% ont franchi le pas, sûrement pour le coût parfois élevé des abonnements à des magazines et quotidiens.

Comment suivent-ils l'actualité?

Si la majorité des jeunes disposent aujourd'hui d'un ordinateur personnel et d'un smartphone, le format papier reste pourtant privilégié par les 15–25 ans. 36.3% d'entre eux choisissent ce support en priorité. L'ordinateur arrive en seconde position (32.7%), puis le téléphone portable (25.5%). La tablette, encore peu répandue dans cette classe d'âge, n'est privilégiée que par 5.5% des personnes interrogées.

En revanche, avec l'avènement des nouvelles technologies, la majorité des 15–25 ans a déjà installé une ou plusieurs applications presse sur son smartphone (67.1%). Les plus gros téléchargeurs d'applis sont les 22–25 ans (75.8%) et les étudiants (68.2%).

Enfin, quel type de presse préfèrent les jeunes? 72.1% lisent des journaux généralistes d'information, 49.1% lisent la presse féminine et 38.2% la presse people. 30% lisent la presse culturelle et 23.5% la presse économique et sociale.

05/09/2014
www.digischool.fr/vie-etudiante/enseignement/jeunes-presse-enquete-24279.html

Lisez et répondez aux questions.

1. Paraphrasez avec vos propres mots le deuxième et le troisième paragraphe du texte.
2. Quels chiffres du dernier paragraphe vous surprennent? Pourquoi?
3. Pensez-vous que cette enquête donnerait des résultats similaires dans votre pays?
4. Trouvez les synonymes dans le texte:
   - a non payante
   - b affiliés
   - c approuvent
   - d ont décidé de passer à l'action
   - e l'avènement

■ THÉORIE DE LA CONNAISSANCE

Est-ce qu'on peut faire confiance aux médias pour être informé de ce qu'il se passe dans le monde?

Certains médias sont-ils plus valables que d'autres?
Peuvent-ils nous induire en erreur?
Les médias nous influencent-ils?
Que recommandez-vous pour savoir la vérité?

4 Journal en français facile

Voici un excellent outil pour améliorer votre compréhension orale. Chaque journal dure dix minutes. Connectez-vous et écoutez le journal le plus récent.

Écoutez le Journal en français facile de la Radio Française Internationale:
https://savoirs.rfi.fr/fr/apprendre-enseigner/langue-francaise/journal-en-francais-facile

1. Faites la liste des points du journal avec vos propres mots.
2. Combien de points décrivent un événement français ou étranger?
3. Quel sujet vous paraît le plus grave?
4. Y a-t-il un point polémique qui pourrait être présenté différemment dans un autre pays?
5. Qu'est-ce qui rendrait la compréhension plus facile? Les images, voir les gens parler et les mouvements des lèvres. Connaître au préalable les événements de l'actualité dans sa langue…
6. Comparez ce journal avec le journal dans votre pays.

5 À vos plumes!

■ Comment écrire un article pour le magazine de l'école
Voir l'Unité 1 à la page 14.

■ Comment écrire un reportage télévisé

1. Présentez-vous en tant que journaliste et présentez votre émission:

   Bonjour et bienvenue à la nouvelle émission des Nouvelles de la terre. Je suis Philippe Doucet et je vais vous parler aujourd'hui de…

2. Donnez les informations pour répondre aux questions: où, qui, quand, quoi, comment, pourquoi?

3. Traitez de chaque aspect du fait d'actualité dans un paragraphe séparé.

4. Si possible donnez les sources de vos informations:

   Selon la brigade criminelle de Nouméa…

5. Citez les personnes importantes de l'affaire:

   Selon la sœur de l'accusé, je cite: «Mon frère n'est jamais allé…»

6. Donnez éventuellement des indications des images projetées dans l'émission:

   Montrez un panorama de la ville de Montréal, un gros plan sur le musée d'art moderne de…

7. Remerciez les téléspectateurs et donnez-leur RDV pour la prochaine émission.

■ Comment écrire un blog
Voir l'Unité 3 à la page 82.

Choisissez en classe ou individuellement un fait d'actualité récent qui s'est passé dans un pays francophone, dans votre pays ou dans le monde. Vous êtes journaliste, présentateur d'une émission de télévision ou bloggeur professionnel et votre tâche est d'informer votre public des événements importants de l'actualité. Choisissez *un* des types de texte suivants et rapportez l'événement choisi en 200 à 300 mots:

- Un article dans un magazine (donnez des informations sur votre magazine et son profil)
- Un reportage télévisé (donnez des informations sur votre émission)
- Un billet dans votre blog et les commentaires qui suivent (donnez des informations sur votre blog)

Conseils techniques:

- Avant d'écrire, déterminez le ton, le registre de langue et le profil des lecteurs de l'article.
- Déterminez le type de narration et les temps des verbes.
- Pensez à l'organisation des idées et la mise en page.

La télévision

- Comprendre le rôle de la télévision chez les jeunes
- Comparer les habitudes de différentes cultures
- Se préparer à l'examen oral
- Comprendre un reportage radio

RÉFLÉCHIR

Êtes-vous d'accord avec ces affirmations?

La télévision… tue!

Heureusement que j'ai une télévision dans ma chambre.

La télévision, c'est pour les vieux.

La télévision favorise l'échec scolaire.

Sans télé, on est comme coupés du monde.

La télévision sert à éduquer et à ouvrir l'esprit, surtout des jeunes.

6 Les jeunes et la télé: ils zappent et ils matent…

Visitez www.leparisien.fr/culture-loisirs/tv/les-jeunes-et-la-tele-ils-zappent-et-ils-matent-03-05-2017- 6911106.php, lisez le texte et répondez aux questions:

1. Que veut dire, dans un registre de langue familier, «mater» et «zapper»?
2. Qui sont les «millennials»?
3. À qui se réfèrent les adjectifs possessifs «leur», «leurs» et «nôtres» du premier paragraphe?
4. Expliquez l'expression imagée «donner des cheveux blancs» du premier paragraphe.
5. Résumez avec vos propres mots chaque paragraphe suivant.
6. Quel est le type de chacun des dix programmes préférés des «millennials»?
7. Vous reconnaissez-vous dans ce portrait du millénial? Expliquez.

7 Vocabulaire des émissions de télévision

Vocabulaire des émissions de télévision

une série	la rediffusion d'une pièce de théâtre
un feuilleton	la rediffusion d'un concert
un documentaire	la météo
un dessin animé	une téléréalité
un film d'horreur, de guerre, policier, d'amour, de science-fiction, d'aventure, dramatique, comique…	un magazine d'actualité
	un jeu télévisé
une comédie musicale	le journal = les informations = les infos
	les publicités

Discutez en classe de vos préférences et opinions sur les émissions dans l'encadré ci-dessus.

UNITÉ 11 Communication et médias

8 Qu'est-ce qu'on regarde ce soir?

A Ce soir, vous n'avez exceptionnellement pas de devoirs ou d'activités après l'école. Vous planifiez de vous reposer et de regarder tranquillement la télévision sur votre canapé. Connectez-vous à la programmation télévisée en ligne de www.programme-television.org. Lisez les résumés des émissions et des films et choisissez deux programmes pour votre soirée. Prenez des notes pour expliquer vos choix.

B Vous invitez un ami à venir passer la soirée chez vous. Discutez avec un partenaire de vos choix et essayez de le convaincre si vous avez choisi des émissions différentes. Vous devez tomber d'accord.

9 Télévision publique: le référendum suisse

«Êtes-vous favorable à la suppression des redevances radio et télévision[1]?»

Voici la question posée en mars 2018 aux citoyens helvétiques[2]. Les Suisses ont voté par référendum[3] pour décider si la télévision publique devait continuer. Pour garder ce service public, les habitants doivent continuer à payer la redevance télé.

Écoutez le reportage de l'émission «7 Jours sur la Planète» de TV5 Monde: SUISSE: Maintien de la Redevance Audiovisuelle, hébergé sur la chaîne YouTube: https://youtu.be/KY8xPZ5ljWY et répondez aux questions:

1. Qu'est-ce que le «quatrième pilier de la démocratie»?
2. Quel a été le score final à ce référendum?
3. Combien coûte la redevance télé en Suisse? Comment se compare-t-elle aux autres pays d'Europe?
4. Qu'est-ce que les citoyens suisses qui payent la redevance aimeraient pouvoir faire?
5. Quelles questions étaient abordées pendant ce débat sur les médias publics?
6. Qu'est-ce qu'a promis l'audiovisuel public suisse à la suite du référendum?
7. Quelle est la situation dans votre pays?
8. Si ce référendum était organisé dans votre pays, que voteriez-vous?
9. Quels devraient être les droits des citoyens qui payent une redevance télé à votre avis?

[1] la redevance télé: taxe annuelle pour avoir une télévision

[2] helvétiques: suisses

[3] un référendum: vote démocratique par lequel une population est amenée à s'exprimer sur une question en votant «oui» ou «non»

10 Préparation à l'examen oral

NIVEAU MOYEN

Choisissez une de ces deux images et préparez une présentation de trois à quatre minutes.

Suivez ces conseils:

- Annoncez clairement le thème de la photo.
- Décrivez la photo dans son ensemble puis dans les détails en utilisant des prépositions et expressions de lieu.
- Quelle problématique est abordée et quel est votre avis sur la question?
- Utilisez plusieurs temps des verbes pour décrire la situation dans le passé, le présent et l'avenir.
- Apportez des exemples personnels ou tirés de lectures ou de films.
- Utilisez des connecteurs logiques.
- Résumez clairement votre avis en conclusion.

11 Et si vous écriviez un poème, un slam ou une chanson sur les médias ou la télévision?!

Rédigez un poème sur un de ces deux thèmes et profitez-en pour réviser les temps du passé: passé composé, imparfait, plus-que-parfait (voir la page 358 de la section de Grammaire en fin de livre). Utilisez 15 verbes de la liste suivante:

regarder	chercher	exclure
diffuser	trouver	inclure
voir	permettre	acheter
écouter	raffoler	payer
lire	écrire	vouloir
découvrir	demander	exiger
zapper	répondre	adapter
mater	répliquer	devenir
explorer	lancer	dormir
inventer	respecter	mentir
censurer	nettoyer	révéler
interdire	importer	jouer
encourager	exporter	utiliser

UNITÉ 11 Communication et médias

La publicité et la technologie

- Analyser les nouvelles méthodes de publicités ciblées
- Comprendre comment la publicité a envahi le monde digital
- CAS: créer une campagne de publicité

Thème 4: Ingéniosité humaine

RÉFLÉCHIR

La publicité est partout…

- Où voyez-vous des publicités?
- La publicité est-elle efficace?
- Une publicité vous a-t-elle déjà incité à acheter un produit?
- A-t-on besoin de la publicité pour s'informer?
- Recevez-vous des suggestions de boutiques en ligne pour des produits qui vous correspondent?
- Comment les annonceurs arrivent-ils à cibler nos goûts et nos préférences?
- Comment faire pour éviter cette invasion de la publicité dans nos vies?

12 Données personnelles: gare aux cookies, rois de l'indigestion publicitaire

La publicité

une publicité / une pub *(nf)*	en ligne	un internaute *(nm)*
une annonce *(nf)*	les données *(nf)*	inciter *(vb)*
un annonceur *(nm)*	rater *(vb)*	un prix majoré
cibler *(vb)*	l'efficacité *(nf)*	espionner *(vb)*
un moteur de recherche *(nm)*	efficace *(adj)*	

242

Petits logiciels invisibles qui se greffent sur l'ordinateur à chaque visite sur internet, les cookies ont pour mission de capter les données personnelles des internautes à des fins de ciblage publicitaire, un usage de plus en plus controversé.

«Récemment, j'ai voulu organiser un week-end surprise avec ma copine à Bruxelles et j'ai regardé sur internet pour l'hôtel et la location de voiture. Quelques jours plus tard, on était devant l'ordinateur tous les deux et on a vu apparaître des publicités sur la ville et sur Europcar. L'effet de surprise était complètement raté!», raconte Mathieu, jeune architecte d'intérieur parisien.

Comme lui, des millions d'internautes subissent chaque jour ce type de ciblage publicitaire, parfois vécu comme un matraquage ou une intrusion.

La Cnil demande des comptes à Google

Google, acteur omniprésent de la recherche sur internet qui tire l'essentiel de ses revenus de la publicité, est souvent montré du doigt.

Le groupe est actuellement dans le collimateur de la Commission française de l'informatique et des libertés (Cnil), qui le somme de rendre plus lisible l'utilisation qu'il fait des cookies transitant par ses différents services (messagerie Gmail, réseau social Google+ ou navigateur Chrome…).

Le géant américain a jusqu'à vendredi pour préciser notamment à la Cnil combien de temps il conserve les données collectées et dans quel but.

Depuis le mois d'avril, Google a inséré une courte explication au bas de sa page d'accueil stipulant que «les cookies jouent un rôle important», qu'il les utilise «à diverses fins», et que, sans eux, «l'utilisation du Web pourrait s'avérer beaucoup plus frustrante».

Par ailleurs, dans un but pédagogique, la Cnil va rendre accessible cet automne au grand public un outil gratuit permettant de visualiser les cookies lors de chaque navigation.

«Il existe plusieurs sortes de cookies, ceux qui sont fonctionnels et permettent de se souvenir de la langue utilisée, et les autres, employés à des fins publicitaires», explique Stéphane Petitcolas, expert informatique à la Cnil.

Vos sites favoris sous surveillance

Ces cookies «permettent de connaître les sites sur lesquels vous avez navigué et de savoir votre âge, votre sexe, vos hobbies, etc. et renvoient ces informations à des régies publicitaires en ligne», résume-t-il.

L'outil développé par la Cnil montre par exemple qu'une visite sur un site de e-commerce français fait apparaître pas moins de vingt cookies avant même que la navigation ne commence.

«L'exploitation des cookies peut être faite à l'encontre de l'internaute. Un utilisateur qui se renseigne sur un vol pour Madrid et retourne ensuite sur le même site de voyages pourra se voir proposer un prix majoré artificiellement» pour l'inciter à réserver sans délai son billet au risque de voir les prix grimper davantage, indique David Fayon, auteur de plusieurs ouvrages sur internet.

«Mais il ne faut pas faire de confusion avec la NSA (l'agence de renseignement américaine, ndlr) qui nous espionne et les cookies sur internet. C'est complètement un autre sujet, là, c'est juste de l'intrusion», relève Romain Gauthier, fondateur de la start-up française Tactads qui veut lancer sur le marché une solution originale de ciblage sans cookies.

«L'idéal ce serait un monde sans cookies, tout le monde y travaille mais il n'y a pas encore vraiment de modèle de substitution avéré», croit pourtant un acteur de la publicité sur internet qui souhaite rester anonyme.

Google développerait son propre système de traçage

Selon la presse américaine, même Google plancherait sur la question dans le but de développer son propre système de traçage à partir d'un identifiant rentré par l'internaute. Il évincerait ainsi de ses services les cookies dits «tiers», qui sont déposés par les régies publicitaires, des sites partenaires ou de mesure d'audience.

«Google, qui présente cette solution comme une liberté supplémentaire pour les gens, va en réalité se rendre indispensable pour l'industrie de la publicité. S'il supprime les cookies tiers, Google sera le seul à avoir dans sa main toute cette information», conclut Romain Gauthier.

26/09/2013
www.leprogres.fr/france-monde/2013/09/26/
donnees-personnelles-ces-cookies-
qui-indigestion-publicitaire

Lisez le texte et répondez aux questions:

1. Expliquez ce qu'est le ciblage publicitaire avec vos propres mots.
2. Pourquoi la surprise de Mathieu était ratée?
3. Donnez un synonyme du nom «matraquage» du premier paragraphe.
4. Donnez un synonyme de l'expression «montré du doigt» du deuxième paragraphe.
5. Expliquez ce que fait Google grâce aux cookies.
6. Quelle expression du troisième paragraphe montre que les utilisateurs de Google ne comprennent pas comment sont utilisés ces cookies?
7. Que se passe-t-il quand on visite des sites d'e-commerce ou de voyage?
8. Qu'est-ce que le système de traçage mentionné dans le dernier paragraphe?
9. Quel est le risque mentionné en fin d'article?
10. À votre avis, est-ce que beaucoup de personnes comprennent à quoi servent les cookies?

13 Écoutez et parlez: les pubs sur la technologie

Cherchez sur la chaîne YouTube des «Publicités et technologie». Choisissez-en une que vous présenterez à la classe. Pensez aux critères de compréhension conceptuelle pour expliquer pourquoi elle vous a plu. Quel est le ton, le registre de langue, le public ciblé, le contexte…

- Quel est son message explicite et implicite?
- Cette publicité peut-elle être universelle ou s'adresse-t-elle à un public typiquement francophone?
- On dit parfois que les publicités peuvent être trompeuses ou mensongères. Pensez-vous que c'est le cas ici?

14 Pourquoi choisir Sup de Pub?

Les métiers de la communication et de la publicité sont en plein essor. Écoutez cette présentation de l'école de communication Sup de Pub: «Pourquoi choisir Sup de Pub» à https://youtu.be/55LvS-alxzA et répondez aux questions.

1. Cette école forme les étudiants à quels types de métiers?
2. Quand peut-on rentrer dans cette école?
3. Où existe cette école?
4. Quelles sont les deux valeurs principales de Sup de Pub?
5. Que faut-il faire pour postuler à Sup de Pub?
6. Aimeriez-vous étudier la communication? Pourquoi?

15 Spot anti-zapping: comment la pub vous rattrape sur internet

Face aux adblockers, les médias et les réseaux sociaux adaptent leur stratégie. Tandis que les internautes cherchent à fuir la publicité, Facebook et YouTube mettent au point des solutions pour parvenir à les toucher.

Entre les internautes et la publicité, c'est l'éternel jeu du chat et de la souris. À la télévision, c'était facile, ils zappaient. Sur internet, ils ont adopté les bloqueurs de pub (adblockers). Alors les annonceurs et les sites qui leur servent de supports, s'adaptent. Voilà comment naissent de nouveaux formats publicitaires. Il y a eu le pop-up, l'interstitiel, la vidéo pré-roll… comme on dit dans le jargon. Et maintenant? La métamorphose se poursuit. Exemples avec YouTube, Facebook, et quelques sites de presse français.

YouTube lance le spot de 6 secondes «inzappable»

Aujourd'hui, sur YouTube, on trouve généralement deux sortes de publicités, qui s'affichent avant la vidéo sur laquelle on a cliqué: celles qui durent 20 ou 30 secondes et que l'on peut passer (en cliquant sur «ignorer l'annonce») au bout de cinq secondes; et, de plus en plus fréquemment, celles qui durent 20–30 secondes et que l'on ne peut pas passer du tout. Ce qui, au bout du compte, ne convient à personne. Les internautes fulminent devant leur écran, d'autant plus que la vidéo qu'ils cherchent à regarder est courte. Ou ils finissent par télécharger un bloqueur de pub. Les annonceurs, eux, sont frustrés car les consommateurs ne voient pas leur spot jusqu'au bout.

Google a donc eu l'idée de lancer un nouveau format ce mois-ci, baptisé «Bumper ad». Puisque les internautes zappent au bout de cinq secondes, la durée du spot est fixée à six secondes maximum, et l'internaute ne pourra pas le «passer». Un format plus adapté, selon la firme, au mobile et aux vidéos musicales, qui constituent la plus grande partie des contenus visionnés sur la plateforme.

«Les Bumper ads sont les petits haikus des vidéos publicitaires», affirme Google sur son blog officiel. Vendre ses espaces comme de la poésie, ça c'est de la publicité!

Sur Facebook, les médias postent des articles publicitaires

En règle générale, le fonds de commerce des médias sur internet, c'est la publicité. Mais aujourd'hui, une part grandissante de la consommation des médias s'opère sur les réseaux sociaux. Avec des solutions telles qu'Instant Articles, qui permet aux internautes d'afficher plus rapidement le contenu d'un article sur lequel ils cliquent dans Facebook, les médias perdent tout contrôle sur l'environnement autour de leurs articles. Ils ne peuvent plus en tirer de revenus publicitaires puisque Facebook ne renvoie pas les lecteurs sur leur site.

Mais ça, c'était avant. Facebook autorise désormais les médias à poster des publi-rédactionnels (native advertising, brand content, article sponsorisé) sur Instant Articles, sans avoir à acheter un espace publicitaire. Ce qui était interdit, auparavant. Cela signifie que l'internaute verra désormais apparaître sur son mur des contenus issus des pages médias auxquelles il est abonné, comme s'il s'agissait d'articles, mais qui sont en réalité des publicités. À la différence près qu'il faudra quand même l'avertir qu'il s'agit d'une pub.

Raphaële Karayan, 05/05/2016
https://lexpansion.lexpress.fr/high-tech/spot-anti-zapping-article-sponsorise-comment-la-pub-vous-rattrape-sur-internet_1788829.html

A Lisez et répondez aux questions.

1. Avant, que faisaient les téléspectateurs qui ne supportaient pas la publicité à la télévision?
2. Qu'ont fait les internautes qui ne supportaient pas la publicité dans les médias?
3. Le français emprunte encore énormément de mots anglais pour parler de technologie. Souvent, le mot français existe mais on préfère utiliser le vocable anglais! Relevez tous les mots en anglais dans le texte et expliquez-les en français.
4. Pourquoi la journaliste appelle-t-elle la nouvelle forme de publicité mise au point par YouTube des Haikus?
5. Que signifie cette phrase: «En règle générale, le fonds de commerce des médias sur internet, c'est la publicité.»?
6. Si vous utilisez Facebook, qu'est-ce que vous pouvez voir apparaître maintenant sur votre page?
7. Que pensez-vous des publicités sur internet? Y en aura-t-il toujours?

B Que remplacent les pronoms du texte?

Dans le texte précédent, retrouvez quels mots sont remplacés par les pronoms soulignés.

1 les
2 leur
3 laquelle
4 celles qui
5 ce qui
6 eux
7 le
8 qui
9 lequel
10 en
11 ce qui
12 auxquelles
13 qui

> **Grammaire**
>
> Les pronoms objets, les pronoms démonstratifs et les pronoms relatifs
>
> Reportez-vous au précis de grammaire en fin de livre.

C Trouvez les pronoms dans ces phrases dans la liste ci-dessous.

a eux	f qui
b que	g l'
c celles que	h ce qui
d laquelle	i en
e auxquels	j qui

1 C'est une application _____ j'utilise souvent pour réserver mes voyages.
2 La chaîne de radio _____ est le plus écoutée en France est Europe 1.
3 Les internautes, _____, aimeraient pouvoir naviguer sur des sites sans cookies.
4 Je lis l'actualité sur les journaux _____ je suis abonné en ligne.
5 Les publicités, nous n'_____ voulons pas!
6 La télévision est moins regardée par les jeunes, _____ affecte le contenu des publicités.
7 Il est facile de retrouver la page sur _____ nous étions.
8 Arte est une chaîne _____ est diffusée en français et en allemand.
9 Je ne _____ ai jamais regardée.
10 De toutes les publicités, _____ je préfère sont les pubs de nouvelles technologies.

CRÉATIVITÉ, ACTIVITÉ, SERVICE

Créer une campagne de pub

Vous imaginez une campagne de pub pour un nouveau produit, une nouvelle application ou un nouveau service. Quel est votre plan pour le faire découvrir au grand public?

Vous écrivez **une proposition** à l'agence de communication pour laquelle vous travaillez afin de présenter vos idées. N'hésitez pas à faire preuve d'imagination.

Ce rapport doit inclure:

- Description du produit / application / service de votre campagne
- Scénario de votre publicité
- Les supports publicitaires choisis (presse, télé, radio, affiches, internet, réseaux sociaux, etc.)
- La diffusion de la publicité (fréquence, horaires, etc.)
- Explication du thème ou de la stratégie de votre publicité (public cible, concept, musique, type de texte, etc.)
- Le texte de votre publicité (accroche, slogan, dialogues, etc. avec consignes pour les acteurs)
- Le visuel si possible
- Synthèse de vos arguments pour convaincre votre agence de Com de financer votre projet.

Ce travail pourra être présenté à la classe.

Littérature

16 Acide sulfurique

Acide sulfurique est un roman de l'écrivain belge **Amélie Nothomb** sur le thème de la téléréalité. Il évoque un jeu télévisé d'un genre nouveau qui est basé sur les camps de concentration de la deuxième guerre mondiale. Les personnages sont des hommes et des femmes qui ont été faits prisonniers. Ils sont forcés de vivre dans des conditions inhumaines pendant que les téléspectateurs les regardant…

1. Dernier avatar de la téléréalité, l'émission «Concentration» scandalise les journaux et affole l'Audimat. Son contenu: dans un camp, des anonymes jouent le rôle de kapo et font subir les pires outrages, jusqu'à la mort, à d'autres inconnus. Au sein de ces arènes modernes, la très sadique kapo Zdena est fascinée par une belle prisonnière, une certaine Pannonique, devenue CKZ 114. L'avenir du petit écran imaginé par Amélie Nothomb.

2. Ce matin-là, Pannonique était partie se promener au Jardin des Plantes. Les organisateurs vinrent et passèrent le parc au peigne fin. La jeune fille se retrouva dans un camion.

3. C'était avant la première émission: les gens ne savaient pas encore ce qui allait leur arriver. Ils s'indignaient. À la gare, on les entassa dans un wagon à bestiaux. Pannonique vit qu'on les filmait: plusieurs caméras les escortaient qui ne perdaient pas une miette de leur angoisse.

4. Elle comprit alors que leur révolte non seulement ne servirait à rien, mais serait télégénique. Elle resta donc de marbre pendant le long voyage. Autour d'elle pleuraient des enfants, grondaient des adultes, suffoquaient des vieillards.

5. On les débarqua dans un camp semblable à ceux pas si anciens des déportations nazies, à une notoire exception près: des caméras de surveillance étaient installées partout.

6. Aucune qualification n'était nécessaire pour être organisateur. Les chefs faisaient défiler les candidats et retenaient ceux qui avaient «les visages les plus significatifs». Il fallait ensuite répondre à des questionnaires de comportement.

7. Zdena fut reçue, qui n'avait jamais réussi aucun examen de sa vie. Elle en conçut une grande fierté. Désormais, elle pourrait dire qu'elle travaillait à la télévision. À vingt ans, sans études, un premier emploi: son entourage allait enfin cesser de se moquer d'elle. On lui expliqua les principes de l'émission. Les responsables lui demandèrent si cela la choquait.

   – Non. C'est fort, répondit-elle.

   Pensif, le chasseur de têtes lui dit que c'était exactement ça.

   – C'est ce que veulent les gens, ajouta-t-il. Le chiqué, le mièvre, c'est fini.

8. Elle satisfit à d'autres tests où elle prouva qu'elle était capable de frapper des inconnus, de hurler des insultes gratuites, d'imposer son autorité, de ne pas se laisser émouvoir par des plaintes.

   – Ce qui compte, c'est le respect du public, dit un responsable. Aucun spectateur ne mérite notre mépris.

9. Zdena approuva.

   Le poste de kapo lui fut attribué.

   – On vous appellera la kapo Zdena, lui dit-on.

   Le terme militaire lui plut.

   – Tu as de la gueule, kapo Zdena, lança-t-elle à son reflet dans le miroir.

   Elle ne remarquait déjà plus qu'elle était filmée.

10 Les journaux ne parlèrent plus que de cela. Les éditoriaux flambèrent, les grandes consciences tempêtèrent.

Le public, lui, en redemanda, dès la première diffusion. L'émission, qui s'appelait sobrement «Concentration», obtint une audience record. Jamais on n'avait eu prise si directe sur l'horreur.

«Il se passe quelque chose», disaient les gens.

Extrait d'Acide sulfurique *par Amélie Nothomb*
© *Albin Michel*

Lisez attentivement ce texte et répondez aux questions de vocabulaire.

1 Dans le premier paragraphe, deux adjectifs opposent les deux personnages féminins: quels sont-ils?
2 À quelle période de l'histoire fait référence le titre de «Kapo»?
3 Quelle expression du deuxième paragraphe indique que les organisateurs ont cherché Pannonique minutieusement?
4 Dans le troisième paragraphe expliquez l'utilisation du passé simple et de l'imparfait.
5 Que signifie l'adjectif «télégénique» du quatrième paragraphe?
6 Qu'est-ce qu'un chasseur de tête (paragraphe 7)?
7 Quel est le ton du paragraphe 8? Expliquez.
8 Que signifie l'expression «avoir de la gueule» dans le paragraphe 9?
9 Dans le paragraphe 10, quelles sont les trois preuves que l'émission est un succès? Trouvez les expressions du texte et reformulez-les dans vos propres mots.

17 Présentation d'un personnage

Un des axes de la présentation de l'oral individuel peut être l'analyse d'un personnage à travers un extrait littéraire. Préparez une présentation orale de trois minutes environ sur le personnage de Zdena.

- Vous pourrez expliquer le contexte et le parcours du personnage jusqu'à ce stade du roman.
- Il convient aussi de décrire les sentiments que font naître chez vous la personnalité et les actions de Zdena. Que représente ce personnage?

Compréhension conceptuelle: Comment Amélie Nothomb utilise le langage pour créer son personnage et la culture de cette cruelle émission?

UNITÉ 12 — Technologie et innovation scientifique

Thème 4 — Ingéniosité humaine

La science et la technologie changent le monde

- Comprendre la relation entre la science et la technologie
- Être capable de situer dans le temps en utilisant l'imparfait, le présent et le futur
- Classer par ordre d'importance des inventions scientifiques et technologiques
- Imaginer l'avenir et anticiper les nouvelles inventions

RÉFLÉCHIR

- Quelle est, selon vous, la relation entre la science et la technologie ?
- Comment peut-on définir les deux termes ?
- Sont-elles dépendantes ou indépendantes l'une de l'autre ?
- Donnez des exemples pour justifier votre point de vue.

1 Comment la science et la technologie sont-elles liées?

1. La science est une entreprise de recherche qui vise la connaissance. Elle cherche à décrire, expliquer et prédire les phénomènes en identifiant les liens de cause à effet qui les unissent.

2. La technique est une activité de fabrication et de transformation. Elle consiste à manipuler une matière pour produire un objet (matériel ou immatériel). Cette activité étant parfois très complexe de nos jours, on utilise le terme «technologie» pour parler de certains domaines techniques spécifiques.

3. Traditionnellement, on voyait la science et la technique comme deux disciplines distinctes: connaître le monde et fabriquer des objets étaient des activités indépendantes l'une de l'autre. Puis, au dix-neuvième siècle, on a commencé à améliorer la technique au moyen des connaissances scientifiques. On concevait alors celle-ci comme dépendante de la science. Enfin, dans la deuxième moitié du vingtième siècle, une interaction croissante entre science et technique s'est mise en place.

4. Cette interaction est particulièrement manifeste aujourd'hui. D'une part, la recherche scientifique est de plus en plus dépendante de la technologie. Elle requiert souvent des instruments très élaborés: pensons aux neurosciences cognitives qui font appel à l'imagerie cérébrale informatisée. De plus, des percées techniques permettent d'éclairer les scientifiques sur certains phénomènes: par exemple, les organismes génétiquement modifiés (OGM) ont amélioré la compréhension de la biologie végétale et de maladies humaines à composante génétique. D'autre part, la technique est plus que jamais le produit du progrès scientifique: pensons aux technologies de procréation assistée, aux matériaux nanotechnologiques ou à la titrisation en finance.

5. Bref, science et technique sont devenues dépendantes l'une de l'autre, et leurs développements se font souvent main dans la main. Cet enchevêtrement a conduit certains penseurs à proposer le terme «technoscience» pour désigner ce couple. À l'ère de la technoscience, notre pouvoir sur la nature s'est étendu radicalement, au point de transformer l'horizon du possible: la médecine prolonge la vie de personnes gravement malades et maintient en vie des bébés dits «grands prématurés»; des couples infertiles deviennent parents grâce à la fécondation in vitro; on crée même des êtres aux caractéristiques génétiques prédéterminées en manipulant le «code» du vivant animal et végétal.

www.ethique.gouv.qc.ca/fr/ethique/ethique-science-et-technologie/comment-la-science-et-la-technologie-sont-elles-liees.html

A Lisez le texte et choisissez quelle phrase résume le mieux chacun des cinq paragraphes du texte. Il y a plus de phrases que de paragraphes!

a Le but de la science est d'expliquer comment est né l'univers.
b Ce qu'on appelait avant «la technique» s'appelle maintenant «la technologie».
c La technologie vise à fabriquer des outils qui vont transformer notre monde.
d Le but de la science est de comprendre et d'expliquer le monde et ses phénomènes.
e Depuis le XIXe siècle la science et la technologie sont de plus en plus dépendantes l'une de l'autre.
f La science a besoin des nouvelles technologies pour avancer et elle engendre de nouvelles technologies.
g Au XXe siècle les technologies sont devenues plus importantes que la science.
h On ne peut plus séparer la science de la technologie et c'est pour cela qu'on parle maintenant de technoscience.

B Cherchez ce que signifient ces expressions du texte. Expliquez-les avec vos propres mots en donnant des exemples.

1 les technologies de procréation assistée
2 les matériaux nanotechnologiques
3 la titrisation en finance

2 Connaissez-vous ces inventions françaises?

A Elles ont révolutionné notre existence et nous oublions souvent qui les a inventées et quand. Écoutez ces personnes en parler et complétez le tableau.

Piste 17

Photo	Nom de l'inventeur	Descriptif	Nom de l'invention	Date de l'invention
		La pasteurisation, processus de conservation des aliments. Le vaccin contre la rage qui sauve un petit garçon de 9 ans, mordu à quatorze reprises par un chien enragé		
	Marie Curie			
			La pascaline ou la calculatrice	
		Le crayon avec une mine de graphite et d'argile insérée dans un corps en bois de cèdre		
				1829
	Roland Moreno			
			Le cinéma	

UNITÉ 12   Technologie et innovation scientifique

B Quelle invention considérez-vous comme la plus importante? Comment a-t-elle impacté la société? Donnez au moins deux raisons. Écrivez votre réponse en 80 à 100 mots puis partagez vos idées avec la classe.

3 L'imparfait, le présent et le futur

Grammaire

L'imparfait, le présent et le futur

Quand on décrit une situation dans le passé, l'état des choses, on utilise généralement l'imparfait de l'indicatif, par exemple:

*Quand mes grands-parents **étaient** jeunes, l'internet n'**existait** pas et ils **lisaient** les nouvelles dans les journaux.*

Pour décrire le monde actuel, on utilise le présent de l'indicatif, par exemple:

*Depuis quelques années, ils n'**achètent** plus le journal car ils **lisent** la version numérique sur leur tablette.*

Pour décrire l'avenir, on utilise généralement le futur simple de l'indicatif (ou éventuellement le futur proche), par exemple:

*Dans une dizaine d'années il **existera** des nouvelles technologies qui **permettront** d'être connectés 24h/24, sans avoir besoin d'utiliser un ordinateur ou un téléphone intelligent.*

Pour parler de l'évolution de notre monde, il faut donc savoir jongler avec ces trois temps des verbes! Révisez les verbes réguliers et irréguliers dans la table de conjugaison en fin de livre. Les marqueurs temps vous aident à situer le contexte temps, par exemple:

- Quand mes grands-parents **étaient** jeunes…
- Depuis quelques années…
- Dans une dizaine d'années…

Pensez à les employer avec cohérence avec les temps utilisés.

Reportez-vous au précis de grammaire en fin de livre.

Dans les phrases ci-dessous, conjuguez les verbes au présent, au futur simple ou à l'imparfait.

1. Avant 1978, la Fécondation In Vitro (FIV) ou méthode de procréation médicalement assistée n'[exister] pas.
2. Les couples qui ne [pouvoir] avoir d'enfants [devoir] adopter s'ils [vouloir] à tout prix en avoir un.
3. De nos jours, le taux de réussite de la FIV [être] d'environ 25% de naissances par ponction d'ovocytes réalisée et de plus en plus de parents y [avoir] recours.
4. Il [exister] des maladies mitochondriales comme certaines maladies cardiaques ou musculaires qui [être] transmises par l'ADN de la mère.
5. Bientôt, en utilisant le matériel génétique de trois personnes (la mère, le père et un donneur) par FIV, on [pouvoir] éviter la transmission de ces maladies.
6. On [pouvoir] imaginer qu'à l'avenir, d'autres maladies héréditaires [être] contrôlées ou éradiquées grâce aux progrès de la médecine.

4 Dix technologies plus récentes qui font partie de notre vie

Discutez en groupe:

1. l'internet
2. la première Freebox
3. Pong, le premier jeu vidéo en 2D
4. les premiers jeux vidéo en 3D
5. le premier iPhone
6. Google Earth
7. le GPS
8. le DVD
9. Skype
10. le premier iMac

- Devinez leur date de naissance.
- Imaginez comment elles ont amélioré notre quotidien.
- Par quelles nouvelles technologies risquent-elles d'être remplacées à l'avenir?

5 La science-fiction

Jules Verne: précurseur de la science-fiction?

On dit souvent que Jules Verne est l'auteur des nouvelles technologies. Il est né à Nantes en 1828 et mort en 1905. Il a décrit des mondes futuristes et des moyens de transport exceptionnels qui permettaient à ses personnages d'aller jusqu'à des lieux mystérieux et inconnus. Les machines de Jules Verne étaient inspirées d'inventions existantes à son époque mais son génie l'a fait imaginer à inventer des machines qui n'ont vu le jour que bien après sa mort. Il a aussi inventé des machines que les constructeurs rêvent encore de fabriquer et qui resteront à jamais dans notre imaginaire. Dans le Paris industrialisé de Jules Verne, les Parisiens circulent en «railways» sur des voies élevées au niveau des toits des immeubles. Qui n'a pas rêvé d'avoir une voiture qui vole?

Il avait aussi prédit avec précision la conquête de l'espace avec son obus lunaire qui partirait de Floride pour aller sur la lune. Il avait imaginé que la première mission comporterait trois hommes, que le chien serait le premier animal à voyager dans l'espace, que l'aluminium jouerait un rôle essentiel et qu'on surveillerait les navettes spatiales depuis un immense observatoire aux États-Unis. On peut trouver d'innombrables analogies avec la conquête de l'espace telle qu'on la connaît depuis l'envoi du Spoutnic!

Son petit-fils, Jean Verne, a dit: «Il avait vu que la science, la technologie et le capitalisme allaient se renforcer mutuellement».

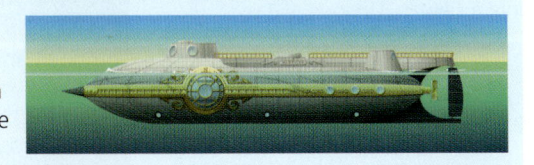

Faites correspondre les inventions de Jules Verne avec les titres des romans dans lesquels elles apparaissent. Cherchez sur internet si vous ne connaissez pas ces œuvres.

1. un voyage de longue durée en ballon
2. une fusée pour envoyer les hommes sur la lune
3. un scaphandre autonome et un moteur électrique
4. un périple fou pour l'époque
5. un canon à longue portée et un satellite artificiel
6. un voyage dans les entrailles de la Terre
7. un éléphant mécanique «géant à vapeur», ancêtre du robot
8. un hélicoptère
9. un téléphone qui permet de voir son correspondant
10. un dispositif optique et sonore à usage privé, ancêtre de la télévision
11. une voiture

   a. *Le Château des Carpathes*
   b. *Les Cinq Cent millions de la Bégum*
   c. *Cinq semaines en ballon*
   d. *La Journée d'un journaliste américain en 2889*
   e. *La Maison à vapeur*
   f. *Robur le Conquérant*
   g. *De la Terre à la lune*
   h. *Le Testament d'un excentrique*
   i. *Le Tour du monde en 80 jours*
   j. *Vingt mille lieues sous les mers*
   k. *Voyage au centre de la Terre*

UNITÉ 12 Technologie et innovation scientifique

6 La science-fiction: un scénario possible?

Le cinquième élément (film de Luc Besson, 1997)

Au XXIII siècle, la survie de l'espèce humaine dépend de la découverte du cinquième élément. Pour sauver l'humanité un héros doit affronter le mal…

Downsizing (film d'Alexander Payne, 2017)

Alors que le monde est surpeuplé, des scientifiques arrivent à réduire des humains à une taille d'environ 12 cm. Ils créent des communautés qui leur sont destinées pour qu'ils puissent vivre mieux et dans le luxe.

Lucy (film de Luc Besson, 2014)

Lucy est une jeune étudiante à Taiwan. Un jour, elle se fait kidnapper pour servir de mule à des trafiquants d'une substance synthétique. Quand le paquet inséré dans son estomac se déchire, elle voit ses capacités intellectuelles et physiques se multiplier à l'infini. Elle acquiert des pouvoirs surhumains…

Matrix (film de Lana Wachowski et Lilly Wachowski, 1999)

Thomas Anderson est un programmeur dans un service administratif pendant la journée mais la nuit, il devient Neo, un pirate du cyber-espace hautement recherché. Il reçoit d'étranges messages cryptés de Morpheus qui le poussent à chercher ce qu'est la Matrice…

La planète des singes (film original de Franklin J. Schaffner, 1968)

En 3978, un vaisseau spatial américain s'écrase sur une planète inconnue. Les hommes à bord découvrent que les humains ont régressé et que des singes très évolués les gouvernent.

Retour vers le futur (film de Robert Zemeckis, 1985)

Quand un savant fou veut démontrer sa dernière invention, la machine à voyager dans le temps, le cauchemar commence… Des bandits surgissent et tue l'inventeur. Marty prend refuge dans la voiture qui le propulse en 1955. Il rencontre ses parents qui, par sa faute, risquent de ne pas se rencontrer. Si Marty ne fait rien, il ne pourra pas exister…

The Thing (film de John Carpenter, 1992)

En 1982 en Antarctique, des chercheurs découvrent un corps enfoui sous la neige. Il aurait plus de 100 000 ans et, une fois décongelé, il reprend vie mais en prenant la forme de qui il veut…

Voyage au centre de la terre (film d'Éric Brevig, 2008)

Le professeur Trevor Anderson n'est plus crédible aux yeux de la communauté scientifique et pourtant, il va faire une extraordinaire découverte. Quand il se rend en Islande avec son neveu, ils plongent dans les profondeurs de la Terre. Ils y rencontrent des mondes inconnus, des créatures incroyables… mais il leur faut éviter de nombreux dangers mortels.

1984 (film de Michael Radford, 1984)

La Grande Bretagne vient de vivre une guerre nucléaire et un gouvernement totalitaire est mis en place. La population perd sa liberté d'expression et tous les habitants sont contrôlés dans leurs moindres gestes.

Si vous aimez ce genre cinématographique, vous connaîtrez certainement les scénarios précédents. Choisissez un titre et discutez avec un partenaire si cette réalité est probable, peu probable ou improbable. Partagez vos idées avec la classe.

Voici des questions qui guideront votre discussion:

- Pourquoi?
- Comment?
- Quand?
- Sous quelles conditions?
- Quels seraient les avantages?
- Les inconvénients?
- Quelles seraient les conséquences au niveau écologique, économique, culturel, politique, relationnel…?

7 Comment imaginez-vous le futur?

Nous sommes en 2999. Laquelle de ces deux images correspond le mieux à votre vision du futur? Pourquoi? Écrivez votre réponse en faisant trois ou quatre paragraphes.

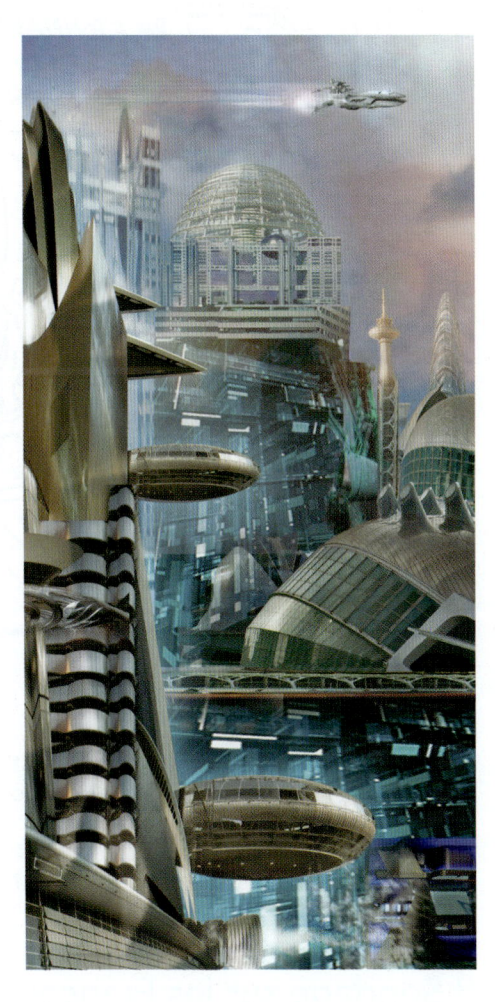

UNITÉ 12 Technologie et innovation scientifique

La connectivité des nouvelles technologies

Thème 4: Ingéniosité humaine

- Interpréter un dessin humoristique, une infographie et un sondage en faisant des comparaisons avec son propre contexte
- Se faire une opinion sur les objets connectés
- Imaginer et présenter une invention technologique dans le cadre du programme de CAS : Créativité

RÉFLÉCHIR

- Les objets connectés, qu'est-ce que c'est?
- Faites une liste de tous ceux que vous connaissez.
- À quoi servent-ils?
- Quelle est la critique dans cette illustration?
- En avez-vous ou aimeriez-vous en avoir?

8 Sondage sur les Français et les objets connectés

A Préparez une courte présentation orale des données de cette infographie. Pensez à:

- expliquer le titre, la date et le but de l'enquête
- dire quel était l'échantillon
- présenter les résultats significatifs
- souligner les résultats qui ont pu vous surprendre
- tirer une conclusion des résultats qui résume l'ensemble des données.

B Il serait intéressant de comparer ces données avec un échantillon d'étudiants de votre classe.

1. Retrouvez les questions qui ont servi à l'enquête et posez-les aux étudiants de votre classe.
2. Évaluer si les résultats seraient similaires ou différents de ceux de l'enquête sur l'échantillon français.

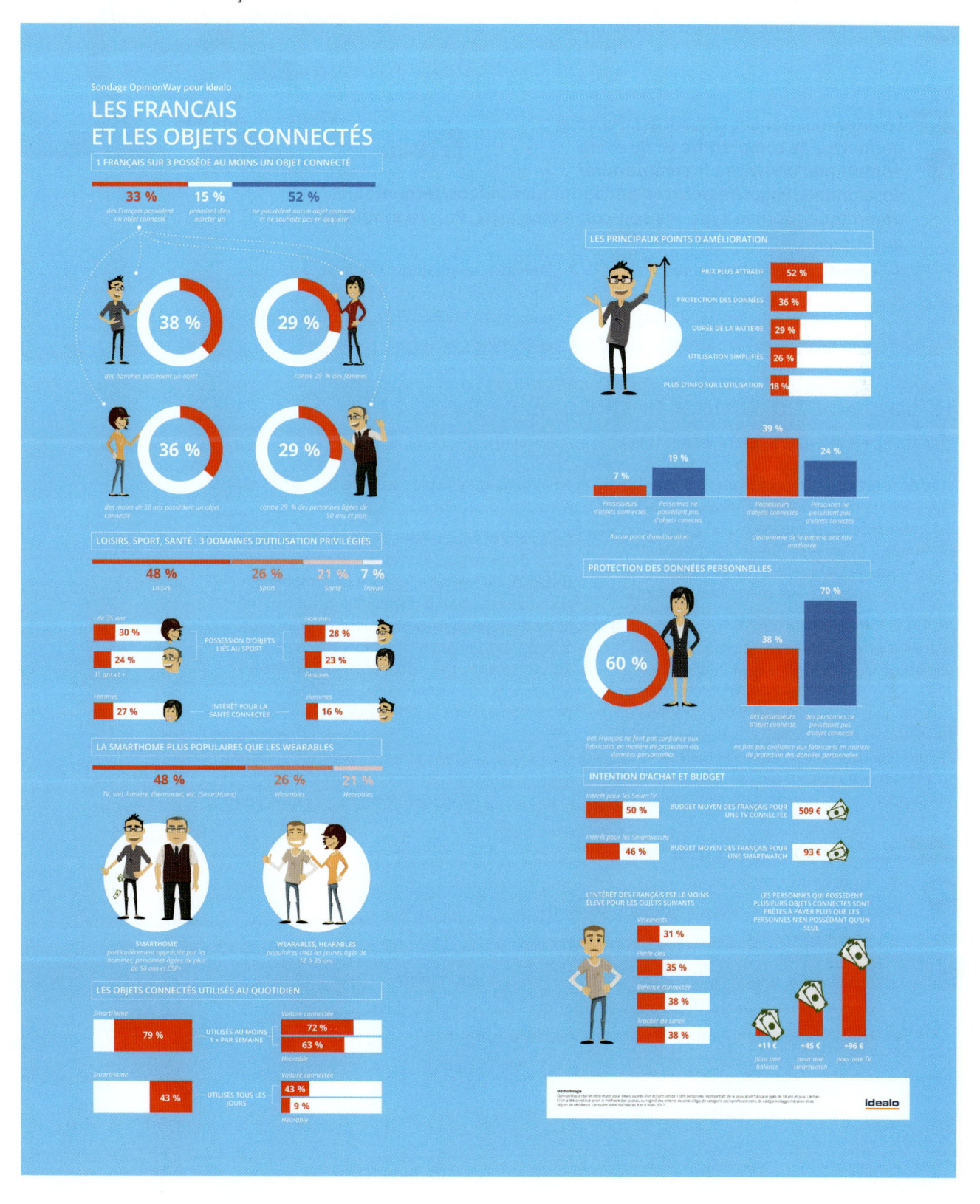

Thème 4: Ingéniosité humaine

9 Journée type dans une maison connectée

A Avant d'écouter ce document sonore:

1 Listez toutes les technologies que vous avez dans votre maison.
2 Lesquelles sont, selon vous, les plus utiles? Améliorent-elles toutes votre qualité de vie?
3 Partagez vos commentaires avec la classe.

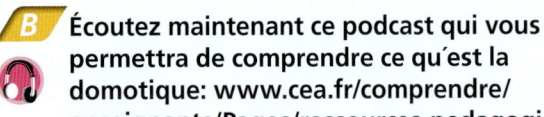

B Écoutez maintenant ce podcast qui vous permettra de comprendre ce qu'est la domotique: www.cea.fr/comprendre/enseignants/Pages/ressources-pedagogiques/videos/technologies/domotique-journee-type-maison-connectee.aspx. Puis répondez aux questions.

1 Qu'est-ce que la domotique?
2 Donnez trois exemples de systèmes domotiques mentionnés dans le reportage.
3 Pouvez-vous imaginer un autre domaine dans lequel les innovations domotiques pourraient améliorer la qualité de vie des personnes?

10 La domotique pour la santé, la sécurité et la protection des personnes

Les capteurs domotiques installés dans un bâtiment peuvent avoir pour mission de détecter les mouvements, la présence d'un individu, la fumée… Toutes ces données permettent d'optimiser la sécurité des maisons et de leurs habitants face aux vols et aux accidents domestiques. C'est une maison «bienveillante».

Par ailleurs, la domotique trouve aujourd'hui de nouvelles applications dans le domaine de la santé. En installant des systèmes domotiques dans les maisons des personnes en situation de handicap, atteintes de maladies neurodégénératives telles que la maladie d'Alzheimer ou encore des personnes âgées, il est possible de les aider dans leur quotidien en automatisant le plus possible des tâches considérées comme complexes.

Cela permet également à la personne de rester à son domicile plus longtemps et d'être suivie à distance. Par exemple, grâce à la domotique, on peut détecter quand une personne ne boit pas assez d'eau ou quand elle oublie de se nourrir. Si le comportement est considéré comme «préoccupant», il est alors possible d'alerter la famille ou les secours selon les scénarii programmés dans l'interface de commande.

14/10/2016
www.cea.fr/comprendre/Pages/nouvelles-technologies/essentiel-sur-domotique-maison-connectee.aspx

Lisez et répondez aux questions:

1 Trouvez un titre au texte.
2 Trouvez dans le texte les mots qui signifient:
   a informations
   b optimiser
   c la vie de tous les jours
   d chez elle
   e de loin
   f découvrir
3 Quelles personnes ces innovations domotiques peuvent-elles aider?
4 Est-ce une amélioration pour les personnes âgées? Pourquoi?

11 Les nouvelles technologies dans la pratique du sport

Marius est un jeune cycliste sur route qui a recours à de nouvelles technologies pour s'entraîner. Il va nous parler des applications connectées qu'il utilise pour s'améliorer dans son sport.

Complétez les blancs dans le texte ci-dessous avec les mots et expressions de l'enregistrement.

Piste 18

1. Marius dit qu'il s'est entrainé _____ et _____ pour les courses.
2. Quand il fait des sorties de vélo, le matériel connecté qu'il utilise est _____ et _____.
3. À part la vitesse et la distance, ce matériel lui permet de savoir _____, _____ et _____.
4. La personne qui interviewe Marius compare Strava à _____ et Marius confirme que c'est _____.
5. Les trois fonctionnalités principales de Strava sont de pouvoir:
   a _____
   b _____
   c _____
6. Les autres personnes qui ont accès à ses données sont _____, _____ et _____.

12 «La voiture connectée oblige les constructeurs à revoir leur rôle»

Antoine Saucier, directeur général de la division automobile de TomTom, explique comment la navigation, première étape vers la voiture autonome, va transformer le modèle de cette industrie.

Avec l'obligation d'installer un système d'appel d'urgence automatique en cas d'accident («eCall») à partir de 2018, toutes les nouvelles voitures seront connectées. Quel est l'enjeu pour les constructeurs automobiles?

1. **Antoine Saucier:** Au-delà de cette obligation, ils pourront offrir à leurs clients une expérience au moins équivalente à celle proposée par un téléphone. En premier lieu, la navigation connectée embarquée est aujourd'hui un véritable atout commercial, comme l'a constaté Peugeot avec sa 3008: elle permet de vendre des voitures plus chères et de tirer le marché vers le haut.

2. C'est aussi une nouvelle étape vers la voiture autonome: dès 2020, la conduite sur autoroute et dans les embouteillages sera possible sous pilote automatique. Aller plus loin dans le déplacement sans conducteur prendra plus de temps, mais les technologies nécessaires continueront de reposer sur les trois briques dont nous disposons actuellement: la cartographie, pour anticiper les prochaines intersections, la navigation et l'info trafic.

3. Ces technologies sont-elles en train de changer le métier des constructeurs, d'intégrateurs d'équipements à prestataire de services?

4. Il est clair que la voiture connectée leur permet de mieux connaître les usages de leurs clients. Ils peuvent mettre ces données à la disposition de leurs partenaires, ou les vendre. Ils peuvent aussi s'en servir pour leur offrir des services ad hoc, services fournis par des partenaires, comme sont en train de le faire Peugeot, avec sa plateforme de services Free2Moove, et Renault, avec Renault Mobility.

5. Des plateformes qui leur permettent d'ores et déjà d'être un acteur du covoiturage et de mettre en relation conducteurs et voyageurs.

Valérie Segond, 28/08/2017
www.lemonde.fr/economie/article/2017/08/28/la-voiture-connectee-oblige-les-constructeurs-a-revoir-leur-role_5177395_3234.html

A Lisez le texte et répondez aux questions:

1. Faites une liste des avantages et des inconvénients de la voiture du futur selon M. Saucier.

UNITÉ 12 Technologie et innovation scientifique

2 Trouvez les expressions imagées:
- **a** Quel adjectif dans le premier paragraphe montre qu'à l'avenir il n'y aura plus de conducteurs dans les voitures?
- **b** Quel nom dans le deuxième paragraphe décrit ce que l'industrie automobile peut gagner ou perdre?
- **c** Quelle expression dans le troisième paragraphe signifie «stimuler les ventes de produits plus chers»?
- **d** Quelle expression du quatrième paragraphe est synonyme d'«être les piliers de…»?
- **e** Quel nom dans le dernier paragraphe indique qu'à l'avenir, de moins en moins de personnes ne conduiront seuls?

Grammaire

Gros plan sur les trois futurs

Pour parler du futur, on peut utiliser le futur proche, le futur simple ou le futur antérieur.

Formation:

- **Le futur proche** est formé du verbe *aller* au présent de l'indicatif, *suivi d'un verbe à l'infinitif*, par exemple:

  *Les voitures diesel **vont être** interdites bientôt.*

- **Le futur simple** se forme à partir de *l'infinitif du verbe* auquel on ajoute *les terminaisons -ai, -as, -a, -ons, -ez, -ont*.

  Quand l'infinitif se termine par un **-e**, on supprime le **-e** avant les terminaisons, par exemple:

  *Cette année, nous **prendrons** la voiture électrique pour aller en vacances au bord de la mer.*

- **Le futur antérieur** est un temps composé, formé de l'auxiliaire *avoir* ou *être* au futur simple et *du participe passé du verbe*, par exemple:

  *Les constructeurs automobiles **auront réalisé** leur prototype de voiture d'ici le salon de l'automobile de l'année prochaine.*

  *Est-ce que tu **seras rentré** quand je reviendrai du travail?*

Emploi:

- **Le futur proche** est très utilisé à *l'oral* pour parler:

  d'un changement, par exemple:

  *Nous **allons vendre** notre voiture et louer une voiture autonome de la dernière génération.*

  d'un futur immédiat, par exemple:

  *Nous **allons utiliser** Blablacar pour aller à Biarritz la semaine prochaine.*

- **Le futur simple** est utilisé pour les *projections dans le futur*:

  Exemple d'**une prédiction**: *Elle n'**aura** pas d'enfants.*

  Exemple d'**une prévision**: *Après-demain il **pleuvra** toute la journée.*

  Exemple d'**un projet**: *Je **construirai** une maison en matériaux entièrement recyclés.*

On peut souvent utiliser le futur proche ou le futur simple sans qu'il y ait de différence. Cependant, on utilise obligatoirement le futur simple après **quand**, **lorsque** et **aussitôt que** (ou **dès que**), par exemple:

- *Quand j'**aurai** 18 ans, je **passerai** mon permis de conduire.*
- *Nous **partirons** dès que nous **aurons** la voiture de location.*

Le futur antérieur est utilisé pour exprimer l'antériorité, par exemple:

- *Quand l'architecte **aura fini** le plan, nous commencerons les travaux.*
- *Mes amis **seront** déjà **partis** à 6 heures du matin.*

Reportez-vous au précis de grammaire en fin de livre.

B Faites ces exercices sur les trois futurs:

1 Relevez les verbes au futur proche et ceux au futur simple dans le texte.
2 Imaginez la situation en 2030. Comment les voitures auront-elles changé? Écrivez trois phrases au futur antérieur pour expliquer votre vision de la voiture du futur, par exemple:
En 2030 les voitures à essence auront déjà disparu…

3 Conjuguez les verbes au futur proche, simple ou antérieur.
   a Vous [venir] visiter ma maison connectée demain?
   b Téléphonez-moi quand vous [signer] la vente de votre maison.
   c Nous [pouvoir] vous aider à en chercher une qui [être] plus moderne et connectée pour plus de confort et de sécurité.
   d Dès que ce [être] abordable, je [faire] un voyage dans l'espace!
   e Quand je [partir] en vacances, je [se déplacer] en voiture partagée. C'est mieux pour la planète et c'est moins cher.
   f Dans cinquante ans, j'espère qu'on [résoudre] le problème des embouteillages dans les villes.

13 Les start-up et la French Tech

Encore une fois on remarque que dans les domaines de la technologie on a tendance à utiliser des mots anglais, même si les mots français existent! Cependant, cela ne veut pas dire que les jeunes francophones ne sont pas présents dans le monde de l'innovation scientifique et technologique. En 2017 au CES (Consumer Electronic Show) Innovation Awards de Las Vegas, la France était la troisième présence mondiale avec 233 start-up. Voici quelques-uns des lauréats. Que pensez-vous de leurs inventions?

1 **42tea**
Cube connecté qui permet la préparation d'un thé parfait, en aidant l'utilisateur à gérer le dosage, la température d'infusion et sa durée grâce à la connectivité avec un smartphone.

2 **Catspad**
Distributeur de croquettes et d'eau connecté pour chat.

3 **HAP2U**
Technologie qui donne aux interfaces tactiles la sensation de relief.

4 **In&motion**
Airbag intelligent et connecté destiné aux athlètes de skicross et de ski alpin.

5 **SensorWake**
Réveil olfactif.

6 **Solable**
Technologie de chauffage solaire thermique permettant de stocker la chaleur, à très bas coût.

7 **JOY – Technology for Families**
Technologie pour les familles. Première montre basée sur des icônes qui permet aux enfants d'apprendre les bonnes habitudes et le concept de temps.

8 **Plume Labs**
Site et une application mobile de consultation de la météo de la pollution de l'air. Développe un capteur connecté capable de détecter les polluants dans l'air que nous respirons.

9 **SevenHugs**
Développe une télécommande universelle qui peut connaître précisément l'emplacement de n'importe quel objet connecté à proximité.

10 **Holi**
Ampoule LED intelligente qui aide à mieux s'endormir et se réveiller du bon pied en synchronisant avec le rythme biologique.

https://newyork.consulfrance.org/30-Startups-francaises-laureates-d-un-CES-Innovation-Award-2017

Discutez:
1 Classez-les par ordre croissant de préférence.
2 Présentez et justifiez vos choix à un partenaire ou en petit groupe.
3 Quels critères avez-vous utilisés pour classer les start-up? Faites une liste de ces critères et présentez-les à la classe.

Comment écrire un entretien à la télévision ou à la radio

Imaginez l'émission en direct. Le ton doit être enjoué et vivant, avec souvent de l'humour.

Pensez à inclure:

- Présentation de l'émission et de l'invité
- Remerciements de l'invité de pouvoir participer à l'émission
- Questions–réponses entre le présentateur et l'invité
- Certaines réponses doivent être plus détaillées pour passer l'information importante
- L'invité peut donner des informations personnelles, des anecdotes pour intéresser le public et / ou établir un lien avec le présentateur
- Remerciements et formule finale

Comment écrire un mode d'emploi

Un mode d'emploi cherche à informer son lecteur de la façon dont il faut faire quelque chose – souvent pour la première fois. Prenons l'exemple d'un bricoleur qui veut construire un meuble. Il se servira d'un mode d'emploi pour être sûr de tout faire correctement. Il aurait tort de vouloir attacher les portes si la carcasse n'est pas finie! Et une personne qui veut installer un nouveau téléviseur ne verrait rien sans brancher l'appareil…

L'essentiel dans un mode d'emploi est de suivre une séquence logique d'activités. Souvent vous verrez des graphiques qui illustreront les explications et souvent les instructions données seront numérotées.

Les verbes seront à l'impératif et les textes les plus efficaces seront écrits en style concis. Et n'oubliez pas, pour la plupart ces textes s'adresseront à des lecteurs inconnus.

Comment écrire une présentation vidéo

Cela ressemble à un discours mais vous ne savez pas quel sera votre public. Le ton doit être convaincant.

Vous espérez vous adresser à beaucoup de personnes, par exemple:

- Bonjour à tous
- Mes chers amis
- À tous ceux qui me regardent aujourd'hui…

Présentez-vous.

Insistez sur l'intérêt de votre sujet et son côté innovant.

Donnez des exemples concrets qui justifieront l'importance de votre invention (faits, anecdotes, données, etc.).

Posez des questions de style rhétorique, par exemple:

- Peut-on vraiment changer cette situation catastrophique?

Expliquez clairement comment fonctionne votre invention.

Finissez par un appel au don et encouragez à donner, remerciez les donneurs.

Le registre peut être courant ou soutenu.

CRÉATIVITÉ, ACTIVITÉ, SERVICE

Participation à un concours

Votre professeur de CAS vous propose de participer au prochain concours du CES Innovation Awards et cela vous intéresse.

Imaginez votre propre invention. Elle doit être innovante et utiliser les sciences et / ou les nouvelles technologies.

Pensez à appliquer les critères de l'activité précédente et le vocabulaire de la leçon. Relisez les critères de notation de l'Épreuve 1 pour votre niveau.

Choisissez un des trois types de texte suivants pour présenter votre invention. Réfléchissez aux aspects du critère de la compréhension conceptuelle pour faire votre choix.

- Un entretien avec une chaîne de télévision locale
- Un mode d'emploi pour votre invention
- Une transcription d'une vidéo que vous filmez pour une campagne de collecte de fonds sur internet

Niveau moyen: de 250 à 400 mots

Niveau supérieur: de 400 à 600 mots

Les avancées scientifiques et technologiques à grande échelle

- Comprendre et discuter des avancées technologiques et scientifiques dans les domaines de la santé et de la découverte de l'espace
- Présenter un jeu de rôle sur un progrès scientifique
- Se préparer à l'examen oral

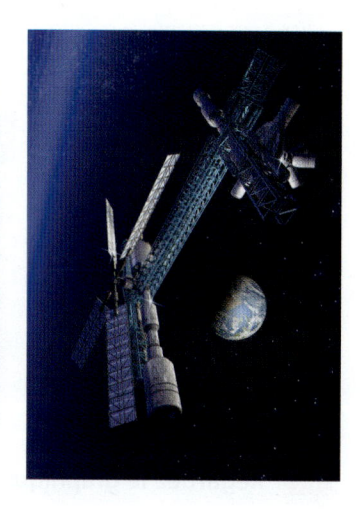

UNITÉ 12 Technologie et innovation scientifique

RÉFLÉCHIR

- Quelles innovations technologiques et scientifiques sont présentées sur ces photos?
- Laquelle représente le plus grand exploit scientifique à votre avis?
- Sont-elles toutes un progrès pour l'humanité?
- Quelles polémiques ont-elles soulevées?

14 Santé: L'espérance de vie augmente partout

Elle a progressé de cinq ans entre 2000 et 2015, selon un rapport de l'OMS. Mais des inégalités persistent, avec plus de trente ans de différence entre les deux extrêmes.

Les enfants qui naissent aujourd'hui ont toutes les chances de voir les années 2080. Selon les statistiques sanitaires mondiales présentées jeudi par l'Organisation mondiale de la santé (OMS), l'espérance de vie des enfants nés en 2015 est de 71,4 ans en moyenne (73,8 ans pour les femmes et 69,1 pour les hommes). Soit cinq ans de plus qu'en 2000. Des résultats prometteurs après la baisse observée dans les années 1990, notamment à cause de l'épidémie de sida, et en Europe de l'Est après la chute de l'Union soviétique.

«Le monde a progressé à grands pas pour réduire les souffrances inutiles et le nombre des décès prématurés dus aux maladies que l'on peut éviter et traiter, s'est réjoui le Dr Margaret Chan, directrice générale de l'OMS. Mais ces progrès ont été inégaux.» Ainsi, un Japonais peut s'attendre à vivre trente-trois ans de plus qu'un habitant de Sierra Leone: 83,7 ans pour le premier, 50,1 ans pour le second.

82,4 ans en France

Grâce en particulier aux progrès en matière de survie de l'enfant, de lutte contre le paludisme et d'extension de l'accès aux médicaments antirétroviraux pour le traitement du sida, l'espérance de vie en Afrique a gagné plus de neuf ans depuis 2000. Mais cette belle avancée ne cache pas une profonde injustice: dans 22 pays, tous situés en Afrique subsaharienne, la durée de vie moyenne peine à atteindre les 60 ans. Sur d'autres continents, 29 nations à hauts revenus offrent à leurs citoyens une longévité supérieure à 80 ans.

Ce sont les femmes japonaises qui peuvent espérer vivre le plus longtemps au monde (86,8 ans en moyenne). Concernant les hommes, c'est en Suisse qu'ils se portent le mieux: ils vivent jusqu'à 81,3 ans en moyenne. La France, quant à elle, se situe à la 9ème place du classement avec une espérance de vie à 82,4 ans (79,4 ans pour les hommes et 85,4 ans pour les femmes), dont 72 ans en bonne santé (contre une moyenne de 63,1 ans dans le monde).

La mortalité infantile divisée par deux

L'important recul de la mortalité infantile est l'une des bonnes nouvelles du rapport de l'OMS, qui explique une part de l'augmentation mondiale de l'espérance de vie. Pour la première fois, celle-ci passe sous la barre des 6 millions de décès annuels d'enfants de moins de 5 ans. Deux fois moins d'enfants sont donc morts en bas âge en 2015 qu'en 1990 (12,7 millions).

Mais, là encore, ce chiffre cache de lourdes inégalités. Si la mortalité infantile se situe autour de 4 pour 1000 enfants en France ou en Allemagne, elle reste très élevée en Afrique: 156 décès pour 1000 enfants en Angola, 140 pour 1000 au Tchad… Prématurité, complications au cours du travail et de l'accouchement, infections et paludisme sont les principales causes de décès des enfants.

Autre facteur d'inégalité: l'accès au personnel médical, en particulier en Afrique et en Méditerranée orientale. Ainsi, 40% des accouchements se font sans assistance ou matériel stérile en Afrique. La Sierra Leone compte moins de 2 professionnels de santé pour 10 000 habitants, tandis qu'en Suisse (2ème au classement) ils sont 214. «Aider les pays à atteindre la couverture sanitaire universelle (l'accès à 16 services de soins essentiels, NDLR) en se fondant sur un solide système de soins de santé primaires est la meilleure chose que nous puissions faire pour veiller à ne laisser personne à la traîne», explique Margaret Chan…

Thomas Delozier, 20/05/2016
http://sante.lefigaro.fr/actualite/2016/05/20/24995-lesperance-vie-augmente-partout

Top 5 des pays où l'espérance de vie* en 2015 …
espérance de vie à la naissance (homme et femme), en nombre d'années   Source : OMS

… est la plus élevée
1	Japon	83,7
2	Suisse	83,4
3	Singapour	83,1
4	Australie	82,8
5	Espagne	82,8

… est la moins élevée
1	Sierra Leone	50,1
2	Angola	52,4
3	Rép. Centrafricaine	52,5
4	Tchad	53,1
5	Côte d'Ivoire	53,3

A Regardez le graphique et dites si les phrases suivantes sont vraies ou fausses.

1. Les pays à l'espérance de vie la plus haute sont tous des pays développés.
2. Les cinq pays à l'espérance de vie la plus basse sont en Océanie.
3. Il existe une différence de plus de 30 ans entre le pays à l'espérance de vie la plus haute et celui avec la plus basse.

B Lisez le texte et répondez aux questions:

1. Actuellement l'espérance de vie progresse-t-elle au niveau mondial?
2. Est-ce que l'espérance de vie a augmenté de façon égale dans le monde?
3. Qu'est-ce qui a fait régresser l'espérance de vie dans les années 90?
4. Quelle est la situation en Afrique?
5. Quel domaine a particulièrement amélioré l'espérance de vie depuis 1990?
6. Selon l'OMS, comment pourrait-on améliorer l'espérance de vie de façon plus consistante dans le monde?
7. L'allongement de la durée de la vie est-elle, selon vous, un progrès ou un problème? Listez vos arguments en réponse à cette grande question de notre siècle.

15 Recherche et jeu de rôle

Quels autres progrès scientifiques ont été effectués récemment dans le domaine de la santé?

- Travaillez avec un partenaire. Recherchez quels progrès scientifiques et technologiques ont apporté de grands changements dans le domaine de la santé dans les trente dernières années. Choisissez celui qui vous parait le plus conséquent.
- Un étudiant sera le chercheur qui a participé à la découverte et / ou à l'application du progrès scientifique choisi. Il / Elle sera invité(e) à une émission de télévision. L'autre étudiant sera le / la présentateur/trice de cette émission et posera des questions sur la découverte et soulèvera une polémique si le progrès scientifique s'y prête.
- Présentez votre jeu de rôle à la classe, qui jugera si vous avez traité le sujet dans son ensemble et si vous avez suivi les conventions, le registre, le ton et les questions / réponses de l'entretien télévisé (compréhension conceptuelle).

16 La découverte de l'espace

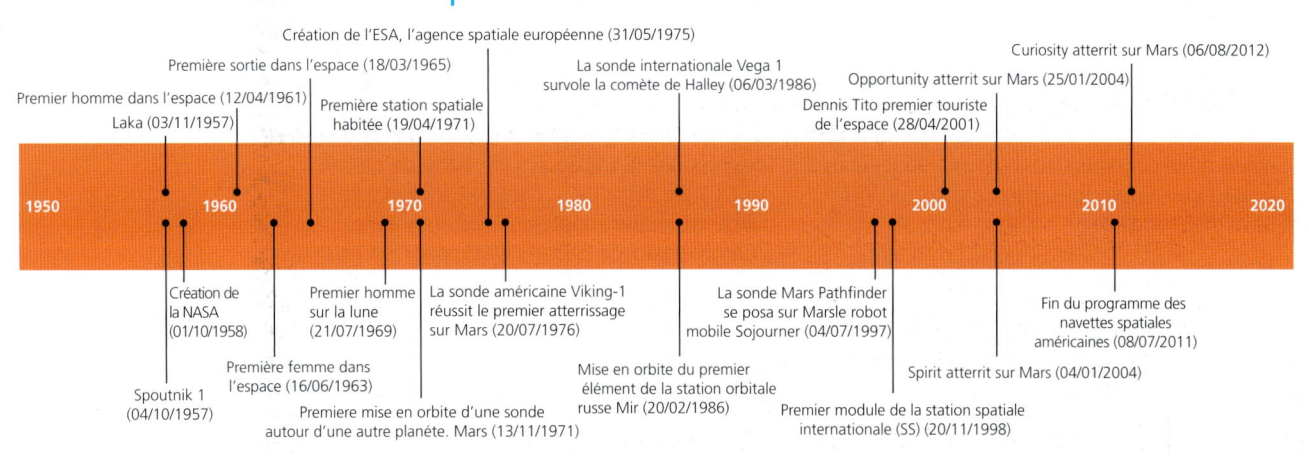

Création de l'ESA, l'agence spatiale européenne (31/05/1975)
Première sortie dans l'espace (18/03/1965)
La sonde internationale Vega 1 survole la comète de Halley (06/03/1986)
Curiosity atterrit sur Mars (06/08/2012)
Opportunity atterrit sur Mars (25/01/2004)
Premier homme dans l'espace (12/04/1961)
Première station spatiale habitée (19/04/1971)
Dennis Tito premier touriste de l'espace (28/04/2001)
Laïka (03/11/1957)

1950 — 1960 — 1970 — 1980 — 1990 — 2000 — 2010 — 2020

Création de la NASA (01/10/1958)
Premier homme sur la lune (21/07/1969)
La sonde américaine Viking-1 réussit le premier atterrissage sur Mars (20/07/1976)
La sonde Mars Pathfinder se posa sur Mars le robot mobile Sojourner (04/07/1997)
Fin du programme des navettes spatiales américaines (08/07/2011)
Spoutnik 1 (04/10/1957)
Première femme dans l'espace (16/06/1963)
Mise en orbite du premier élément de la station orbitale russe Mir (20/02/1986)
Spirit atterrit sur Mars (04/01/2004)
Première mise en orbite d'une sonde autour d'une autre planète. Mars (13/11/1971)
Premier module de la station spatiale internationale (SSI) (20/11/1998)

Regardez le graphique et répondez aux questions:
1. Commentez cette frise chronologique en classe.
2. Que pensez-vous de la découverte de l'espace?
3. Est-ce que les énormes budgets consacrés à la recherche spatiale sont justifiés?

La conquête spatiale a déjà fait rêver de nombreuses générations d'hommes et de femmes. Et petit à petit, les humains colonisent l'espace. Il y a quarante ans, des hommes marchaient sur la Lune. Aujourd'hui, ils habitent en permanence une station spatiale et font des allers-retours sur la Terre. Des centaines de satellites tournent autour de notre planète et des dizaines de sondes sophistiquées explorent notre Système solaire. Certains petits robots roulent sur Mars et analysent son sol. Des télescopes scrutent les profondeurs du cosmos pour débusquer les secrets de l'Univers et, pourquoi pas, pour repérer des traces de vie lointaine. Il y a là une volonté de découverte et de compréhension. Et les acquis sont en la matière déjà considérables. Mais l'apport de cet élan vers l'espace a des côtés moins connus alors qu'ils sont omniprésents dans notre vie quotidienne.

Ainsi, les avancées technologiques réalisées pour conquérir l'espace ont envahi notre quotidien. Le domaine médical a bénéficié de ces «innovations tombées du ciel», comme dit le titre du numéro de juin du magazine *Industries et technologies*. Une minuscule pompe d'assistance ventriculaire, utilisée dans les cœurs artificiels, est dérivée des pompes à carburant de la navette spatiale. Les pompes à insuline sont, elles, issues du programme Viking. Les machines de dialyse sont, elles, des retombées techniques du programme Apollo. Certaines prothèses sont réalisées avec des matériaux conçus pour les fusées. Rien que pour la Nasa, on estime que les technologies spatiales ont donné lieu à 1600 innovations dans d'autres domaines, du détecteur de fumée à l'airbag en passant par les perceuses sans fil ou les panneaux solaires.

Et ce n'est pas fini. Ainsi des matériaux à mémoire de forme en alliage de nickel et de titane. Ce type de matériau est capable de revenir à un état initial sous l'action de la température après avoir été déformé. On peut donc fabriquer des «stents», ces petits tubes que l'on glisse dans les artères pour les «déboucher». On réduit leur diamètre avant la pose et ils se «déploient» dans l'artère sous l'action de la chaleur du corps. De même avec certains types d'agrafes chirurgicales. Bien d'autres applications sont en préparation dans différents domaines, comme les vêtements.

Il y a un mois et demi, la fusée Ariane mettait en orbite les télescopes européens Herschel et Planck. Les astrophysiciens ne devraient pas être les seuls à bénéficier de leur sophistication. Car si leurs instruments sont dix fois plus sensibles dans le domaine infrarouge et dans celui des rayons gamma que ceux lancés avant eux, il est envisagé de les faire travailler aussi sur la terre ferme. En particulier, ils pourraient être utilisés pour la surveillance des forêts et la détection précoce des incendies. Ou encore dans les aéroports pour repérer les gens fiévreux.

Une démarche devenue une référence mondiale

Un autre grand domaine ayant bénéficié des retombées du spatial est celui des matériaux. La chasse au poids a fait que les ingénieurs ont développé l'utilisation de métaux assez rares, magnésium, titane ou tantale par exemple. Et qu'ils ont fortement «boosté» le monde des matériaux composites, plus légers et plus résistants aux chocs et à la chaleur, à base de fibre de verre ou de carbone. Ces matériaux sont aujourd'hui courants dans l'aéronautique, mais aussi dans l'automobile, dans la construction navale ou ferroviaire.

Mais l'une des retombées les plus spectaculaires de la conquête de l'espace, et la moins connue, est celle de l'alimentation. On cite bien sûr souvent, à tort, la lyophilisation, qui est une déshydratation des aliments par le froid. Découvert par deux Français en 1906, le procédé fut appliqué aux aliments au milieu du XXème siècle. Et les voyages dans l'espace lui firent une bonne publicité.

Mais c'est ailleurs que l'influence des programmes spatiaux a joué. Pour les premiers vols habités, les experts de la Nasa voulaient être sûrs que la nourriture des astronautes soit totalement saine et sans danger. Avec l'aide d'une grande société du secteur, ils ont établi un système de règles appelé HACCP (Hazard Analysis Critical Control Point, soit analyse des risques et des points critiques pour leur maîtrise) pour garantir l'hygiène de fabrication et la qualité des produits. De fil en aiguille, cette démarche HACCP est devenue une référence mondiale. Elle a même été adoptée par les organismes internationaux (la FAO et l'OMS) pour le Codex alimentarius, la «bible», créée en 1963, des normes, codes d'usages, directives, etc. pour les industries agroalimentaires. La 32ème session de la commission du Codex alimentarius s'est d'ailleurs ouverte mardi à Rome et se tiendra jusqu'au 4 juillet. Nul doute qu'elle aura à traiter des sujets bien plus terre à terre que la conquête de l'espace. Pourtant, on peut avoir les pieds sur terre, mais la tête dans les étoiles.

Jean-Luc Nothias, 21/12/2011
www.lefigaro.fr/sciences/2009/07/01/01008-20090701ARTFIG00422-pourquoi-la-conquete-de-l-espace-profite-a-tous-.php

17 Pourquoi la conquête de l'espace profite à tous

Lisez le texte et déterminez à quelles personnes ci-dessous les avancées de la conquête de l'espace ont directement bénéficié.

1. les malades avec des déficiences vitaminiques
2. les malades du cœur
3. les bijoutiers
4. les diabétiques
5. les endroits à haut risque d'incendie
6. les victimes d'accidents de la route
7. la qualité de notre nourriture
8. la Formule 1
9. les victimes d'amputation
10. les météorologues

18 Venμs

Ne la confondez pas avec la planète, Venμs est une mission franco-israélienne dédiée au suivi fin et régulier de la végétation terrestre.

Venμs n'est pas un satellite comme les autres. Pour la première fois, des régions du globe vont être observées pendant plus de deux ans, tous les deux jours, avec une résolution au sol de cinq mètres. Venμs va suivre l'évolution des phénomènes naturels comme la croissance des cultures ou les variations du manteau neigeux.

30/05/2017
https://venus.cnes.fr

Regardez la vidéo à https://youtu.be/1QJubPokw_Q jusqu'à 3'12 et répondez aux questions sur le reportage:

1. À quoi se réfèrent ces expressions:
   a. deux ans
   b. deux jours
   c. cinq mètres
2. Que va suivre Venus?
3. Quel est la mission première de Venus?
4. Le but de la mission est de:
   a. gérer les ressources agricoles
   b. gérer les ressources naturelles
   c. gérer les ressources des forêts
5. Quels autres domaines vont bénéficier des données observées par Venus?
6. Qu'est-ce qui a rendu les missions des satellites actuels difficiles?
7. Qu'est-ce qui est nouveau avec Venus?
8. Quelles prédictions la mission Venus va-t-elle améliorer?
   a. la prédiction du rendement des récoltes
   b. la prédiction des populations qui vont manquer d'eau
   c. la prédiction de l'alimentation de l'eau pour les cultures
9. Qu'est-ce que Venus va permettre aux scientifiques de connaître?
   a. l'occupation des sols
   b. les cycles de la végétation
   c. le stress des populations
   d. les besoins en eau des cultures
   e. les cartographies de feux de forêts
   f. les déplacements des glaciers
   g. la disparition des fleuves en Sibérie
10. La mission Venus va s'inscrire dans quel programme européen?

19a Préparation à l'examen oral

NIVEAU MOYEN

Choisissez une des deux images ci-dessus et prenez des notes pour la présenter oralement. Vous avez 20 minutes de préparation. Pensez à faire des liens avec le thème des progrès scientifiques.

19b Préparation à l'examen oral

NIVEAU SUPÉRIEUR

Ces deux extraits sont tirés de *Ravage* de René Barjavel. C'est un des premiers romans de science-fiction français. Il a été écrit en 1943. L'action se situe à Paris en 2052.

UNITÉ 12 Technologie et innovation scientifique

267

Thème 4: Ingéniosité humaine

Extrait 1

« L'humanité ne cultivait presque plus rien en terre. Légumes, céréales, fleurs, tout cela poussait à l'usine, dans des bacs.

Les végétaux trouvaient là, dans de l'eau additionnée des produits chimiques nécessaires, une nourriture bien plus riche et plus facile à assimiler que celle dispensée chichement pas la marâtre Nature. Des ondes et des lumières de couleurs et d'intensités calculées, des atmosphères conditionnées accéléraient la croissance des plantes et permettaient d'obtenir, à l'abri des intempéries saisonnières, des récoltes continues, du premier janvier au trente et un décembre.

L'élevage, cette horreur, avait également disparu. Élever, chérir les bêtes pour les livrer ensuite au couteau du boucher, c'étaient bien là des mœurs dignes des barbares du XXème siècle. Le «bétail» n'existait plus. La viande était «cultivée» sous la direction de chimistes spécialistes et selon les méthodes, mises au point et industrialisées, du génial précurseur Carrel, dont l'immortel cœur de poulet vivait encore au Musée de la Société protectrice des animaux. Le produit de cette fabrication était une viande parfaite, tendre sans tendons, ni peaux ni graisse, et d'une grande variété de goûts. Non seulement l'industrie offrait aux consommateurs des viandes au goût de bœuf, de veau, de chevreuil, de faisan, de pigeon, de chardonneret, d'antilope, de girafe, de pied d'éléphant, d'ours, de chamois, de lapin, d'oie, de poulet, de lion et de milles autres variétés, servies en tranches épaisses et saignantes à souhait, mais encore des firmes spécialisées, à l'avant-garde de la gastronomie, produisaient des viandes extraordinaires qui, cuites à l'eau ou grillées, sans autre addition qu'une pincée de sel, rappelaient par leur saveur et leur fumet les préparations les plus fameuses de la cuisine traditionnelle, depuis le simple bœuf miroton jusqu'au civet de lièvre à la royale. »

www.gallimard.fr/Catalogue/GALLIMARD/Folio/Folioplus-classiques/Ravage

Extrait 2

« Le Sacré-Cœur détruit, l'autel de la Tour Eiffel dominait de nouveau la capitale blessée.

[...] Au bord de la Seine, un curé se redresse. De toute la force de ses poumons, il crie la première phrase de la vieille prière : « Notre Père qui êtes au cieux... » Toutes les bouches la répètent. Les bras se tendent vers le Père courroucé. L'une après l'autre, les phrases roulent sur la place, comme la vague de la marée haute. La prière finie, la foule la reprend et s'arrête sur deux mots : « Délivrez-nous ! Délivrez-nous ! » Elle les répète, encore et encore, elle les crie, elle les psalmodie, elle les chante, elle les hurle.

« Délivrez-nous ! Délivrez-nous !... »

De l'autre côté de la Seine une coulée de quintessence enflammée atteint, dans les sous-sols de la caserne de Chaillot, ancien Trocadéro, le dépôt de munitions et le laboratoire de recherches des poudres. Une formidable explosion entrouvre la colline. Des pans de murs, des colonnes, des rochers, des tonnes de débris montent au-dessus du fleuve, retombent sur la foule agenouillée qui râle son adoration et sa peur, fendent les crânes, arrachent les membres, brisent les os. Un énorme bloc de terre et de ciment aplatit d'un seul coup la moitié des fidèles de la paroisse du Gros-Caillou. En haut de la Tour, un jet de flammes arrache l'ostensoir des mains du prêtre épouvanté. Il se croit maudit de Dieu, il déchire son surplis, il crie ses péchés. Il a envié, parjuré, forniqué. L'enfer lui est promis. Il appelle Satan. Il part à sa rencontre. Il enjambe la balustrade et se jette dans le vide. Il se brise sur les poutres de fer, rebondit trois fois, arrive au sol en lambeaux et en pluie.

Le vent se lève. Un grand remous rabat au sol un nuage de fumée ardente peuplé de langues rouges. Une terreur folle secoue la multitude. C'est l'enfer, ce sont les démons. Il faut fuir. Un tourbillon éteint en hurlant les derniers cierges. Dieu ne veut pas pardonner.

www.gallimard.fr/Catalogue/GALLIMARD/Folio/Folioplus-classiques/Ravage

Choisissez un des deux extraits ci-dessus et prenez des notes pour le présenter oralement. Vous avez 20 minutes de préparation. Pensez à faire des liens avec le thème des progrès scientifiques.

Les questions d'éthique

- Réfléchir aux conséquences des progrès scientifiques
- Considérer les arguments éthiques pour ou contre les modifications génétiques
- Comprendre la polémique sur les OGM
- Déterminer si l'éthique joue un rôle dans nos connaissances scientifiques

UNITÉ 12 Technologie et innovation scientifique

RÉFLÉCHIR

«On ne peut prévoir l'incidence qu'auront certains événements dans le futur; c'est après coup seulement qu'apparaissent les liens.»

Steve Jobs, ancien PDG d'Apple

- Pensez à des événements historiques que la science et / ou la technologie ont rendu possibles.
- Ces événements ont-ils toujours été bénéfiques à la société?
- Dans quels domaines les découvertes scientifiques et les nouvelles technologies peuvent-elles être controversées?

20 Embryons: «Une question de temps avant qu'on utilise la modification génétique»

A Définissez ces mots ou cherchez-les dans le dictionnaire *avant* de lire le texte.

1. un embryon
2. le génie génétique
3. la modification génétique
4. une maladie rare / héréditaire
5. une aubaine
6. le génome
7. l'ADN

269

Thème 4: Ingéniosité humaine

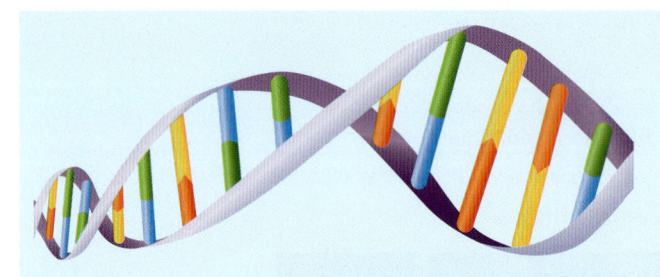

1. Pour le généticien Radman Miroslav, les progrès dans le domaine génétique sur les modifications d'embryons sont une aubaine pour l'humanité. Il défend une «belle vision» d'un futur sans maladie. Les progrès dans le domaine de la génétique font moins parler que ceux de l'intelligence artificielle. Ils ouvrent pourtant la voie à une révolution future au moins aussi impressionnante, voire plus. Demain, l'homme pourra peut-être éliminer toutes les maladies rares et incurables, devenir plus fort, plus grand, plus intelligent et pourquoi pas «tuer la mort».

2. De vieux «rêves» qui deviennent de plus en plus crédibles, notamment depuis la mise au point par une scientifique française d'une technique révolutionnaire appelée CRISPR-Cas9, sorte de «ciseaux moléculaires» qui permettent de modifier le génome humain ou animal. La dernière application de cette technique, réalisée par des scientifiques aux États-Unis, a par exemple permis de corriger des gènes d'embryons humains alors qu'ils étaient porteurs d'une maladie héréditaire.

   Des travaux prometteurs, même si encore à un stade très préliminaire, qui soulèvent aussi de nombreuses questions éthiques, morales et philosophiques, auxquelles Radman Miroslav, généticien et professeur de biologiste cellulaire, tente de répondre.

3. **En quoi CRISPR-Cas9 est un outil révolutionnaire?**
   Radman Miroslav: CRISPR-Cas9 permet de cibler très précisément, au niveau l'ADN, des parties que l'on veut casser, par exemple parce qu'il y a une mutation, ou parce qu'on veut en introduire une. La réparation se fait ensuite grâce à des sortes de sparadraps génétiques, qui viennent remplacer la partie prélevée. Sparadraps que l'on peut modifier, par exemple pour qu'ils ne portent plus de mutation qui soit responsable d'une maladie. En soi, cette technique [*remplacer une partie de l'ADN*] n'est pas très nouvelle. Ce qui est nouveau avec CRISPR-Cas9, c'est la précision, et donc l'efficacité, avec laquelle on peut le faire. Et surtout avec pour un coût très faible, quasi-négligeable. Quelqu'un qui a les connaissances nécessaires n'a besoin que de quelques centaines d'euros de matériel pour mettre en œuvre cette technique.

4. **Quels sont les problèmes et les questions soulevés par cette technique?**
   CRISPR-Cas9 est la méthode la plus précise actuellement. Mais l'est-elle suffisamment? Quelle sera la fidélité des modifications qu'on apportera à l'ADN? Va-t-il y avoir des dégâts collatéraux après une modification? Pour moi qui suis obsédé par la liberté humaine, je suis très mal à l'aise avec la censure. Je pense que la seule façon de le savoir est d'autoriser les recherches et d'expérimenter.

   L'alternative est d'abandonner. Et donc d'accepter de potentiellement continuer à vivre avec des milliers de syndromes et de maladies. Or, si on peut changer notre génome, si on peut sortir de l'esclavage génétique, c'est-à-dire s'affranchir des défauts de nos gènes, doit-on s'en passer? Faut-il être l'esclave du hasard de la Nature? Est-ce que c'est juste?

   Ceci peut motiver la rébellion contre la terreur naturelle, la terreur génétique. Donc je pense que c'est une question de temps avant qu'on utilise la modification génétique. Peut-on imaginer que dans 100 ans nous refuseront de modifier des embryons humains alors qu'il n'y rien de mal à ce que des parents veulent que leur enfant soit bonne santé?

5. **Mais cette technique ne permet pas seulement d'éliminer la maladie. Si elle livre toutes ses promesses, elle pourrait aussi permettre de «fabriquer» des humains plus grands, plus intelligents... Voire immortels! N'y a-t-il pas un risque à éliminer les défauts, les aspérités et différences de l'espèce humaine?**

   Non, il ne s'agit pas de faire en sorte que tout le monde ait la même séquence génétique. Il ne s'agit pas de faire une armée de clones. Entre vous et moi, monsieur, il y a entre 10 et 30 millions de différences au niveau des nucléotides de l'ADN. On ne touchera pas à tout. Si on en enlève une différence de l'ADN parmi 10 à 30 millions d'autres et que cela permet d'enlever une maladie, je ne vois pas en quoi c'est mal. Je ne vois aucun danger.

   Et je ne sais pas si on doit avoir peur ou se réjouir de l'augmentation de la capacité humaine à être meilleurs. Mais ce n'est pas différent de la découverte du feu. On peut brûler un pays avec – on le voit bien cet été –, mais on peut aussi le maîtriser, ce qui permet de faire des progrès.

   Ma vision à long terme de l'évolution de cette technique, en tant que généticien, c'est une belle vision: c'est celle qu'un jour, on se débarrasse de toutes les mutations du génome qui causent ou prédisposent à tant de maladies et de souffrances. Cette vision-là m'excite et m'amuse. Car je trouve que cette quête, cette recherche est humaniste dans tous les sens.

6. **Il faudra trancher la question de savoir si on peut, ou non, modifier les embryons humains. Comment réglementer cette technologie?**

   Je ne sais pas, il faut que ce soit un projet global. Et il faut que les personnes qui répondent à ces questions soient au maximum informées. Ce sera le rôle des scientifiques de les informer. Ensuite, il faudra poser les bonnes questions, via les processus démocratiques.

   Quand et comment appliquera-t-on ces connaissances? C'est une question plus pratique qui devra être prise par un «comité de sages, avec un comité de malades, car ce sont les premières personnes concernées». Une chose est sûre: il ne faut pas empêcher l'avancée des connaissances, ni pour des raisons idéologiques, ni religieuses.

   Victor Garcia, 05/08/2017
   www.lexpress.fr/actualite/sciences/manipulation-d-embryons-faut-il-etre-l-esclave-du-hasard-de-la-nature_1932921.html

B Lisez et choisissez la phrase qui résume le mieux chaque partie du texte.

a La science peut aider les hommes à devenir des êtres meilleurs sans causer de danger.
b Malgré les incertitudes actuelles sur les implications de cette méthode, il faut continuer à expérimenter pour faire avancer la science.
c Les ciseaux moléculaires sont une technique révolutionnaire qui permet d'intervenir sur les gènes des humains et des animaux.
d Il faudra définir les paramètres pour l'utilisation du savoir scientifique en impliquant différentes personnes concernées.
e Pour ce généticien la modification génétique permettra, entre autres, d'éliminer les maladies graves.
f Le CRISPR-Cas9 est un outil fiable, efficace et peu onéreux.

C Répondez aux questions.

1 À quelle autre domaine des progrès scientifiques Radman Miroslav compare-t-il les progrès en génétique et pourquoi?
2 Quel est le but ultime des progrès dans la génétique selon ce scientifique?
3 Expliquez, avec vos propres mots, ce qu'il est possible de faire avec le CRISPR-Cas9.
4 Quel champ lexical Radman Miroslav utilise-t-il pour parler des syndromes et des maladies actuellement existantes? Pourquoi?
5 Expliquez l'analogie que Radman Miroslav fait entre les progrès génétiques et le feu.
6 Quels sont, selon lui, les ennemis de cette avancée scientifique?

D Qu'en pensent les Français?

Sondage Ifop pour Alliance VITA: Les Français et la technique du CRISPR-Cas9

1 Avez-vous déjà entendu parler de la technique du CRISPR-Cas9?

TOTAL OUI	9%	3%	Oui, et vous voyez bien ce dont il s'agit
		6%	Oui, mais vous ne voyez pas précisément ce dont il s'agit
NON	91%		Non, vous n'en avez pas entendu parler

2 Seriez-vous favorable ou opposé à l'utilisation de cette technique sur des adultes ou des enfants souffrant d'une maladie d'origine génétique dans le cadre de la thérapie génique pour soigner ou améliorer leur qualité de vie?

TOTAL Favorable	76%	28%	Très favorable
		48%	Plutôt favorable
TOTAL Opposé	24%	12%	Plutôt opposé
		12%	Très opposé

3 Et seriez-vous favorable ou opposé à l'utilisation de cette technique pour modifier génétiquement in vitro des embryons humains?

TOTAL Opposé	76%	36%	Plutôt opposé
		40%	Très opposé
TOTAL Favorable	24%	6%	Très favorable
		18%	Plutôt favorable

4 Et seriez-vous favorable ou opposé à l'utilisation de cette technique pour modifier génétiquement votre propre embryon in vitro?

TOTAL	78%	33%	Plutôt opposé
Opposé		45%	Très opposé
TOTAL	22%	6%	Très favorable
Favorable		16%	Plutôt favorable

5 Diriez-vous que vous êtes inquiet ou pas inquiet face à l'accélération de l'intervention des scientifiques sur le génome (l'ADN) humain?

TOTAL	67%	19%	Tout à fait inquiet
Inquiet		48%	Plutôt inquiet
TOTAL	33%	27%	Plutôt pas inquiet
Pas inquiet		6%	Pas inquiet du tout

6 Pensez-vous que la France doive s'engager pour demander un encadrement international de cette pratique de modification du génome (l'ADN) humain?

TOTAL OUI	68%	33%	Oui, tout à fait
		35%	Oui, plutôt
TOTAL NON	32%	21%	Non, plutôt pas
		11%	Non, pas du tout

25/05/2016
www.alliancevita.org/2016/05/sondage-ifop-pour-alliance-vita-les-francais-et-la-technique-du-crispr-cas9

En groupes, regardez les résultats du sondage réalisé en mai 2016 par l'Ifop: Les Français et la technique du CRISPR-Cas9.

- Dans vos groupes, posez-vous les mêmes questions que celles du sondage. Obtenez-vous des résultats similaires ou différents?
- Essayez d'interpréter les réponses des Français. Faites des hypothèses expliquant les résultats et imaginez les implications que ces derniers peuvent avoir sur la société.
- Présentez votre réflexion à la classe qui exprimera son accord ou désaccord avec votre interprétation du sondage.

E Que se passe-t-il dans l'agriculture? Parlons des OGM!

1. Quels progrès scientifiques sont illustrés dans ces images?
2. Que dénoncent ces quatre photos?
3. Comment imaginez-vous l'avenir de l'agriculture?

21 Le pour et le contre des OGM

Les OGM (organismes génétiquement modifiés) ont permis de produire des cultures plus résistantes et plus productives pour faire face aux besoins alimentaires de la population mondiale. Cette technique existe dans le domaine des bactéries, des plantes et des animaux. Toutefois, les OGM sont souvent critiqués car ils comportent des risques, même si ceux-ci sont souvent mal connus. Il existe des lois dans chaque pays qui régulent et autorisent leur utilisation, et de ce fait, certains pays comme les États-Unis les cultivent à grande échelle tandis que la France permet seulement la culture de ceux qu'elle considère inoffensifs.

- Les OGM permettent l'apparition de variétés avec des caractéristiques supérieures à celles de plantes dites normales. Il est possible d'augmenter la qualité nutritive (exemple: le riz avec la vitamine A), le rendement des récoltes, etc.
- Les insectes développent une résistance à la protéine produite par ces OGM (exemple: le coton).
- Les OGM pourraient résoudre le problème de la faim.
- Les OGM pourraient être cultivés sur des terrains jusqu'ici inutilisables.
- Une faible efficacité à la longue: de nombreux insectes développent une tolérance (ou même une résistance) à l'insecticide produit par la plante OGM.
- La probabilité de risques d'allergie ressort comme le principal risque que les OGM pourraient engendrer sur l'Homme. Le gène introduit peut coder une protéine nouvelle, inconnue et allergisante.
- Les OGM ont permis d'élaborer de nouveaux médicaments (exemple: l'insuline).
- Les OGM permettent une utilisation massive d'herbicides. Trois risques ici:
  - celui que les plantes sauvages développent une résistance à l'herbicide;
  - celui que les agriculteurs vaporisent plus d'herbicides que nécessaire puisque leurs cultures y sont insensibles;
  - l'herbicide est souvent produit par la même firme que les semences. L'agriculteur se trouve donc complètement dépendant de son fournisseur.
- Donc, les OGM permettent de réduire la pollution des terres agricoles, des nappes phréatiques…
- L'impact non voulu sur les autres insectes, non ciblés ceux-ci et qui peuvent être utiles, comme les abeilles par exemple.
- Le risque de dissémination des pollens OGM par le vent ou les insectes butineurs: cela remet en cause le droit des agriculteurs et des consommateurs à éviter les OGM.
- Les OGM pourraient produire des organes (par des animaux génétiquement modifiés) greffables chez l'Homme…
- Une dépendance des agriculteurs: les firmes programment l'ADN des plantes afin qu'elles tuent leurs propres embryons. Les semences sont stériles. Les agriculteurs sont obligés de racheter de nouvelles semences tous les ans.
- Les OGM peuvent réduire l'utilisation des insecticides (exemple: réduire l'utilisation des insecticides contre la pyrale).

Claire König, 18/05/2017
www.futura-sciences.com/planete/dossiers/botanique-mais-cereale-grains-precieux-2346/page/5

Déterminez si ces aspects présentent les avantages ou les inconvénients des OGM en agriculture.

22 «Marche pour les sciences»: les chercheurs dans la rue pour lutter contre la défiance de l'opinion

A Écoutez le reportage ici: www.dailymotion.com/video/x5jaef4 ou www.europe1.fr/sciences/journee-de-la-terre-les-chercheurs-dans-la-rue-pour-defendre-les-sciences-dans-la-societe-3307850 (même reportage) et répondez aux questions:

1. Pourquoi les chercheurs manifestent-ils?
2. Relevez un slogan de cette manifestation en France.
3. Olivier Bernet, astrophysicien au CNRS de Toulouse et co-organisateur de cette marche s'inquiète que les discours des politiques aujourd'hui ne sont pas toujours basés sur la science mais plutôt sur des idéologies dangereuses. Quels exemples donne-t-il?
4. Quelle est la conclusion de ce reportage?
5. Et vous, avez-vous confiance en la science?

B Relevez les synonymes dans le reportage

1. les scientifiques
2. se rassembler
3. une manifestation
4. l'aide de quelqu'un
5. un message
6. la peur
7. une idée fausse
8. dénoncer
9. les personnes qui ne croient pas au changement climatique

THÉORIE DE LA CONNAISSANCE
Réflexion sur l'éthique et la science

Quel rôle les questions d'éthique jouent-elles dans notre acquisition des connaissances scientifiques?

Avant de répondre à cette question, écrivez votre propre définition de l'éthique et de la science. Puis, réfléchissez à leur relation.

Pour répondre à la question, trouvez deux ou trois domaines ou le progrès scientifique a fait polémique.

N'oubliez pas d'illustrer vos propos avec des exemples concrets.

Faites des paragraphes.

Enfin, concluez en donnant votre opinion.

Niveau moyen: 250 à 400 mots.

Niveau supérieur: 450 à 600 mots.

Thème 4: Ingéniosité humaine

Littérature

23 Cinq semaines en ballon

Jules Verne, c'est l'écrivain visionnaire de la littérature française du XIXe siècle. Dans ses romans d'aventure il a imaginé de nombreux progrès technologiques tels que des moyens de transport futuristes pour l'époque.

En 1863, il publie *Cinq semaines en ballon*. Dans le contexte de l'exploration du continent africain, le Docteur Samuel Fergusson, un explorateur, son serviteur Joe et son ami chasseur professionnel Kennedy, survolent l'Afrique à bord d'un ballon gonflé à l'hydrogène, le «Victoria»…

À six heures, le Victoria planait au-dessus des palmiers.

C'étaient deux maigres arbres, chétifs, desséchés, deux spectres d'arbres sans feuillage, plus morts que vivants. Samuel Ferguson les considéra avec effroi.

À leur pied on distinguait les pierres à demi rongées d'un puits; mais ces pierres, effritées sous les ardeurs du soleil, semblaient ne former qu'une impalpable poussière. Il n'y avait pas apparence d'humidité. Le cœur de Samuel se serra, et il allait faire part de ses craintes à ses compagnons, quand les exclamations de ceux-ci attirèrent son attention.

À perte de vue dans l'ouest s'étendait une longue ligne d'ossements blanchis; des fragments de squelettes entouraient la fontaine; une caravane avait poussé jusque-là, marquant son passage par ce long ossuaire; les plus faibles étaient tombés peu à peu sur le sable; les plus forts, parvenus à cette source tant désirée, avaient trouvé sur ses bords une mort horrible.

Les voyageurs se regardèrent en pâlissant.

«Ne descendons pas, dit Kennedy, fuyons ce hideux spectacle! Il n'y a pas là une goutte d'eau à recueillir.

Non pas, Dick, il faut en avoir la conscience nette. Autant passer la nuit ici qu'ailleurs. Nous fouillerons ce puits jusqu'au fond; il y a eu là une source; peut-être en reste-t-il quelque chose.»

Le Victoria prit terre; Joe et Kennedy mirent dans la nacelle un poids de sable équivalent au leur et ils descendirent. Ils coururent au puits et pénétrèrent à l'intérieur par un escalier qui n'était plus que poussière. La source paraissait tarie depuis de longues années. Ils creusèrent dans un sable sec et friable, le plus aride des sables; il n'y avait pas trace d'humidité.

Le docteur les vit remonter à la surface du désert, suants, défaits couverts d'une poussière fine, abattus, découragés, désespérés.

Il comprit l'inutilité de leurs recherches; il s'y attendait, il ne dit rien. Il sentait qu'à partir de ce moment il devrait avoir du courage et de l'énergie pour trois.

Joe rapportait les fragments d'une outre* racornie, qu'il jeta avec colère au milieu des ossements dispersés sur le sol.

Pendant le souper, pas une parole ne fut échangée entre les voyageurs; ils mangeaient avec répugnance.

Et pourtant, ils n'avaient pas encore véritablement enduré les tourments de la soif, et ils ne se désespéraient que pour l'avenir.

Cinq semaines en ballon *par Jules Verne, 1863*

*une outre: une peau de bouc pour transporter l'eau

Questions de compréhension:

1. Qui sont les personnages du passage?
2. Qu'est-ce-que «le Victoria»?
3. Quel est le projet des personnages?
4. Dans quel environnement atterrissent-ils?
5. À quel moment de la journée se déroule l'histoire? Justifiez votre réponse par des mots du texte.
6. Pourquoi doivent-ils atterrir?
7. De qui sont les ossements, les fragments de squelettes?
8. Pourquoi l'un d'entre eux veut passer la nuit là?
9. Relevez tous les mots du champ lexical de l'eau.
10. Quelles impressions ressentez-vous en lisant ce passage?

UNITÉ 13 Environnement

Les écosystèmes sont menacés

- Comprendre et chercher des informations écrites sur les écosystèmes
- Extraire des informations d'un document sonore
- Exprimer l'obligation, la nécessité et le besoin
- Créer un poster pour une organisation dans le cadre de CAS

Thème 5: Partage de la planète

RÉFLÉCHIR

Plusieurs écosystèmes de notre planète sont en danger. Beaucoup de ressources naturelles sont dévastées, des espèces d'animaux et de végétaux sont menacées et notre diversité s'appauvrit de jour en jour. On dit même qu'une espèce animale ou une plante disparaît toutes les vingt minutes, soit plus de 26 000 espèces par an.

www.planetoscope.com

- Nommez des écosystèmes en danger.
- Nommez des espèces qui ont déjà disparu.
- Pourquoi sont-elles menacées?
- Que se passe-t-il dans les forêts comme l'Amazonie?
- Que se passe-t-il dans les océans?
- Quel est le plus grand problème écologique dans votre pays?

Pour voir des photos d'espèces d'animaux qui ont déjà disparu, suivez ce lien:
www.rtl.fr/actu/debats-societe/en-images-douze-especes-d-animaux-qui-ont-disparu-depuis-40-ans-7785476682

Thème 5: Partage de la planète

1 Les écosystèmes les plus menacés

Tous les milieux ne sont pas exposés aux mêmes dangers: certains ont été profondément bouleversés par l'homme, voire détruits, alors que d'autres ne subissent que des perturbations marginales.

Péril dans la demeure

Aucun milieu naturel n'échappe entièrement à l'action de l'homme. Certains écosystèmes sont particulièrement menacés parce qu'ils sont très convoités ou parce que leur capacité à se régénérer est faible. Une biodiversité importante ne confère pas nécessairement au milieu un intérêt économique, mais ce sont malheureusement souvent les milieux les plus riches qui subissent les plus grands dommages. Il en est ainsi des forêts tropicales: exploitées pour l'exportation des bois précieux et défrichées par les paysans, elles ne parviennent pas à se reconstituer spontanément une fois détruites.

Les coraux et la vie d'eau douce en danger

Les récifs coralliens sont victimes du pillage (pêche à la dynamite et au cyanure, notamment) et frappés par des maladies destructrices, vraisemblablement liées en partie aux rejets polluants (le corail ne tolère que les eaux cristallines) et au réchauffement mondial des océans. La plus connue est le blanchiment. Depuis quinze ans, ce phénomène s'amplifie sur les récifs du monde entier; ceux des Caraïbes sont déjà touchés à 60%! De même, la vie en eau douce souffre des comportements de l'homme. Divers déchets plus ou moins toxiques sont simplement déversés dans les courants; le ruissellement des pluies emporte dans les cours d'eau les substances résiduelles de l'agriculture moderne (pesticides, engrais, effluents d'élevage). Or, la capacité de dilution des fleuves, des rivières et des lacs est très limitée.

■ Les mangroves sont des forêts amphibies côtières dont le rôle de pouponnière est primordial pour les poissons, crustacés et mollusques, aux premiers stades de leur existence.

Les écosystèmes des zones humides sont aussi vulnérables: à la limite entre le milieu terrestre et aquatique (tourbières, marécages, mangroves…), elles sont souvent considérées comme stériles et insalubres, alors qu'elles hébergent beaucoup d'espèces et jouent un rôle écologique essentiel dans la régulation des flux. On tend à les convertir en «zones productives»: drainées ou comblées, elles forment des parcelles agricoles ou industrielles. Les inondations récentes en Europe ne sont peut-être pas étrangères à ces pratiques.

Les zones polaires ne sont pas épargnées

La biodiversité spécifique y est certes particulièrement basse; néanmoins, on trouve dans ces régions de grands mammifères (ours polaires, phoques, morses et cétacés divers), des invertébrés aquatiques, beaucoup d'oiseaux et de poissons. Or la pêche industrielle et la pollution atmosphérique générée par l'activité industrielle (dioxines, mercure…) qui parvient à gagner ces territoires créent de sérieux dégâts. Et le réchauffement climatique global a déjà de graves incidences: les populations de manchots empereurs de l'Antarctique ont ainsi diminué de plus de 50% durant les vingt-cinq dernières années à la suite du réchauffement de l'océan Austral.

■ Les ours polaires, comme tous les grands carnivores situés au sommet de la pyramide alimentaire, concentrent dans leur organisme beaucoup de polluants résultant des activités humaines (dioxines, mercure, pesticides…).

Forêts et plantations

Il y a sur la planète plus d'un million de kilomètres carrés de plantations forestières, qui sont généralement des alignements d'arbres d'une même variété, à croissance rapide (eucalyptus et pins principalement, peupliers…). Certes, ces plantations s'acquittent de tâches écologiques (régulation de l'eau, fixation des sols, stockage du carbone…), fournissent du bois à l'industrie et soulagent les forêts anciennes d'une partie de la pression économique qui s'exerce sur elles. Mais leur biodiversité est très inférieure à celle des forêts qu'elles remplacent.

www.editions-larousse.fr

A Lisez le texte et répondez aux questions:

1. Que signifie «péril dans la demeure»?
   a. L'inaction peut devenir une source de danger
   b. L'inaction n'est pas une source de danger
   c. Les écosystèmes sont menacés à l'intérieur des maisons
2. Expliquez avec vos propres mots ce qu'il se passe dans les forêts tropicales.
3. Quelles sont les quatre menaces des récifs de corail?
4. Pourquoi le texte est-il illustré d'une photo de mangrove? Quelle est la menace qui pèse sur cet environnement?
5. Comment l'action de l'homme est-elle en train de détruire la diversité des zones polaires?
6. Expliquez avec vos propres mots ce qu'il se passe avec les ours polaires.
7. Quel est l'inconvénient des plantations d'arbres?

Grammaire

Falloir

Ce verbe est utilisé pour exprimer *un besoin*, *une nécessité* ou *une obligation*.

Il est impersonnel, c'est-à-dire qu'il se conjugue toujours et seulement avec «il».

Il peut être suivi d'un nom, par exemple: *Il faut **des lois** pour protéger l'environnement.*

Il peut être suivi d'un verbe à l'infinitif, par exemple: *Il faut **arrêter** de commercialiser le bois précieux.*

Il peut être suivi d'un verbe au subjonctif, par exemple: *Il faudrait que les présidents de tous les pays **soient** d'accord pour limiter les industries polluantes.*

Il est le plus souvent utilisé aux temps verbaux ci-dessous:

- *il faut* – présent de l'indicatif
- *il faudra* – futur simple
- *il faudrait* – conditionnel présent
- *il fallait* – imparfait
- *il a fallu* – passé composé
- *il aurait fallu* – passé antérieur

B Écrivez une dizaine de phrases avec le verbe «falloir» pour expliquer les besoins, les nécessités et les obligations que nous avons pour limiter les dégâts mentionnés dans le texte et apporter des solutions.

Essayez d'utiliser plusieurs temps verbaux du verbe falloir.

2 À quoi ressemblerait un supermarché sans les abeilles?

Vous avez des pommes, des courgettes, des oignons et des carottes sur votre liste pour le prochain saut au supermarché? Perdu, repassez plus tard. Dans une campagne repérée par *The Huffington Post*, la chaîne de distribution américaine Whole Foods, en partenariat avec l'organisme de protection des animaux The Xerces Society, rappelle à notre bon souvenir que sans les abeilles sur terre, nous n'aurions plus grand-chose à nous mettre sous la dent.

Plus de fruits, de légumes, ni de café

En réalité un tiers de notre nourriture dépend des abeilles. Cela concerne trois catégories: les fruits, les légumes et les stimulants (café, cacao).

Sauf que depuis quelques années, elles ont eu la mauvaise idée de mourir un peu aux quatre coins de la planète, les abeilles. Aux États-Unis, le site Quartz titrait en mai dernier que l'Amérique était «à un mauvais hiver du désastre alimentaire, la faute aux abeilles qui meurent». D'après le journaliste Todd Woody, le déclin des abeilles pourrait coûter 30 milliards de dollars au pays.

Lisez le texte et discutez en classe de ce que vous savez sur les abeilles et des causes de leur déclin.

3 Le déclin des abeilles expliqué en trois minutes

Regardez le documentaire suivant réalisé par le quotidien *Le Monde Biodiversité*: www.lemonde.fr/biodiversite/video/2016/06/16/le-declin-des-abeilles-explique-en-3-minutes_4951569_1652692.html

A Les affirmations suivantes sont-elles vraies ou fausses? Justifiez celles qui sont fausses.

1. Ce n'est pas Albert Einstein qui a dit que sans les abeilles, il ne resterait que quatre ans à vivre à l'homme.
2. Depuis quelques années le taux de mortalité des abeilles atteint 30% par an en France.
3. Le taux de mortalité des abeilles dépasse les 20% en Europe du Nord.
4. D'autres insectes pollinisateurs sont en danger.
5. La moitié de l'alimentation mondiale disparaîtrait si les abeilles disparaissaient.
6. Une des causes de ce phénomène vient des néonicotinoïdes.
7. Les pesticides affectent les abeilles qui ne peuvent plus produire de miel.
8. Le frelon asiatique est un nouveau prédateur pour les abeilles.
9. Les abeilles souffrent de maladies causées par l'homme.
10. L'Europe a interdit trois types de pesticides dangereux pour les abeilles.
11. Des pesticides sont encore utilisés dans d'autres régions du monde.
12. Dans certains pays, ce sont les hommes qui doivent polliniser les fleurs.

B Votre opinion:

1. Est-ce que la solution trouvée par la Chine vous choque?
2. Donnez des solutions en utilisant le verbe «falloir».

4 La forêt, un autre écosystème en danger

A Avant de lire les phrases ci-dessous, discutez en petits groupes des causes de la déforestation. Combien de causes trouvez-vous?

B Maintenant imaginez comment la déforestation pourrait vous affecter si vous étiez les animaux ou les personnes suivantes. Discutez-en en petits groupes puis partagez vos idées en classe.

1. une abeille
2. un orang-outan
3. un habitant d'une grande ville du Congo
4. un fabricant de meubles en bois précieux
5. un cerf
6. un fermier à la lisière de la forêt
7. le président de l'Indonésie
8. une personne asthmatique

C Ensuite, trouvez les mots manquants parmi les mots-clés ci-dessous:

a réchauffement climatique	**f** minière	**k** palmiers à huile
b indigènes	**g** coupées	**l** sécheresses
c maladies	**h** combustibles	**m** construire des routes
d eau	**i** biodiversité	**n** sédimentation
e expansion agricole	**j** érosion	**o** CO_2

1 La moitié des forêts tropicales ont été _____ depuis le 19ème siècle.
2 Dans les forêts, les hommes trouvent de la nourriture, des médicaments, des _____ et aussi un abri.
3 60 millions de peuples _____ dépendent de la forêt pour vivre.
4 La déforestation est une des causes principales du _____ et de la perte de la biodiversité.
5 L'_____ est la principale cause du déboisement dans le monde.
6 Les plantations de cultures pour nourrir les animaux ou les plantations de _____ ont décimé les forêts tropicales.
7 L'exploitation _____ de métaux et de métaux précieux (diamants, or, uranium) sont une autre cause importante de la déforestation.
8 La demande de l'occident en bois précieux ou en bois tropicaux et la nécessité de _____ pour les acheminer ont également contribué à la déforestation.
9 La déforestation impacte directement la qualité de l'_____ dans les forêts tropicales et leurs écosystèmes.
10 La _____ et la turbidité de l'eau réduit la productivité de la pêche dans les rivières et le long des côtes maritimes.
11 Les forêts aident à stabiliser les sols et si nous les détruisons, nous verrons se produire un phénomène d'_____ qui rendra les écosystèmes stériles.
12 Les arbres absorbent et stockent le _____ mais quand on les coupe, ils le libèrent en grande quantité.
13 La forêt absorbe la lumière et la chaleur et, par conséquent, lorsqu'on la coupe le climat se réchauffe. Ceci affecte la pression atmosphérique et les cycles des pluies. Au niveau mondial, cela engendre des _____ et des inondations.
14 Notre santé est affectée par la déforestation car une mauvaise qualité de l'air et de l'eau facilite le transport des _____ vers les humains et la propagation des bactéries et des virus.
15 La déforestation réduit la _____.

CRÉATIVITÉ, ACTIVITÉ, SERVICE
Créez une affiche

Une organisation française *Un toit pour les abeilles* essaie de sauver les abeilles et de sensibiliser la population aux dangers imminents de la disparition des abeilles. Ils ont créé un programme de parrainage. Vous pouvez consulter leur site: www.untoitpourlesabeilles.fr

Vous les avez rencontrés dans le cadre de votre programme de CAS et vous êtes impressionné par leur travail et l'originalité de leurs actions. Ils vous ont demandé de devenir leur ambassadeur dans votre école. Créez un poster informatif à afficher dans votre école afin de faire connaître l'organisation et de promouvoir le parrainage.

Thème 5: Partage de la planète

Les changements climatiques

- Nommer et définir les catastrophes naturelles
- Faire des recherches personnelles sur des documents audio authentiques
- Exprimer le doute grâce au subjonctif
- Former une opinion sur les changements climatiques
- TdC: Se demander pourquoi les avis divergent sur le thème du réchauffement climatique

RÉFLÉCHIR

- Quelles catastrophes naturelles affectent votre pays / région?
- Quelles en sont les causes et les conséquences?

5 Le vocabulaire des catastrophes naturelles

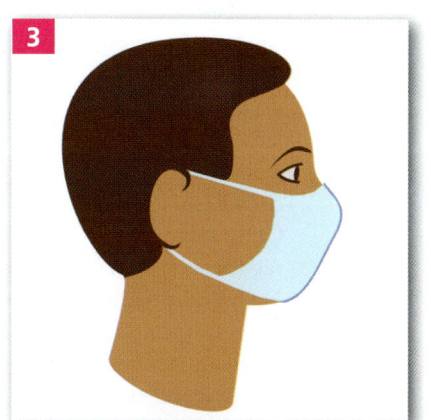

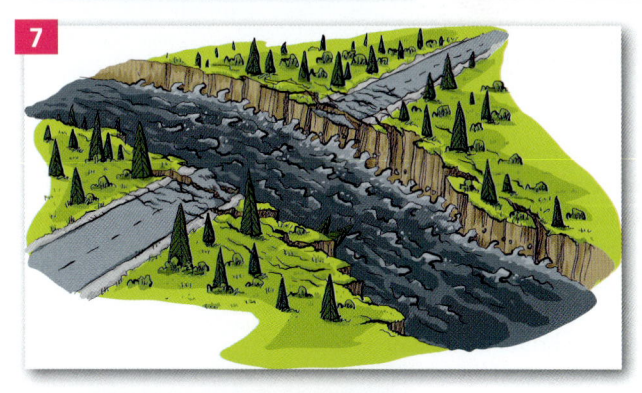

Retrouvez pour chaque catastrophe son nom, sa photo et sa définition.

Thème 5: Partage de la planète

- **a** la sécheresse
- **b** les tsunamis
- **c** les crues des rivières ou des fleuves
- **d** les pandémies
- **e** les glissements de terrain
- **f** les incendies
- **g** les tempêtes / les ouragans
- **h** les avalanches
- **i** les tornades
- **j** les tremblements de terre (ou les séismes)
- **k** les inondations

  - **i** Submersion par des eaux douces ou salées d'une zone généralement émergée. Cette submersion peut se faire lentement ou brutalement et se répéter de manière régulière ou bien être plus anecdotique.
  - **ii** Nom générique attribué à un cyclone tropical dans deux régions des zones tropicales et subtropicales: ce sont d'un côté l'Atlantique nord, le golfe du Mexique, l'est du Pacifique nord et les zones côtières attenantes (dont l'archipel des Antilles), et de l'autre le sud-est de l'océan Indien – entre l'Indonésie et l'Australie –, le Pacifique sud et les zones côtières attenantes (dont la Nouvelle-Calédonie et la Polynésie française).
  - **iii** Perturbation atmosphérique tourbillonnaire de grande intensité mais de dimension limitée accompagnée de vents violents, contrairement à l'ouragan. Il s'agit du phénomène météorologique le plus violent et le plus destructeur, avec des rafales de plus 300 km/h, pouvant même atteindre plus de 700 km/h dans les cas les plus extrêmes. Néanmoins, son étendue géographique et sa durée de vie sont faibles.
  - **iv** Il se traduit en surface par des vibrations du sol. Il provient de la fracturation des roches en profondeur. Cette fracturation est due à une grande accumulation d'énergie qui se libère, en créant ou en faisant rejouer des failles, au moment où le seuil de rupture mécanique des roches est atteint.
  - **v** Le débordement direct d'un cours d'eau dans son lit majeur, suite à des épisodes de fortes précipitations ou à la fonte des neiges hivernales.
  - **vi** Déplacement en masse de matières rocheuses et terreuses sous l'effet de la gravité, suite à un déséquilibre.
  - **vii** Feux de forêts.
  - **viii** Epidémie qui s'étend à la quasi-totalité d'une population d'un continent ou de plusieurs continents.
  - **ix** Épisode de manque d'eau plus ou moins long mais suffisant pour que les sols et la flore soient affectés. Ce phénomène peut être cyclique ou bien exceptionnel et peut affecter une zone localisée comme un sous-continent entier.
  - **x** Masse de neige et de glace se détachant brusquement des flancs d'une montagne, dont elle dévale la pente à grande vitesse en provoquant un déplacement brutal d'air – le vent d'avalanche – et en entraînant avec elle de la terre, des rochers et des débris de toute nature.
  - **xi** Raz de marée généralement engendré par un mouvement brutal du fond de la mer au cours d'un séisme; désastre marin dans lequel une vague soudaine, énorme et dévastatrice est provoquée par une action sismique (tremblement de terre, éruption volcanique ou énorme glissement de terrain), un cyclone, voire des armes nucléaires, particulièrement dans le Pacifique.

Définitions: www.futura-sciences.com

6 COP23: l'urgence climatique en dix chiffres

A Anticipez votre lecture: Les chiffres suivants vont apparaître dans le texte que vous allez lire. Pouvez-vous prédire ce qu'ils représentent sans regarder le texte?

COP23   **30%**   + 2°C
400 millions   30%   400 ppm
pH 7,8   1 mètre   169 pays
100 milliards de dollars

Du 6 au 17 novembre, les Nations unies organisent à Bonn, en Allemagne, leur 23ème conférence sur le climat, la COP23. L'occasion, pour la communauté internationale, de faire le point sur l'accord de Paris, conclu le 12 décembre 2015, et de rappeler l'urgence à agir pour contenir le réchauffement de la planète

COP23

La 23ème Conférence des Nations unies sur les changements climatiques, plus couramment appelée COP (pour «*Conference of the Parties*», «Conférence des parties»), qui débute le 6 novembre à Bonn, en Allemagne, est le premier rendez-vous climat présidé par un petit État insulaire, les Fidji. C'est aussi la première COP du mandat de Donald Trump, qui a annoncé le 1er juin son intention de retirer les États-Unis de l'accord de Paris. Elle réunit jusqu'au 17 novembre près de 19 286 000 participants dans la cité rhénane.

+ 2°C

Lors de la COP21, en décembre 2015 à Paris, Les États se sont engagés à limiter le réchauffement mondial «nettement en dessous de 2°C par rapport aux niveaux préindustriels… en poursuivant l'action menée pour limiter l'élévation des températures à 1,5°C». Au-delà de cette limite, les rendements agricoles, donc la sécurité alimentaire, pourraient être compromis, et la hausse du niveau de la mer menacera une partie du littoral. Aujourd'hui, la hausse des températures atteint 0,85°C. Sans aucune politique climatique, les experts s'attendent à un réchauffement pouvant atteindre jusqu'à 4,8°C à la fin du siècle.

30%

C'est la réduction des émissions annuelles mondiales de gaz à effet de serre nécessaire, d'ici à 2030, pour espérer contenir le réchauffement planétaire sous le seuil de 2°C par rapport à l'époque préindustrielle, conformément à l'accord de Paris scellé en 2015, lors de la COP21. Une baisse de près de 40% serait requise pour ne pas dépasser 1,5°C. Selon certaines études, la décrue devrait même être de près de 60%.

100 milliards de dollars

Ce sont les fonds publics et privés que les pays riches ont pris l'engagement de mobiliser chaque année, d'ici à 2020, pour permettre aux pays les plus vulnérables de faire face au réchauffement. Cette promesse avait été faite lors de la conférence de Copenhague en 2009. Selon les chiffres rendus publics par les experts de l'OCDE en 2016, l'addition du public et du privé pourrait atteindre 77 milliards de dollars en 2020 selon l'hypothèse la plus basse… ou 133 milliards selon le scénario le plus optimiste.

30%

C'est la biodiversité qui pourrait être perdue d'ici à la fin du siècle si le rythme actuel des émissions de gaz à effet de serre se poursuit. Autrement dit, le réchauffement climatique priverait un tiers des espèces vivantes d'un environnement adapté à leur survie. Les espèces terrestres les plus mobiles (poissons, insectes, oiseaux, etc.) ont déjà déplacé leur aire de vie de plusieurs centaines de kilomètres vers le nord.

Thème 5: Partage de la planète

400 ppm

C'est, en parties par million (ppm), la concentration moyenne de CO2 dans l'atmosphère en 2016. Elle était de 400 ppm en 2015. Ce niveau record, supérieur de 45% à celui de l'ère préindustrielle, est dû à la conjonction des activités humaines émettrices de gaz à effet de serre (dont le CO2 est le principal) et d'un puissant épisode El Niño. Selon l'Organisation météorologique mondiale, un tel pic est sans précédent depuis 3 à 5 millions d'années.

pH 7,8

C'est le niveau d'acidité que pourrait atteindre l'océan en 2100 si on n'arrive pas à réduire nos émissions de dioxyde de carbone. Aujourd'hui, à 8,1, le pH des océans présente 30% d'acidité de plus qu'à l'ère préindustrielle. En se dissolvant partiellement dans les océans, le CO_2 les rend plus acides. Il menace de nombreux organismes marins (mollusques, crustacés, planctons, etc.), très sensibles.

400 millions

C'est le nombre de personnes qui vivent à moins d'1 mètre au-dessus du niveau des mers. Leur habitat aura donc disparu sous les eaux si le rythme actuel du réchauffement se poursuit. Cette situation inquiète particulièrement les petits États insulaires, mais la menace vaut aussi pour d'autres régions du monde: plus de la moitié des 20 plus grandes villes de la planète sont portuaires, principalement en Asie, mais aussi en Amérique du Nord.

1 mètre

C'est l'élévation attendue du niveau moyen des océans à l'horizon 2100, si le réchauffement se poursuit au rythme actuel. Alimenté par la fonte des glaciers, comme au Groenland et en Antarctique, et par la dilatation thermique des océans, le niveau marin a déjà grimpé de 20 cm depuis la période préindustrielle.

169 pays

Au moment où s'ouvre la COP23, le compteur des Nations unies enregistrant les ratifications nationales affiche «169 parties», c'est-à-dire 168 pays, plus l'Union européenne, ayant ratifié l'accord de Paris du 12 décembre 2015. C'est une large majorité des 196 pays membres de la Convention-cadre sur le climat. Tous les grands émetteurs de gaz à effet de serre sont désormais engagés à mettre en œuvre les engagements pris à la COP21, à l'exception notable de la Russie.

07/11/2017
www.lemonde.fr/climat/visuel/2017/11/07/la-cop23-en-dix-chiffres_5211169_1652612.html

B Après avoir lu le texte…

1. Écrivez les mots qui sont nouveaux pour vous dans le texte et cherchez leur définition.
2. Choisissez *un* des paragraphes du texte et paraphrasez-le. Une paraphrase consiste à faire la synthèse des idées et de leur exprimer avec des synonymes ou vos propres mots.
3. Quel changement exprimé dans le texte vous paraît le plus grave?
4. À votre avis, pourra-t-on arrêter ou limiter le réchauffement climatique?

7 Devoir maison: Recherches sur les changements climatiques

De nombreuses organisations ont produit des vidéos sur le changement climatique pour sensibiliser le public, notamment les plus jeunes. Plusieurs de ces vidéos sont hébergées sur la chaîne YouTube et vous les trouverez en recherchant «changements climatiques», suivi du nom de ces organisations:

- EDF
- ADEME
- Le Monde
- AFP
- Ouranos
- World Bank
- UNESCO French
- OXFAM International
- etc.

Vous êtes libre de chercher vos propres sources mais n'oubliez pas de les noter à la fin de votre travail.

Divisez la classe en quatre groupes. Chaque groupe recherchera des informations pour compléter une colonne du tableau ci-dessous. En classe vous mettrez en commun vos connaissances.

Preuves et faits	Causes	Conséquences	Actions

8 Subjonctif ou pas?

Grammaire

Le subjonctif du doute

Tout verbe qui implique le doute, l'incertitude ou l'incrédulité est suivi du subjonctif, par exemple:

Je doute qu'il **soit** possible de replanter les forêts primaires. Les gouvernements craignent que les changements climatiques **fassent** augmenter la pauvreté dans le monde.

Voir l'Unité 7 à la page 157.

Reportez-vous aussi au précis de grammaire en fin de livre.

Observation!

Notez la différence de signification entre «je doute que» et «je me doute que». «Douter» signifie «avoir des doutes» alors que «se douter» signifie «supposer». Employé avec «bien», «se douter» signifie «être certain».

Déterminez si ces amorces de phrases expriment un doute ou pas. Complétez-les avec le présent du subjonctif ou de l'indicatif pour exprimer votre opinion sur des sujets liés à l'environnement.

1. Je doute fortement que…
2. Je suis certain que…
3. Je ne crois pas que…
4. Je ne suis pas convaincu(e) que…
5. Je me doute bien que…
6. Il ne me semble pas que…
7. Je sais que…
8. Il est probable que…
9. Je ne suis pas persuadé(e) que…
10. Je ne suis pas du tout certain que…

9 Chanson «Plus rien» des Cowboys fringants

Les Cowboys fringants sont un groupe de musique québécois et ils abordent le thème de l'environnement dans leur chanson «Plus rien».

A Cherchez la chanson sur internet. Écoutez-la plusieurs fois sans lire les paroles et répondez aux questions.

1. En quoi le chanteur / narrateur est-il unique?
2. Qu'est-ce qui est arrivé à son frère hier?
3. Quel phénomène climatique n'existe plus?
4. De quoi sont morts ses amis?
5. Comment est le climat actuel?
6. Quelle est la cause de ce changement climatique selon le chanteur?
7. Comment les hommes ont-ils détruit la planète?
8. Nommez trois exemples de destruction due aux changements climatiques.
9. Pourquoi les deux derniers vers de la chanson sont: «Adieu l'humanité…, Adieu l'humanité…»?

Thème 5: Partage de la planète

B Maintenant, cherchez le clip d'animation de cette chanson sur la chaîne Daily Motion: www.dailymotion.com/video/x1fwfm

Que pensez-vous de cette animation? Qu'est-ce qui vous paraît bien illustrer le sujet?

C Réflexion:

Pour éviter un scénario comme celui de la chanson, une des solutions est d'instaurer le développement durable. Voici sa définition:

«Le développement durable est un développement qui répond aux besoins du présent sans compromettre la possibilité, pour les générations à venir, de pouvoir répondre à leurs propres besoins.»

La Commission mondiale de l'environnement et du développement

Réfléchissez à ce que cela veut dire au niveau de:
- l'économie
- la société
- l'environnement

■ THÉORIE DE LA CONNAISSANCE

Pourquoi ne sommes-nous pas tous d'accord?

Peut-on croire tout ce qu'on entend ou tout ce qu'on lit au sujet du changement climatique?

Pourquoi les avis sont-ils partagés alors que c'est un sujet scientifique?

Comment allez-vous former votre propre jugement?

Discutez…

10 L'apocalypse?

Nous sommes en 2119, les humains n'ont pas su arrêter la dégradation de la planète, même s'ils connaissaient les risques et les dangers depuis plus d'un siècle… Écrivez un récit de cette situation apocalyptique en vous inspirant de la photo et de vos réponses aux questions ci-dessous:

- Qu'est-ce qui a provoqué un tel désastre environnemental?
- Quand cela s'est-il passé et dans quelle partie du monde?
- Cette situation aurait-elle pu être évitée?
- Quelle a été la réaction de la population? du gouvernement?
- À combien sont estimées les victimes?
- L'homme sur la photo est-il un héros?
- Y a-t-il des survivants?
- Dans quelles conditions peuvent-ils survivre?
- Quelle est la réaction des grandes puissances?
- L'humanité pourra-t-elle survivre?

Niveau moyen: 250 à 400 mots
Niveau supérieur: 400 à 600 mots

Changeons nos habitudes

- Prendre conscience des gestes personnels qui peuvent venir en aide à l'environnement
- Lire et écouter la démarche des restaurants responsables
- Réaliser la publication d'une mission de stage de CAS
- Se préparer à la présentation de l'examen oral

UNITÉ 13 Environnement

RÉFLÉCHIR

«L'écologie est aussi et surtout un problème culturel. Le respect de l'environnement passe par un grand nombre de changements comportementaux.»

Nicolas Hulot

«Une société qui survit en créant des besoins artificiels pour produire efficacement des biens de consommation inutiles ne paraît pas susceptible de répondre à long terme aux défis posés par la dégradation de notre environnement.»

Pierre Joliot-Curie
http://citation-celebre.leparisien.fr

- Comment comprenez-vous ces citations?
- Vous semblent-elles optimistes? Pessimistes?
- À quels changements comportementaux Nicolas Hulot peut-il faire référence?
- Pensez à des exemples de besoins artificiels et de biens de consommation inutiles dans votre vie.
- Comment l'homme est-il considéré dans chacune de ces citations?
- Êtes-vous d'accord avec leur message?

11 Les familles de mots pour élargir son vocabulaire

A Retrouvez les mots qui manquent dans le tableau. Notez qu'il y a parfois deux ou trois noms pour le même verbe et que les adjectifs n'existent pas toujours!

Nom (avec déterminant)	Verbe	Adjectif
le gaspillage / un gaspilleur		
	fonctionner	
		recyclable
	fabriquer	×
	donner	×
la réparation		
les émissions / un émetteur		×
l'alimentation		
		utilisable
	consommer	

B Trouvez ensuite deux autres familles de mots, de préférence sur le thème de l'environnement.

12 Votre smartphone est riche en métaux!

Lisez cette infographie à la page ci-contre sur les composants des téléphones intelligents et répondez aux questions.

1. Faites la synthèse avec vos propres mots de l'information qui est relayée dans cette infographie.
2. Quelle information vous a le plus surpris(e)? Pourquoi?
3. Maintenant, regardez le poster à la page 292 produit par France Nature Environnement qui donne quatre conseils aux utilisateurs de téléphones intelligents. Ce poster est-il convaincant? Sera-t-il efficace? Pourquoi?
4. Que devrait-on faire avec nos anciens téléphones?
5. Lisez les informations ci-dessous sur le recyclage des téléphones et donnez votre avis en quelques lignes.

Le recyclage des smartphones, comment ça fonctionne? Lorsque le reconditionnement n'est pas possible, votre smartphone peut être envoyé au recyclage afin d'en extraire une partie des matériaux qui pourront être réintroduits dans le cycle de production d'autres produits (similaires ou non). Le recyclage des smartphones suit généralement six grandes étapes:

1. Le démantèlement (séparation des différents composants) et la dépollution (extraction des substances polluantes)
2. Le broyage des équipements en morceaux de faible taille
3. La séparation électromagnétique des éléments ferreux à l'aide d'aimants
4. Le tri optique pour séparer les cartes électroniques qui sont valorisées ultérieurement via un autre procédé de recyclage permettant de récupérer les métaux stratégiques
5. La séparation des éléments métalliques non ferreux (dont le cuivre) grâce à des courants de Foucault
6. La séparation des plastiques par flottaison ou tri optique

On ne recycle cependant qu'une très faible partie des métaux et minéraux présents dans les smartphones et il y a toujours une perte importante de matières. Dans un rapport de 2011, le Programme des Nations Unies pour l'Environnement a analysé le taux de recyclage de 60 métaux fréquemment utilisés dans l'industrie et l'électronique. Il en ressort que seuls 18 d'entre eux sont recyclés à plus de 50% dans le monde. Pire, 34 de ces métaux ont un taux de recyclage inférieur à 1% alors que nombreux d'entre eux sont présents dans la composition des smartphones (tantale, gallium, indium, lithium, etc.).

Votre smartphone est riche en métaux !

Mais de quoi est composé votre smartphone ?

> **70** matériaux différents dans un smartphone dont près de **50** métaux !

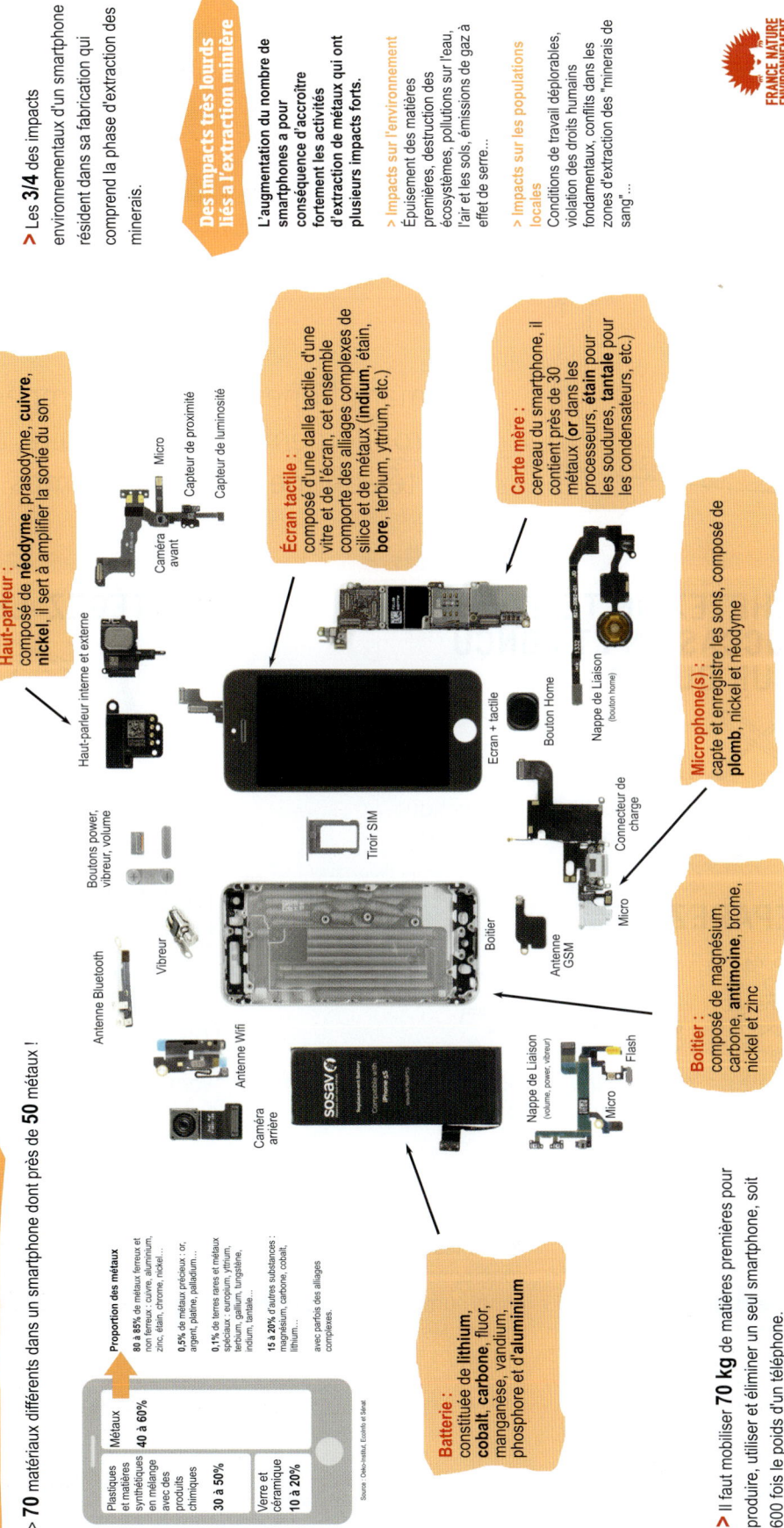

Proportion des métaux

	Métaux	
Plastiques et matières synthétiques en mélange avec des produits chimiques	40 à 60%	80 à 85% de métaux ferreux et non ferreux : cuivre, aluminium, zinc, étain, chrome, nickel...
	30 à 50%	0,5% de métaux précieux : or, argent, platine, palladium...
Verre et céramique	10 à 20%	0,1% de terres rares et métaux spéciaux : europium, yttrium, terbium, gallium, tungstène, indium, tantale...
		15 à 20% d'autres substances : magnésium, carbone, cobalt, lithium... avec parfois des alliages complexes.

Source : Oeko-Institut, EcoInfo et Sénat

Batterie : constituée de **lithium**, **cobalt**, **carbone**, fluor, manganèse, vanadium, phosphore et d'**aluminium**

> Les **3/4** des impacts environnementaux d'un smartphone résident dans sa fabrication qui comprend la phase d'extraction des minerais.

Des impacts très lourds liés à l'extraction minière

L'augmentation du nombre de smartphones a pour conséquence d'accroître fortement les activités d'extraction de métaux qui ont plusieurs impacts forts.

> **Impacts sur l'environnement**
Épuisement des matières premières, destruction des écosystèmes, pollutions sur l'eau, l'air et les sols, émissions de gaz à effet de serre...

> **Impacts sur les populations locales**
Conditions de travail déplorables, violation des droits humains fondamentaux, conflits dans les zones d'extraction des "minerais de sang"...

Haut-parleur : composé de **néodyme**, prasodyme, **cuivre**, **nickel**, il sert à amplifier la sortie du son

Haut-parleur interne et externe
Caméra avant
Capteur de proximité
Capteur de luminosité
Micro

Écran tactile : composé d'une dalle tactile, d'une vitre et de l'écran, cet ensemble comporte des alliages complexes de silice et de métaux (**indium**, étain, **bore**, terbium, yttrium, etc.)

Carte mère : cerveau du smartphone, il contient près de 30 métaux (**or** dans les processeurs, **étain** pour les soudures, **tantale** pour les condensateurs, etc.)

Boutons power, vibreur, volume
Écran + tactile
Bouton Home
Nappe de Liaison (bouton home)
Tiroir SIM

Microphone(s) : capte et enregistre les sons, composé de **plomb**, nickel et néodyme

Antenne Bluetooth
Vibreur
Antenne Wifi
Caméra arrière
Boîtier
Antenne GSM
Connecteur de charge
Micro
Nappe de Liaison (volume, power, vibreur)
Micro
Flash

Boîtier : composé de magnésium, carbone, **antimoine**, brome, nickel et zinc

> Il faut mobiliser **70 kg** de matières premières pour produire, utiliser et éliminer un seul smartphone, soit 600 fois le poids d'un téléphone.

UNITÉ 13 Environnement

291

Thème 5: Partage de la planète

AVEZ-VOUS VRAIMENT BESOIN D'UN NOUVEAU SMARTPHONE ?

Les smartphones ont de gros impacts sur l'environnement. Pour les réduire, utilisez votre téléphone le plus longtemps possible.

❶ ACHETEZ UN TÉLÉPHONE D'OCCASION ET CONÇU POUR DURER

- Solide et démontable
- Compatible et évolutif
- Connectique standard

❷ PROTÉGEZ-LE

- Écran de protection
- Housse

❸ RÉPAREZ-LE

- Garantie légale (2 ans)
- SAV ou réparateur indépendant
- Tutos en ligne ou Repair Café

❹ DONNEZ-LUI UNE SECONDE VIE

- Vente ou don
- Apport en magasin

La fabrication d'un smartphone a beaucoup d'impacts…

▶ **Sur l'environnement :** épuisement des matières premières, pollutions, émissions de gaz à effet de serre…

▶ **Sur les populations :** conditions de travail déplorables, droits humains non respectés, conflits liés à l'extraction minière…

Parmi les **70 matériaux** utilisés pour fabriquer un smartphone, on compte **50 métaux** dont certains sont très rares.

EN SAVOIR PLUS
Guide de l'ADEME et de France Nature Environnement « Les impacts du smartphone »

ADEME — Agence de l'Environnement et de la Maîtrise de l'Énergie

FRANCE NATURE ENVIRONNEMENT

13 Mon Restau Responsable®

La fondation Nicolas Hulot «Fondation pour la Nature et l'Homme» a créé un portail pour la restauration collective responsable. C'est le site Mon Restau Responsable. Écoutez ou regardez la vidéo «Qu'est-ce que la démarche: Mon Restau Responsable?»: www.restauration-collective-responsable.org/content/les-etapes-de-la-demarche. Puis, dîtes si les affirmations suivantes sont vraies ou fausses. Si elles sont fausses, corrigez-les.

1. Mon Restau Responsable® est un outil gratuit, utilisable par tous les restaurants collectifs, dans les cantines scolaires, les entreprises, les maisons de retraite, ou encore les hôpitaux, que les repas soient cuisinés sur place ou préparés par un prestataire.
2. De nombreux restaurants collectifs veulent devenir plus responsables en réduisant le gaspillage de nourriture, en proposant à leurs convives des produits sans pesticides et en travaillant avec des producteurs de pays en voie de développement, sans augmenter le prix des repas.
3. Les restaurants qui sont intéressés doivent remplir un formulaire d'auto-évaluation qui leurs permet d'obtenir une note basée sur leur pratique du développement durable.
4. Après l'auto-évaluation, une visite technique réalisée par un professionnel de la restauration collective engagé dans la démarche est l'occasion d'échanger sur les pratiques actuelles et les progrès possibles.
5. L'équipe des restaurants intéressés se réunissent pour établir des pistes d'amélioration qui peuvent concerner la qualité des aliments, leur préparation, l'accueil, l'aspect éducatif des repas, la prévention du gaspillage, la formation du personnel et l'utilisation des produits d'entretien provenant du commerce équitable.
6. Une séance publique d'engagement (réunissant des convives, des producteurs locaux, des élus, des associations…) permet au restaurant d'annoncer son engagement dans la démarche et les pistes de progrès qu'il a choisies. Dès lors, il bénéficie du logo «Ici, Mon Restau Responsable s'engage».
7. Le restaurant a alors un maximum de trois ans pour s'améliorer, remplir une nouvelle fois le questionnaire et recevoir une autre visite technique.
8. Une séance participative de garantie est organisée lorsque le restaurant estime avoir réellement progressé. Elle est précédée d'une nouvelle visite technique. Les participants décident collectivement de l'attribution de la garantie, au vu du respect des engagements pris par le restaurant. La garantie est ensuite renouvelée tous les deux ans.

■ Comment écrire une affiche / une infographie

1. Trouvez un titre attirant:
   Non à la fin du monde!, 10 gestes pour sauver la planète…
2. Créez des encadrés pour chaque paragraphe du texte.
3. Soignez la mise en page et ajoutez des symboles ou des dessins qui serviront de connecteurs entre les idées.
4. Choisissez le temps des verbes: infinitif, impératif…
5. Vous pouvez numéroter vos idées ou faire une liste de points.
6. Incluez la source de vos informations.
7. Incluez un site et un contact:
   www.sauvezlaplanete.com, Email: magali@sauvezlaplanete.com, Tel: 01 33 98 56 00.

UNITÉ 13 Environnement

■ Comment écrire une annonce radio

Le script d'une annonce radio doit comporter:

- Le nom de l'organisation ou des personnes qui annoncent
- Les informations pour répondre aux questions: où, qui, quand, quoi, comment, pourquoi?
- Des questions rhétoriques pour inclure les auditeurs:

    N'avez-vous jamais pensé à…?

    Êtes-vous intéressé par…?
- Des verbes à l'impératif qui encouragent les auditeurs à s'impliquer:

    N'attendez plus!

    Téléphonez dès maintenant à…
- Les coordonnées pour contacter les annonceurs: email, téléphone et adresse
- Des indications sur la musique de fonds et les effets sonores (facultatif)

■ Comment écrire un blog

Voir l'Unité 3 à la page 82.

CRÉATIVITÉ, ACTIVITÉ, SERVICE

Votre mission de stage

Vous êtes stagiaire dans une association de sensibilisation aux défis environnementaux. Votre mission est de créer une campagne pour changer les mauvaises habitudes des jeunes de votre âge. Vous établirez une liste de dix gestes pour l'environnement que vous encouragerez auprès de votre public.

Choisissez un des types de texte suivants:

- une affiche ou infographie
- une annonce radio (fournir le script de l'annonce)
- un billet dans le blog associatif: «Blog des écolos»

Conseil: Avant de commencer, décidez du temps verbal et de la personne de la conjugaison que vous allez utiliser. Soyez cohérent.

Niveau moyen: 250 à 400 mots

Niveau supérieur: 400 à 600 mots

14a Préparation à l'examen oral   NIVEAU MOYEN

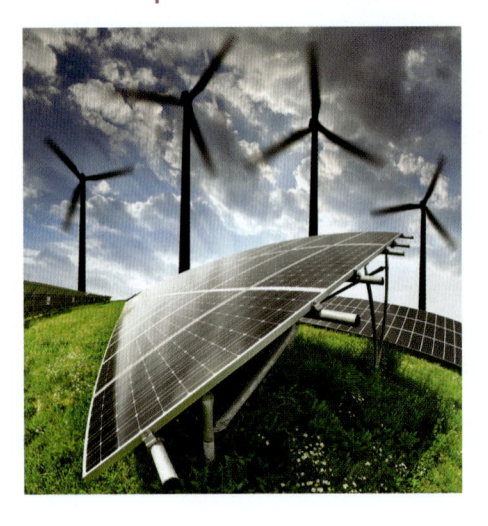

Thème 5: Partage de la planète

Les énergies de demain?

Choisissez une des deux images et préparez une présentation à la classe qui durera trois à quatre minutes. Vous avez 15 minutes de préparation et vous ne pouvez écrire que des points clés. La classe vous posera des questions sur votre présentation.

14b Préparation à l'examen oral

NIVEAU SUPÉRIEUR

L'homme qui plantait des arbres *de Jean Giono*

Écrite en 1953, cette nouvelle est aujourd'hui considérée comme un manifeste de la cause écologiste. Le narrateur rencontre un jour Elzéard Bouffier, un berger, qui plante jour après jour des glands de chêne dans la campagne sèche de la Provence. De 1913 à 1947 il continue de planter des arbres inlassablement. Les forêts qui se développent font revivre cette région…

Depuis la veille, je m'étais mis à penser à ce berger planteur d'arbres. «Dix mille chênes, me disais-je, occupent vraiment un très large espace.»

[…] Les chênes de 1910 avaient alors dix ans et étaient plus hauts que moi et que lui. Le spectacle était impressionnant. J'étais littéralement privé de paroles et, comme lui ne parlait pas, nous passâmes tout le jour en silence à nous promener dans sa forêt. Elle avait, en trois tronçons, onze kilomètres dans sa plus grande largeur. Quand on se souvenait que tout était sorti des mains et de l'âme de cet homme, sans moyens techniques, on comprenait que les hommes pourraient être aussi efficaces que Dieu dans d'autres domaines que la destruction. Il avait suivi son idée, et les hêtres qui m'arrivaient aux épaules, répandus à perte de vue en témoignaient. Les chênes étaient drus et avaient passé l'âge où ils étaient à la merci des rongeurs; quant aux desseins de la Providence elle-même pour détruire l'œuvre créée, il lui faudrait avoir désormais recours aux cyclones. Il me montra d'admirables bosquets de bouleaux qui dataient de cinq ans, c'est-à-dire de 1915, de l'époque où je combattais à Verdun.

[…] Il ne s'en souciait guère; il poursuivait sa tâche, très simple. Mais en redescendant par le village, je vis couler de l'eau dans des ruisseaux qui, de mémoire d'homme, avaient toujours été à sec.

[…] Le vent aussi dispersait certaines graines. En même temps que l'eau, réapparaissaient les saules, les osiers, les prés, les jardins, les fleurs et une certaine raison de vivre. À partir de 1920, je ne suis jamais resté plus d'un an sans rendre visite à Elzéard Bouffier. Je ne l'ai jamais vu fléchir ni douter. Et pourtant, Dieu sait si Dieu même y pousse! Je n'ai pas fait le compte de ses déboires. On imagine bien cependant que, pour une réussite semblable, il a fallu vaincre l'adversité; que, pour assurer la victoire d'une telle passion, il a fallu lutter avec le désespoir. Il avait, pendant un an, planté plus de dix mille érables. Ils moururent tous. L'an d'après, il abandonna les érables pour reprendre les hêtres qui réussirent encore mieux que les chênes.

L'homme qui plantait des arbres par Jean Giono

Préparez une présentation d'environ trois à quatre minutes sur l'extrait littéraire que vous venez de lire.

Essayez de définir qui sont le narrateur et l'homme qui plantait des arbres.

Parlez du message, du fond et de la forme du texte.

Regardez le film

Un film d'animation de 30 minutes a été produit en 1987 par Frédéric Back. Il a obtenu l'Oscar du meilleur film d'animation et d'autres prix. Il est hébergé sur la chaîne YouTube.

UNITÉ 13 Environnement

Thème 5: Partage de la planète

Des initiatives qui donnent espoir

- Découvrir des initiatives pour aider l'environnement
- Donner son avis sur ces projets
- Justifier son opinion
- Imaginer une initiative

Interdire les moyens de transport privés	Inventer des voitures solaires
Supprimer les sacs en plastique	Accepter de gagner moins d'argent pour consommer moins
Interdire la natalité pendant une génération	Réparer vos produits électroniques plutôt que de les changer
Devenir végétarien, voire végétalien	Arrêter de prendre l'avion
Développer l'agroalimentaire bio	Ne rouler qu'en vélo en ville
Acheter des vêtements d'occasion	

RÉFLÉCHIR

- Pensez-vous que ces initiatives aident à sauver notre planète?
- Sont-elles faisables?
- Sont-elles efficaces?
- Sont-elles coûteuses?
- Sont-elles accessibles à tous?

15 Agriculture sur les toits: une solution innovante pour cultiver en pleine ville

Écoutez ce reportage sur les cultures sur les toits de Paris: www.actu-environnement.com/ae/news/jardin-agriculture-urbaine-17033.php4

A Quelles phrases résument bien les idées dans le reportage?

1. Ce reportage montre un potager expérimental sur le toit d'une école à Paris.
2. Plus de 300 hectares de toitures parisiennes pourraient devenir des jardins.
3. Le scientifique veut y installer des ruches pour faire du miel.
4. Le scientifique veut trouver le meilleur type de terre pour cultiver en utilisant les déchets des habitants.
5. Les salades poussent mieux dans de la terre avec du compost fait à partir de déchets verts.
6. Un des objectifs est de remplacer les fruits et légumes des supermarchés.
7. C'est le climat pluvieux de Paris qui favorise ces cultures sur les toits.
8. Nicolas Bel fait pousser des légumes rares.
9. Il existe un microclimat sur les toits.
10. Ces fruits et légumes sont dangereux pour la consommation.
11. Le substrat avec des vers de terre produit de plus belles salades.
12. La teneur de leur récolte en cadmium et en plomb a été testée.
13. Le résultat des tests démontrent que les légumes des toits sont moins contaminés par la pollution que ceux des cultures traditionnelles.
14. Le but est de cultiver toute la superficie des toits de Paris d'ici 2020.

B Discutez:

1. Les jardins sur les toits existent-ils là où vous vivez?
2. Beaucoup de particuliers ont maintenant un jardin sur leur toit, surtout dans les grandes villes. Quels sont les avantages?

16 Innovations dans le domaine de l'énergie

Se chauffer grâce à l'énergie des serveurs informatiques

Chauffer des bâtiments grâce aux ordinateurs. L'idée émerge face au développement rapide des data centers, ces usines du numérique dont les puissants serveurs informatiques émettent tellement de chaleur que leurs opérateurs peinent à s'en débarrasser. À l'échelle européenne, la Commission estimait en 2008 que les centres de données consommaient 56 milliards de kilowatts, dont la moitié pour refroidir les bâtiments.

Jusqu'ici, cette énergie était tout simplement évacuée dans l'air au moyen de différents systèmes de climatisation. Mais depuis quelques années, des initiatives de récupération et réutilisation de ces calories sont mises en place pour chauffer des logements, des bureaux, des usines, des piscines ou même des serres végétales.

C'est le cas, à petite échelle, à Amsterdam, aux Pays-Bas, où l'université a accès à de l'eau chaude gratuite provenant du data center de l'opérateur Equinix, qui partage son campus. En France, à Roubaix (Nord), les cinq centres de données d'OVH, le leader français de l'hébergement, chauffent aussi gratuitement les bureaux de l'entreprise, ainsi que quelques firmes voisines. Le data center de l'opérateur britannique Global Switch alimente également une serre tropicale dédiée à la production des fleurs de la ville de Clichy (Hauts-de-Seine). Autre exemple: à Uitikon, en Suisse, une piscine publique est chauffée avec un centre de données d'IBM.

Réseau de chauffage urbain

Mais l'expérience la plus large, en Europe, se déroule dans le parc d'activités de Val d'Europe, à Marne-La-Vallée (Seine-et-Marne), tout près du parc Eurodisney, une zone en développement d'une surface prévue de 180 hectares (dont 40 ha aujourd'hui bâtis).

Depuis septembre, la chaleur émise par le data center voisin de la banque Natixis est récupérée pour alimenter un réseau de chauffage urbain. Comment? L'eau chaude des condenseurs des systèmes de climatisation est récupérée par des échangeurs thermiques, puis distribuée sur le réseau via une centrale de production d'énergie. Au final, ce système fait circuler une eau à 55°C dans un réseau de 4 km de canalisations, auquel doivent être raccordés différents bâtiments.

Thème 5: Partage de la planète

Pour l'instant, un centre aquatique et une pépinière d'une quinzaine d'entreprises s'y sont connectés. «On est aussi en train de raccorder deux hôtels près du parc Eurodisney. D'ici à deux ou trois ans, une centaine de logements locatifs devraient faire de même», indique Jean-Philippe Buisson, directeur Ile-de-France de Dalkia, filiale de Veolia Environnement et EDF, à l'origine de l'expérimentation.

5400 tonnes de CO_2 économisées

À terme, le data center fournira 26 millions de kilowattheures par an, à même d'alimenter en chauffage et en eau chaude sanitaire 600 000 m² de bâtiments. «Cela permettra d'économiser annuellement le rejet de 5400 tonnes de CO_2, soit les émissions entraînées par 5000 voitures chaque année», se félicite Jean-Philippe Buisson.

Contrairement aux autres expériences menées à plus petite échelle ailleurs en Europe, ce chauffage n'est pas gratuit. «Nous avons investi 4 millions d'euros dans le projet, justifie M. Buisson. Ce chauffage revient aux clients 8 centimes le kWh, soit un prix inférieur au chauffage électrique, mais un peu supérieur à une installation au gaz ou au fioul. C'est toutefois une énergie décarbonée, dont le prix n'augmentera pas plus que l'inflation, contrairement au gaz.»

Audrey Garric, 02/07/2013
www.lemonde.fr

La première éolienne à voile inaugurée en France

Des voiles qui se creusent et se tendent au gré des vents. Il ne s'agit pas d'un bateau, mais du premier prototype d'éolienne à voile, inauguré samedi 15 juin à Grande-Synthe, près de Dunkerque (Nord), tout près du littoral de la mer du Nord. Installée dans le jardin du Stadium de la ville, cette éolienne lui permettra de devenir le «premier stade de France à énergie positive», selon le maire.

Le principe est simple: un axe vertical de 20 mètres, sur lequel sont accrochées douze voiles en forme de deltas, à géométrie variable, qui offrent une surface totale de prise au vent de 200 m².

«Comme un marin sur son bateau», l'exploitant adapte la surface de la voile et donne l'angle nécessaire pour mieux prendre le vent, raconte à l'AFP Charles Sarrazin, ingénieur-mécanicien de formation, aujourd'hui président du bureau d'études VoiléO, qui développe le concept depuis cinq ans en partenariat avec l'École des mines de Douai, l'École nationale supérieure des arts et industries textiles de Roubaix et l'université de Lille-I.

Limiter la pollution visuelle

Parmi les avantages: sa faible hauteur la dispense d'un permis de construire (les éoliennes classiques mesurent entre 100 et 150 mètres) et est censée limiter la pollution visuelle; sa construction n'a pas besoin de béton et elle est facile à transporter. Ses voiles en toile doivent également réduire les nuisances sonores par rapport aux pales. Son coût, de 180 000 euros, est lui aussi moins important que celui des éoliennes classiques (environ 2 millions d'euros).

Reste un argument de taille, qui empêche pour l'instant de la comparer totalement aux grandes éoliennes: sa capacité de production, de 75 kilowatts (kW), s'avère 30 à 40 fois inférieure à celle des turbines classiques (entre 2 et 3 mégawatts – MW). Les futurs modèles pourraient toutefois monter jusqu'à 300 kW, espère VoiléO. Principaux clients visés: les collectivités locales, les entreprises, les agriculteurs ou même des industriels qui veulent produire l'électricité pour la revendre.

«Il est encourageant de voir que le secteur de l'énergie éolienne produit de nouvelles techniques régulièrement. Mais ce prototype est pour l'instant davantage en concurrence avec les éoliennes domestiques [d'une puissance comprise entre 100 watts et 50 kW] que les grandes turbines, prévient Marion Lettry, chargée de l'éolien au Syndicat des énergies renouvelables. Il faut aussi voir combien d'années les voiles pourront tenir, et leur résistance aux forts vents.»

Audrey Garric, 18/06/2013
www.lemonde.fr

GiraDora, la machine à laver à pédale qui change la vie

Économiser du temps, de l'argent et de l'eau tout en améliorant le confort et la santé, tel est le défi auquel répond GiraDora, une machine à laver portable qui fonctionne à l'huile de genou.

Son prix? Quarante dollars. Une opportunité dans les pays les plus pauvres!

Un engin malin

Conçue par deux étudiants en design, Alex Cabunoc et Ji A You, la GiraDora permet de laver et d'essorer le linge par simple activation d'une pédale. Il suffit de remplir ce tube en plastique d'eau et de savon, de le recouvrir d'un couvercle sur lequel on s'assoit pour ensuite l'activer avec son pied.

Dans les pays en développement, le manque d'électricité et de moyens rendent cette tâche ménagère horriblement longue (jusqu'à six heures par jour, trois à cinq jours par semaine) et pénible (il faut laver chaque vêtement un à un, souvent dans une position rude pour le dos).

Ainsi, on évite le mal de dos et de poignets et on a les mains libres pour faire autre chose! Les vêtements sont lavés en un seul et même chargement, et cela ouvre même de nouvelles opportunités – comme la possibilité de vendre des services de blanchisserie, ou de louer la machine.

De belles perspectives

Actuellement le produit est testé au Pérou.

Si les expériences se révèlent concluantes, Alex Cabunoc et Ji A You pensent que leur machine pourra être diffusée plus largement en Amérique du Sud, puis peut-être ensuite en Inde. En cinq ans, ils espèrent aider 150 000 personnes, leur objectif ultime étant d'atteindre le million d'usagers.

L'innovation a déjà remporté le Défi de l'innovation sociale lancé par Dell et le prix de l'International Design Excellence Awards.

Anne-Sophie Novel, 01/08/2012
http://alternatives.blog.lemonde.fr

Lisez les trois textes qui nous présentent des innovations dans le domaine de l'énergie.

1. Décrivez en quoi consiste chaque innovation avec vos propres mots.
2. Quelles sont les deux expressions dans le premier et le deuxième texte qui signifient que l'énergie produite ne va pas produire de carbone?
3. Listez dans un tableau les avantages et les inconvénients de chacune de ces inventions.
4. Que pensez-vous de ces inventions?
5. Choisissez l'innovation qui vous impressionne le plus et préparez une présentation de deux à trois minutes dans laquelle vous essaierez de convaincre votre public que cette invention peut réellement apporter une solution à un problème environnemental.

CRÉATIVITÉ, ACTIVITÉ, SERVICE

Concours d'innovations pour l'environnement

Vous avez des talents d'ingénieur, de scientifique, d'informaticien, de mathématicien ou d'économiste…

- Réfléchissez à un problème environnemental, soit dans votre pays ou dans une autre région du monde.
- Inventez une innovation qui amènera des solutions concrètes à ce problème. Inspirez-vous des innovations des textes précédents.
- Préparez une présentation dans laquelle vous expliquerez comment votre invention fonctionne, ses avantages mais aussi ses inconvénients.
- La classe vous posera des questions et jugera votre innovation par rapport à celles des autres étudiants.

Thème 5: Partage de la planète

17 Bénin: Green Keeper Africa, la start-up qui transforme la jacinthe d'eau en produit dépolluant

A Ce texte a perdu ses verbes, retrouvez-les…

a ont fait	**d** chassé
b a proliféré	**e** est transformée
c a été	

1. Pendant longtemps, la jacinthe aquatique _____ une malédiction pour le Bénin. Cette plante envahissante _____ dans les cours d'eau et _____ la faune et la flore. Mais deux ingénieurs béninois en _____ une opportunité économique. Une fois traitée et séchée, la plante _____ en un produit dépolluant capable d'absorber les hydrocarbures.

a a envahi	**d** touche
b est	**e** asphyxié
c a été touché	**f** est en train de devenir

2. À So Ava, une commune de 100 000 habitants au Nord de Cotonou, l'activité économique principale _____ la pêche. Mais depuis quelques années, un fléau _____ la région: la jacinthe d'eau. Une plante invasive venue de l'étranger qui _____ les lacs et _____ les poissons. Tout le secteur de la pêche _____. Mais grâce à Green Keeper Africa, une start-up béninoise, la jacinthe _____ le nouvel or vert de la région.

a était	**f** n'est pas
b permet	**g** part
c explique	**h** permet
d permet	**i** gagne
e ne gagne pas	

3. Il y a deux ans, Rosaline Adanhoun _____ encore vendeuse. Mais aujourd'hui elle _____ sur le lac tous les matins pour ramasser de la jacinthe d'eau. Un nouveau métier qui lui _____ de mieux gagner sa vie. «L'argent de la collecte me _____ de subvenir aux besoins de ma famille car mon mari _____ beaucoup. Je _____ au moins 30 000 francs CFA par mois. Ce _____ beaucoup mais ça me _____ de vivre», _____-t-elle.

300

> **a** est
> **b** revend
> **c** récolte
>
> **d** a decidé
> **e** permet

4 En moyenne Rosaline _____ entre 500 et 1000 kilos de jacinthe par jour. À la fin de la journée, elle les _____ à l'entreprise qui _____ de faire de ce fléau une opportunité économique. La plante _____ capable d'absorber jusqu'à dix fois son poids en hydrocarbure. Une propriété qui _____ à la start-up de proposer une gamme de produits dépolluants aux entreprises pétrolières.

> **a** doit
> **b** seront vendues
> **c** travaillent
> **d** sélectionnent
>
> **e** être transformée
> **f** produit
> **g** sont passées

5 Mais pour arriver à un tel résultat, la plante _____ d'abord _____. Quinze salariés _____ dans l'unité de production de Green Keeper Africa à So Ava. Des femmes _____ les portions de la plante utilisées pour fabriquer les produits dépolluants. Ces parties _____ au broyeur. Après tamisage, l'entreprise _____ 3 tonnes de fibres par jour qui _____ 1200 francs le kilo.

> **a** est
> **b** s'occupe
> **c** ne se contente pas

6 Green Keeper Africa _____ de vendre de la fibre, elle _____ aussi de son recyclage. Un argument commercial mais aussi une opportunité économique pour la jeune start-up. La jacinthe imbibée d'hydrocarbure _____ un excellent combustible.

> **a** espère
> **b** vise
> **c** compte

7 Aujourd'hui, l'entreprise _____ une dizaine de clients dans le BTP, l'industrie pétrolière et les stations-service. Elle _____ multiplier ses revenus par 10 d'ici 2 ans et pour cela, elle _____ d'autres pays d'Afrique de l'Ouest comme le Nigeria, le Togo et la Côte d'Ivoire, tous envahis par la jacinthe d'eau.

www.jeuneafrique.com/519154/economie/benin-green-keeper-africa-la-start-up-qui-transforme-la-jacinthe-deau-en-produit-depolluant

B Quels sont les temps des verbes utilisés? Expliquez leur valeur.

18 Préparation à l'examen écrit

■ Comment écrire un article pour le magazine de l'école
Voir l'Unité 1 à la page 14.

A Vous écrivez un article sur une innovation environnementale qui vous a paru importante ou originale afin de la faire découvrir à vos lecteurs:

- Article dans le magazine de votre école
- Article dans le magazine *Sciences et Vie*
- Article dans le magazine *Femme Actuelle*

B Compréhension conceptuelle:

Discutez en groupe des différences attendues pour chaque type d'article.
- Quel est le profil des lecteurs?
- Comment attirer leur attention et garder leur intérêt à travers tout l'article?
- Quel est le ton et quel est le registre des articles dans ces magazines?
- Quelles sont les spécificités d'un article dans chaque type de magazine?

19 Cinéma sur la question: Demain, le film-documentaire

Et si montrer des solutions, raconter une histoire qui fait du bien, était la meilleure façon de résoudre les crises écologiques, économiques et sociales, que traversent nos pays? Suite à la publication d'une étude qui annonce la possible disparition d'une partie de l'humanité d'ici 2100, Cyril Dion et Mélanie Laurent partent avec une équipe de quatre personnes enquêter dans dix pays pour comprendre ce qui pourrait provoquer cette catastrophe et surtout comment l'éviter.

Durant leur voyage, ils rencontrent les pionniers qui réinventent l'agriculture, l'énergie, l'économie, la démocratie et l'éducation. En mettant bout à bout ces initiatives positives et concrètes qui fonctionnent déjà, ils commencent à voir émerger ce que pourrait être le monde de demain…

www.demain-lefilm.com/le-film

Si le sujet vous intéresse et pour approfondir vos connaissances, regardez l'excellent film documentaire «Demain».

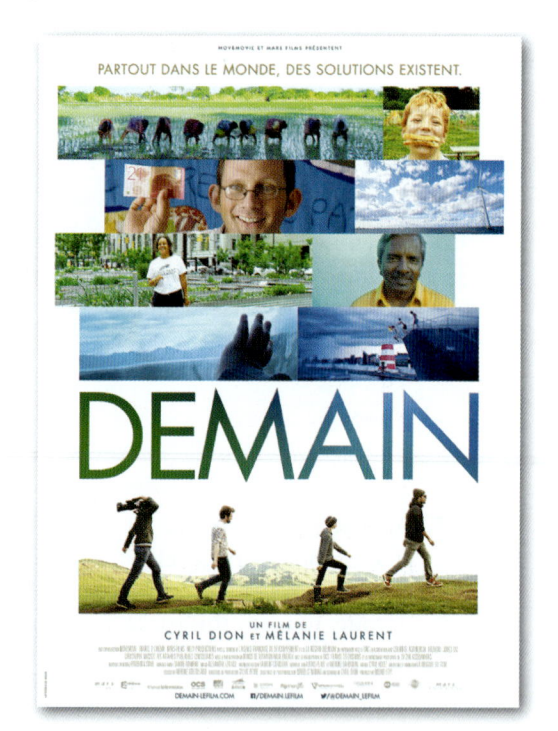

Littérature

20 Le Petit Prince

Ce roman d'**Antoine de Saint-Exupéry** est parfois considéré comme un roman écologiste…

Le cinquième jour, toujours grâce au mouton, ce secret de la vie du petit prince me fut révélé. Il me demanda avec brusquerie, sans préambule, comme le fruit d'un problème longtemps médité en silence:

«Un mouton, s'il mange les arbustes, il mange aussi les fleurs?

– Un mouton mange tout ce qu'il rencontre.

– Même les fleurs qui ont des épines?

– Oui. Même les fleurs qui ont des épines.

– Alors les épines, à quoi servent-elles?»

Je ne le savais pas. J'étais alors très occupé à essayer de dévisser un boulon trop serré de mon moteur. J'étais très soucieux car ma panne commençait de m'apparaître comme très grave, et l'eau à boire qui s'épuisait me faisait craindre le pire.

«Les épines, à quoi servent-elles?»

Le petit prince ne renonçait jamais à une question, une fois qu'il l'avait posée. J'étais irrité par mon boulon et je répondis n'importe quoi:

«Les épines, ça ne sert à rien, c'est de la pure méchanceté de la part des fleurs!

– Oh!»

Mais après un silence il me lança, avec une sorte de rancune:

«Je ne te crois pas! Les fleurs sont faibles. Elles sont naïves. Elles se rassurent comme elles peuvent. Elles se croient terribles avec leurs épines…»

Je ne répondis rien. À cet instant-là je me disais: «Si ce boulon résiste encore, je le ferai sauter d'un coup de marteau.» Le petit prince dérangea de nouveau mes réflexions:

«Et tu crois, toi, que les fleurs…

– Mais non! Mais non! Je ne crois rien! J'ai répondu n'importe quoi. Je m'occupe, moi, de choses sérieuses!»

Il me regarda stupéfait.

«De choses sérieuses!»

Il me voyait, mon marteau à la main, et les doigts noirs de cambouis, penché sur un objet qui lui semblait très laid.

«Tu parles comme les grandes personnes!»

Ça me fit un peu honte. Mais, impitoyable, il ajouta:

«Tu confonds tout… tu mélanges tout!»

Il était vraiment très irrité. Il secouait au vent des cheveux tout dorés:

«Je connais une planète où il y a un monsieur cramoisi. Il n'a jamais respiré une fleur. Il n'a jamais regardé une étoile. Il n'a jamais aimé personne. Il n'a jamais rien fait d'autre que des additions. Et toute la journée il répète comme toi: «Je suis un homme sérieux! Je suis un homme sérieux!» et ça le fait gonfler d'orgueil. Mais ce n'est pas un homme, c'est un champignon!

– Un quoi?

– Un champignon!»

Le petit prince était maintenant tout pâle de colère.

Thème 5: Partage de la planète

«Il y a des millions d'années que les fleurs fabriquent des épines. Il y a des millions d'années que les moutons mangent quand même les fleurs. Et ce n'est pas sérieux de chercher à comprendre pourquoi elles se donnent tant de mal pour se fabriquer des épines qui ne servent jamais à rien? Ce n'est pas important la guerre des moutons et des fleurs? Ce n'est pas sérieux et plus important que les additions d'un gros monsieur rouge? Et si je connais, moi, une fleur unique au monde, qui n'existe nulle part, sauf dans ma planète, et qu'un petit mouton peut anéantir d'un seul coup, comme ça, un matin, sans se rendre compte de ce qu'il fait, ce n'est pas important ça!»

Il rougit, puis reprit:

«Si quelqu'un aime une fleur qui n'existe qu'à un exemplaire dans les millions et les millions d'étoiles, ça suffit pour qu'il soit heureux quand il les regarde. Il se dit: «Ma fleur est là quelque part…» Mais si le mouton mange la fleur, c'est pour lui comme si, brusquement, toutes les étoiles s'éteignaient! Et ce n'est pas important ça!»

Il ne put rien dire de plus. Il éclata brusquement en sanglots. La nuit était tombée. J'avais lâché mes outils. Je me moquais bien de mon marteau, de mon boulon, de la soif et de la mort. Il y avait sur une étoile, une planète, la mienne, la Terre, un petit prince à consoler! Je le pris dans les bras. Je le berçai. Je lui disais: «La fleur que tu aimes n'est pas en danger… Je lui dessinerai une muselière, à ton mouton… Je te dessinerai une armure pour ta fleur… Je…» Je ne savais pas trop quoi dire. Je me sentais très maladroit. Je ne savais comment l'atteindre, où le rejoindre… C'est tellement mystérieux, le pays des larmes!

Extrait du Chapitre 7, Le Petit Prince *par Antoine de Saint-Exupéry, 1945*

A Répondez aux questions:

1. Quel est le thème de cet extrait?
2. Quand le petit prince apprend que les moutons mangent les fleurs, même celles avec des épines, il devient très inquiet. Pourquoi?
3. Pourquoi le petit prince est-il offensé par l'attitude du narrateur?
4. Quand le petit prince pleure, quelles solutions apporte le narrateur?
5. Trouvez les synonymes de ces mots dans le texte:
   a. dévoilé
   b. un petit arbre
   c. implacable
   d. dans aucun endroit du monde
   e. en pleurs

B Les symboles:

Si nous essayons de lire *Le Petit Prince* d'une perspective écologique, que peuvent représenter ces personnages et ces objets:

1. Le petit prince
2. Le narrateur aviateur
3. La rose du petit prince
4. Le mouton
5. Les épines de la rose
6. Le monsieur cramoisi ou le comptable

UNITÉ 14 — Droits de l'homme

La Déclaration Universelle des Droits de l'Homme

- Considérer l'histoire, l'importance et les implications des droits de l'homme
- Réagir aux violations de ces droits
- Reconnaître et savoir utiliser la voix passive
- Vous informer sur les défenseurs des droits de l'homme dans le monde
- Faire la présentation d'une biographie à la classe

Thème 5: Partage de la planète

RÉFLÉCHIR

Article 1 de la Déclaration Universelle des Droits de l'Homme (DUDH):

Tous les êtres humains naissent libres et égaux en dignité et en droits. Ils sont doués de raison et de conscience et doivent agir les uns envers les autres dans un esprit de fraternité.

- De quand date la Déclaration Universelle des Droits de l'Homme?
- Pourquoi a-t-elle été écrite?
- Que contient-elle?
- Quel texte français a servi de fondement à la Déclaration Universelle des Droits de l'Homme?
- Connaissez-vous d'autres droits proclamés dans cette déclaration?

305

Thème 5: Partage de la planète

1 C'est quoi la Déclaration Universelle des Droits de l'Homme?

Regardez cette animation d'«1 Jour, 1 Question»: https://youtu.be/mzky0ylhgCo et retrouvez les mots manquants du texte.

1 _____ par les horreurs de la guerre, les pays du monde ont voulu écrire noir sur blanc les droits _____ de l'homme.

2 La Déclaration de 1948 s'inspire de textes de plusieurs pays, comme par exemple la Déclaration des Droits de l'Homme et du _____ de 1789 pour la France.

3 La Déclaration protège les êtres humains de l'_____ mais aussi de l'_____ ou de la _____.

4 Chaque individu a le droit de _____ librement hors de son pays et de s'exprimer sur tous les sujets dans le respect des autres: c'est la _____.

5 Chacun d'entre nous a le droit d'aller à l'_____, d'exercer un _____, d'avoir accès à des _____.

6 La Déclaration affirme que c'est au _____ de chaque pays de tout faire pour que ces droits soient possibles et respectés.

7 Mais suivre cette déclaration n'est pas _____. La Déclaration universelle des droits de l'homme est un _____ à atteindre par les nations et les peuples qui s'y engagent _____.

2 Interprétez cette déclaration

Le Haut Commissariat des Nations Unies a réécrit le texte original de la Déclaration Universelle des Droits de l'Homme en langage simplifié et courant: www.ohchr.org/Documents/Publications/ABCannexesfr.pdf

A Lisez ces deux textes et comparez-les. Comment le texte original a-t-il été simplifié? Pour quel public a-t-il été simplifié?

B En binômes, réfléchissez à plusieurs situations concrètes dans lesquelles les droits de l'homme ne sont pas respectés. Écrivez les scénarios que vous lirez à la classe. Celle-ci déterminera de quel droit il est question et donnera son avis sur la situation.

Vous pouvez mettre en scène vos situations et les jouer devant la classe.

Voici un exemple de scénario:

Une réfugiée afghane, qui vit en France depuis deux ans, obtient un travail dans un magasin où elle est chargée de mettre les produits en rayon. Elle a été embauchée en même temps que Nicolas et ils font le même travail et les mêmes horaires. Or, elle apprend que Nicolas gagne 20% de plus qu'elle. Elle demande à parler au patron mais celui-ci n'a pas d'explication à lui fournir et ne veut rien changer. Il lui dit simplement que, si elle veut garder son emploi, elle n'a pas le choix que d'accepter ces conditions. Il lui fait comprendre que si elle venait à se plaindre de nouveau, elle pourrait également perdre son poste.

Comment présenter vos arguments

Pour contredire
au contraire
pas du tout
je ne suis pas d'accord
mais non…
c'est ridicule
ceci dit…
néanmoins
cependant
pourtant
ce n'est pas le cas
on ne peut pas dire ça, parce que
vous avez tort

Pour proposer une idée
à mon avis
je pense que
je trouve que
il me semble que
selon…
on voit bien que…

Pour renforcer une idée
en plus
en outre
de plus
je cite en exemple
n'oublions pas que…
par ailleurs
pour apporter de l'eau à mon moulin…
pour illustrer…

C La classe réagira aux situations proposées et donnera son avis en utilisant les expressions de l'encadré «Comment présenter vos arguments».

3 Le passif

Grammaire

Le passif

Vous aurez remarqué que le passif est une forme fréquemment utilisée dans le texte de la Déclaration Universelle des Droits de l'Homme. C'est souvent le cas pour les textes de loi.

Le passif se forme avec *être* et *un participe passé*. Le temps de la phrase est indiqué par l'auxiliaire *être*. Regardez la différence entre la voix active et passive dans cet exemple:

- *58 États **ont adopté** la Déclaration Universelle des Droits de l'Homme en 1948.* (phrase active au passé composé avec l'auxiliaire *avoir*)
- *La Déclaration Universelle des Droits de l'Homme **a été** adoptée par 58 États en 1948.* (phrase passive au passé composé avec l'auxiliaire *être* au passé composé et le participe passé du verbe cible, qui doit s'accorder si nécessaire)

Dans la phrase active, plus d'importance est donnée aux 58 États, tandis que dans la phrase passive plus d'importance est donnée à la Déclaration Universelle des Droits de l'Homme.

Reportez-vous au précis de grammaire en fin de livre.

Transformez ces phrases actives en phrases passives. Observez bien à quel temps est le verbe original.

1. Cette année on a accusé plus de pays de ne pas respecter les droits humains.
2. On organise des manifestations dans plusieurs pays.
3. Tous les ans, l'organisation Amnesty International publie un rapport.
4. Après la Révolution de 1789, on a rédigé la Déclaration des Droits de l'Homme et du Citoyen en France.
5. Les pays d'asile devront protéger leurs réfugiés politiques.

Thème 5: Partage de la planète

4 Réagissez à une situation d'injustice

■ **Comment écrire une page de journal intime**
Voir l'Unité 1 à la page 5.

■ **Comment écrire une conversation**
Voir l'Unité 3 à la page 65.

■ **Comment écrire un courriel**
Voir l'Unité 10 à la page 225.

Imaginez que vous êtes victime d'un des scénarios écrits par votre classe pour l'activité 2. Pour expliquer la situation et exprimer votre désarroi vous écrivez:

- Une page de votre journal intime
- Le script d'une conversation téléphonique avec votre famille
- Un email à un ami proche

Choisissez un des trois types de texte et écrivez 250 à 400 mots pour le niveau moyen ou 400 à 600 mots pour le niveau supérieur.

Avant de commencer à écrire n'oubliez pas de planifier les paramètres de compréhension conceptuelle de votre réponse:

- le but du texte
- le public
- le contexte de votre texte
- le registre de langue
- le ton
- les conventions du type de texte choisi

5 Connaissez-vous l'organisation Amnesty International?

Amnesty International est un mouvement mondial composé de bénévoles qui œuvrent en faveur du respect des droits de l'être humain et qui sont reconnus partout dans le monde. Ils organisent des missions et éditent chaque année un rapport mondial sur la situation des droits de l'homme dans le monde. Ils ont aujourd'hui 2,2 millions de membres dans plus de 150 pays.

La situation des droits humains dans le monde

Le Rapport d'Amnesty International sur la situation des droits humains dans le monde en 2017 couvre 159 pays et propose l'analyse la plus complète qui soit de la situation des droits fondamentaux sur la planète.

«Au cours de l'année, des dirigeants ont [1] incité à la haine, combattu certains droits, [2] fermé les yeux sur des crimes contre l'humanité, et laissé les inégalités et les souffrances échapper à tout contrôle. Face à cela, de grandes [3] manifestations ont eu lieu, montrant que si les défis que nous avons à relever sont immenses, la volonté de [4] riposter est d'autant plus forte.»

308

Les dirigeants mondiaux tournent le dos aux droits humains

En 2017, le monde a connu un [5] recul des droits humains. Les signes de cette régression étaient visibles partout. Dans le monde entier, des gouvernements ont poursuivi leur offensive contre le droit de manifester, et les droits des femmes ont été particulièrement attaqués aux États-Unis, en Russie et en Pologne.

Au Venezuela et en Tunisie, où des personnes sont privées de leurs droits fondamentaux à la nourriture, à l'eau potable, à la santé et à un logement, un mécontentement social [6] grandissant a été constaté.

Des États-Unis à l'Union européenne, en passant par l'Australie, les dirigeants des pays les plus riches ont continué d'adopter face à la crise planétaire des réfugiés une attitude purement et simplement inhumaine, considérant les réfugiés non pas comme des êtres humains détenteurs de droits, mais comme des problèmes à [7] éluder.

Dans ce contexte, les politiques [8] attisant la haine menacent de [9] légitimer la discrimination à l'égard des minorités. L'incitation croissante et non dissimulée à l'intolérance a été illustrée par les slogans [10] xénophobes scandés lors d'un défilé nationaliste à Varsovie, en Pologne, et par les actions de répression généralisée visant les membres de la communauté LGBTI* de la Tchétchénie à l'Égypte.

Dans cet océan de récits révoltants, celui des Rohingyas, victimes du nettoyage ethnique mené par l'armée du Myanmar, était parmi les plus poignants. Les témoignages recueillis par nos chercheurs sont bouleversants.

Mais [11] faute de dirigeants prêts à s'engager pour les droits humains à l'échelle mondiale, les crimes contre l'humanité et les crimes de guerre commis du Myanmar à l'Irak ont été ignorés, rendant le monde encore plus dangereux.

«Shafi, mon fils de deux ans, a reçu un violent coup de bâton. Un coup, et il est mort… Trois de mes enfants ont été tués.» (Myanmar, une femme rohingya à qui des militaires ont pris l'argent, les effets personnels et même les enfants)

Il est plus important que jamais de protéger notre droit à la liberté d'expression

L'année dernière, un nombre sans précédent de personnes ont été prises pour cible pour s'être mobilisées contre l'injustice. En tant qu'organisation mondiale dédiée à la lutte pour les droits humains, nous n'avons pas échappé aux attaques. Certains de nos représentants en Turquie ont été arrêtés et emprisonnés sur la base d'accusations [12] forgées de toutes pièces. Bien qu'İdil Eser, la directrice d'Amnesty Turquie, ait été libérée, Taner Kılıç, le président d'Amnesty Turquie, est toujours emprisonné.

Imaginez que vous êtes avocat(e), journaliste ou militant(e) et que votre vie est menacée parce que vous avez dit la vérité.

C'est exactement ce qui se passe en ce moment: les autorités poursuivent sans relâche les personnes qui se sont mobilisées pour les droits humains. Un nombre sidérant et croissant de militants sont tués: 312 homicides ont été enregistrés en 2017, contre 281 l'année précédente.

Mais en dépit des efforts déployés par certains États pour fermer des ONG, [13] entraver le travail des médias, [14] restreindre le droit des personnes de manifester, et emprisonner des personnes menant des campagnes, les gens ont refusé de se taire.

Dans ce climat de peur et d'intimidation, il est plus important que jamais de continuer de faire entendre notre voix.

«En 2018, nous ne pouvons certainement pas tenir pour acquise la liberté de nous rassembler pour protester ou celle de critiquer nos dirigeants. En fait, il devient de plus en plus dangereux d'exprimer ses opinions.» Salil Shetty, secrétaire général d'Amnesty International.

www.amnesty.be/infos/rapports-annuels/rapport-annuel-2018/introductions-au-rapport-annuel-2018/rapportannuel?lang=fr

*LGBTI: communauté homosexuelle, bisexuelle, transgenre ou intersexe

Maintenant, répondez aux questions.

1. Résumez l'idée principale de l'article.
2. Quels droits en particulier ont été enfreints?
3. Trouver les synonymes des mots soulignés dans le texte parmi la liste ci-contre.
4. De quoi l'article accuse-t-il les États-Unis, l'Australie et l'Europe?
5. Êtes-vous d'accord avec Salil Shetty, le secrétaire général d'Amnesty International?
6. Connaissez-vous d'autres exemples de dangers ou de crimes qui menacent la liberté d'expression?

a fabriquées
b limiter
c ignoré
d racistes
e incitant
f permettre
g rétorquer
h croissant
i éviter
j manque de
k encouragé
l régression
m rassemblements
n empêcher

Thème 5: Partage de la planète

6 Les défenseurs des droits de l'homme

«Lève-toi, debout, défends tes droits! Lève-toi, debout, n'abandonne pas le combat!»

Bob Marley, chanteur jamaïcain

«Priver les gens de leurs droits fondamentaux revient à contester leur humanité même.»

Nelson Mandela, militant sud-africain des droits civiques

«La moindre injustice, où qu'elle soit commise, menace l'édifice tout entier.»

Martin Luther King, militant afro-américain des droits civiques

«La paix n'a de signification que là où les droits de l'homme sont respectés, là où les gens sont nourris, et là où les individus et les nations sont libres.»

14e Dalaï Lama
www.amnesty.org/fr/latest/campaigns/2015/10/inspiring-human-rights-quotes

«Une lutte politique qui ne place pas les femmes au cœur de celle-ci, au-dessus, au-dessous et à l'intérieur, n'en est pas une.»

Arundhati Roy, auteure indienne

Ces citations célèbres nous montrent qu'il existe des défenseurs des droits de l'homme dans tous les pays et toutes les cultures.

Recherches et présentation:

Faites quelques recherches en binômes ou en petits groupes et présentez à la classe la vie, les idées et l'impact du travail d'un défenseur des droits de l'homme qui vous a particulièrement impressionné. Le sujet de vos recherches peut être une personne ou une organisation.

Différences culturelles et violations des droits de l'homme

- Analyser des situations de violations des droits de l'homme
- Étudier des cas où les divergences culturelles pourraient justifier une transgression des droits
- Utiliser le plus-que-parfait
- Débattre dans le cadre de la TdC

UNITÉ 14 Droits de l'homme

RÉFLÉCHIR

- Les droits de l'homme sont-ils respectés dans votre pays?
- Connaissez-vous des pays qui enfreignent les droits de l'homme?
- Peut-il y avoir une incompatibilité entre les droits de l'homme et les pratiques culturelles?

311

7 État d'urgence: Amnesty dénonce des entraves au droit de manifester en France

Après les attentats terroristes du 13 novembre 2015, la France a instauré l'état d'urgence et l'a maintenu pendant deux ans. Pour certains, cette mesure représentait une enfreinte aux droits de l'homme par la France. Pour d'autres, c'était une mesure de sécurité nécessaire… Lisez cet article pour comprendre le débat.

Dans un rapport publié ce mercredi, l'ONG dénonce des entraves faites à la liberté de manifester de certains citoyens, sous couvert de l'état d'urgence.

Violences policières, mesures d'empêchement de participer à des manifestations, interpellations… Ce mercredi, l'ONG Amnesty International dévoile son rapport sur les «restrictions disproportionnées à la liberté de réunion pacifique sous couvert de l'état d'urgence en France».

Un rapport né de dizaines d'entretiens avec des manifestants, policiers et représentants de l'autorité, dans lequel Amnesty dit avoir «de sérieuses questions vis-à-vis des mesures d'urgence», depuis que le texte proclamant l'état d'urgence a été voté en novembre 2015 et renouvelé jusqu'en juillet.

155 arrêtés interdisant des rassemblements publics

Selon l'ONG de lutte pour les droits de l'Homme, 5178 manifestations ont eu lieu en 2015 et 5393 en 2016, rien qu'à Paris. Elles ont notamment été organisées lors de la COP 21 et en protestation de la loi Travail. Entre novembre 2015 et mai 2017, «les préfets ont eu recours aux pouvoirs d'urgence pour signer 155 arrêtés interdisant des rassemblements publics, tout en interdisant également au moins des dizaines de manifestations en vertu du droit commun français», assure Amnesty.

Elle regrette que les autorités aient eu «recours à des pouvoirs d'urgence pour servir des objectifs plus larges» que ceux initialement prévus par le texte régissant l'état d'urgence. Selon l'ONG, «des individus sans aucun lien avec des actes ou intentions terroristes et souhaitant exercer légitimement leur droit à manifester» ont été visé par des arrêtés d'interdiction.

639 arrêtés d'assignation à résidence

Le rapport affirme qu'en décembre 2015, au moment de la COP 21, «les autorités ont empêché plus d'une vingtaine d'individus» de participer aux manifestations organisées en marge de la conférence. Il ajoute que le ministre de l'Intérieur a «signé des arrêtés d'assignation à résidence à leur encontre, les empêchant concrètement de quitter leur commune de résidence et les obligeant à se présenter à un poste de police plusieurs fois par jour».

En tout, 639 mesures auraient été prises, entre novembre 2015 et le 5 mai 2017, pour «empêcher des individus de participer à des rassemblements publics», assure Amnesty. L'ONG estime que, témoignages à l'appui, des militants investis dans la lutte contre la loi Travail et les rassemblements de Nuit debout ont majoritairement été visés par ces arrêtés préfectoraux. Le ministère de l'Intérieur et les préfectures de Nantes, Paris et Rennes, interrogés par Amnesty, n'auraient pas réussi à justifier ces décisions, souligne le rapport.

102 plaintes de manifestants assurant avoir été blessés

Lacrymogènes, matraques, grenades de désencerclement, flashball… Amnesty dénonce également un «recours à une force non-nécessaire ou excessive» de la part des forces de l'ordre, en publiant plusieurs témoignages de manifestants blessés, dont celui d'un Rennais, qui a perdu un œil après un tir de flashball. Lors des manifestations, les gendarmes et policiers auraient visé des participants alors qu'ils ne présentaient pas, selon le rapport de «menace immédiate à l'intégrité physique des représentants des forces de l'ordre ou d'autres personnes».

L'ONG, qui déplore également le traitement fait aux journalistes, affirme que 102 plaintes de manifestants ont été déposées auprès de l'IGPN (Inspection générale de la police nationale) et l'IGGN (Inspection générale de la gendarmerie nationale), après les manifestations contre la loi Travail. «Ils ne constituent probablement que la partie émergée de l'iceberg», commente-t-elle.

L'ONG demande la levée de l'état d'urgence

Dans ce rapport, Amnesty International demande aux autorités de «veiller à ce que les mesures d'urgence ne soient utilisées que dans le but d'atteindre l'objectif visé par le gouvernement et le Parlement en promulguant et en prolongeant l'état d'urgence actuel, à savoir éviter de nouveaux attentats contre la population».

Elle lance aussi un appel aux préfets, pour qu'ils n'utilisent «qu'en dernier recours leurs pouvoirs d'interdiction des manifestations». Enfin, l'ONG réclame la levée de l'état d'urgence, «à moins qu'il ne soit en mesure de prouver qu'un danger public menace la vie de la nation».

www.lexpress.fr/actualite/societe/etat-d-urgence-amnesty-denonce-des-entraves-au-droit-de-manifester-en-france_1913131.html

Répondez aux questions:

1. Que signifie l'état d'urgence?
2. Dans le cas de l'état d'urgence déclaré en France en novembre 2015, quel droit a été enlevé aux citoyens?
3. En quoi consiste l'assignation à résidence et comment a-t-elle été utilisée en France?
4. Pourquoi Amnesty International critique la police?
5. Que demande Amnesty International?
6. Pensez-vous que l'état d'urgence était justifié à la suite des actes terroristes en France?

8 Les violations des droits de l'homme

Les défenseurs des droits de l'Homme reconnaissent que, soixante-deux ans après sa publication, la Déclaration universelle des droits de l'Homme est toujours davantage un rêve qu'une réalité. Des violations se produisent dans chaque partie du monde. Par exemple, le rapport international 2009 d'Amnesty International ainsi que d'autres publications montrent que les individus sont:
- Torturés et subissent des abus dans au moins 81 pays
- Qu'ils doivent faire face à des jugements injustes dans au moins 54 pays
- Que leur liberté d'expression est restreinte dans au moins 77 pays

En plus de cela, les femmes et les enfants en particulier sont marginalisés de diverses façons, la presse n'est pas libre dans beaucoup de pays, et les contestataires sont réduits au silence, trop souvent de manière permanente. Même si quelques progrès ont été accomplis en soixante ans, les violations des droits de l'Homme empoisonnent encore le monde d'aujourd'hui.

Pour que vous puissiez être informés sur la véritable situation partout dans le monde, cette section donne des exemples de violations de six articles de la Déclaration universelle des droits de l'Homme (UDHR):

Article 3 – le droit de vivre

«Chacun a droit à la vie, à la liberté et à la sécurité de sa personne.»

On estime à environ 6500 le nombre de personnes tuées en 2007 dans le conflit armé en Afghanistan, la moitié au moins étant des civils non combattants aux mains d'insurgés. Des centaines de civils ont été également tués lors d'attentats suicides par des groupes armés.

Au Brésil, en 2007, selon des chiffres officiels, la police a tué au moins 1260 personnes – un record à ce jour. Tous les incidents ont été officiellement désignés comme des «actes de résistance» et ont été suivis de peu d'enquêtes ou même d'aucune.

En Ouganda, 1500 personnes meurent chaque semaine dans les camps de personnes déplacées. Selon l'Organisation Mondiale de la Santé, 500 000 personnes sont mortes dans ces camps.

Les autorités vietnamiennes ont mis de force au moins 75 000 toxicomanes et prostituées dans 71 camps de «réhabilitation» surpeuplés, les désignant comme des détenus «à haut risque» pour la contamination du SIDA, mais ne leur fournissant aucun traitement.

Article 4 – pas d'esclavage

«Nul ne doit être tenu en esclavage ni en servitude; l'esclavage et la traite des esclaves sont interdits sous toutes leurs formes.»

Au nord de l'Ouganda, les guérilleros du LRA («Lord's Resistance Army») ont enlevé 20 000 enfants au cours des 20 dernières années et les ont enrôlés de force comme soldats ou comme esclaves sexuels pour l'armée.

En Guinée-Bissau, un trafic d'enfants dont les plus jeunes n'ont pas plus de cinq ans, les a envoyés hors du pays pour travailler dans les champs de coton au sud du Sénégal, ou comme mendiants dans la capitale. Au Ghana, des enfants de cinq à quatorze ans sont amenés par de fausses promesses sur le fait de recevoir une éducation et d'avoir un futur, à accomplir des travaux non payés et dangereux dans le milieu de la pêche industrielle.

En Asie, le Japon est le principal pays destinataire de trafic de femmes venant en particulier des Philippines et de Thaïlande. L'UNICEF estime à 60 000 le nombre d'enfants prostitués aux Philippines.

Le ministère des Affaires étrangères américain estime le nombre de victimes du trafic international d'hommes, de femmes et d'enfants entre 600 000 et 820 000 par an. La moitié sont des mineurs. Ce trafic inclut un nombre record de femmes et de jeunes filles fuyant l'Irak. Dans presque tous les pays, y compris le Canada, les USA et le Royaume-Uni, la déportation ou le harcèlement policier sont des attitudes courantes de la part des gouvernements, et il n'y a pas de services d'aide pour les victimes.

En République dominicaine, un réseau de trafiquants a conduit à la mort par asphyxie 25 travailleurs immigrés haïtiens. En 2007, deux civils et deux officiers militaires ont reçu des condamnations clémentes à la prison pour leur participation à l'opération.

En 2007, en Somalie, plus de 1400 Somaliens déplacés et de ressortissants éthiopiens sont morts en mer dans des opérations de trafic.

Article 5 – pas de torture

«Nul ne sera soumis à la torture, ni à des peines ou traitements cruels, inhumains ou dégradants.»

En 2008, les autorités américaines ont continué à maintenir en détention 270 prisonniers dans la baie de Guantánamo, à Cuba, sans inculpation ni procès, et à avoir recours à la torture, en simulant de les noyer. Le président Georges Bush a autorisé la CIA à poursuivre la détention et les interrogatoires secrets, en dépit des violations du droit international.

Au Darfour, la violence, les atrocités et les enlèvements sont endémiques et aucune aide de l'extérieur ne parvient. Les femmes en particulier sont les victimes d'assauts incessants, avec plus de 200 viols à proximité d'un camp de personnes déplacées sur une période de cinq semaines, sans aucun effort des autorités pour punir les auteurs.

En République démocratique du Congo, les actes de torture et les mauvais traitements commis par des services de sécurité et des groupes armés sont la routine, y compris des passages à tabac, des agressions au couteau et des viols de détenus. Des détenus sont maintenus en isolement, parfois dans des sites secrets. En 2007, la garde républicaine (garde présidentielle) et la Division de police des services spéciaux du Kinshasa ont arbitrairement détenu et torturé nombre de personnes étiquetées comme critiques envers le gouvernement.

Article 13 – libre circulation

«1. Toute personne a le droit de circuler librement et de choisir sa résidence à l'intérieur d'un État.

«2. Toute personne a le droit de quitter tout pays, y compris le sien, et de revenir dans son pays.»

Au Myanmar, des milliers de citoyens sont prisonniers, dont 700 objecteurs de conscience. La personnalité la plus connue est Daw Aung San Suu Kyi, lauréate du prix Nobel. Emprisonnée ou en état d'arrestation pendant quatorze ans au cours des vingt dernières années, à titre de représailles pour ses activités politiques, elle a refusé les offres du gouvernement d'être libérée en échange de son exil.

En Algérie, les réfugiés et les demandeurs d'asile sont fréquemment mis en détention, victimes d'expulsion ou de mauvais traitements. Vingt-huit personnes de pays africains subsahariens, ayant le statut officiel de réfugiés délivré par le Haut Commissariat des Nations Unies pour les Réfugiés (UNHCR) ont été déportées au Mali après avoir été jugées à tort, sans conseiller légal ni interprète, et accusées d'être entrées illégalement en Algérie. Elles ont été abandonnées près d'une ville du désert où un groupe malien armé était en action, sans nourriture ni eau ni la moindre aide médicale.

Au Kenya, les autorités ont violé la loi internationale concernant les réfugiés quand elles ont fermé leurs frontières aux milliers de personnes fuyant le conflit armé en Somalie. Des demandeurs d'asile ont été illégalement arrêtés à la frontière du Kenya sans inculpation ni procès et ramenés de force en Somalie.

Dans le nord de l'Ouganda, 1,6 million d'habitants sont restés dans des camps de personnes déplacées. Dans la région d'Acholi, la plus affectée par un conflit armé, 63% des 1,1 million de personnes déplacées en 2005 vivaient toujours dans les camps en 2007; 7000 personnes seulement sont retournées de manière permanente dans leur pays d'origine.

Article 18 – liberté de pensée

«Toute personne a droit à la liberté de pensée, de conscience et de religion; ce droit implique la liberté de changer de religion ou de conviction ainsi que la liberté de manifester sa religion ou sa conviction seule ou en commun, tant en public qu'en privé, par l'enseignement, les pratiques, le culte et l'accomplissement des rites.»

Au Myanmar, la junte militaire a écrasé des manifestations pacifiques organisées par des moines, des monastères ont été pillés et fermés, des propriétés confisquées et détruites. Les manifestants ont été jetés en prison, battus et fusillés, et leur famille et leurs amis ont été harcelés ou retenus en otage.

En Chine, des pratiquants du groupe religieux Falun Gong ont été torturés et ont subi d'autres mauvais traitements pendant qu'ils étaient en détention. Des chrétiens ont été persécutés pour avoir pratiqué leur religion en dehors des limites autorisées par l'État.

Au Kazakhstan, dans une communauté près d'Almaty, les autorités locales ont autorisé la destruction de maisons, appartenant toutes à des membres du groupe religieux Hare Krishna, faussement accusés d'avoir acquis illégalement le terrain sur lequel les maisons étaient construites. Seules les maisons appartenant aux membres de la communauté de Hare Krishna ont été détruites.

Article 19 – liberté d'expression

«Chacun a droit à la liberté d'opinion et d'expression, ce qui implique le droit de ne pas être inquiété pour ses opinions et celui de chercher, de recevoir et de répandre, sans considération de frontières, les informations et les idées par quelque moyen d'expression que ce soit.»

Au Soudan, des douzaines de défenseurs des droits de l'Homme ont été arrêtés et torturés par les services secrets et les forces de sécurité nationale.

En Éthiopie, deux défenseurs des droits de l'Homme importants ont été reconnus coupables suite à de fausses inculpations et condamnés à presque trois ans de prison.

En Somalie, un important défenseur des droits de l'Homme a été assassiné.

En République démocratique du Congo, le gouvernement attaque et menace les défenseurs des droits de l'Homme et limite la liberté d'expression et d'association. En 2007, les dispositions de la loi sur la presse de 2004 ont été utilisées par le gouvernement pour censurer des journaux et limiter la liberté d'expression.

La Russie a réprimé la dissidence politique, a fait pression sur les médias indépendants ou les a fermés et a harcelé des organisations non gouvernementales. Des manifestations pacifiques ont été dispersées par la force, et des avocats, des défenseurs des droits de l'Homme et des journalistes ont été menacés et attaqués. Ces dix dernières années, les meurtres de dix-sept journalistes ayant critiqué la politique et les opérations du gouvernement, demeurent non résolus.

En Irak, au moins trente-sept employés irakiens travaillant pour des médias ont été tués en 2008, soit 235 depuis l'invasion de mars 2003, faisant de l'Irak le pays le plus dangereux au monde pour les journalistes.

Article 21 – le droit à la démocratie

«1. Toute personne a le droit de prendre part à la direction des affaires publiques de son pays, soit directement, soit par l'intermédiaire de représentants librement choisis.

«2. Toute personne a droit à accéder, dans des conditions d'égalité, aux fonctions publiques de son pays.

«3. La volonté du peuple est la base de l'autorité gouvernementale et cette volonté doit s'exprimer par des élections honnêtes qui doivent avoir lieu périodiquement, au suffrage universel égal et par bulletin secret ou suivant une procédure équivalente assurant une liberté de vote.»

Au Zimbabwe, des centaines de défenseurs des droits de l'Homme et membres du principal parti d'opposition, le Mouvement pour le changement démocratique (MDC), ont été arrêtés pour avoir participé à des rassemblements pacifiques.

Au Pakistan, des milliers d'avocats, de journalistes, de défenseurs des droits de l'Homme et d'activistes politiques furent arrêtés pour avoir exigé la démocratie, le respect des lois et un système judiciaire indépendant.

À Cuba, fin 2007, soixante-deux objecteurs de conscience étaient en prison en raison de leurs convictions ou activités politiques non violentes.

Texte de l'organisation Tous unis pour les droits de l'homme
http://fr.humanrights.com/what-are-human-rights/violations-of-human-rights

A Trouvez les synonymes:

1. Article 3 – le droit de vivre
   - a non militaires
   - b rebelles
   - c réfugiés

2. Article 4 – pas d'esclavage
   - a le commerce
   - b à l'étranger
   - c vagabonds
   - d moins de 18 ans
   - e indulgentes
   - f citoyens

3. Article 5 – pas de torture
   - a Submerger dans l'eau jusqu'à la mort
   - b malgré
   - c les kidnappings
   - d récurrents
   - e attaques
   - f brutalités, tabassages
   - g injustement

B Résumez un texte:

La conclusion de ce texte est un résumé qui a été enlevé. Réécrivez-le en imaginant que vous présentez les idées principales à une personne qui n'est pas dans votre classe. Attention: on ne donne pas d'exemples dans un résumé de texte.

Les droits de l'Homme existent, tels qu'ils sont présentés dans la Déclaration universelle des droits de l'Homme et dans l'ensemble des lois de protection des droits de l'Homme. La plupart des pays en reconnaissent au moins le principe, et dans de nombreuses nations, ces droits forment l'essence de leur Constitution. Mais la réalité du monde d'aujourd'hui est bien loin des idéaux décrits dans la Déclaration universelle.

Pour certains, respecter à la lettre les droits de l'Homme n'est qu'un but lointain et inaccessible. De plus, les lois internationales sur les droits de l'Homme sont difficiles à faire respecter et une procédure de plainte peut prendre des années et exiger des sommes considérables. Même si ces lois internationales permettent de limiter les violations, elles sont insuffisantes pour garantir la protection des droits de chaque citoyen, comme le montre la réalité indéniable des abus commis au quotidien.

La discrimination est endémique dans le monde entier. Des milliers de personnes sont emprisonnées pour avoir dit haut et fort ce qu'elles pensaient. La torture et l'emprisonnement politique, souvent sans procès, sont des pratiques courantes, admises et utilisées, même dans certains pays démocratiques.

http://fr.humanrights.com/what-are-human-rights/violations-of-human-rights

C Expliquez votre opinion:

Dans les paragraphes des articles 13, 18, 19 et 21 de la Déclaration des Droits de l'Homme, quel est l'exemple le plus choquant et inadmissible pour vous? Expliquez votre opinion à la classe.

Grammaire

Le plus-que-parfait pour rapporter des faits

Le temps du plus-que-parfait est utilisé pour parler d'une action antérieure à une autre action dans le passé. On le forme avec les auxiliaires «avoir» ou «être» et le participe passé comme au passé composé mais les auxiliaires sont à l'imparfait, par exemple:

*Le rapport d'Amnesty International **rapportait** qu'en 2007, en Somalie, plus de 1400 Somaliens déplacés et de ressortissants éthiopiens **étaient morts** en mer dans des opérations de trafic.*

Ici «rapportait» est la première action dans le passé et est à l'imparfait; «étaient morts» est l'action antérieure à la première au plus-que-parfait.

*Le rapport d'Amnesty International **reprochait** qu'au nord de l'Ouganda, les guérilleros du LRA («Lord's Resistance Army») **avaient enlevé** 20000 enfants au cours des 20 dernières années et les **avaient enrôlés** de force comme soldats ou comme esclaves sexuels pour l'armée.*

Là, «reprochait» est la première action dans le passé et est à l'imparfait; «avaient enlevé» et «avaient enrôlés» sont des actions antérieures au plus-que-parfait. Notez ici l'accord du pluriel du participe passé car le complément d'objet direct «les» est placé avant l'auxiliaire.

Reportez-vous au précis de grammaire en fin de livre.

D Que rapportait le rapport international 2009 d'Amnesty International?

En utilisant les informations du texte, écrivez six phrases à l'imparfait et au plus-que-parfait, comme dans l'encadré de grammaire.

Pour la première action au passé, vous pouvez utiliser les verbes suivants:

- dénoncer
- critiquer
- rapporter
- montrer
- accuser
- reprocher

CRÉATIVITÉ, ACTIVITÉ, SERVICE

CAS et les Droits de l'Homme

Vous travaillez sur un nouveau programme de CAS pour votre école sur les droits de l'homme. Choisissez un groupe de victimes cité dans le texte et expliquez comment les étudiants de votre école pourraient aider ces victimes.

Vous écrivez une proposition au coordinateur du programme CAS pour le convaincre d'adopter votre idée.

9 Des pratiques culturelles controversées – droit historique, culturel et religieux

Selon l'article 5 de la Déclaration Universelle sur la diversité culturelle «toute personne doit pouvoir participer à la vie culturelle de son choix et exercer ses propres pratiques culturelles, dans les limites qu'impose le respect des droits de l'homme et des libertés fondamentales».

A Définissez les coutumes ou procédés suivants avec vos propres mots et, si vous le savez, les parties du monde où elles sont pratiquées.

- le mariage arrangé
- le système de castes
- les enfants soldats
- les bombes humaines
- les mutilations génitales féminines (MGF)
- la peine de mort

B Les droits de l'homme sont-ils menacés par la diversité culturelle, religieuse et historique dans les exemples ci-dessus?

C Dans un tableau, pour chaque exemple ci-dessus, identifiez les droits de l'homme transgressés et dans une autre colonne, trouvez des arguments possibles justifiant ces pratiques.

■ THÉORIE DE LA CONNAISSANCE

Débat

Certains parlent de violations des droits de l'homme, d'autres les appellent différences culturelles.
- Les droits de l'homme peuvent-ils être universels et appliqués partout dans le monde?

Vous pouvez mener ce débat dans la classe entière ou en petits groupes. Vous pouvez utiliser les exemples vus dans cette unité ou d'autres exemples que vous connaissez ou sur lesquels vous aurez fait des recherches au préalable. Utilisez les expressions de l'encadré «Comment présenter vos arguments» de la page 307.

Thème 5: Partage de la planète

Le rôle des ONG

- Connaître des ONG humanitaires françaises et internationales
- Comprendre leur travail et s'identifier à leurs bénévoles
- Maîtriser les différentes formes des questions
- Savoir utiliser les paramètres de compréhension conceptuelle pour écrire un interrogatoire
- Écrire une charte de conduite pour le programme de CAS

RÉFLÉCHIR

Organisation Non Gouvernementale – ONG: Organisme financé essentiellement par des dons privés et qui se voue à l'aide humanitaire sous une ou plusieurs de ses différentes formes (assistance médicale ou technique dans les pays non-industrialisés, aide aux plus démunis dans les pays développés, secours en cas de catastrophe ou de guerre, etc.).

www.larousse.fr

- Quelles ONG connaissez-vous?
- Il existe 10 millions d'ONG dans le monde. Pourquoi en existe-t-il autant selon vous?

The Global Journal

- Une personne sur trois dans le monde a fait un don à une ONG en 2015. Avez-vous déjà donné de l'argent à des ONG?

CAF World Giving Index 2015

- Une personne sur quatre dans le monde a donné de son temps à une ONG. Envisageriez-vous de faire du bénévolat pour une ONG?

CAF World Giving Index 2015

http://ong-entreprise.blogspot.com/2016/07/quelques-chiffres-pour-visualiser-le.html

10 Médecins Sans Frontières

Médecins Sans Frontières (MSF) est une association médicale humanitaire internationale, créée en 1971 à Paris par des médecins et des journalistes. Depuis plus de quarante ans, MSF apporte une assistance médicale à des populations dont la vie ou la santé est menacée.

Populations victimes de conflits

Depuis la création de MSF, les conflits armés et leurs conséquences sur les civils représentent la majorité de nos raisons d'intervention sur le terrain.

Selon les situations, MSF assure de la chirurgie d'urgence, s'investit dans des hôpitaux et des centres de santé, déploie des équipes mobiles pour fournir des consultations médicales, intervient dans les camps de déplacés ou de réfugiés, assure des soins spécifiques, notamment aux enfants, en cas de crise nutritionnelle…

MSF peut également être amenée à témoigner de violences commises par les parties au conflit envers les populations civiles.

Enfin, même après la signature d'un accord de paix, parce que le système de santé reste déstructuré, ou parce que la violence perdure dans certaines zones, MSF peut décider de prolonger sa présence.

Épidémies, endémies, pandémies

Les maladies infectieuses sont les premières causes de décès dans les pays en développement. En situation épidémique, il faut vacciner contre la fièvre jaune, la rougeole, ou encore la méningite par exemple, ainsi que soigner avec des médicaments efficaces ceux qui sont déjà malades et en danger de mort.

Parce qu'ils sont pauvres, des dizaines de millions de malades des pays du Sud souffrant du sida, de la tuberculose ou du paludisme sont privés des traitements susceptibles de leur sauver la vie. Des millions de patients souffrent de pathologies encore plus négligées comme la maladie de Chagas ou encore la leishmaniose viscérale pour lesquelles des traitements satisfaisants n'existent pas ou ne sont pas accessibles.

Enfin, hors contexte de conflit, MSF intervient aussi sur de gros foyers de malnutrition aiguë occasionnant une mortalité infantile importante.

Catastrophes naturelles

Après un tremblement de terre, un cyclone, ou encore des inondations, MSF peut apporter des soins médicaux aux blessés, mais aussi fournir des abris, de l'eau, des couvertures, des kits d'hygiène, des biens de première nécessité ou encore distribuer de la nourriture aux rescapés.

Dans un second temps, une intervention psychologique auprès de ceux qui ont survécu mais ont tout perdu s'avère souvent nécessaire.

Les interventions post catastrophes naturelles de MSF relèvent de l'urgence et non de la reconstruction.

Exclusion de soins

Dans de nombreux pays, y compris en France, des groupes vulnérables et marginalisés tels que les étrangers illégaux, les enfants abandonnés, les personnes âgées… sont privés de soins vitaux en raison de politiques d'exclusion à leur égard.

Les interventions de MSF en faveur de ces groupes représentent une part modeste de nos activités car si MSF peut effectivement apporter une aide utile aux personnes qu'elle parvient à toucher, nous doutons de la légitimité et de la capacité d'une organisation humanitaire à impulser des changements à long terme sur des problématiques politiques.

www.msf.fr

Lisez et répondez aux questions.

1 Faites une liste de toutes les interventions de MSF dans les conflits armés.
2 Vrai ou faux?
   a MSF se retire d'une région en conflit après la déclaration de paix.
   b Le sida est la plus grande cause de décès dans les pays en voie de développement.
   c Beaucoup de malades n'ont pas accès aux médicaments dont ils ont besoin.
   d MSF travaille dans les pays où les enfants ne sont pas assez alimentés et en danger de mort.
   e Après une catastrophe naturelle MSF soigne les blessés, leur fournit des produits de première nécessité et participe à des interventions psychologiques.
   f MSF aide à reconstruire les établissements de santé.
   g MSF aide les gens défavorisés en France parce qu'ils sont exclus de la société.
   h L'aide aux marginalisés représente une part importante des actions de MSF.
3 Commentez la position de MSF exprimée dans le dernier paragraphe. Qui est responsable des groupes marginalisés et qui devrait leur venir en aide?

11 Les travailleurs humanitaires

Écoutez ces deux portraits d'Aline et de Robert qui travaillent pour des œuvres humanitaires et dites si les affirmations suivantes sont vraies ou fausses.

Piste 19

1 Aline est allée en Haïti quatre jours après le tremblement de terre.
2 Elle avait déjà vécu des situations où des milliers de gens devaient migrer à la suite d'une catastrophe naturelle.
3 Aline a accompli plusieurs missions humanitaires à l'étranger.
4 Elle dirige maintenant un programme d'enseignement.
5 Elle a décidé de faire de l'humanitaire lors d'une année sabbatique après ses études.
6 Elle aime son travail et se sent détendue.
7 En 2013 Robert est parti faire un service humanitaire au Pakistan à la suite d'une grave inondation.
8 Il a toujours voulu travailler dans l'humanitaire.
9 Pour lui, ce qui est le plus difficile est de voir que des gens sont encore isolés de nos jours.
10 Ce que Robert préfère dans son travail, c'est de pouvoir sauver des blessés.
11 Il recommande le travail humanitaire à tout le monde.

12 Récit de réfugiés: L'exode syrien atteint Athènes

Voici l'histoire vécue d'un réfugié syrien rapportée sur le site de Médecins Sans Frontières.

1 Lawand Deek a 21 ans, il est originaire de la province de Ar-Raqqah, il conserve un journal sur son départ de la Syrie. Le nombre de pages augmente constamment. Lorsqu'il était enfant, Lawand rêvait de se rendre au Canada pour y faire des études, mais après que sa demande de visa ait été refusée il s'est résigné et s'est inscrit comme étudiant à Damas où il a appris l'anglais. Lorsque la guerre civile s'est déclarée, il a dû fuir la province d'Ar-Raqqah en raison des violents affrontements. Il n'a pas attendu longtemps pour quitter le pays. Il savait qu'il ne voulait pas se retrouver dans l'un des camps de réfugiés qui se trouvent près de la frontière, il a donc préféré prendre la route vers le nord-ouest.

2. « J'ai traversé la frontière turque et je suis passé par plusieurs villes avant d'arriver à Istanbul », dit-il. Il a pris contact avec un passeur qui a accepté de le conduire en Europe.

3. Il faisait partie d'un groupe de 25 Syriens et s'est rendu à Izmir, une ville sur la côte ouest de la Turquie. À Izmir, ils sont montés dans une petite embarcation et ont traversé la mer Égée en route vers l'île grecque de Lesbos. « Nous avions essayé de le faire quatre fois, dit-il. Cette fois, c'était la première fois que nous y réussissions. Il y avait deux enfants avec nous. J'étais un peu effrayé car c'était la nuit et que le bateau était vraiment petit. C'était très dangereux. »

4. Le garde-côte grec a vu le bateau et il est venu aider les migrants à atteindre le rivage. Ce n'est pas toujours aussi facile – sept Syriens sont morts au mois de mars quand leur bateau a chaviré alors qu'ils essayaient d'accoster à Lesbos.

5. Les Syriens sont le groupe de migrants le plus important qui arrive aux îles de la mer Égée, le principal port d'entrée de la Grèce et des pays de l'Union Européenne. « Depuis 2004, la plupart des migrants qui arrivaient ici étaient Afghans, explique Ionna Kotsioni, experte en migration pour MSF, mais actuellement et pour la première fois, nous voyons beaucoup plus de Syriens que d'autres nationalités. »

6. En 2012, environ 8000 Syriens sont entrés en Grèce par des voies illégales, et déjà 1709 sont arrivés durant les quatre premiers mois de cette année, selon les données de la police grecque. La plupart des migrants et des réfugiés passaient habituellement par la frontière séparant la Turquie de la Grèce à Evros, dans le nord du pays, mais depuis l'été 2012 les autorités grecques ont construit un mur et ont déployé une force de sécurité de 2000 hommes pour stopper le flux des nouveaux arrivants, d'où l'utilisation de cette nouvelle route par les îles de la mer Égée. L'année dernière, MSF a mis en place des activités aussi bien à Evros que dans les îles de la mer Égée afin d'aider les migrants; certains parmi eux ont été maintenus en détention pendant plusieurs mois. Environ 1500 des migrants pris en charge par MSF étaient des Syriens.

7. Depuis le mois d'avril 2013, les Syriens qui peuvent prouver leur nationalité ne sont plus détenus lors de leur arrivée – les lois grecques établissent la détention des migrants venant de pays autres que la Syrie jusqu'à 18 mois. Lawand et ses compagnons de voyage ont passé une nuit dans le port de Lesbos retenus par les garde-côtes et une autre nuit dans un poste de police. La police leur a délivré les documents leur permettant de rester en Grèce pendant 6 mois. Après ce laps de temps ils devront faire une demande de renouvellement, ou alors ils devront quitter le pays.

8. Avec ses papiers en poche, Lawand a acheté un billet de ferry pour se rendre à la capitale grecque, Athènes. « Je n'ai pas de mots pour expliquer ce sentiment. Je me sens libre et heureux d'avoir quitté la Syrie », dit-il. Le ferry est arrivé dans le port du Pirée, près d'Athènes, au lever du jour. Fasciné, Lawand a fait ses premiers pas sur le continent, en Grèce, et il a été surpris lorsque deux policiers l'ont attrapé de chaque côté par les bras. Il a été détenu pendant quelques heures et interrogé par l'agence de l'Union européenne qui assure la sécurité des frontières extérieures (Frontex), avant d'être relâché. « Ils savaient que je parlais anglais. Je leur ai dit tout ce que je savais et ils m'ont laissé partir », explique-t-il.

9. Ce ne sont pas les seuls obstacles que rencontrent les migrants lorsqu'ils arrivent en Grèce, en provenance de Syrie ou d'ailleurs. « La majorité a versé tout l'argent qu'ils avaient aux passeurs, précise Kotsioni, et une fois ici, ils ne reçoivent aucune aide de l'État grec. » La plupart viennent de pays en proie à des conflits, tels que l'Afghanistan, l'Irak et la Syrie. Non seulement les nouveaux arrivés en Europe ont peu de chances de recevoir un accueil chaleureux, mais beaucoup d'entre eux sont en outre la cible d'attaques racistes.

10. Pour de nombreux migrants, la capitale grecque n'est qu'un point de transit. « Je ne pensais pas qu'Athènes serait comme cela, dit Lawand qui n'avait jamais quitté la Syrie auparavant. J'imaginais que cela serait comme en Europe – comme les villes allemandes ou britanniques. » Lawand n'est à Athènes que depuis une seule journée et il a l'air fatigué. Il ne sait pas encore ce qu'il va faire, soit aller au Canada ou au Royaume-Uni pour finir ses études, soit bien chercher un emploi dans la capitale grecque.

05/08/2013
www.msf.fr

A Faites correspondre le numéro des paragraphes avec les sous-titres suivants :

a Une nouvelle loi pour les Syriens
b Sains et saufs
c Le rêve et la fuite
d Complications à l'arrivée
e À la recherche d'un passeur en Turquie
f Les choix de l'avenir
g Les réfugiés doivent changer leur parcours
h Sentir la liberté à Athènes
i Une embarcation de fortune jusqu'en Grèce
j Une majorité de réfugiés syriens

Grammaire

Comment poser des questions

Il est possible de poser des questions de différentes façons. Il existe trois formes d'interrogation:

- L'intonation montante est beaucoup utilisée à l'oral et dans un registre familier, par exemple:
  Tu viens de Syrie?
- «Est-ce que» ou «Qu'est-ce que» sont utilisés en début de phrase (registre courant), par exemple:
  Est-ce que tu viens de Syrie?
  Qu'est-ce que tu as fait pour arriver ici?
- L'inversion du verbe et du sujet est utilisée (registre plus soutenu), par exemple:
  Êtes-vous Lawand?
  Venez-vous de Syrie?

On peut aussi utiliser un **mot interrogatif** comme:

- *qui (à qui, de qui, avec qui, pour qui…)*
- *que*
- *quoi (à quoi, de quoi, avec quoi…)*
- *où (par où, d'où…)*
- *quand*
- *comment*
- *pourquoi*
- *combien*

Reportez-vous au précis de grammaire en fin de livre.

B Compréhension conceptuelle et grammaire:

Regardez ces questions posées par plusieurs personnes à Lawand à son arrivée. Déterminez le registre et imaginez qui pourrait être l'interrogateur. Jugez par la forme des questions et le langage utilisé si les interrogateurs tiennent compte des sentiments de Lawand.

1. Nom?
2. Comment vous appelez-vous?
3. T'es qui toi?
4. T'arrives d'où?
5. Qu'est-ce qui s'est passé dans le bateau?
6. Comment êtes-vous arrivé jusqu'ici?
7. Tu es syrien ou iranien?
8. Nationalité?
9. T'es parti quand de ton pays?
10. Qui vous a aidé à venir jusqu'ici?
11. Est-ce que tu as des connaissances ici?
12. Allez-vous déposer une demande d'asile en France?
13. Avez-vous besoin d'aide?

C Un interrogatoire:

Lawand vient de débarquer du bateau qui l'a emmené d'Izmir à l'île de Lesbos. Travaillez en binômes. Un de vous choisit d'être Lawand et l'autre le garde-côte / un policier des frontières grecques / un bénévole de MSF.

Écrivez le dialogue de l'interrogatoire que va devoir subir Lawand. Pensez à varier vos questions, selon votre rôle et votre attitude envers les immigrants. Puis, mettez en scène votre dialogue.

CRÉATIVITÉ, ACTIVITÉ, SERVICE

Une charte de conduite

Pendant mes expériences de service, comment puis-je montrer que je respecte les droits de l'homme et la dignité des personnes à qui je viens en aide?

Discutez d'exemples concrets en groupes, puis établissez une charte de conduite pour le programme de CAS.

Littérature

NIVEAU SUPÉRIEUR

13 Liberté de Paul Éluard

Ce poème date de 1942 et a été écrit en pleine deuxième guerre mondiale. L'auteur est dans la Résistance au moment où il écrit «Liberté». C'est un poème très connu, qui est devenu le symbole de la lutte pour toutes les libertés.

Sur mes cahiers d'écolier
Sur mon pupitre et les arbres
Sur le sable sur la neige
J'écris ton nom

Sur toutes les pages lues
Sur toutes les pages blanches
Pierre sang papier ou cendre
J'écris ton nom

Sur les images dorées
Sur les armes des guerriers
Sur la couronne des rois
J'écris ton nom

Sur la jungle et le désert
Sur les nids sur les genêts
Sur l'écho de mon enfance
J'écris ton nom

Sur les merveilles des nuits
Sur le pain blanc des journées
Sur les saisons fiancées
J'écris ton nom

Sur tous mes chiffons d'azur
Sur l'étang soleil moisi
Sur le lac lune vivante
J'écris ton nom

Sur les champs sur l'horizon
Sur les ailes des oiseaux
Et sur le moulin des ombres
J'écris ton nom

Sur chaque bouffée d'aurore
Sur la mer sur les bateaux
Sur la montagne démente
J'écris ton nom

Thème 5: Partage de la planète

Sur la mousse des nuages
Sur les sueurs de l'orage
Sur la pluie épaisse et fade
J'écris ton nom

Sur les formes scintillantes
Sur les cloches des couleurs
Sur la vérité physique
J'écris ton nom

Sur les sentiers éveillés
Sur les routes déployées
Sur les places qui débordent
J'écris ton nom

Sur la lampe qui s'allume
Sur la lampe qui s'éteint
Sur mes maisons réunies
J'écris ton nom

Sur le fruit coupé en deux
Du miroir et de ma chambre
Sur mon lit coquille vide
J'écris ton nom

Sur mon chien gourmand et tendre
Sur ses oreilles dressées
Sur sa patte maladroite
J'écris ton nom

Sur le tremplin de ma porte
Sur les objets familiers
Sur le flot du feu béni
J'écris ton nom

Sur toute chair accordée
Sur le front de mes amis
Sur chaque main qui se tend
J'écris ton nom

Sur la vitre des surprises
Sur les lèvres attentives
Bien au-dessus du silence
J'écris ton nom

Sur mes refuges détruits
Sur mes phares écroulés
Sur les murs de mon ennui
J'écris ton nom

Sur l'absence sans désir
Sur la solitude nue
Sur les marches de la mort
J'écris ton nom

Sur la santé revenue
Sur le risque disparu
Sur l'espoir sans souvenir
J'écris ton nom

Et par le pouvoir d'un mot
Je recommence ma vie
Je suis né pour te connaître
Pour te nommer

Liberté.

Paul Éluard
Poésie et vérité 1942 (recueil clandestin)
Au rendez-vous allemand (1945, Les Éditions de Minuit)
www.poetica.fr/poeme-279/liberte-paul-eluard

Préparation à l'évaluation interne – présentation d'une œuvre littéraire:

Lisez-le attentivement et faites quelques recherches pour mieux comprendre son contexte.

Préparez une présentation de trois à quatre minutes du poème.

Voici des suggestions de points que vous pourriez analyser:

- l'auteur
- le contexte
- la forme et le rythme
- la multitude de supports
- les champs lexicaux du poème (l'enfance, la jeunesse, la vieillesse, l'espace privé, la nature, la mort et la destruction)
- le découragement du poète
- l'hymne à la vie
- la réception du poème
- la perspective des droits de l'homme
- la reprise du poème en chanson
- votre appréciation du poème

UNITÉ 15 — Mondialisation

La politique

- Débattre sur ce qu'est la politique et sa place parmi les jeunes
- Comprendre le paysage politique en France
- Réfléchir sur l'engagement civique

Thème 5: Partage de la planète

■ Delacroix: «La Liberté guidant le peuple»

RÉFLÉCHIR

- Est-ce que les politiciens/ennes sont utiles ou suffit-il d'avoir du bon sens pour s'occuper des affaires de sa communauté?
- Est-ce que la politique devrait être un métier?
- La solidarité planétaire est-elle indispensable?
- Les jeunes s'intéressent-ils à la politique de nos jours? Pourquoi / Pourquoi pas?
- Pourquoi est-ce que nous attachons tant d'importance à la démocratie dans notre société?
- Avons-nous tous les mêmes droits?
- Comment définiriez-vous la notion de devoir?

Thème 5: Partage de la planète

1 La politique, qu'est-ce que c'est?

A Répondez aux questions suivantes. Attention: quelquefois plusieurs réponses sont possibles.

1 Au début, les hommes se sont organisés:
 a pour pouvoir élire un chef
 b pour chasser
 c pour ne pas s'ennuyer tout seuls

2 Le mot «politique» vient:
 a du grec
 b du gaulois
 c du latin

3 En Grèce, au Vème siècle avant J.-C., une ville avait un régime presque démocratique:
 a Olympie
 b Sparte
 c Athènes

4 Pour entrer en politique,
 a il faut obligatoirement avoir fait de longues études
 b il faut être allé dans des écoles spéciales
 c il n'est pas nécessaire d'avoir fait des études

5 Un «serviteur de l'État», c'est:
 a quelqu'un qui travaille pour le président de la République
 b un fonctionnaire
 c un ministre, un président, quelqu'un qui a des responsabilités politiques

6 Le maire:
 a s'occupe seulement des mariages
 b est seulement chargé de faire des discours
 c exécute les décisions du conseil municipal et représente l'État

7 Lesquels, parmi ces pays, ont eu un empire colonial?
 a la France
 b le Royaume-Uni
 c l'Espagne

8 Les femmes en France ont le droit de vote depuis:
 a la révolution de 1789
 b la révolution de 1848
 c 1945

9 Si on ne vote pas:
 a c'est bien fait pour les politiciens/ennes!
 b on n'a pas le droit, après, de se plaindre du gouvernement
 c on perd sa carte d'électeur

10 La «langue de bois», c'est:
 a le langage difficile à comprendre des personnalités politiques
 b l'argot des menuisiers
 c ce qu'on a quand on a trop bu

B Reliez les mots suivants à leurs définitions.

1 la société
2 la communauté
3 la multiplicité
4 le pouvoir
5 la gestion
6 la constitution

a une grande quantité
b l'action d'organiser
c le mode de vie propre à l'homme, ainsi qu'à certains animaux, caractérisé par une association organisée
d l'autorité
e un groupe de personnes ayant un but commun
f l'ensemble des textes de lois établissant les bases du système politique

2 Définir la politique

- Le premier sens du mot «politique» est celui qui se rapporte au mot grec «politikos», c'est-à-dire qui concerne la structure d'une société organisée et développée.
- Le mot «politique» est aussi à rattacher au mot grec «politeia» donc au fonctionnement de la société en tant que communauté organisée ainsi que ses liens avec d'autres communautés. Qui dit politique dit collectif et collectivité.
- Le mot «politique» ou «politikè» peut aussi signifier de façon plus restreinte le pouvoir ainsi que les représentants, hommes ou femmes, de celui-ci. Les différents partis politiques sont aussi représentés par cette notion de la politique.

En vous basant sur le texte ci-dessus, répondez aux questions suivantes.

1 Quel mot signifie «avancée»?
2 Quel mot signifie «commun»?
3 Quel mot signifie «relier»?
4 Quel mot signifie «limitée»?

3 La politique, à quoi ça sert?

A Écoutez le débat entre des francophones du Maroc: un auteur et la fondatrice du média électronique *Qandisha* (magazine collaboratif féminin sur le Web).

Qui a dit ça?
1 La politique est fondamentale.
2 Certaines choses ne sont pas prises au sérieux à notre époque.
3 La politique, c'est pouvoir communiquer avec autrui.
4 On est impliqué politiquement quand on parle de ce qui touche au quotidien.

B Réécoutez le débat et choisissez les phrases vraies.

Exemple: *Même si la politique s'est développée grâce aux médias, elle n'intéresse pas forcément plus.*	Vrai
Est-ce que la politique peut changer la vie de tous les jours?	
La politique défend toujours le commun des mortels.	
Les gens ne s'intéressent absolument pas au pouvoir.	
La politique est capable du pire.	

> ### Grammaire
>
> **Les adverbes**
>
> L'adverbe se situe en général après le verbe dans une phrase. Il donne de la précision au verbe, par exemple:
>
> *Cet athlète court **vite**.*
>
> L'adverbe est invariable, c'est-à-dire qu'il ne change jamais de forme (pas de féminin, pluriel, etc.).
>
> **Reportez-vous au précis de grammaire en fin de livre.**

C Trouvez l'adverbe fabriqué à partir des adjectifs suivants, puis triez la liste en quatre groupes selon leur formation.

1 culturel
2 essentiel
3 forcé
4 utile
5 social
6 quotidien
7 visible
8 durable
9 différent
10 académique
11 apparent
12 courant
13 parfait
14 méchant
15 prudent
16 patient
17 absolu
18 libre

D Trouvez maintenant le contraire de ces adverbes très courants.

1 bien
2 vite
3 jamais
4 peu
5 rarement

■ Comment écrire un éditorial

Voir l'Unité 2 à la page 56.

E Vous êtes passionné(e) par l'engagement politique et vous pensez qu'il est vraiment important de prendre des décisions *en toute connaissance de cause**. Vous allez écrire un éditorial pour le magazine de votre lycée; vous allez essayer de convaincre vos camarades de la valeur de votre engagement.

*en toute connaissance de cause: en ayant tous les éléments pour comprendre

4 La politique et les jeunes

Quel slogan convient à chaque thème? Utilisez un slogan deux fois.

1 La réforme du système de retraite
2 Les bavures policières
3 La liberté d'expression
4 La parité des salaires
5 De meilleures conditions de vie
6 Les expulsions d'étrangers

a À travail égal, salaire égal!
b Il est interdit d'interdire!
c Sarko dans un charter!
d En grève jusqu'à la retraite!
e Travail, Famine, Pâtes, Riz!
f La police tue!
g Partage des richesses ou alors…

La dernière fois que la jeunesse française a protesté en masse est à la fin des années soixante. On appelle cette période, en France, mai 68. Mais la jeunesse était en révolte à travers le monde à cette époque. Ses revendications: plus de libertés individuelles, contre la société traditionnelle, le capitalisme, l'impérialisme, pour la fin de la guerre du Vietnam (États-Unis), etc.

5 Les jeunes Québécois se foutent de la politique!

1 De belles valeurs, du sexe, ou les deux? Notre sondage sur ce que serait un Québec peuplé de 18–30 ans donne un portrait éclairant et parfois contradictoire sur ce que pensent les jeunes de la relève. Et pas seulement sur leur vie privée: les médias, la langue, l'environnement, la politique, tout passe sous la loupe. Et les résultats ne sont pas toujours ceux qu'on attend. Si le Québec avait moins de 30 ans, l'argent prendrait moins de place, mais pas la vie de famille. Ni la fidélité. Mais pour la religion, pas vraiment plus d'engouement que pour les parents.

2 Les jeunes Québécois risquent d'être nombreux à bouder le scrutin du 14 octobre. Soixante pour cent d'entre eux se foutent de la politique révèle un sondage exclusif Segma–La Presse–Groupe Gesca portant sur les 18–30 ans et dont les résultats seront dévoilés dans notre édition de demain.

3 Autre révélation: ce sont les jeunes de droite qui démontrent [1]_____ le plus d'intérêt [2]_____ les affaires de l'État. «Les 18–30 ans qui veulent des baisses d'impôts, qui privilégient le

développement économique [3] _____ que la protection de l'environnement et qui se disent religieux s'intéressent [4] _____ à la politique que les autres jeunes, explique le président de Segma-Unimarketing, Raynald Harvey. [5] _____ des années d'adoption de politiques plus à gauche, je crois que les jeunes de droite souhaitent [6] _____ exercer un retour du balancier.»

4   Pour la majorité des jeunes sondés, le politicien idéal serait âgé entre 25 et 30 ans. «Ce décalage avec la réalité est probablement une bonne piste pour expliquer le peu d'intérêt des jeunes, reprend M. Harvey. C'est prouvé que les gens votent pour des politiciens qui leur ressemblent. Avec tous ces vieux routiers en politique, il est normal que les jeunes aient de la misère à se retrouver en eux.»

5   Si 40% des jeunes sont «peu intéressés» et 20% «pas du tout intéressés» par les affaires publiques, c'est en partie la faute aux politiciens, croit Frédérick Gagnon, professeur de sciences politiques à l'Université du Québec à Montréal. «Il n'y a pas vraiment de leaders inspirants dans lesquels les jeunes peuvent se reconnaître en ce moment. Le Québec n'a pas de Barack Obama ni même d'Hilary Clinton», explique-t-il. «Le cynisme envers la classe politique n'est pas quelque chose de nouveau, poursuit-il. Mais avec les scandales récents, les jeunes ont peut-être tendance à mettre les politiciens tous dans le même paquet.»

6   Même si la jeune génération peut sembler cynique, elle valorise l'honnêteté chez ses dirigeants. Intégrité et vision sont les principales qualités recherchées chez un bon politicien. Chez les allophones[1] et les anglophones, il doit aussi être bon communicateur (…)

7   «Je pense que les jeunes sont plus intéressés par la politique que ce sondage ne le laisse entendre (…) C'est vrai qu'ils ont de la misère à se reconnaître dans les politiciens et qu'ils sont plus difficiles à mobiliser, mais lorsqu'on leur demande leur avis sur le réchauffement climatique ou la coopération internationale, ils se sentent rapidement interpellés.»

8   Selon Élections Canada, 25% des 18–24 ont exercé leur droit de vote aux élections fédérales de 2000 contre 80% chez les électeurs de plus de 58 ans. Chez les 25–30 ans, environ 45% des électeurs se rendent aux urnes[2].

www.lapresse.ca

[1] allophone: personne ayant une autre langue maternelle que celle du pays où elle se trouve
[2] se rendre aux urnes: aller voter

A   Quel titre pourriez-vous donner au premier paragraphe?

a   Pas de religion pour les jeunes
b   Plus de vie de famille
c   Les jeunes s'expriment sur une variété de thèmes

B   Répondez aux questions suivantes.

1   Dans le premier paragraphe, à quoi se réfère le mot «ceux»?
2   Dans le deuxième paragraphe, quelle expression signifie «ne pas s'occuper des élections»?
3   «Les jeunes se foutent» veut dire:
    a   Les jeunes se désintéressent.
    b   Les jeunes sont passionnés.
    c   Les jeunes ne vont pas.
4   Replacez les mots suivants dans le troisième paragraphe:

| a actuellement | c davantage | e maintenant |
| b après | d envers | f plutôt |

5   Dans le cinquième paragraphe, quelle expression signifie «tous pareils»?
6   Dans le sixième paragraphe, pourquoi est-il fait référence aux anglophones?
7   Selon le septième paragraphe, pourquoi dit-on que les jeunes sont probablement plus intéressés qu'il n'y paraît?

C   Reliez les phrases suivantes:

1   Si je m'intéressais plus à la politique…
2   Si je vote aux prochaines élections…
3   Si on m'avait prévenu des risques…
4   Si vous aviez le temps…
5   Si elle reçoit un héritage…

a   …je ne l'aurais pas fait.
b   …elle ne travaillera plus.
c   …je pourrai avoir le sentiment de participer.
d   …je serais plus au courant des affaires du pays.
e   …vous feriez du bénévolat.

Grammaire

Les structures avec «si»
Voir l'Unité 2 à la page 48.
Reportez-vous aussi au précis de grammaire en fin de livre.

6 Être impliqué?

A Reliez les phrases suivantes:

1 Dans une démocratie…
2 Dans un système anarchique…
3 Dans une monarchie constitutionnelle…
4 Dans une dictature…

a …l'État et toute contrainte sur les individus sont supprimés.
b …le chef de l'État est un roi ou une reine mais une constitution limite ses pouvoirs.
c …tous les pouvoirs sont concentrés entre les mains d'un individu.
d …la souveraineté appartient à tous les citoyens.

Beaucoup pensent qu'être impliqué, c'est être citoyen et vice versa. Voici quelques témoignages qui montrent des façons d'être impliqué dans la vie de sa communauté. Lisez-les puis faites l'activité écrite qui suit.

Frédéric V., 25 ans, est électricien et pompier volontaire. Il est également administrateur de l'association FJRCA (fédération jeunesse de la région Chaudière-Appalaches). Depuis son tout jeune âge, il démontre un intérêt marqué pour sa région. Frédéric est aussi conseiller municipal, membre du conseil d'établissement de l'école primaire locale et impliqué au sein d'une organisation politique provinciale. On peut assurément affirmer que Frédéric est un jeune homme d'action.

Quelles sont les formes de participation civique que vous privilégiez le plus?

La participation civique commence par une éducation solide. Le scoutisme, mouvement d'éducation non-formelle, offre aux jeunes un apprentissage diversifié et par l'action. En parallèle à l'éducation formelle, il faut encourager l'éducation non-formelle pour diversifier la base du citoyen engagé! *Nhattan*

Comment faire en sorte que les enjeux jeunesse occupent davantage de place dans les débats sociaux ainsi que sur les plans économique et politique?

Il faut intéresser les jeunes à s'impliquer dans des projets qui les touchent et où ils sentent qu'ils peuvent changer quelque chose. Quand on sent qu'on n'est pas concerné et qu'on ne peut pas faire bouger les choses, l'envie de prendre sa place n'y est pas. Il faut également prendre les jeunes au sérieux et leur faire confiance. *Sophie*

B Choisissez une campagne qui vous tient à coeur, dans la liste ci-dessous ou ailleurs:

- le besoin urgent d'une rocade pour un village près de chez vous
- une réduction du nombre d'élèves par classe dans les établissements scolaires secondaires
- la menace de fermeture permanente de la bibliothèque de votre ville

Vous allez écrire une lettre formelle à la rédaction d'un journal local ou bien au maire de votre commune.

■ Comment écrire une lettre formelle

Voir l'Unité 1 à la page 9.

L'Europe

- Découvrir l'Europe
- S'intéresser à un pays européen francophone – la Belgique

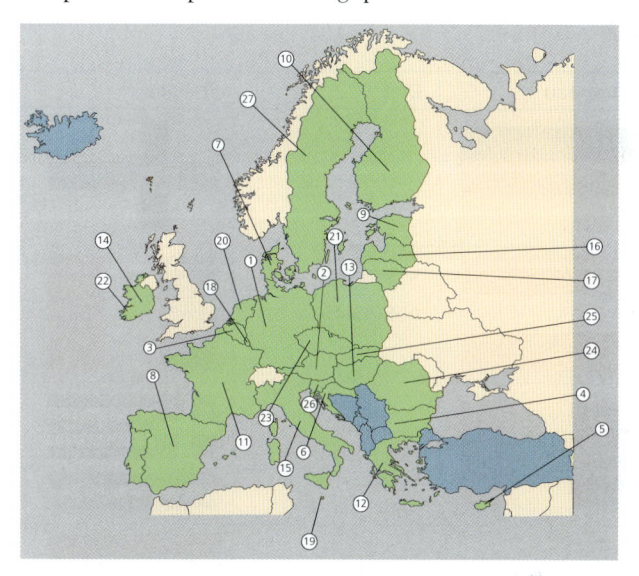

RÉFLÉCHIR

Voici un dessin humoristique sur la construction de l'Europe selon Plantu (dessinateur de presse et caricaturiste français).

- Quels sont les grands moments historiques représentés ici (les trois premières vignettes)?
- Selon ce dessin, essayez de deviner pourquoi il était important de créer un espace européen.

7 L'Union européenne

A Quels sont les États membres de l'Union européenne? Voici leurs noms et leurs drapeaux. Retrouvez-les sur la carte à la page précédente.

Drapeau	État	Drapeau	État	Drapeau	État
	Allemagne (f)		Finlande (f)		Malte
	Autriche (f)		France (f)		Pays-Bas (m pl)
	Belgique (f)		Grèce (f)		Pologne (f)
	Bulgarie (f)		Hongrie (f)		Portugal (m)
	Chypre		Irlande (f)		République (f) tchèque
	Croatie (f)		Italie (f)		Roumanie (f)
	Danemark (m)		Lettonie (f)		Slovaquie (f)
	Espagne (f)		Lituanie (f)		Slovénie (f)
	Estonie (f)		Luxembourg (m)		Suède (f)

Thème 5: Partage de la planète

Grammaire

Prépositions à utiliser avec des pays, des villes et des régions

La plupart des noms de pays sont féminins.

	Lieu où l'on est, où l'on va		Lieu d'où l'on vient	
Noms masculins commençant par une consonne	au	*aller au Pérou*	du	*venir du Pérou*
Noms pluriels	aux	*aller aux États-Unis*	des	*venir des États-Unis*
Noms féminins (pays et grandes îles d'Europe)	en	*aller en Bolivie / aller en Sardaigne / aller en Corse*	de	*venir de Bolivie / venir de Sardaigne / venir de Corse*
Noms masculins commençant par une voyelle	en	*aller en Irak*	de	*venir d'Irak*
Noms de petites îles lointaines	à la	*aller à la Réunion*	de	*venir de la Réunion*
Noms de petites îles d'Europe	à	*aller à Malte*	de	*venir de Malte*
Noms masculins de grandes îles lointaines	à	*aller à Madagascar*	de	*venir de Madagascar*
Noms à initiale consonantique qui ne prennent pas d'article	à	*aller à Bahrein / aller à Porto Rico*	de	*venir de Bahrein / venir de Porto Rico*

Devant les noms de villes, grandes ou petites, et villages, on utilise toujours *à*.

B Utilisez la bonne préposition dans les phrases suivantes.

1 Grégoire voudrait aller _____ Italie.
2 Danielle veut rester _____ San Francisco avec ses amis.
3 Moya a décidé d'aller _____ Lisbonne.
4 Elle adore voyager _____ Portugal.
5 Micha va faire un tour _____ Chine.
6 Nous autres, nous avons décidé de rester _____ Pays-Bas car nous n'aimons pas voyager.

8 Une Europe unie

L'idée d'une Europe unie n'est pas nouvelle. Victor Hugo a fréquemment défendu l'idée de la création des États-Unis d'Europe. Ainsi, dès 1849, au congrès de la paix, il lance:

«Un jour viendra où vous France, vous Russie, vous Italie, vous Angleterre, vous Allemagne, vous [1]_____, nations du continent, sans perdre vos qualités [2]_____ et votre glorieuse individualité, vous vous fondrez [3]_____ dans une unité supérieure, et vous constituerez la [4]_____ européenne, absolument comme la Normandie, la Bretagne, la Bourgogne, la Lorraine, l'Alsace, toutes nos provinces, se sont fondues dans la France. Un jour viendra où il n'y [5]_____ plus d'autres champs de bataille que les marchés s'ouvrant au [6]_____ et les esprits s'ouvrant aux [7]_____ – Un jour viendra où les boulets et les bombes seront remplacés par les [8]_____, par le suffrage [9]_____ des peuples, par le vénérable arbitrage d'un grand sénat [10]_____ qui sera à l'Europe ce que le parlement est à l'Angleterre, ce que la diète est à l'Allemagne, ce que l'Assemblée législative est à la France!»

■ Victor Hugo

Victor Hugo conçoit une Europe axée sur le Rhin, lieu d'échanges culturels et commerciaux entre la France et l'Allemagne qui serait le noyau central de ces États-Unis d'Europe. Il présente une Europe des peuples par opposition à l'Europe des rois, sous forme d'une confédération d'États avec des peuples unis par le suffrage universel et l'abolition de la peine de mort.

A Replacez dans le texte de Victor Hugo les mots manquants.

a aura	e fraternité	i universel
b commerce	f idées	j votes
c distinctes	g souverain	
d étroitement	h toutes	

B Dans l'extrait du discours de Victor Hugo, trouvez les éléments stylistiques suivants et expliquez leurs utilisations et leurs effets:
- des répétitions
- de la ponctuation
- des exemples
- des comparaisons

9 L'Europe, ça a commencé comment?

Voici une lettre (imaginaire) de Robert Schuman (un des fondateurs de l'Europe, 1886–1963) à ses petits-enfants.

Anne et Hervé Schuman
44 boulevard de l'Avenir
69000 Lyon
Paris, le 23 mars 1957

Chers petits-enfants,

C'est aujourd'hui un jour historique. Ça y est, le traité de Rome a été signé. Que de chemin parcouru depuis ma déclaration de 1950! Et bien plus encore depuis la fin de la Seconde Guerre mondiale en 1945! Je vais essayer de vous expliquer ce que nous avons voulu faire.

Les pays européens sont sortis exsangues d'un conflit destructeur. Heureusement que certaines personnes éclairées ont eu l'idée d'une union entre les pays d'Europe qui permettrait au vieux continent de recouvrer son rang sur la scène mondiale. La guerre froide n'a fait que renforcer cette idée, évidemment. L'heure était vraiment à la reconstruction et à la réconciliation. Plusieurs camps se sont affrontés à l'époque, bien sûr; mais finalement mon ami Jean Monnet a su imposer sa vision graduelle et pragmatique qui a eu les effets les plus remarquables: de la mise en commun du charbon et de l'acier entre les six pays fondateurs (France, Allemagne, Bénélux, Italie) est née la forme la plus achevée d'intégration pacifique.

Ce fameux traité de Rome dont je vous ai parlé au début de ma lettre crée enfin une Communauté économique européenne qui renforcera les fondements de l'union entre les peuples européens. Ce dont nous ne voulons pas, c'est d'une autre guerre. Quoi de mieux que les échanges économiques et culturels pour s'entendre.

Ce sera à votre génération, mes chers petits-enfants, d'élargir cette union qui ne peut que bénéficier de plus de membres. Et pourquoi pas, peut-être un jour verrons-nous la Grande-Bretagne se joindre à notre entreprise quand elle en comprendra les bénéfices.

Je vous laisse et embrassez très fort vos parents. À bientôt.

Votre grand-père qui vous aime.
Robert Schuman

A Lisez la lettre et faites correspondre un titre à chaque paragraphe:
1. une création
2. un souhait
3. une idée
4. une mise en contexte

B Relisez la lettre et décidez si les affirmations suivantes sont vraies ou fausses.

1. La lettre est écrite le jour de la signature du traité de Rome.
2. Robert Schuman essaye d'être didactique.
3. Personne n'avait jamais eu l'idée d'une union entre pays européens.
4. Les pays fondateurs ont commencé à mettre en commun des ressources.
5. Une nouvelle guerre serait la bienvenue d'un point de vue économique.
6. Il faudra en faire bénéficier d'autres pays.

10 Vivre en Europe

Mini-guide du citoyen européen

Des droits et des libertés. Les citoyens européens peuvent vivre, travailler et étudier dans un autre pays faisant partie de l'Europe.

Le droit de vote. Un Français qui habite en Allemagne, par exemple, peut voter dans ce pays aux élections municipales (locales) et européennes. Il peut également se présenter comme candidat à ces élections.

Demander justice en Europe. Depuis 1997, les citoyens européens peuvent «saisir» la Cour de justice européenne. Cela signifie qu'un habitant d'un pays membre, qui pense avoir été traité injustement, peut se plaindre devant cette Cour.

Le projet Comenius. Il concerne les écoles maternelles, primaires, les collèges et les lycées. Des élèves de différents pays peuvent ainsi travailler ensemble grâce à internet ou à la vidéo.

Erasmus. Le programme permet chaque année à 200 000 étudiants d'étudier et de faire un stage à l'étranger. Il finance en outre la coopération entre établissements d'enseignement supérieur dans toute l'Europe.

Lingua. Programme qui a pour objet la promotion des langues des États européens grâce à des projets transnationaux.

Erasmus dans la bouche des étudiants

Je réalise que cette expérience m'a complètement transformé et que ma vision du monde et de l'Europe, mon continent, a changé. *Rafael*

Pour moi, ERASMUS c'est une chance. J'ai saisi chaque occasion qui s'est présentée et j'en remercie ERASMUS. *Victor*

Il est vrai que l'on apprend beaucoup sur soi-même au cours d'un séjour ERASMUS. *Katrina*

ERASMUS, c'est beaucoup plus qu'un séjour d'études. Pour moi, c'est une façon de regarder le monde avec des yeux neufs, de sentir et de découvrir de nouvelles émotions et d'apprendre ce qui n'est pas écrit dans les manuels. *Paolo*

Si je regarde mon expérience avec du recul, je referais certainement la même chose et mis à part (ou peut-être grâce à) quelques problèmes mineurs qui se sont présentés, ce semestre m'a rendue plus forte et plus enthousiaste! *Elena*

Qui a dit ça? Reliez les phrases suivantes aux étudiants dans le texte ci-dessus.

1. Pour moi l'important c'est de sortir des sentiers battus.
2. J'ai voulu faire l'expérience de tout.
3. Mon opinion sur ce qui m'entoure a changé.
4. Cela m'a permis de me ressourcer.
5. Si c'était à recommencer, je ne changerais rien.

Thème 5: Partage de la planète

11 Connaissez-vous la Belgique?

Des Belges célèbres

- René Magritte (1898–1967)
- Hergé (1907–1983) 
- Eddy Merckx 
- Adolphe Sax (1814–1894) 
- Georges Simenon (1903–1989) 
- Kirsten Flipkens 

A Reliez les noms aux descriptions 1 à 6.

1 Facteur d'instrument de musique qui créa les saxophones.
2 Peintre, adepte du surréalisme.
3 Joueuse de tennis. Elle atteint les demi-finales à Wimbledon en 2013 pour être battue par Marion Bartoli.
4 L'un des maîtres de l'école belge de la BD.
5 Le seul athlète belge à avoir été nommé sportif mondial de l'année à trois reprises.
6 Auteur, créateur du célèbre commissaire Maigret.

B Trouvez les mots manquants.

Verbes	Noms
accueillir	
	un habitant
s'élever	
	la descendance, un descendant
	une colonie
se constituer	

C Choisissez la bonne question.

1 Oui, je pars en vacances au ski pour Noël.
   a Est-ce que tu pars en vacances pour Noël?
   b Qu'est-ce que tu fais pendant les vacances de Noël?
2 Non, je n'ai pas rencontré les nouveaux étudiants.
   a Qui est-ce que tu as rencontré?
   b Est-ce que tu as rencontré les nouveaux étudiants?
   c Qu'est-ce que tu as rencontré?

Grammaire

Comment poser des questions
Voir l'Unité 14 à la page 322.
Reportez-vous aussi au précis de grammaire en fin de votre livre.

D Choisissez la bonne réponse.

1 Que fais-tu pendant les vacances?
   a Non, je ne vais jamais faire de ski à Noël.
   b Oui, je vais au ski avec mes amis.
   c Je vais au ski avec mes amis.
2 Où vas-tu pendant les vacances de Noël?
   a Je pars avec ma famille.
   b Je pars faire du ski dans les Alpes.
   c Oui, j'adore aller au ski à Noël!
3 Qu'est-ce que tu aimes à Noël?
   a J'aime l'ambiance festive de Noël.
   b Non, je n'aime pas Noël.

Des infos sur la Belgique
- Capitale: Bruxelles.
- Accueille les principales institutions européennes – le Parlement européen, le Conseil de l'Union européenne, la Commission européenne – ainsi que le siège de l'OTAN.
- Superficie: 30 528 km²
- Habitants: 11 millions
- Langues: néerlandais (flamand), français, allemand
- Régime: monarchie constitutionnelle (dirigée par le roi des Belges).
- Trois grandes régions et dix provinces: Flandre occidentale, Flandre orientale, Anvers, Limbourg, Liège, Luxembourg, Namur, Hainaut, Brabant, Wavre.
- Relief peu élevé; une façade littorale (mer du Nord).
- Climat océanique tempéré.
- La plus grande communauté d'origine étrangère et leurs descendants en Belgique sont les Marocains.
- Le pays se détache des Pays-Bas en 1830 pour se constituer librement en Royaume de Belgique en 1831.
- La présence coloniale belge en Afrique s'arrête en 1960 avec la souveraineté du Congo.
- Il existe un profond désaccord entre la communauté néerlandophone (Flamands) qui réclame l'indépendance et la communauté francophone (Wallons). Seule la région de Bruxelles, la capitale, est officiellement bilingue – néerlandais / français.

Comment écrire une interview
Voir l'Unité 1 à la page 15.

E Après avoir lu les infos sur la Belgique, vous allez écrire l'interview d'un Belge sur son pays. Choisissez un Belge célèbre si vous voulez et faites de plus amples recherches si nécessaire. Le but de cette activité sera de vous entraîner à poser des questions ainsi que de savoir utiliser des informations sans copier des pans de texte.

Thème 5: Partage de la planète

F Écoutez ce reportage sur le dernier discours d'Albert II, roi des Belges. Choisissez la bonne réponse en fonction du document oral.

Piste 21

abdication (f)	princesse (f)	siècle (m)
abdiquer	régime (m)	souverain (m)
décennie (f)	règne (m)	souveraine (f)
le plus âgé /	régner	tradition (f)
la plus âgée	reine (f)	traditionnel(le)
prince (m)	roi (m)	

1. Le roi a parlé de l'emploi:
   a il y a 20 ans
   b il y a 30 ans
   c il y a un an
2. Le roi s'est attaqué:
   a aux faibles
   b à la solidarité
   c à toutes les formes d'égoïsme
3. Aujourd'hui, il souhaite que la Belgique:
   a reste unie
   b se divise
   c soit autonome
4. Il insiste pour que:
   a la Belgique sorte de l'Europe
   b la Belgique soit un moteur européen
   c la Belgique reconquière des colonies
5. Est-ce que le roi va se désintéresser complètement des affaires de la Belgique?
6. Comment Albert II décrit-il le nouveau roi?

G Débat: pour ou contre la royauté.

■ THÉORIE DE LA CONNAISSANCE

Comment peut-on appréhender la réalité de la vie dans d'autres pays?
Cela suffit-il de l'étudier?

Faites des recherches sur un pays européen et présentez-les à la classe.

Citoyens du monde?

■ Observer et réfléchir sur la mondialisation, les alternatives et les institutions internationales

RÉFLÉCHIR

■ Faites une liste des produits étrangers et des marques étrangères que vous utilisez. En connaissez-vous le pays d'origine?
■ Comparez votre liste avec les autres. Que pensez-vous du phénomène de la mondialisation? Quels en sont les avantages et les inconvénients?

12 La mondialisation

Le terme de **mondialisation** désigne l'expansion et l'articulation tantôt harmonieuse, tantôt conflictuelle à l'échelle mondiale, des échanges, des liens d'interdépendance entre activités humaines, nations et systèmes politiques et sociaux. Ce phénomène touche un nombre croissant de personnes dans la plupart des domaines.

Décrivez cette photo et faites des commentaires.

13 Les sommets politiques

Lisez l'article à www.caminteresse.fr/economie-societe/g7-g8-g20-a-quoi-servent-tous-ces-g-116030 et répondez aux questions qui suivent.

■ Sommet de Londres, 1977

■ Sommet de Saint-Pétersbourg, 2013

Dites si l'affirmation est vraie ou fausse et justifiez votre réponse en citant un passage du texte.

1. Les différents sommets durent plusieurs semaines.
2. Le G20 regroupe des pays qui se sont développés économiquement dans la dernière période.
3. L'Afrique du Sud fait partie du G20 parce que c'est un grand pays.
4. La réunion du G8 est bisannuelle.
5. Le G8 reste un sommet plus intime.
6. Les sommets du G8 et G20 traitent de sujets divers.

14 Tous les ans, j'entends parler de Davos, mais qu'est-ce que c'est exactement?

Il était une fois une station des Alpes suisses qui s'appelait Davos. Malgré ces nombreux touristes tous les ans, cette station est devenue célèbre grâce à la réunion annuelle du Forum Économique mondial. Ce Forum est une fondation à but non lucratif qui réunit des dirigeants d'entreprises, des responsables politiques du monde entier ainsi que des intellectuels et des journalistes, afin de débattre les problèmes les plus urgents de la planète, y compris dans les domaines de la santé et de l'environnement. L'aspect non lucratif de la fondation veut dire qu'elle ne défend aucun intérêt politique, partisan ou national et qu'elle s'est donnée pour mission d'«améliorer l'état du monde». Le profil type de l'entreprise membre est une multinationale réalisant un chiffre d'affaires supérieur à environ 3,7 milliard d'euros.

En 2007, le Forum a ouvert des pages sur des plateformes de réseau social invitant le public à prendre part et à s'informer.

En 2005, le Forum a fondé la communauté des *Young Global Leaders*. Cette communauté regroupe plus de 750 dirigeants du monde entier âgés de moins de 40 ans, issus de disciplines et de secteurs très variés. Ses membres s'investissent dans la 2030 Initiative, c'est-à-dire l'établissement d'un plan d'action permettant de définir ce que sera le monde en 2030.

Depuis la Réunion Annuelle en janvier 2003, un Open Forum Davos est organisé parallèlement à la réunion principale afin d'ouvrir au public le débat sur la mondialisation. Réunissant personnalités politiques et dirigeants d'entreprise, l'Open Forum se tient chaque année dans l'enceinte de l'école locale. Le public peut assister gratuitement à tous les débats. La Réunion Annuelle a en outre été décriée pour son «déploiement de fastes et de platitudes». Ses détracteurs lui reprochent de s'éloigner des grandes questions économiques et de fournir des résultats peu probants, en particulier depuis la présence toujours plus importante d'ONG peu compétentes en matière d'économie. Selon eux, Davos se penche sur des questions politiques du moment, très prisées des médias (réchauffement climatique, sida en Afrique, etc.), au lieu de débattre de l'économie mondiale en présence d'experts renommés, de grands dirigeants économiques et d'acteurs politiques clés.

A Expliquez les expressions suivantes avec vos propres mots.
1 «une fondation à but non lucratif»
2 «ne défend aucun intérêt politique, partisan ou national»
3 «son déploiement de fastes et de platitudes»
4 «fournir des résultats peu probants»

B Choisissez un réseau social de votre choix et exprimez-vous sur le sujet de votre choix comme si vous vouliez participer au Forum de Davos.

Thème 5: Partage de la planète

Vers plus de droits humains?

- Réfléchir sur la place des droits humains de nos jours à l'échelle mondiale.
- S'intéresser à ce que sont les droits humains à travers deux grandes déclarations.
- Comprendre la situation des réfugiés de nos jours.
- Découvrir le commerce équitable et son importance.

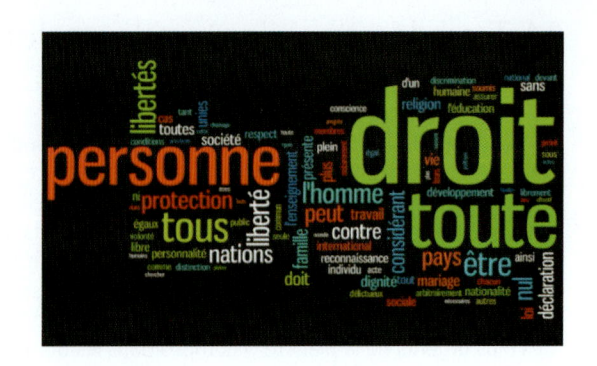

RÉFLÉCHIR

Définition:

Les **droits humains** sont les **droits** que possède chaque individu. Leur but est de protéger la dignité humaine contre l'arbitraire des États. Chaque être **humain** a **droit** à ces garanties. En conséquence, les **droits humains** sont décrits comme indivisibles, inviolables et indépendants de toute appartenance étatique.

www.amnesty.ch/fr/themes/droits-humains

- Quels sont, à votre avis, les droits humains les plus essentiels?
- Faites votre propre classement des droits suivants:
  - ☐ liberté
  - ☐ égalité
  - ☐ amour
  - ☐ inclusion sociale
  - ☐ propriété
  - ☐ participation à la vie politique
  - ☐ grève
  - ☐ être défendu par la loi
  - ☐ liberté de pensée et de paroles
  - ☐ hommes–femmes
  - ☐ enfants
  - ☐ animaux
  - ☐ droit d'asile

Justifiez votre classement.
En rajouteriez-vous d'autres? Pourquoi (pas)?
Utilisez la définition et faites des commentaires.

15 Les droits humains

A Après avoir exploré les droits humains à l'Unité 14, vous allez maintenant vous rafraîchir la mémoire afin de comprendre les droits de l'homme dans le contexte mondialisé; faites des recherches sur les Déclarations de 1789 et 1948. Quels sont les événements qui ont motivé leurs écritures?

Extrait de la Déclaration des Droits de l'Homme et du Citoyen – 1789

Les Représentants du Peuple Français, constitués en Assemblée Nationale, considérant que l'ignorance, l'oubli ou le mépris des droits de l'Homme sont les seules causes des malheurs publics et de la corruption des Gouvernements, ont résolu d'exposer, dans une Déclaration solennelle, les droits naturels, inaliénables et sacrés de l'Homme, afin que cette Déclaration, constamment présente à tous les Membres du corps social, leur rappelle sans cesse leurs droits et leurs devoirs; afin que les actes du pouvoir législatif, et ceux du pouvoir exécutif, pouvant être à chaque instant comparés avec le but de toute institution politique, en soient plus respectés; afin que les réclamations des citoyens, fondées désormais sur des principes simples et incontestables, tournent toujours au maintien de la Constitution et au bonheur de tous.

En conséquence, l'Assemblée Nationale reconnaît et déclare, en présence et sous les auspices de l'Être suprême, les droits suivants de l'Homme et du Citoyen.

Art. 1er. Les hommes naissent et demeurent libres et égaux en droits. Les distinctions sociales ne peuvent être fondées que sur l'utilité commune.

Art. 2. Le but de toute association politique est la conservation des droits naturels et imprescriptibles de l'Homme. Ces droits sont la liberté, la propriété, la sûreté, et la résistance à l'oppression.

Art. 3. Le principe de toute Souveraineté réside essentiellement dans la Nation. Nul corps, nul individu ne peut exercer d'autorité qui n'en émane expressément.

Art. 4. La liberté consiste à pouvoir faire tout ce qui ne nuit pas à autrui : ainsi, l'exercice des droits naturels de chaque homme n'a de bornes que celles qui assurent aux autres Membres de la Société la jouissance de ces mêmes droits. Ces bornes ne peuvent être déterminées que par la Loi.

Art. 5. La Loi n'a le droit de défendre que les actions nuisibles à la Société. Tout ce qui n'est pas défendu par la Loi ne peut être empêché, et nul ne peut être contraint à faire ce qu'elle n'ordonne pas.

Art. 6. La Loi est l'expression de la volonté générale. Tous les Citoyens ont droit de concourir personnellement, ou par leurs Représentants, à sa formation. Elle doit être la même pour tous, soit qu'elle protège, soit qu'elle punisse. Tous les Citoyens étant égaux à ses yeux sont également admissibles à toutes dignités, places et emplois publics, selon leur capacité, et sans autre distinction que celle de leurs vertus et de leurs talents.

www.legifrance.gouv.fr/Droit-francais/Constitution/Declaration-des-Droits-de-l-Homme-et-du-Citoyen-de-1789

Extrait de la Déclaration Universelle des Droits de l'Homme – 1948

L'Assemblée générale proclame la présente Déclaration universelle des droits de l'homme comme l'idéal commun à atteindre par tous les peuples et toutes les nations afin que tous les individus et tous les organes de la société, ayant cette Déclaration constamment à l'esprit, s'efforcent, par l'enseignement et l'éducation, de développer le respect de ces droits et libertés et d'en assurer, par des mesures progressives d'ordre national et international, la reconnaissance et l'application universelles et effectives, tant parmi les populations des États Membres eux-mêmes que parmi celles des territoires placés sous leur juridiction.

Article premier

Tous les êtres humains naissent libres et égaux en dignité et en droits. Ils sont doués de raison et de conscience et doivent agir les uns envers les autres dans un esprit de fraternité.

Article 2

1 Chacun peut se prévaloir de tous les droits et de toutes les libertés proclamés dans la présente Déclaration, sans distinction aucune, notamment de race, de couleur, de sexe, de langue, de religion, d'opinion politique ou de toute autre opinion, d'origine nationale ou sociale, de fortune, de naissance ou de toute autre situation.

2 De plus, il ne sera fait aucune distinction fondée sur le statut politique, juridique ou international du pays ou du territoire dont une personne est ressortissante, que ce pays ou territoire soit indépendant, sous tutelle, non autonome ou soumis à une limitation quelconque de souveraineté.

Article 3

Tout individu a droit à la vie, à la liberté et à la sûreté de sa personne.

Article 4

Nul ne sera tenu en esclavage ni en servitude ; l'esclavage et la traite des esclaves sont interdits sous toutes leurs formes.

Article 5

Nul ne sera soumis à la torture, ni à des peines ou traitements cruels, inhumains ou dégradants.

Article 6

Chacun a le droit à la reconnaissance en tous lieux de sa personnalité juridique.

www.un.org/fr/universal-declaration-human-rights

B Lisez les deux extraits et faites des comparaisons.

C Selon les deux extraits, reliez les débuts aux fins de phrases :

1 L'Homme a des droits…
2 Les réclamations des citoyens doivent…
3 La liberté individuelle s'arrête…
4 Toutes les nations s'efforceront…
5 La Déclaration proclame la liberté sans…
6 L'esclavage est interdit…

a … où commence celle des autres.
b … de développer le respect de ces droits.
c … inaliénables et sacrés.
d … distinction de langue.
e … sous toutes ses formes.
f … respecter le maintien du bonheur de tous.

D Transformez les phrases de manière à utiliser le participe présent, par exemple:

Les pays qui ne respectent pas la Déclaration seront sanctionnés.

Les pays ne respectant pas la Déclaration seront sanctionnés.

1. Ceux qui ne suivent pas les règles n'auront pas droit à être défendus.
2. Tous les peuples qui ont cette Déclaration à l'esprit s'efforceront de respecter les droits.
3. Les citoyens qui considèrent avoir une liberté individuelle ne devront pas enfreindre celle des autres.

E Mettez à la forme appropriée (participe présent ou gérondif) les infinitifs entre parenthèses:

1. Sa vision du monde a été transformée _____ [lire] la Déclaration des Droits de l'Homme et du Citoyen.
2. _____ [observer] le manque de référence à la Citoyenne, elle a décidé d'ajouter des articles.
3. La Déclaration _____ [être] signée, à l'unanimité, les différents pays ont décidé de ratifier le projet.
4. La Déclaration des Droits de l'Homme a été publiée _____ [avoir] en tête tous les pays du monde.

> **Grammaire**
>
> **Le participe présent et le gérondif**
> Voir l'Unité 5 à la page 111.
> **Reportez-vous aussi au précis de grammaire en fin de livre.**

F Vous allez maintenant écrire une Déclaration des Droits des Élèves dans votre établissement. Observez bien comment sont structurés les articles.

16 Amnesty International

Droit d'asile

Sont désignées par le terme de réfugié(e)s les personnes qui fuient le pays dont elles ont la nationalité ou sont contraintes de le fuir pour se mettre en sécurité dans un autre pays. Comme elles ont quitté leur patrie, elles ne peuvent profiter des droits humains garantis par leur propre État. C'est la raison pour laquelle le droit des réfugiés garantit une protection internationale aux réfugié(e)s.

La pierre angulaire du droit des réfugié(e)s est le principe de non-refoulement, qui interdit à un État de renvoyer un(e) réfugié(e) dans un pays où sa vie pourrait être menacée. Le droit des réfugié(e)s contient en outre des garanties minimales en matière de droits humains comme par exemple le droit à la sécurité, la liberté de pensée et de religion, le droit à la protection contre la torture et les traitements dégradants. Les réfugié(e)s ont également accès aux droits économiques et sociaux, comme un traitement médical, l'éducation et le marché du travail.

Qui est un(e) réfugié(e)?

Tous les gens qui fuient leur pays ne sont pas des réfugié(e)s au sens du droit. Le droit international a défini un(e) réfugié(e) comme une personne «qui craignant avec raison d'être persécutée du fait de sa race, de sa religion, de sa nationalité, de son appartenance à un certain groupe social ou de ses opinions politiques, se trouve hors du pays dont elle a la nationalité et qui ne peut ou, du fait de cette crainte, ne veut se réclamer de la protection de ce pays; ou qui, si elle n'a pas de nationalité et se trouve hors du pays dans lequel elle avait sa résidence habituelle à la suite de tels événements, ne peut ou, en raison de ladite crainte, ne veut y retourner». (Art.1A, al.2 de la Convention de Genève relative aux réfugié(e)s). […]

Différents États, dont la Suisse, […] respectent l'interdiction de refoulement. L'élément central de la notion de réfugié(e) est la «crainte fondée de persécution». Ainsi, le ou la requérant(e) d'asile doit avoir déjà subi des préjudices sérieux d'une certaine intensité ou du moins en être menacé(e).

Sont considérés comme sérieux entre autres la torture, l'assassinat, les traitements inhumains et l'incarcération de longue durée. […]

Quels sont les problèmes spécifiques que rencontrent les femmes réfugiées?

Les femmes peuvent être persécutées pour les mêmes raisons que les hommes. Cependant, les femmes sont souvent persécutées pour des raisons spécifiques liées à leur sexe – mais leur sexe n'est pas compté comme un des motifs légitimes de leur persécution.

Aujourd'hui les femmes sont la plupart du temps aussi reconnues comme réfugiées lorsqu'elles sont victimes de graves discriminations pour n'avoir pas respecté certaines normes sociales. Que la persécution soit étatique ou privée ne joue aucun rôle, tant que l'État ne protège pas la femme. Ainsi, par exemple, une femme peut être reconnue comme réfugiée si elle refuse de porter un tchador ou si elle veut mener une vie indépendante et, pour cette raison, risque la persécution.

Le viol et les violences sexuelles peuvent aussi être des motifs – à condition que la femme ne puisse avoir recours à une protection étatique. Dans de nombreux pays, la mutilation génitale peut être un motif d'obtention du statut de réfugié(e). Mais il est souvent plus difficile pour les femmes de se soustraire à la persécution et d'accéder aux lieux où une protection internationale est garantie. […]

Qui est responsable de la protection des réfugié(e)s?

Ce sont en première ligne les gouvernements des pays d'accueil qui sont responsables de la protection des réfugié(e)s. En Suisse, les requérant(e)s d'asile sont questionné(e)s sur leurs motifs de fuite par les Autorités cantonales ou fédérales. L'Office fédéral des migrations (ODM) décide si la personne avait des raisons suffisantes de fuir et si la demande d'asile peut recevoir une réponse positive.

Avec la nouvelle Loi sur l'asile, il n'y aura plus d'entrée en matière sur les demandes d'asile si le requérant ou la requérante ne peut présenter dans un délai de 48 heures un titre de voyage ou des papiers d'identité, ou si leur absence ne peut pas être considérée comme crédible. […]

Quelle est la différence entre requérant(e)s d'asile et réfugié(e)s?

Un(e) réfugié(e) se différencie d'un(e) requérant(e) d'asile par le fait que son statut de réfugié(e) a été reconnu par un gouvernement [1]_____.

Un requérant d'asile est une personne qui recherche la protection [2]_____, mais n'en bénéficie pas encore. Il s'agit souvent de [3]_____ qui attendent qu'un gouvernement décide de leur accorder ou non le statut de réfugié(e).

Quelle est la différence entre un(e) migrant(e) et un(e) réfugié(e)?

Est désigné(e) par le terme de migrant(e) une personne qui s'établit (volontairement) dans un autre lieu pour des raisons [4]_____, politiques ou pour sa sécurité. Si cette personne retourne dans l'État dont elle a la nationalité, elle peut de nouveau [5]_____ de sa protection.

Les réfugié(e)s fuient devant les persécutions et ne peuvent, de ce fait, retourner dans leur pays. Les migrant(e)s ne sont donc pas protégé(e)s par le droit des réfugié(e)s mais par les droits [6]_____ […]

Quels sont les droits et les devoirs d'un(e) réfugié(e)?

Comme tout être humain, les réfugié(e)s sont aussi protégé(e)s par les conventions [7]_____ sur les droits humains. Au-delà de ça, un(e) réfugié(e) a un droit à la sécurité, qui lui est garantie dans un autre pays. Selon la Convention de Genève relative aux réfugié(e)s, un(e) réfugié(e) doit avoir les mêmes droits et recevoir la même assistance [8]_____ les autres étrangers et étrangères qui résident dans le pays.

De plus, les réfugié(e)s jouissent des droits civils fondamentaux comme la liberté de pensée ou les droits économiques et sociaux. En [9]_____, les réfugié(e)s doivent pouvoir accéder aux soins médicaux, à la formation scolaire et au marché du travail et ont droit à des titres de voyage. En contrepartie, les réfugié(e)s doivent respecter les lois et les dispositions du pays d'asile. […]

www.amnesty.ch/fr/themes/droits-humains/droit-dasile/droit-dasile

A Lisez le texte sur le droit d'asile et répondez aux questions suivantes:

1. À quoi le pronom «elles» fait-il référence dans l'introduction?
2. Quel est le principe de non-refoulement?
3. Quelle est l'expression (dans l'introduction) qui signifie «par ailleurs» ou «de plus»?
4. Quelle est la notion la plus importante pour établir qu'une personne est réfugié(e)?
5. Comment peut-on prouver une persécution?
6. Est-ce qu'une femme doit prouver que la persécution est étatique?
7. Pourquoi est-il plus difficile pour une femme de demander le statut de réfugiée?
8. Pourquoi les requérant(e)s d'asile sont-ils / elles questionné(e)s?

B Replacez les mots qui manquent dans les trois derniers paragraphes (attention: il y a plus de mots que d'espaces):

a bénéficié	e humains	i outre
b bénéficier	f internationale	j personne
c de	g internationales	k personnes
d économiques	h national	l que

C Écoutez l'interview sur le droit d'asile et faites un court résumé en utilisant vos propres mots:

Piste 22

Vous pourriez prendre en compte les points suivants:
- le monde
- la Suisse
- des cas particuliers

D Faites des recherches sur les actions d'Amnesty International dans votre pays, puis présentez-en une à la classe sous forme de discours.

17 Les enfants et la solidarité

Monter un projet solidaire avec sa classe

Bâtisseurs de possibles

En début d'année, […] j'ai proposé à mes élèves de CE2 / CM1 de résoudre un problème de société. C'est sûr qu'à 8 / 9 ans, tout cela est un peu abstrait. C'est là que la démarche «Bâtisseurs de possibles» intervient.

L'enseignant va aider les élèves dans leurs questionnements et surtout à trouver des solutions. Car oui, même quand on est un enfant, on est capable de réaliser de grandes choses! Le mot d'ordre est l'OPTIMISME!

Listons les problèmes

Chaque élève a listé des «problèmes». Au départ, il faut accueillir toutes les propositions, même si c'est parfois déconcertant. Au fil des séances (2 ou 3), nous affinons ensemble. Puis les élèves ont voté et c'est le problème de la pauvreté qui a été retenu.

Enquête sur le terrain

À l'aide de divers outils, «brainstorming», «arbre à problèmes», nous avons réalisé un état des lieux des connaissances des élèves à ce sujet. Ces étapes sont tout aussi importantes qu'intéressantes. Par exemple, les élèves ont appris que l'on pouvait être démuni tout en ayant un toit et un travail (cas des travailleurs pauvres). Dans leurs têtes, une personne dans le besoin était forcément SDF avec un chien!

Nous avons affiné nos connaissances grâce à de la documentation collectée auprès d'associations ou dans les journaux.

Mais les élèves ont vite compris qu'il nous était impossible de régler à nous seuls le problème de la pauvreté.

Nous avons donc écrit à une association pour demander comment nous pourrions aider les gens démunis de notre ville.

Lancement du projet

Quelques jours plus tard, cette association nous a répondu et a attiré notre attention sur la grande précarité des enfants, notamment dans certains quartiers de Marseille. C'est ainsi que les élèves ont décidé d'organiser une grande collecte de jouets et de friandises à l'occasion de Noël.

Ils ont réalisé des affiches et des interventions orales pour chaque classe de notre école afin de sensibiliser les autres élèves à cette cause.

Nous avons eu très peur que cela ne prenne pas. Surtout quand on a entendu des remarques du type «Moi ma maman elle dit qu'il faut pas aider les Roumains!!!» Sans commentaire…

Mais grâce aux élèves et à leur motivation, la collecte a été un franc succès!

Chaque jour, des binômes passaient dans les classes récupérer les jouets et remobiliser les troupes si besoin. Ensuite, ils se chargeaient eux-mêmes de la logistique (stockage des jouets dans une salle spéciale). À la fin, ils n'avaient même plus besoin de moi!

Nous avons collecté plusieurs centaines de jouets. Mission accomplie!

Quand tout devient concret

Le 17 décembre dernier, deux responsables de cette grande association sont venus récupérer la collecte à l'école. Les élèves ont chargé le fourgon. Puis ils ont pu poser toutes leurs questions. Ainsi, nous avons appris que nos jouets allaient permettre à 250 enfants de fêter Noël dignement.

Et quelle joie de voir la fierté dans leurs yeux! J'étais ébahie de tant d'investissement et d'intérêt pour cette noble cause.

Bilan

Que du positif même si cela demande un travail colossal. [...]

De mon côté, cela m'a donné une méga dose d'optimisme dans la génération à venir! On se dit qu'avec beaucoup de bienveillance et quand on donne confiance aux élèves, ils sont capables de bien des choses! Une belle leçon…

Du côté des élèves, je les ai sentis fiers et complètement investis. J'espère que cette expérience les aura marqués et qu'ils s'en serviront dans le futur.

Affaire à suivre!

Une chronique de Céline P

http://lewebpedagogique.com/2018/03/01/monter-projet-solidaire-classe

Lisez le texte sur le projet réalisé en école primaire et décidez si les phrases suivantes sont vraies ou fausses. Quand elles sont fausses, corrigez-les:

1. Le projet a commencé en décembre.
2. Pour réaliser ce projet, il faut faire preuve de confiance.
3. Certaines idées sont surprenantes.
4. Être démuni veut dire être à la rue.
5. Les élèves pensaient résoudre le problème de la pauvreté.
6. Il a été décidé d'aider des enfants à l'occasion de Noël.
7. Les élèves ont motivé les autres oralement.
8. L'enseignante n'est pas sûre d'être optimiste par rapport à la nouvelle génération.

CRÉATIVITÉ, ACTIVITÉ, SERVICE

Pensez à un projet solidaire concernant un pays francophone que vous pourriez réaliser avec des enfants d'écoles primaires.

18 Le commerce équitable

A Retrouvez la bonne définition pour chaque mot:

1. désavantagé
2. équitable
3. un genre
4. une compétence
5. une opportunité
6. une transparence

a une catégorie
b une occasion favorable
c une parfaite accessibilité de l'information
d juste / impartial
e une capacité reconnue
f dans un état d'infériorité

B Donnez une définition du commerce équitable sans regarder sur internet.

Thème 5: Partage de la planète

C Ensuite utilisez le document visuel suivant et faites des commentaires en groupes:

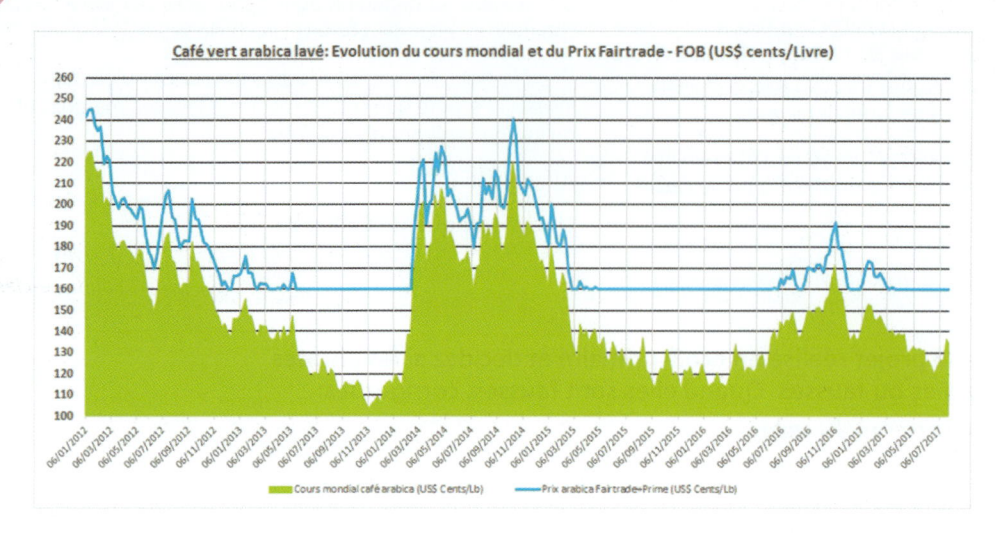

Café vert arabica lavé: Evolution du cours mondial et du Prix Fairtrade - FOB (US$ cents/Livre)

D Étudiez le document sur le café et composez cinq phrases pour présenter les informations en utilisant les expressions suivantes:

- plus de
- moins de
- le même
- la même
- autant que
- autant de

19 Le commerce équitable vu par Olivier De Schutter

Que pense du commerce équitable Olivier De Schutter, ancien Rapporteur spécial sur le droit à l'alimentation et membre du Comité des droits économiques, sociaux et culturels des Nations Unies? Une opinion nuancée qui met en avant les points forts mais aussi les risques de ce type de commerce face à la mondialisation.

Dans le cadre de la campagne «Cultivons les alternatives», il est intéressant d'avoir un regard extérieur et éclairé sur le rôle du commerce équitable et de notre mouvement dans le monde des alternatives alimentaires. Pour ce faire, nous avons fait appel à l'expertise de l'ancien Rapporteur Spécial sur le droit à l'alimentation des Nations Unies, Olivier De Schutter, incontournable lorsqu'il s'agit d'évoquer les systèmes alimentaires, tant ceux liés à l'agro-industrie que les nouveaux systèmes alternatifs. Aujourd'hui professeur de droit international à l'UCL et membre du Comité des droits économiques, sociaux et culturels de l'ONU, il a accepté de répondre à nos questions.

Êtes-vous consommateur de produits issus du commerce équitable?

Oui, je cherche à acheter des produits du commerce équitable pour tous les produits tropicaux (café, bananes, chocolat, etc.). Mais c'est, pour mes achats alimentaires, la solution par défaut: pour les autres produits, je cherche plutôt à acheter local. […]

Quelles sont pour vous les plus grandes forces et faiblesses du commerce équitable?

Le modèle proposé par le commerce équitable devrait inspirer l'ensemble de nos relations commerciales avec les producteurs du sud, pour des raisons évidentes: parce qu'il protège les producteurs contre les impacts négatifs de prix de plus en plus volatils, et parce qu'il permet aux communautés concernées d'investir dans certains biens publics, utiles à l'ensemble des membres de la communauté, ce qui peut jouer un rôle clé dans la réduction de la pauvreté (construction de moyens de stockage, d'une école, d'un dispensaire, etc.). […] Enfin, le commerce équitable, qui traditionnellement soutenait des coopératives de petits agriculteurs, s'est étendu progressivement aux plantations, par exemple pour le thé qui est plus largement pratiqué à grande échelle (il en va autrement du café). Or, le respect des règles du commerce équitable et de son éthique est plus difficile dans ce contexte, où s'installent des rapports d'autorité et de dépendance entre l'employeur et les travailleurs agricoles. Ce sont donc d'importants défis que le monde du commerce équitable doit à présent relever. […]

Suite à la sortie du fil «Demain» en 2016, un grand nombre de citoyennes et de citoyens ont décidé de se mettre en action. Comment percevez-vous l'impact qu'a eu ce film dans lequel vous intervenez?

On ne gagnera pas la course de vitesse qui est engagée avec la dégradation des ressources et l'augmentation des émissions de gaz à effet de serre sans une modification des comportements individuels, c'est-à-dire sans réexaminer nos modes de production et de consommation. Or, cette modification ne peut se faire par décret: ni les réglementations juridiques ni les incitants économiques n'y suffiront, simplement parce que nos comportements sont fortement ancrés dans des routines, des habitudes de comportement, ou des attentes de la société, qui ne se transformeront pas d'un coup. Donc, il faut donner envie aux gens de changer les choses, plus précisément: de se changer afin de changer le monde. C'est cela que le film «Demain» permet de faire passer comme message. Au lieu de se contenter de solutions pensées par d'autres, les personnalités mises en scène dans le film «Demain» sont des «faiseurs»: ils inventent leurs propres solutions, deviennent acteurs. C'est là-dessus qu'aujourd'hui nous devons miser. […]

Quelle vision ont les dirigeants politiques que vous avez pu côtoyer, de l'émergence de ces initiatives citoyennes qui tentent de créer des systèmes alimentaires alternatifs?

Certains politiques voient cela comme une menace: ils se sentent un peu déstabilisés, car dans notre culture politique la séparation est nette entre les gouvernants et les gouvernés, les dirigeants et les exécutants, et l'idée que les citoyens mettent sur pied leurs propres solutions sans que l'impulsion vienne d'en haut nous est devenue étrangère. […] Par ailleurs, l'économie sociale et solidaire est en forte croissance, et reflète bien des dimensions de l'économie «participative» dont on vante tant la nouveauté. Cette méfiance des politiques doit être surmontée. En fait, les politiques doivent voir cela comme une chance, une opportunité d'élargir l'imagination politique et de se «brancher» sur l'énergie citoyenne. […]

Conclusion

Olivier De Schutter met très justement le doigt sur certaines faiblesses de certains acteurs du commerce équitable. En effet, certaines multinationales et la grande distribution se sont emparées du commerce équitable comme un outil marketing intéressant en termes d'image. D'où le risque de privilégier, comme le souligne notre interlocuteur, de grandes plantations employant beaucoup de main d'œuvre salariée, afin de garantir la livraison de grandes quantités. Chez Oxfam, nous dénonçons ce type de dérive et soutenons des formes d'organisation collectives et démocratiques, en très grande majorité des coopératives de petits producteurs.

Sébastien Maes, 29/08/2017
www.oxfammagasinsdumonde.be/blog/2017/08/29/le-commerce-equitable-vu-par-olivier-de-schutter/#.WsCli8go_EY

A Lisez l'entretien sur le commerce équitable et répondez aux questions suivantes:

1. Est-ce que Olivier De Schutter achète des produits du commerce équitable quand il veut du non-alimentaire?
2. À quoi «il» fait-il référence dans «parce qu'il protège les producteurs»?
3. Pourquoi est-ce qu'il trouve que le développement du commerce équitable dans des grandes exploitations n'est pas nécessairement une bonne chose?
4. Que faut-il pour pallier la dégradation des ressources? (Donnez une idée.)
5. Pourquoi préconise-t-il aux gens de «se changer»?
6. Expliquez le mot «faiseur» qui apparait dans le paragraphe sur le film «Demain».

B Lisez le dernier paragraphe ainsi que la conclusion puis choisissez le mot qui convient pour chacune des phrases suivantes:

1. Dans notre expérience de la politique de nos jours ceux qui gouvernent et les gouvernés sont nettement ____.
   a rapprochés
   b séparés
   c utilisés
2. L'idée que les citoyens ____ seuls nous est étrangère.
   a se débrouillent
   b débrouillent
   c se mélangent
3. L'économie sociale et solidaire est en forte ____.
   a croissance
   b décroissance
   c croissant
4. Le commerce équitable est quelquefois accaparé par la ____ distribution à des fins publicitaires.
   a petite
   b immense
   c grande
5. Le but du commerce équitable devrait ____ de favoriser les petites exploitations.
   a attendre
   b être
   c utiliser

C Faites des recherches sur le commerce équitable dans votre pays et présentez un aspect à la classe.

Littérature

NIVEAU SUPÉRIEUR

20 Le dormeur du Val

Arthur Rimbaud est un poète français du 19ème siècle, né le 20 octobre 1854 à Charleville et mort le 10 novembre 1891 à Marseille. Il écrit ses premiers poèmes à 15 ans et renonce à l'écriture à l'âge de 20 ans. Il choisit une vie aventureuse allant du Yémen à l'Éthiopie et devient même négociant. Malgré sa courte carrière poétique, il reste un auteur très prolifique et l'un des poètes les plus aimés de la langue française. On peut dire que Rimbaud a créé un style moderne loin de la poésie traditionnelle et de son lyrisme.

Ce poème est parmi les plus célèbres de Rimbaud. Il a été écrit en pleine guerre franco-prussienne. Le poème se construit comme une devinette et maintient l'illusion d'un moment paisible. La chute appartient à l'art du sonnet.

C'est un trou de verdure où chante une rivière
Accrochant follement aux herbes des haillons[1]
D'argent; où le soleil, de la montagne fière,
Luit: c'est un petit val qui mousse de rayons.

Un soldat jeune, bouche ouverte, tête nue,
Et la nuque baignant dans le frais cresson bleu,
Dort; il est étendu dans l'herbe, sous la nue[2],
Pâle dans son lit vert où la lumière pleut.

Les pieds dans les glaïeuls, il dort. Souriant comme
Sourirait un enfant malade, il fait un somme:
Nature, berce-le chaudement: il a froid.

Les parfums ne font pas frissonner sa narine;
Il dort dans le soleil, la main sur sa poitrine
Tranquille. Il a deux trous rouges au côté droit.

Rimbaud

[1] haillons: morceaux de vêtements
[2] nue: les nuages

A Avant de travailler sur le poème, faites quelques recherches sur la guerre franco-prussienne mentionnée ci-dessus.

B Après avoir lu le poème, répondez aux questions suivantes.
1. Quelle forme traditionnelle ce poème adopte-t-il?
2. Observez la description du paysage. Qu'est-ce qui fait de cette description un tableau idyllique?
3. Dites comment la nature est ici personnifiée.
4. Selon quel mouvement se développe la vision du corps du soldat? (Pensez au cinéma.)
5. Expliquez l'utilisation d'expressions comme «il dort», «il fait un somme», «il a froid» dans le premier tercet.
6. Commentez l'effet de surprise violent du dernier vers.
7. Relisez le poème et relevez les indices de la mort qui apparaissent, en fait, dans tout le poème. Relevez tout le vocabulaire entretenant l'ambiguïté et le double sens.

C Discutez l'efficacité de cette dénonciation de la guerre. Connaissez-vous d'autres textes similaires qui dénoncent la guerre? Préférez-vous que la guerre soit dénoncée de façon simple et calme ou bien sous forme de caricature?

21 Souvenir de la nuit du 4

Voici un extrait d'un poème de **Victor Hugo**:

> L'enfant avait reçu deux balles dans la tête.
> Le logis était propre, humble, paisible, honnête;
> On voyait un rameau bénit sur un portrait.
> Une vieille grand-mère était là qui pleurait.
> Nous le déshabillions en silence. Sa bouche,
> Pâle, s'ouvrait; la mort noyait son œil farouche;
> Ses bras pendants semblaient demander des appuis.
> Il avait dans sa poche une toupie en buis.
>
> *Victor Hugo,* Les châtiments, *Livre II (1853)*

Vous allez imaginer que le personnage (le soldat) du poème a écrit une page de journal intime au cours de les dernières heures de sa vie. Vous écrirez cette page. Quelles ont été ses dernières pensées? Était-il révolté contre la guerre? A-t-il pensé à sa famille? etc. Pensez bien au registre que vous allez utiliser.

Écrivez entre 250 et 400 mots pour la page de journal puis vous écrirez un préambule (une explication de votre travail) entre 100 et 150 mots. (Cette activité se rapproche du travail écrit niveau supérieur qui concerne la littérature, bien que plus courte.)

22 «Silence de la mer»

La première édition du «Silence de la mer» parut à Paris au début de l'année 1942, publiée par un groupement clandestin «Les Éditions de minuit» qui s'était constitué afin de publier les écrivains français censurés par les autorités allemandes d'Occupation. Le pseudonyme de «Vercors», nom d'un des plus actifs maquis de Résistance, couvrait l'identité de Jean Bruller, un illustrateur bien connu. Cet extrait est le début du deuxième chapitre dans lequel un officier allemand de l'armée d'occupation vient loger chez une famille française sans le consentement de celle-ci.

> Ce fut ma nièce qui alla ouvrir quand on frappa. Elle venait de me servir mon café, comme chaque soir (le café me fait dormir). J'étais assis au fond de la pièce, relativement dans l'ombre. La porte donne sur le jardin, de plain pied. Tout le long de la maison court un trottoir de carreaux rouges très commode quand il pleut. Nous entendîmes marcher, le bruit des talons sur le carreau. Ma nièce me regarda et posa sa tasse. Je gardai la mienne dans mes mains.
>
> Il faisait nuit, pas très froid: ce novembre-là ne fut pas très froid. Je vis l'immense silhouette, la casquette plate, l'imperméable jeté sur les épaules comme une cape.
>
> Ma nièce avait ouvert la porte et restait silencieuse. Elle avait rabattu la porte sur le mur, elle se tenait elle-même contre le mur, sans rien regarder. Moi je buvais mon café, à petits coups.
>
> L'officier, à la porte, dit: «S'il-vous-plaît». Sa tête fit un petit salut. Il sembla mesurer le silence. Puis il entra.
>
> La cape glissa sur son avant-bras, il salua militairement et se découvrit. Il se tourna vers ma nièce, sourit discrètement en inclinant très légèrement le buste. Puis il me fit face et m'adressa une révérence plus grave. Il dit: «Je me nomme Werner von Ebrennac». J'eus le temps de penser, très vite: «Le nom n'est pas allemand. Descendant d'émigré protestant?» Il ajouta: «Je suis désolé».
>
> Le dernier mot, prononcé en traînant, tomba dans le silence. Ma nièce avait fermé la porte et restait adossé au mur, regardant droit devant elle. Je ne m'étais pas levé. Je déposai lentement ma tasse vide sur l'harmonium et croisai mes mains et attendis.
>
> L'officier reprit: «Cela était naturellement nécessaire. J'eusse évité si cela était possible. Je pense mon ordonnance fera tout pour votre tranquillité». Il était debout au milieu de la pièce […]

> Le silence se prolongeait. Il devenait de plus en plus épais, comme le brouillard du matin. Épais et immobile. L'immobilité de ma nièce, la mienne aussi sans doute, alourdissaient ce silence, le rendait de plomb. L'officier lui-même, désorienté, restait immobile, jusqu'à ce qu'enfin je visse naître un sourire sur ses lèvres.

A Compréhension écrite:

1. Qui est le narrateur? Comment le savez-vous?
2. Quelles impressions vous fait le premier paragraphe? Utilisez des adjectifs.
3. La scène se passe à quelle époque de l'année? À quel moment de la journée?
4. Pourquoi l'officier dit-il «s'il-vous-plaît» avant d'entrer? Pourquoi dit-il «je suis désolé»?
5. Quelles différences l'officier fait-il entre les deux personnages qu'il rencontre pour la première fois?
6. Pourquoi l'officier est-il le seul à parler? Qu'est-ce que cela indique de la part des deux autres personnes?
7. Relevez tout le vocabulaire qui suggère la passivité.

B Production orale:

Que pensez-vous de la résistance passive? Est-elle utile? En connaissez-vous des exemples dans l'histoire du monde? Faites des recherches puis organisez un débat.

C Productions écrites:

1. Réécrivez le passage en changeant de narrateur, ce qui vous permettra d'exprimer un point de vue différent. Vous pouvez écrire un passage du point de vue de la jeune fille, puis un autre de celui de l'officier.
2. Imaginez et écrivez la suite de l'histoire. Ensuite, expliquez vos choix (cela vous aidera à vous entraîner à la rédaction du préambule pour la tâche écrite). Le préambule constitue une explication de votre travail entre 150 et 250 mots.

Grammaire

1 Les noms

Les noms français sont soit masculins soit féminins. Le pluriel des noms se forme souvent en ajoutant la lettre «s» à la fin du mot.

un homme → des hommes

une table → cent tables

Mais attention, il y a beaucoup de pluriels irréguliers.

un jeu → des jeux

un travail → des travaux

un cheval → des chevaux

un œil → des yeux

Bien que l'on soit d'habitude obligé d'apprendre le genre des noms français, il y a certaines terminaisons qui peuvent indiquer si un nom est masculin ou féminin.

Terminaison	Exemple	Exceptions
-acle	le spectacle	la débâcle
-age	le témoinage	la cage, l'image, la page, la plage
-eau	le bureau	l'eau, la peau
-et	le jouet	
-ier	le panier	
-isme	le journalisme	
-ment	le règlement	
-oir	le pouvoir	

Terminaison	Exemple	Exceptions
-ade	la limonade	le stade
-ée	la soirée	le lycée, le musée
-ence	la science	le silence
-esse	la tristesse	
-ette	la trompette	le squelette
-ie	la biologie	l'incendie, le parapluie
-ion	la notion	le camion, le million
-té	la santé	l'été
-tude	la solitude	
-ture	la confiture	

Certains noms, par exemple les noms de métiers, ont des formes différentes selon le genre.

un boulanger → une boulangère

un employé → une employée

un coiffeur → une coiffeuse

Les noms composés sont pour la plupart masculins.

un abat-jour

un arc-en-ciel

un chasse-neige

Les noms composés peuvent combiner plusieurs sortes de mots. Selon la combinaison, les pluriels se forment comme indiqué ci-dessous.

Nom composé	Exemple	Pluriel
nom + nom	un chou-fleur	des choux-fleurs *(pluriel des deux noms)*
verbe + nom	un cache-pot un chasse-neige	des cache-pots des chasse-neige *(pluriel du nom si nécessaire, selon le sens)*
adjectif + nom	un grand-père	des grands-pères *(pluriel du nom et de l'adjectif)*
nom + préposition + nom	un arc-en-ciel	des arcs-en-ciel *(pluriel du nom)*
verbe + verbe	un savoir-faire	des savoir-faire *(invariable)*

2 Les articles

L'article qui précède le nom indique le genre.

Article	M	F	Pl
Défini	le (l'*)	la (l'*)	les
Indéfini	un	une	des
Partitif	du (de l'*)	de la (de l'*)	des

* devant voyelle ou «h» muet

Les noms français sont presque toujours précédés d'un article mais ce n'est pas le cas lorsque l'on parle de la profession de quelqu'un.

Mon père est facteur.

Je voudrais devenir professeur.

Noter aussi que, lorsque l'on parle des parties du corps, on utilise l'article défini (et non l'adjectif possessif).

*Je me suis cassé **la** jambe.*

*Il s'est lavé **les** dents.*

L'article partitif

On utilise l'article partitif pour parler d'une quantité non spécifique.

*J'ai **du** fromage.*

*Il achète **de la** limonade.*

Mais lorsque cet article suit une expression négative ou une quantité, on utilise «de» ou «d'».

*Elle **n'a plus** d'argent.*

*Il **n'achète pas de** limonade.*

*J'ai **un kilo de** fromage.*

*Nous avons **beaucoup d'**argent.*

*Vous avez bu **trop de** café.*

3 Les adjectifs

L'adjectif décrit un nom. La terminaison de l'adjectif reflète le genre et le nombre du nom qu'il accompagne. D'habitude, on ajoute un «e» pour montrer qu'un adjectif est féminin, un «s» s'il est au pluriel et «es» si l'adjectif est au féminin pluriel.

un livre noir → des livres noirs

une table noire → des tables noires

Le tableau ci-dessous montre quelques adjectifs irréguliers.

M s	F s	M pl	F pl
beau (bel*)	belle	beaux	belles
blanc	blanche	blancs	blanches
bon	bonne	bons	bonnes
cher	chère	chers	chères
complet	complète	complets	complètes
doux	douce	doux	douces
ennuyeux	ennuyeuse	ennuyeux	ennuyeuses
épais	épaisse	épais	épaisses
faux	fausse	faux	fausses
fou (fol*)	folle	fous	folles
frais	fraîche	frais	fraîches
long	longue	longs	longues
menteur	menteuse	menteurs	menteuses
mou (mol*)	molle	mous	molles
neuf	neuve	neufs	neuves
nouveau (nouvel*)	nouvelle	nouveaux	nouvelles
parisien	parisienne	parisiens	parisiennes
public	publique	publics	publiques
roux	rousse	roux	rousses
sec	sèche	secs	sèches
vieux (vieil*)	vieille	vieux	vieilles

* devant voyelle ou «h» muet

Il faut faire attention avec les noms employés comme adjectifs de couleur: ces adjectifs sont invariables.

*des yeux **marron***

*des coussins **orange***

Les adjectifs composés sont aussi invariables.

*une chemise **bleu clair***

D'habitude l'adjectif suit le nom mais les adjectifs suivants le précédent généralement:

- autre
- beau
- bon
- grand
- gros
- haut
- jeune
- mauvais
- nouveau
- petit
- vieux

*un **vieux** château*

*une **belle** robe*

Certains adjectifs ont des sens différents selon leur position.

- ancien

*mon **ancien** mari (nous ne sommes plus ensemble)*

*un livre **ancien** (il date d'il y a très longtemps)*

- cher

*ma **chère** amie (j'aime cette personne)*

*un livre **cher** (le livre coûte beaucoup d'argent)*

- propre

*ma **propre** maison (la maison m'appartient)*

*ma maison **propre** (la maison vient d'être nettoyée)*

- seuls

*mon **seul** ami (je n'ai qu'un ami)*

*mon ami **seul** (il est isolé)*

La comparaison des adjectifs

Adjectif	Comparatif	Superlatif
grand	plus grand (que)	le plus grand
grande	plus grande (que)	la plus grande
grands	plus grands (que)	les plus grands
grandes	plus grandes (que)	les plus grandes
	moins grand (que), etc.	le moins grand, etc.
	aussi grand (que), etc.	
bon	meilleur (que)	le meilleur
bonne	meilleue (que)	la meilleure
bons	meilleurs (que)	les meilleurs
bonnes	meilleures (que)	les meilleures

Paul est plus petit que Thierry.

Paul est moins grand que Thierry.

Thierry est le plus grand.

Ce gâteau est bon, mais ton gâteau est meilleur.

Les adjectifs démonstratifs

Ces adjectifs nous aident à distinguer entre plusieurs choses.

M s	F s	M pl	F pl
ce (cet*)	cette	ces	ces

* devant voyelle ou «h» muet

Des deux, est-ce que tu préfères ce livre?

L'addition au nom du suffixe «-ci» ou du suffixe «-là» permet de préciser encore mieux.

J'aime bien cette robe-ci, mais je préfère cette robe-là.

Les adjectifs interrogatifs

Ces adjectifs prennent le genre et le nombre du nom auquel ils correspondent.

M	F	M pl	F pl
quel	quelle	quels	quelles

Quel est votre livre préféré?
Quelle robe aimes-tu?

Les adjectifs possessifs

Ces adjectifs nous montrent qui possède un objet. L'adjectif utilisé dépend de la personne du possesseur et du nombre et genre du nom possédé.

Personne	M s	F s	Pl
1ère du singulier	mon	ma (mon*)	mes
2ème du singulier	ton	ta (ton*)	tes
3ème du singulier	son	sa (son*)	ses
1ère du pluriel	notre	notre	nos
2ème du pluriel	votre	votre	vos
3ème du pluriel	leur	leur	leurs

* devant voyelle ou «h» muet

Je n'ai pas mon stylo. Est-ce que tu as ton stylo, Jean?
Ce soir votre mère vient chez nous.

4 Les adverbes

Adverbes en «-ment»

Pour former un adverbe régulier, ajouter la terminaison «-ment» à la forme féminine de l'adjectif.

Il l'aime follement.

Pour former les adverbes à partir d'adjectifs qui se terminent en «-ant» ou «-ent», remplacer la terminaison par «-amment» ou «-emment»:

Il parle couramment l'anglais.
Le vent soufflait violemment.

Autres adverbes

Certains adverbes ont une forme simple qui ne se termine pas par «-ment»:

- aussi
- beaucoup
- bien
- ensemble
- mal
- peu
- plutôt
- souvent
- vite

La comparaison des adverbes

Pour exprimer le comparatif des adverbes, utiliser *plus*, *moins* ou *aussi*. Le superlatif exprime le plus haut degré.

Adverbe	Comparatif	Superlatif
rapidement	plus rapidement moins rapidement aussi rapidement	le plus rapidement

Les adverbes suivants ont des comparatifs et des superlatifs de supériorité irréguliers.

Adverbe	Comparatif	Superlatif
bien	mieux	le mieux
mal	pire	le pire
peu	moins	le moins
beaucoup	plus	le plus

5 Les pronoms

Les pronoms remplacent le plus souvent un nom ou un groupe de noms déjà mentionnés ou facilement compris.

Les pronoms personnels

La forme des pronoms personnels varie en genre, en nombre, en personne et selon la fonction qu'ils occupent.

Sujet	Complément d'objet direct	Complément d'objet indirect	Pronom disjoint
je	me (m'*)	me (m'*)	moi
tu	te (t'*)	te (t'*)	toi
il	le (l'*)	lui	lui
elle	la (l'*)	lui	elle
nous	nous	nous	nous
vous	vous	vous	vous
ils	les	leur	eux
elles	les	leur	elles

* devant voyelle ou «h» muet

- **Le sujet** du verbe est la personne ou chose qui fait l'action.

Le chien mange la viande.
Il mange la viande.

- **Le complément d'objet direct** du verbe est la personne ou chose qui est l'objet de l'action.

Le chien mange la viande.
Le chien la mange.

- **Le complément d'objet indirect** du verbe est l'objet du verbe et est lié au verbe par une préposition.

J'ai envoyé la lettre à mon frère.
Je lui ai envoyé la lettre.

La forme disjointe du pronom

Lorsque l'on cherche à mettre l'accent sur un pronom ou lorsque l'on utilise un pronom avec un impératif, on utilise la forme disjointe du pronom.

Pense à **moi**.

Méfie-**toi**! Il est dangereux.

Ses amis et **lui** m'ont énervé.

Les pronoms neutres *y* et *en*

Le pronom «y» remplace un lieu ou une expression introduite par la préposition «à».

Vous allez **à Londres**? Oui, j'**y** vais.

Le pronom «en» remplace des quantités ou une expression introduite par la préposition «de».

Vous avez **de l'argent**? Oui, j'**en** ai.

Vous parlez **du travail**? Oui, j'**en** parle.

Ordre des pronoms objets

Les pronoms objets précèdent le verbe sauf à l'impératif affirmatif (voir page 361). Lorsqu'il y a deux pronoms dans la même phrase, il faut suivre l'ordre indiqué dans ce tableau.

me	le			
te	la	lui		
			y	en
nous	les	leur		
vous	l'			

J'ai donné **le livre à mon frère**.

Je **le lui** ai donné.

Nous avons acheté deux **chats pour Claire**.

Nous **lui en** avons acheté deux.

Lorsqu'un objet direct précède un verbe composé, le participe passé s'accorde avec l'antécédent.

As-tu vu mes clés? Oui, je **les** ai vue**s**.

Avez-vous mangé les bonbons? Oui, nous **les** avons mangé**s**.

Les pronoms démonstratifs

Les pronoms démonstratifs servent à éviter la répétition et permettent une différenciation.

M s	F s	M pl	F pl
celui	celle	ceux	celles

Vous préférez quel livre? Je préfère **celui** qui parle de la France.

J'admire beaucoup **ceux** qui aident les pauvres.

L'addition au nom du suffixe «-ci» ou du suffixe «-là» permet de préciser encore plus.

Des deux robes, je préfère **celle-ci** à **celui-là**.

Les pronoms interrogatifs

On utilise les pronoms interrogatifs pour poser des questions.

- «Qui» introduit une question pour établir l'identité de quelqu'un.
- «Que» introduit une question pour établir de l'information.
- «Où» introduit une question qui cherche à établir un lieu.

Les pronoms «lequel», «lesquels», «laquelle» et «lesquelles» servent à préciser un choix. Le choix de pronom dépend du genre et du nombre du nom remplacé.

M s	F s	M pl	F pl
lequel	laquelle	lesquels	lesquelles

Laquelle de mes robes préfères-tu?

Alors, monsieur, vous avez goûté les bonbons. **Lesquels** voudriez-vous?

Les pronoms possessifs

Ces pronoms remplacent des noms déjà mentionnés en précisant à qui ils appartiennent. Le choix de pronom dépend de la personne qui possède et du genre et nombre du nom en question.

Personne	M s	F s	M pl	F pl
1ère du singulier	le mien	la mienne	les miens	les miennes
2ème du singulier	le tien	la tienne	les tiens	les tiennes
3ème du singulier	le sien	la sienne	les siens	les siennes
1ère du pluriel	le nôtre	la nôtre	les nôtres	les nôtres
2ème du pluriel	le vôtre	la vôtre	les vôtres	les vôtres
3ème du pluriel	le leur	la leur	les leurs	les leurs

On prend ta voiture ou **la mienne**?

Voici mes clés, où sont **les vôtres**?

Je connais ton frère mais je ne connais pas **le sien**.

Les pronoms relatifs

Les pronoms relatifs remplacent un nom ou une idée déjà mentionné dans une clause précédente.

- «Qui» remplace le sujet du verbe.
- «Que» remplace le complément d'objet direct.
- «Dont» remplace un mot complément du nom et indique la possession.
- «Où» se réfère à un lieu ou un temps en particulier.

*Voici l'homme **qui** travaille à la boucherie.*

*Voici l'homme **que** j'ai vu à la boucherie.*

*Voici l'homme **dont** je parle.*

Lorsqu'un objet direct précède un verbe composé, le participe passé s'accorde.

*Voici la chemise que j'ai achet**ée** pour la fête.*

Pour remplacer une phrase ou une proposition, il faut utiliser «ce qui», «ce que» ou «ce dont».

*Le chat s'appelait Édouard, **ce qui** était un drôle de nom pour un chat.*

***Ce que** je voudrais faire l'année prochaine, c'est visiter Dijon.*

***Ce dont** il rêve vraiment, c'est de partir aux Maldives.*

«Lequel», «lesquels», «laquelle» et «lesquelles» peuvent aussi être des pronoms relatifs.

*Il y a beaucoup de livres ici mais je ne sais pas **lesquels** sont à toi.*

Ces pronoms relatifs sont souvent utilisés avec des prépositions.

*Voici le manteau pour **lequel** j'ai économisé mon argent.*

*Tu vois la carte avec **laquelle** j'ai payé.*

En combinaison avec «à» ou «de» ces pronoms deviennent:

M s	F s	M pl	F pl
auquel	à laquelle	auxquels	auxquelles
duquel	de laquelle	desquels	desquelles

*L'homme **auquel** je parlais était espagnol.*

*La ville, au centre **de laquelle** il y avait une grande église, était très vieille.*

6 Les prépositions

Les prépositions indiquent où se trouve un objet par rapport à un autre. Voici une liste de prépositions.

- à
- à côté de
- à droite de
- à gauche de
- à l'arrière de
- à l'intérieur de
- à l'extérieur de
- après
- à travers
- au bord de
- au centre de
- au-dessous de
- au-dessus de
- au sujet de
- autour de
- avant
- avec
- chez
- contre
- dans
- de
- depuis
- derrière
- dès
- devant
- en
- en face de
- entre
- hors de
- jusqu'à
- le long de
- loin de
- par-dessus
- parmi
- pendant
- pour
- près de
- quant à
- sans
- sous
- sur
- vers

*Le chat est **sous** le lit.*

*Mon frère travaille **derrière** la maison.*

Lorsque la préposition «de» est suivie de l'article défini, il faut utiliser les formes «du», «de la», «de l'» (singulier) et «des» (pluriel).

*Il vient **de l'**école.*

*Nous rêvons **des** vacances.*

Lorsque la préposition «à» est suivie de l'article défini masculin, elle devient «au» (singulier) ou «aux» (pluriel), sauf si l'article est «l'».

*Nous allons **au** cinéma.*

*Nous allons **à l'**hôtel.*

*Nous pensons **aux** vacances.*

À noter: la préposition «à» s'utilise souvent pour indiquer la possession.

*Ce livre est **à moi**.*

*Cet argent est **à Coralie**.*

Les prépositions peuvent aussi indiquer l'agent d'une action, comme par exemple *avec* et *par*.

*J'ai envoyé la lettre **par** avion.*

7 Les verbes

L'infinitif

L'infinitif est la forme de base de chaque verbe. Vous trouverez l'infinitif dans le dictionnaire.

Il y a trois groupes de verbes réguliers en français. Les infinitifs de ces verbes se terminent en «-er», «-ir» ou «-re».

Le présent

	Jouer	Choisir	Vendre
je	jou**e**	chois**is**	vend**s**
tu	jou**es**	chois**is**	vend**s**
il / elle / on	jou**e**	chois**it**	vend
nous	jou**ons**	chois**issons**	vend**ons**
vous	jou**ez**	chois**issez**	vend**ez**
ils / elles	jou**ent**	chois**issent**	vend**ent**

Le participe présent

Pour former le participe présent des verbes réguliers, on prend le radical de la forme avec «nous» au présent et on remplace la terminaison «-ons» par la terminaison «-ant».

*regard**ons** → regard**ant***

357

Il faut apprendre les participes des verbes irréguliers.

avoir → *ayant*

savoir → *sachant*

faire → *faisant*

On peut utiliser le participe présent pour une description.

*l'enfant **jouant** dans le jardin*

Le gérondif

La forme du participe présent aussi s'utilise pour former le gérondif présent qui sert pour parler d'actions simultanées, ou pour décrire la manière dont quelque chose est fait.

***En parlant** avec mon ami, j'ai compris qu'il allait mal.*

*C'est **en travaillant** dur qu'elle a réussi.*

L'imparfait

L'imparfait est utilisé pour parler d'une action non terminée dans le passé. Il s'emploie dans les descriptions et pour exprimer une habitude.

Pour former l'imparfait, remplacer la terminaison «-ons» de la première personne du pluriel du présent et ajouter les terminaisons suivantes.

	Jouer	Choisir	Vendre
je	jou**ais**	choisiss**ais**	vend**ais**
tu	jou**ais**	choisiss**ais**	vend**ais**
il / elle / on	jou**ait**	choisiss**ait**	vend**ait**
nous	jou**ions**	choisiss**ions**	vend**ions**
vous	jou**iez**	choisiss**iez**	vend**iez**
ils / elles	jou**aient**	choisiss**aient**	vend**aient**

Le passé composé

Ce temps est utilisé pour parler d'une action complétée dans le passé.

Pour former le passé composé, utiliser un verbe auxiliaire suivi du participe passé. Les verbes transitifs ont le verbe auxiliaire «avoir» et les verbes réfléchis et intransitifs utilisent le verbe «être».

	Jouer	Choisir	Vendre
j'ai	jou**é**	chois**i**	vend**u**
tu as	jou**é**	chois**i**	vend**u**
il / elle / on a	jou**é**	chois**i**	vend**u**
nous avons	jou**é**	chois**i**	vend**u**
vous avez	jou**é**	chois**i**	vend**u**
ils / elles ont	jou**é**	chois**i**	vend**u**

Lorsqu'on utilise l'auxiliaire «être» il faut accorder le participe passé.

je suis arrivé(e)	je me suis lavé(e)
tu es arrivé(e)	tu t'es lavé(e)
il / elle / on est arrivé(e)(s)	il / elle / on s'est lavé(e)(s)
nous sommes arrivé(e)s	nous nous sommes lavé(e)s
vous êtes arrivé(e)(s)	vous vous êtes lavé(e)(s)
ils / elles sont arrivé(e)s	ils / elles se sont lavé(e)s

Le participe passé

Voici comment former le participe passé.

Pour les verbes en «-er», la terminaison est remplacée par «-é».

regarder → *regard**é***

Pour les verbes en «-ir» la terminaison est remplacée par «-i».

finir → *fin**i***

Pour les verbes en «-re» la terminaison est remplacée par «-u».

vendre → *vend**u***

Le participe passé peut aussi remplacer un adjectif.

*La maison **démolie** se trouvait ici.*

*Voici un enfant **perdu**.*

Consultez les tables de verbes irréguliers afin de noter les participes passés irréguliers.

L'accord du participe passé

Lorsqu'un complément d'objet direct précède un temps composé d'un verbe, il faut accorder le participe passé avec l'objet direct.

*Ma voiture? Je l'ai acheté**e** l'année dernière.*

Le plus-que-parfait

Ce temps est utilisé pour parler d'une action qui précède une autre action passée.

Pour former le plus-que-parfait, utiliser un verbe auxiliaire («avoir» ou «être») à l'imparfait suivi du participe passé.

	Jouer	Choisir	Vendre
j'avais	jou**é**	chois**i**	vend**u**
tu avais	jou**é**	chois**i**	vend**u**
il / elle / on avait	jou**é**	chois**i**	vend**u**
nous avions	jou**é**	chois**i**	vend**u**
vous aviez	jou**é**	chois**i**	vend**u**
ils / elles avaient	jou**é**	chois**i**	vend**u**

Lorsqu'on utilise l'auxiliaire «être», il faut accorder le participe passé.

j'étais arrivé(e)	je m'étais lavé(e)
tu étais arrivé(e)	tu t'étais lavé(e)
il / elle / on était arrivé(e)(s)	il / elle / on s'était lavé(e)(s)
nous étions arrivé(e)s	nous nous étions lavé(e)s
vous étiez arrivé(e)(s)	vous vous étiez lavé(e)(s)
ils / elles étaient arrivé(e)s	ils / elles s'étaient lavé(e)s

Le passé simple

Ce temps est utilisé dans les textes littéraires pour des actions complétées dans le passé.

	Jouer	Choisir	Vendre
je	jou**ai**	chois**is**	vend**is**
tu	jou**as**	chois**is**	vend**is**
il / elle / on	jou**a**	chois**it**	vend**it**
nous	jou**âmes**	chois**îmes**	vend**îmes**
vous	jou**âtes**	chois**îtes**	vend**îtes**
ils / elles	jou**èrent**	chois**irent**	vend**irent**

Le futur simple

Le futur est un temps utilisé pour parler d'actions qui ne sont pas encore réalisées. Ajouter les terminaisons au radical du verbe. Le radical du futur se termine toujours en «-r» et ressemble à l'infinitif.

	Jouer	Choisir	Vendre
je	jouer**ai**	choisir**ai**	vendr**ai**
tu	jouer**as**	choisir**as**	vendr**as**
il / elle / on	jouer**a**	choisir**a**	vendr**a**
nous	jouer**ons**	choisir**ons**	vendr**ons**
vous	jouer**ez**	choisir**ez**	vendr**ez**
ils / elles	jouer**ont**	choisir**ont**	vendr**ont**

Le présent du conditionnel

On utilise le conditionnel pour parler d'actions qui n'ont pas eu lieu et qui dépendent de certaines circonstances. Ajouter les terminaisons de l'imparfait au radical du futur.

	Jouer	Choisir	Vendre
je	jouer**ais**	choisir**ais**	vendr**ais**
tu	jouer**ais**	choisir**ais**	vendr**ais**
il / elle / on	jouer**ait**	choisir**ait**	vendr**ait**
nous	jouer**ions**	choisir**ions**	vendr**ions**
vous	jouer**iez**	choisir**iez**	vendr**iez**
ils / elles	jouer**aient**	choisir**aient**	vendr**aient**

Le futur antérieur

Le futur antérieur exprime une action future qui précède une autre action future. Pour conjuguer le futur antérieur, utiliser l'auxiliaire au futur simple suivi d'un participe passé.

Quand **j'aurai fini** mes devoirs, je sortirai.

Il sera déjà **entré** quand vous arriverez.

Le conditionnel passé

Le conditionnel passé s'utilise pour exprimer des actions qui n'ont pas eu lieu à cause des circonstances. Ce temps sert aussi à exprimer le regret ou le reproche. On l'utilise aussi pour donner une information incertaine. Pour conjuguer le conditionnel passé, utiliser l'auxiliaire au temps conditionnel suivi d'un participe passé.

J'aurais dû partir plus tôt.

Le subjonctif

Le subjonctif est un mode que l'on emploie essentiellement dans les propositions subordonnées. Il exprime une incertitude, comme dans la phrase suivante.

*Je veux que **vous mangiez** vos choux de Bruxelles.*

La personne qui parle ne peut pas être *certaine* que les choux de Bruxelles seront mangés.

Dans la langue courante on n'emploie que deux temps du subjonctif: le présent et le passé composé. L'imparfait du subjonctif et le plus-que-parfait sont des temps employés surtout en littérature.

Le présent du subjonctif

Au présent du subjonctif, tous les verbes (sauf «avoir» et «être») ont les mêmes terminaisons:

je	-e
tu	-es
il / elle / on	-e
nous	-ions
vous	-iez
ils / elles	-ent

Dans le cas des verbes du deuxième groupe (infinitif en «-ir»), l'élément «-ss-» apparaît entre le radical et la terminaison du subjonctif.

À noter que pour les verbes du premier et du troisième groupe, les trois personnes du singulier ainsi que la troisième personne du pluriel sont identiques à celles du présent de l'indicatif. Pour les première et deuxième personnes du pluriel, les terminaisons sont identiques à celles de l'imparfait de l'indicatif.

	Jouer	Choisir	Vendre
je	jou**e**	chois**isse**	vend**e**
tu	jou**es**	chois**isses**	vend**es**
il / elle / on	jou**e**	chois**isse**	vend**e**
nous	jou**ions**	chois**issions**	vend**ions**
vous	jou**iez**	chois**issiez**	vend**iez**
ils / elles	jou**ent**	chois**issent**	vend**ent**

Le passé du subjonctif

On forme le passé du subjonctif avec le présent du subjonctif du verbe auxiliaire suivi du participe passé du verbe en question.

que j'aie joué

qu'il soit venu

L'imparfait du subjonctif

	Jouer	Choisir	Vendre
je	jou**asse**	chois**isse**	vend**isse**
tu	jou**asses**	chois**isses**	vend**isses**
il / elle / on	jou**ât**	chois**ît**	vend**ît**
nous	jou**assions**	chois**issions**	vend**issions**
vous	jou**assiez**	chois**issiez**	vend**issiez**
ils / elles	jou**assent**	chois**issent**	vend**issent**

Le plus-que-parfait du subjonctif

On forme le plus-que-parfait du subjonctif avec l'imparfait du subjonctif du verbe auxiliaire suivi du participe passé.

que j'eusse joué

qu'il fût venu

Emploi du subjonctif

Le subjonctif suit certaines expressions dont voici quelques exemples.

- les verbes qui expriment des souhaits: *désirer que, préférer que, vouloir que*
- les verbes qui expriment la crainte: *avoir peur que, craindre que*
- les verbes qui désignent des émotions: *aimer que, avoir honte que, s'étonner que, être content que, regretter que*
- les verbes qui expriment un doute mais seulement à la forme négative: *sembler que, ignorer que, penser que, il se peut que*
- les verbes qui expriment un jugement: *il faut que, il vaut mieux que*

Les conjonctions suivantes (parmi d'autres) sont suivies du subjonctif.

- pour que
- bien que
- avant que
- pourvu que
- quoique

*Nous doutons qu'elle **puisse** y arriver.*

*Pour y arriver, il faut que tu le **veuilles**.*

*Appelle-nous pour que nous le **fassions** ensemble.*

*Je ne suis pas convaincue qu'il **doive** accepter cette offre.*

Le subjonctif s'utilise aussi:

- pour qualifier des superlatifs:

*C'est la plus belle robe qu'elle **ait** vue.*

- pour qualifier des expressions négatives:

*Elle ne connaît personne qui **puisse** faire cela.*

- pour exprimer des qualités souhaitées:

*Je voudrais une voiture qui **puisse** rouler vite.*

Les verbes pronominaux

Les verbes pronominaux sont toujours précédés d'un pronom de la même personne que le sujet.

je	**me** réveille
tu	**te** réveilles
il / elle / on	**se** réveille
nous	**nous** réveillons
vous	**vous** réveillez
ils / elles	**se** réveillent

On distingue trois catégories de verbes pronominaux:

- les verbes réfléchis
- les verbes réciproques
- les verbes essentiellement pronominaux

Les verbes réfléchis

Les verbes réfléchis indiquent que l'action du sujet porte sur le sujet lui-même:

Je me lève à sept heures.

Il se lave les mains.

Nous nous couchons de bonne heure.

Les verbes réciproques

Lorsque le sujet est au pluriel, les verbes pronominaux peuvent indiquer une action réciproque:

Ils se parlent.

Nous nous rencontrons.

Les verbes essentiellement pronominaux

Les verbes essentiellement pronominaux ne s'emploient qu'avec le pronom personnel, mais ils n'ont ni sens réfléchi ni sens réciproque.

Je me souviens.

Il s'en va.

Ils se moquent de vous.

Les verbes impersonnels

Certains verbes sont impersonnels, c'est-à-dire qu'ils utilisent seulement le pronom «il». En voici quelques-uns.

- falloir
- neiger
- pleuvoir

Il faut travailler.

Il pleut à verse.

L'impératif

On utilise l'impératif pour donner des instructions. Pour former ce mode du verbe, utiliser le présent du verbe sans pronom personnel.

Fais tes devoirs.

Faisons nos devoirs.

Faites vos devoirs.

La deuxième personne du singulier des verbes en «-er» ne prend pas de «s».

Regarde le chat!

L'impératif des verbes réfléchis se forme de la même façon mais la forme disjointe du pronom est utilisée.

Lève-toi!

Asseyons-nous!

Amusez-vous bien!

L'impératif des verbes irréguliers est souvent irrégulier.

La place des pronoms

À l'impératif affirmatif, les pronoms sont placés après le verbe et sont rattachés par un trait d'union.

*Voici mon numéro de portable. Appelle-**moi** demain.*

*Voulez-vous du gâteau? Prenez-**en**.*

*Ils veulent que tu leur racontes l'histoire. Raconte-**la-leur**.*

À noter: à la deuxième personne du singulier, le verbe *aller* et les verbes se terminant par un «e» prennent un «s» avant les pronoms *en* et *y* pour faciliter la prononciation.

*Achète**s**-en.*

*Va**s**-y.*

À l'impératif négatif, les pronoms restent placés devant le verbe.

*Vous avez écrit une lettre à Jean-Michel? Ne **la lui** envoyez pas!*

La voix passive

Dans les tournures passives, le complément d'objet du verbe en devient le sujet.

Je mange la pomme = voix active

La pomme est mangée (par moi) = voix passive

On forme la voix passive avec l'auxiliaire «être» au temps souhaité, suivi du participe passé.

Le livre est lu *partout dans le monde.*

Les fleurs sont protégées *par la barrière.*

Il faut aussi considérer l'accord du participe passé.

La maison sera vendue demain.

La négation du verbe

Pour la forme négative d'un verbe il faut utiliser «ne» («n'» avant une voyelle ou un «h» muet) et une négation. D'habitude le mot «ne» précède le verbe et la négation le suit.

Dans le cas des formes composées des verbes, les négations sont normalement placées entre le verbe auxiliaire et le participe passé. En voici une liste.

- pas
- point
- nullement
- plus (au sens négatif)
- guère
- jamais
- rien

*Il **n'a pas** mangé le sandwich*

*Je **n'**ai **jamais** vu le film.*

Mais les négations suivantes sont normalement placées *après* le participe passé.

- personne
- que
- aucun(e)
- nul(le)
- nulle part
- ni… ni…

*Je n'ai vu **personne**.*

*Tu **n**'as mangé **que** la moitié du sandwich.*

Les constructions verbales

Certains verbes sont suivis directement de l'infinitif. D'autres verbes sont suivis d'un infinitif précédé d'une préposition: «à» ou «de».

Verbe + infinitif

- aimer
- devoir
- entendre
- envoyer
- espérer
- oser
- penser
- pouvoir
- préférer
- savoir
- souhaiter
- voir
- vouloir

J'aime aller au cinéma.

Il pouvait voir l'avion.

Verbe + «à» + infinitif

- s'amuser à
- continuer à
- arriver à
- chercher à
- commencer à
- continuer à
- encourager à
- s'habituer à
- inviter à
- obliger à
- persister à
- renoncer à
- réussir à

*J'ai reussi **à** ouvrir la porte.*

*Vous continuerez **à** travailler à la banque.*

Verbe + «de» + infinitif

- accepter de
- cesser de
- se dépêcher de
- empêcher de
- essayer de
- finir de
- manquer de
- permettre de
- proposer de
- refuser de
- regretter de
- rêver de
- tâcher de
- venir de

*Je refuse **d'**écouter ses conseils.*

*Elles ont toujours rêvé **de** voir ce village.*

8 L'interrogation

Il existe plusieurs structures grammaticales pour poser des questions.

- Utiliser l'intonation tout court.

Tu connais Jean-Marc?

- Renverser l'ordre du verbe et du sujet.

Connaissez-vous Jonathan?
A-t-il lu le livre?

Noter le «t» euphonique qui ne sert qu'à faciliter la prononciation.

- Commencer la phrase avec «est-ce que» ou «qu'est-ce que».

Qu'est-ce que Jane va faire?
Est-ce que Pierre a visité le château?

- Utiliser un mot interrogatif. Dans ce cas l'ordre du verbe et du sujet est inversé.

Où travaillez-vous?
Qui veut du fromage?
Comment allez-vous?

9 Le discours direct et le discours indirect

Dans le discours direct, il faut inverser l'ordre du verbe et du sujet après la citation entre guillemets.

«J'aime le musée» dit Jeanne.
«Vous désirez du thé?» demande le serveur.

Le discours indirect utilise des conjonctions (*que*, *si*, etc.,) pour introduire les paroles rapportées.

Jane dit qu'elle aime le musée.
Le serveur me demande si je désire du thé.

La concordance des temps

Quand on passe du discours direct au discours indirect, la concordance des temps doit être respectée.

Si le verbe principal est au présent ou au futur, le verbe subordonné ne change pas.

Elle dit: «Je pars.»
Elle dit qu'elle part.
Elle dira: «Je pars.»
Elle dira qu'elle part.

Si le verbe principal est au passé composé, le verbe subordonné au présent dans le discours direct se met à l'imparfait dans le discours indirect.

Elle a dit: «Je pars.»
Elle a dit qu'elle partait.

Si le verbe principal est au passé composé, le verbe subordonné au passé composé dans le discours direct se met au plus-que-parfait dans le discours indirect.

Elle a dit: «Je suis partie.»
Elle a dit qu'elle était partie.

Si le verbe principal est au passé composé, le verbe subordonné au futur dans le discours direct se met au conditionnel dans le discours indirect.

Elle a dit: «Je partirai.»
Elle a dit qu'elle partirait.

10 Les chiffres

Les chiffres cardinaux

1	un (une)	31	trente et un
2	deux	32	trente-deux
3	trois	40	quarante
4	quatre	50	cinquante
5	cinq	60	soixante
6	six	70	soixante-dix
7	sept	71	soixante et onze
8	huit	72	soixante-douze
9	neuf	80	quatre-vingts
10	dix	81	quatre-vingt-un
11	onze	82	quatre-vingt-deux
12	douze	90	quatre-vingt-dix
13	treize	91	quatre-vingt-onze
14	quatorze	100	cent
15	quinze	101	cent un
16	seize	200	deux cents
17	dix-sept	201	deux cent un
18	dix-huit	1000	mille
19	dix-neuf	1200	mille deux cents
20	vingt	1202	mille deux cent deux
21	vingt et un	2000	deux mille
22	vingt-deux	1 000 000	un million
23	vingt-trois	1 000 000 000	un milliard
30	trente		

Les chiffres ordinaux

Les chiffres ordinaux se forment en ajoutant «-ième» au nombre cardinal.

trois → *trois***ième**
six → *six***ième**
vingt-et-un → *vingt-et-un***ième**

Exceptions:

un (une) → premier (première)

cinq → cin**qu**ième

neuf → neu**v**ième

Si le nombre cardinal se termine par «e», le «e» disparaît lorsqu'on ajoute la terminaison «-ième».

quat**re** → quatrième

Les fractions

½ un demi
⅓ un tiers
¼ un quart
¾ trois quarts

11 Les conjonctions

Les conjonctions permettent de relier des mots ou des propositions.

- ainsi que
- alors que
- bien que
- car
- donc
- et
- lorsque
- mais
- néanmoins
- ni
- or
- ou
- parce que
- pendant que
- puisque
- quand
- quoique
- que
- si

Tableau de conjugaison des verbes

	Présent	Imparfait	Passé simple	Futur simple
Verbes réguliers				
JOUER *Participe présent* jouant *Participe passé* joué	je joue tu joues il / elle / on joue nous jouons vous jouez ils / elles jouent	je jouais tu jouais il / elle / on jouait nous jouions vous jouiez ils / elles jouaient	je jouai tu jouas il / elle / on joua nous jouâmes vous jouâtes ils / elles jouèrent	je jouerai tu joueras il / elle / on jouera nous jouerons vous jouerez ils / elles joueront
FINIR *Participe présent* finissant *Participe passé* fini	je finis tu finis il / elle / on finit nous finissons vous finissez ils / elles finissent	je finissais tu finissais il / elle / on finissait nous finissions vous finissiez ils / elles finissaient	je finis tu finis il / elle / on finit nous finîmes vous finîtes ils / elles finirent	je finirai tu finiras il / elle / on finira nous finirons vous finirez ils / elles finiront
RENDRE *Participe présent* rendant *Participe passé* rendu	je rends tu rends il / elle / on rend nous rendons vous rendez ils / elles rendent	je rendais tu rendais il / elle / on rendait nous rendions vous rendiez ils / elles rendaient	je rendis tu rendis il / elle / on rendit nous rendîmes vous rendîtes ils / elles rendirent	je rendrai tu rendras il / elle / on rendra nous rendrons vous rendrez ils / elles rendront
SE COUCHER *Participe présent* se couchant *Participe passé* couché	je me couche tu te couches il / elle / on se couche nous nous couchons vous vous couchez ils / elles se couchent	je me couchais tu te couchais il / elle / on se couchait nous nous couchions vous vous couchiez ils / elles se couchaient	je me couchai tu te couchas il / elle / on se coucha nous nous couchâmes vous vous couchâtes ils / elles se couchèrent	je me coucherai tu te coucheras il / elle / on se couchera nous nous coucherons vous vous coucherez ils / elles se coucheront
Avoir, être et aller				
AVOIR *Participe présent* ayant *Participe passé* eu	j'ai tu as il / elle / on a nous avons vous avez ils / elles ont	j'avais tu avais il / elle / on avait nous avions vous aviez ils / elles avaient	j'eus tu eus il / elle / on eut nous eûmes vous eûtes ils / elles eurent	j'aurai tu auras il / elle / on aura nous aurons vous aurez ils / elles auront
ÊTRE *Participe présent* étant *Participe passé* été	je suis tu es il / elle / on est nous sommes vous êtes ils / elles sont	j'étais tu étais il / elle / on était nous étions vous étiez ils / elles étaient	je fus tu fus il / elle / on fut nous fûmes vous fûtes ils / elles furent	je serai tu seras il / elle / on sera nous serons vous serez ils / elles seront
ALLER *Participe présent* allant *Participe passé* allé	je vais tu vas il / elle / on va nous allons vous allez ils / elles vont	j'allais tu allais il / elle / on allait nous allions vous alliez ils / elles allaient	j'allai tu allas il / elle / on alla nous allâmes vous allâtes ils / elles allèrent	j'irai tu iras il / elle / on ira nous irons vous irez ils / elles iront

Passé composé	Plus-que-parfait	Présent du conditionnel	Présent du subjonctif	Imparfait du subjonctif
j'ai joué tu as joué il / elle / on a joué nous avons joué vous avez joué ils / elles ont joué	j'avais joué tu avais joué il / elle / on avait joué nous avions joué vous aviez joué ils / elles avaient joué	je jouerais tu jouerais il / elle / on jouerait nous jouerions vous joueriez ils / elles joueraient	je joue tu joues il / elle / on joue nous jouions vous jouiez ils / elles jouent	je jouasse tu jouasses il / elle / on jouât nous jouassions vous jouassiez ils / elles jouassent
j'ai fini tu as fini il / elle / on a fini nous avons fini vous avez fini ils / elles ont fini	j'avais fini tu avais fini il / elle / on avait fini nous avions fini vous aviez fini ils / elles avaient fini	je finirais tu finirais il / elle / on finirait nous finirions vous finiriez ils / elles finiraient	je finisse tu finisses il / elle / on finisse nous finissions vous finissiez ils / elles finissent	je finisse tu finisses il / elle / on finît nous finissions vous finissiez ils / elles finissent
j'ai rendu tu as rendu il / elle / on a rendu nous avons rendu vous avez rendu ils / elles ont rendu	j'avais rendu tu avais rendu il / elle / on avait rendu nous avions rendu vous aviez rendu ils / elles avaient rendu	je rendrais tu rendrais il / elle / on rendrait nous rendrions vous rendriez ils / elles rendraient	je rende tu rendes il / elle / on rende nous rendions vous rendiez ils / elles rendent	je rendisse tu rendisses il / elle / on rendît nous rendissions vous rendissiez ils / elles rendissent
je me suis couché(e) tu t'es couché(e) il s'est couché elle s'est couchée on s'est couché(e)(s) nous nous sommes couché(e)s vous vous êtes couché(e)(s) ils se sont couchés elles se sont couchées	je m'étais couché(e) tu t'étais couché(e) il s'était couché elle s'était couchée on s'était couché(e)(s) nous nous étions couché(e)s vous vous étiez couché(e)(s) ils s'étaient couchés elles s'étaient couchées	je me coucherais tu te coucherais il / elle / on se coucherait nous nous coucherions vous vous coucheriez ils / elles se coucheraient	je me couche tu te couches il / elle / on se couche nous nous couchions vous vous couchiez ils / elles se couchent	je me couchasse tu te couchasses il / elle / on se couchât nous nous couchassions vous vous couchassiez ils / elles se couchassent
j'ai eu tu as eu il / elle / on a eu nous avons eu vous avez eu ils / elles ont eu	j'avais eu tu avais eu il / elle / on avait eu nous avions eu vous aviez eu ils / elles avaient eu	j'aurais tu aurais il / elle / on aurait nous aurions vous auriez ils / elles auraient	j'aie tu aies il / elle / on ait nous ayons vous ayez ils / elles aient	j'eusse tu eusses il / elle / on eût nous eussions vous eussiez ils / elles eussent
j'ai été tu as été il / elle / on a été nous avons été vous avez été ils / elles ont été	j'avais été tu avais été il / elle / on avait été nous avions été vous aviez été ils / elles avaient été	je serais tu serais il / elle / on serait nous serions vous seriez ils / elles seraient	je sois tu sois il / elle / on soit nous soyons vous soyez ils / elles soient	je fusse tu fusses il / elle / on fût nous fussions vous fussiez ils / elles fussent
je suis allé(e) tu es allé(e) il est allé elle est allée on est allé(e)(s) nous sommes allé(e)s vous êtes allé(e)(s) ils sont allés elles sont allées	j'étais allé(e) tu étais allé(e) il était allé elle était allée on était allé(e)(s) nous étions allé(e)s vous étiez allé(e)(s) ils étaient allés elles étaient allées	j'irais tu irais il / elle / on irait nous irions vous iriez ils / elles iraient	j'aille tu ailles il / elle / on aille nous allions vous alliez ils / elles aillent	j'allasse tu allasses il / elle / on allât nous allassions vous allassiez ils / elles allassent

	Présent	Imparfait	Passé simple	Futur simple
Auxiliaires modaux				
DEVOIR *Participe présent* devant *Participe passé* dû	je dois tu dois il / elle / on doit nous devons vous devez ils / elles doivent	je devais tu devais il / elle / on devait nous devions vous deviez ils / elles devaient	je dus tu dus il / elle / on dut nous dûmes vous dûtes ils / elles durent	je devrai tu devras il / elle / on devra nous devrons vous devrez ils / elles devront
POUVOIR *Participe présent* pouvant *Participe passé* pu	je peux tu peux il / elle / on peut nous pouvons vous pouvez ils / elles peuvent	je pouvais tu pouvais il / elle / on pouvait nous pouvions vous pouviez ils / elles pouvaient	je pus tu pus il / elle / on put nous pûmes vous pûtes ils / elles purent	je pourrai tu pourras il / elle / on pourra nous pourrons vous pourrez ils / elles pourront
SAVOIR *Participe présent* sachant *Participe passé* su	je sais tu sais il / elle / on sait nous savons vous savez ils / elles savent	je savais tu savais il / elle / on savait nous savions vous saviez ils / elles savaient	je sus tu sus il / elle / on sut nous sûmes vous sûtes ils / elles surent	je saurai tu sauras il / elle / on saura nous saurons vous saurez ils / elles sauront
VOULOIR *Participe présent* voulant *Participe passé* voulu	je veux tu veux il / elle / on veut nous voulons vous voulez ils / elles veulent	je voulais tu voulais il / elle / on voulait nous voulions vous vouliez ils / elles voulaient	je voulus tu voulus il / elle / on voulut nous voulûmes vous voulûtes ils / elles voulurent	je voudrai tu voudras il / elle / on voudra nous voudrons vous voudrez ils / elles voudront
Verbes irréguliers				
APPELER *Participe présent* appelant *Participe passé* appelé	j'appelle tu appelles il / elle / on appelle nous appelons vous appelez ils / elles appellent	j'appelais tu appelais il / elle / on appelait nous appelions vous appeliez ils / elles appelaient	j'appelai tu appelas il / elle / on appela nous appelâmes vous appelâtes ils / elles appelèrent	j'appellerai tu appelleras il / elle / on appellera nous appellerons vous appellerez ils / elles appelleront
S'ASSEOIR *Participe présent* asseyant *Participe passé* assis	je m'assieds tu t'assieds il / elle / on s'assied nous nous asseyons vous vous asseyez ils / elles s'asseyent	je m'asseyais tu t'asseyais il / elle / on s'asseyait nous nous asseyions vous vous asseyiez ils / elles s'asseyaient	je m'assis tu t'assis il / elle / on s'assit nous nous assîmes vous vous assîtes ils / elles s'assirent	je m'assiérai tu t'assiéras il / elle / on s'assiéra nous nous assiérons vous vous assiérez ils / elles s'assiéront
BOIRE *Participe présent* buvant *Participe passé* bu	je bois tu bois il / elle / on boit nous buvons vous buvez ils / elles boivent	je buvais tu buvais il / elle / on buvait nous buvions vous buviez ils / elles buvaient	je bus tu bus il / elle / on but nous bûmes vous bûtes ils / elles burent	je boirai tu boiras il / elle / on boira nous boirons vous boirez ils / elles boiront

Passé composé	Plus-que-parfait	Présent du conditionnel	Présent du subjonctif	Imparfait du subjonctif
j'ai dû tu as dû il / elle / on a dû nous avons dû vous avez dû ils / elles ont dû	j'avais dû tu avais dû il / elle / on avait dû nous avions dû vous aviez dû ils / elles avaient dû	je devrais tu devrais il / elle / on devrait nous devrions vous devriez ils / elles devraient	je doive tu doives il / elle / on doive nous devions vous deviez ils / elles doivent	je dusse tu dusses il / elle / on dût nous dussions vous dussiez ils / elles dussent
j'ai pu tu as pu il / elle / on a pu nous avons pu vous avez pu ils / elles ont pu	j'avais pu tu avais pu il / elle / on avait pu nous avions pu vous aviez pu ils / elles avaient pu	je pourrais tu pourrais il / elle / on pourrait nous pourrions vous pourriez ils / elles pourraient	je puisse tu puisses il / elle / on puisse nous puissions vous puissiez ils / elles puissent	je pusse tu pusses il / elle / on pût nous pussions vous pussiez ils / elles pussent
j'ai su tu as su il / elle / on a su nous avons su vous avez su ils / elles ont su	j'avais su tu avais su il / elle / on avait su nous avions su vous aviez su ils / elles avaient su	je saurais tu saurais il / elle / on saurait nous saurions vous sauriez ils / elles sauraient	je sache tu saches il / elle / on sache nous sachions vous sachiez ils / elles sachent	je susse tu susses il / elle / on sût nous sussions vous sussiez ils / elles sussent
j'ai voulu tu as voulu il / elle / on a voulu nous avons voulu vous avez voulu ils / elles ont voulu	j'avais voulu tu avais voulu il / elle / on avait voulu nous avions voulu vous aviez voulu ils / elles avaient voulu	je voudrais tu voudrais il / elle / on voudrait nous voudrions vous voudriez ils / elles voudraient	je veuille tu veuilles il / elle / on veuille nous voulions vous vouliez ils / elles veuillent	je voulusse tu voulusses il / elle / on voulût nous voulussions vous voulussiez ils / elles voulussent
j'ai appelé tu as appelé il / elle / on a appelé nous avons appelé vous avez appelé ils / elles ont appelé	j'avais appelé tu avais appelé il / elle / on avait appelé nous avions appelé vous aviez appelé ils / elles avaient appelé	j'appellerais tu appellerais il / elle / on appellerait nous appellerions vous appelleriez ils / elles appelleraient	j'appelle tu appelles il / elle / on appelle nous appelions vous appeliez ils / elles appellent	j'appelasse tu appelasses il / elle / on appelât nous appelassions vous appelassiez ils / elles appelassent
je me suis assis(e) tu t'es assis(e) il s'est assis elle s'est assise on s'est assis(e)(s) nous nous sommes assis(es) vous vous êtes assis(e)(s) ils / elles se sont assis(es)	je m'étais assis(e) tu t'étais assis(e) il s'était assis elle s'était assise on s'était assis(e)(s) nous nous étions assis(es) vous vous étiez assis(e)(s) ils / elles s'étaient assis(es)	je m'assiérais tu t'assiérais il / elle / on s'assiérait nous nous assiérions vous vous assiériez ils / elles s'assiéraient	je m'asseye tu t'asseyes il / elle / on s'asseye nous nous asseyions vous vous asseyiez ils / elles s'asseyent	je m'assisse tu t'assisses il / elle / on s'assît nous nous assissions vous vous assissiez ils / elles s'assissent
j'ai bu tu as bu il / elle / on a bu nous avons bu vous avez bu ils / elles ont bu	j'avais bu tu avais bu il / elle / on avait bu nous avions bu vous aviez bu ils / elles avaient bu	je boirais tu boirais il / elle / on boirait nous boirions vous boiriez ils / elles boiraient	je boive tu boives il / elle / on boive nous buvions vous buviez ils / elles boivent	je busse tu busses il / elle / on bût nous bussions vous bussiez ils / elles bussent

Grammaire

	Présent	Imparfait	Passé simple	Futur simple
COMMENCER *Participe présent* commençant *Participe passé* commencé	je commence tu commences il / elle / on commence nous commençons vous commencez ils / elles commencent	je commençais tu commençais il / elle / on commençait nous commencions vous commenciez ils / elles commençaient	je commençai tu commenças il / elle / on commença nous commençâmes vous commençâtes ils / elles commencèrent	je commencerai tu commenceras il / elle / on commencera nous commencerons vous commencerez ils / elles commenceront
CONDUIRE *Participe présent* conduisant *Participe passé* conduit	je conduis tu conduis il / elle / on conduit nous conduisons vous conduisez ils / elles conduisent	je conduisais tu conduisais il / elle / on conduisait nous conduisions vous conduisiez ils / elles conduisaient	je conduisis tu conduisis il / elle / on conduisit nous conduisîmes vous conduisîtes ils / elles conduisirent	je conduirai tu conduiras il / elle / on conduira nous conduirons vous conduirez ils / elles conduiront
CONNAÎTRE *Participe présent* connaissant *Participe passé* connu	je connais tu connais il / elle / on connaît nous connaissons vous connaissez ils / elles connaissent	je connaissais tu connaissais il / elle / on connaissait nous connaissions vous connaissiez ils / elles connaissaient	je connus tu connus il / elle / on connut nous connûmes vous connûtes ils / elles connurent	je connaîtrai tu connaîtras il / elle / on connaîtra nous connaîtrons vous connaîtrez ils / elles connaîtront
COURIR *Participe présent* courant *Participe passé* couru	je cours tu cours il / elle / on court nous courons vous courez ils / elles courent	je courais tu courais il / elle / on courait nous courions vous couriez ils / elles couraient	je courus tu courus il / elle / on courut nous courûmes vous courûtes ils / elles coururent	je courrai tu courras il / elle / on courra nous courrons vous courrez ils / elles courront
CROIRE *Participe présent* croyant *Participe passé* cru	je crois tu crois il / elle / on croit nous croyons vous croyez ils / elles croient	je croyais tu croyais il / elle / on croyait nous croyions vous croyiez ils / elles croyaient	je crus tu crus il / elle / on crut nous crûmes vous crûtes ils / elles crurent	je croirai tu croiras il / elle / on croira nous croirons vous croirez ils / elles croiront
CRAINDRE *Participe présent* craignant *Participe passé* craint	je crains tu crains il / elle / on craint nous craignons vous craignez ils / elles craignent	je craignais tu craignais il / elle / on craignait nous craignions vous craigniez ils / elles craignaient	je craignis tu craignis il / elle / on craignit nous craignîmes vous craignîtes ils / elles craignirent	je craindrai tu craindras il / elle / on craindra nous craindrons vous craindrez ils / elles craindront
DIRE *Participe présent* disant *Participe passé* dit	je dis tu dis il / elle / on dit nous disons vous dites ils / elles disent	je disais tu disais il / elle / on disait nous disions vous disiez ils / elles disaient	je dis tu dis il / elle / on dit nous dîmes vous dîtes ils / elles dirent	je dirai tu diras il / elle / on dira nous dirons vous direz ils / elles diront
DORMIR *Participe présent* dormant *Participe passé* dormi	je dors tu dors il / elle / on dort nous dormons vous dormez ils / elles dorment	je dormais tu dormais il / elle / on dormait nous dormions vous dormiez ils / elles dormaient	je dormis tu dormis il / elle / on dormit nous dormîmes vous dormîtes ils / elles dormirent	je dormirai tu dormiras il / elle / on dormira nous dormirons vous dormirez ils / elles dormiront

Passé composé	Plus-que-parfait	Présent du conditionnel	Présent du subjonctif	Imparfait du subjonctif
j'ai commencé tu as commencé il / elle / on a commencé nous avons commencé vous avez commencé ils / elles ont commencé	j'avais commencé tu avais commencé il / elle / on avait commencé nous avions commencé vous aviez commencé ils / elles avaient commencé	je commencerais tu commencerais il / elle / on commencerait nous commencerions vous commenceriez ils / elles commenceraient	je commence tu commences il / elle / on commence nous commencions vous commenciez ils / elles commencent	je commençasse tu commençasses il / elle / on commençât nous commençassions vous commençassiez ils / elles commençassent
j'ai conduit tu as conduit il / elle / on a conduit nous avons conduit vous avez conduit ils / elles ont conduit	j'avais conduit tu avais conduit il / elle / on avait conduit nous avions conduit vous aviez conduit ils / elles avaient conduit	je conduirais tu conduirais il / elle / on conduirait nous conduirions vous conduiriez ils / elles conduiraient	je conduise tu conduises il / elle / on conduise nous conduisions vous conduisiez ils / elles conduisent	je conduisisse tu conduisisses il / elle / on conduisît nous conduisissions vous conduisissiez ils / elles conduisissent
j'ai connu tu as connu il / elle / on a connu nous avons connu vous avez connu ils / elles ont connu	j'avais connu tu avais connu il / elle / on avait connu nous avions connu vous aviez connu ils / elles avaient connu	je connaîtrais tu connaîtrais il / elle / on connaîtrait nous connaîtrions vous connaîtriez ils / elles connaîtraient	je connaisse tu connaisses il / elle / on connaisse nous connaissions vous connaissiez ils / elles connaissent	je connusse tu connusses il / elle / on connût nous connussions vous connussiez ils / elles connussent
j'ai couru tu as couru il / elle / on a couru nous avons couru vous avez couru ils / elles ont couru	j'avais couru tu avais couru il / elle / on avait couru nous avions couru vous aviez couru ils / elles avaient couru	je courrais tu courrais il / elle / on courrait nous courrions vous courriez ils / elles courraient	je coure tu coures il / elle / on coure nous courions vous couriez ils / elles courent	je courusse tu courusses il / elle / on courût nous courussions vous courussiez ils / elles courussent
j'ai cru tu as cru il / elle / on a cru nous avons cru vous avez cru ils / elles ont cru	j'avais cru tu avais cru il / elle / on avait cru nous avions cru vous aviez cru ils / elles avaient cru	je croirais tu croirais il / elle / on croirait nous croirions vous croiriez ils / elles croiraient	je croie tu croies il / elle / on croie nous croyions vous croyiez ils / elles croient	je crusse tu crusses il / elle / on crût nous crussions vous crussiez ils / elles crussent
j'ai craint tu as craint il / elle / on a craint nous avons craint vous avez craint ils / elles ont craint	j'avais craint tu avais craint il / elle / on avait craint nous avions craint vous aviez craint ils / elles avaient craint	je craindrais tu craindrais il / elle / on craindrait nous craindrions vous craindriez ils / elles craindraient	je craigne tu craignes il / elle / on craigne nous craignions vous craigniez ils / elles craignent	je craignisse tu craignisses il / elle / on craignît nous craignissions vous craignissiez ils / elles craignissent
j'ai dit tu as dit il / elle / on a dit nous avons dit vous avez dit ils / elles ont dit	j'avais dit tu avais dit il / elle / on avait dit nous avions dit vous aviez dit ils / elles avaient dit	je dirais tu dirais il / elle / on dirait nous dirions vous diriez ils / elles diraient	je dise tu dises il / elle / on dise nous disions vous disiez ils / elles disent	je disse tu disses il / elle / on dît nous dissions vous dissiez ils / elles dissent
j'ai dormi tu as dormi il / elle / on a dormi nous avons dormi vous avez dormi ils / elles ont dormi	j'avais dormi tu avais dormi il / elle / on avait dormi nous avions dormi vous aviez dormi ils / elles avaient dormi	je dormirais tu dormirais il / elle / on dormirait nous dormirions vous dormiriez ils / elles dormiraient	je dorme tu dormes il / elle / on dorme nous dormions vous dormiez ils / elles dorment	je dormisse tu dormisses il / elle / on dormît nous dormissions vous dormissiez ils / elles dormissent

	Présent	Imparfait	Passé simple	Futur simple
ÉCRIRE *Participe présent* écrivant *Participe passé* écrit	j'écris tu écris il / elle / on écrit nous écrivons vous écrivez ils / elles écrivent	j'écrivais tu écrivais il / elle / on écrivait nous écrivions vous écriviez ils / elles écrivaient	j'écrivis tu écrivis il / elle / on écrivit nous écrivîmes vous écrivîtes ils / elles écrivirent	j'écrirai tu écriras il / elle / on écrira nous écrirons vous écrirez ils / elles écriront
ENVOYER *Participe présent* envoyant *Participe passé* envoyé	j'envoie tu envoies il / elle / on envoie nous envoyons vous envoyez ils / elles envoient	j'envoyais tu envoyais il / elle / on envoyait nous envoyions vous envoyiez ils / elles envoyaient	j'envoyai tu envoyas il / elle / on envoya nous envoyâmes vous envoyâtes ils / elles envoyèrent	j'enverrai tu enverras il / elle / on enverra nous enverrons vous enverrez ils / elles enverront
ESPÉRER *Participe présent* espérant *Participe passé* espéré	j'espère tu espères il / elle / on espère nous espérons vous espérez ils / elles espèrent	j'espérais tu espérais il / elle / on espérait nous espérions vous espériez ils / elles espéraient	j'espérai tu espéras il / elle / on espéra nous espérâmes vous espérâtes ils / elles espérèrent	j'espérerai tu espéreras il / elle / on espérera nous espérerons vous espérerez ils / elles espéreront
ESSAYER *Participe présent* essayant *Participe passé* essayé	j'essaie tu essaies il / elle / on essaie nous essayons vous essayez ils / elles essaient	j'essayais tu essayais il / elle / on essayait nous essayions vous essayiez ils / elles essayaient	j'essayai tu essayas il / elle / on essaya nous essayâmes vous essayâtes ils / elles essayèrent	j'essayerai tu essayeras il / elle / on essayera nous essayerons vous essayerez ils / elles essayeront
FAIRE *Participe présent* faisant *Participe passé* fait	je fais tu fais il / elle / on fait nous faisons vous faites ils / elles font	je faisais tu faisais il / elle / on faisait nous faisions vous faisiez ils / elles faisaient	je fis tu fis il / elle / on fit nous fîmes vous fîtes ils / elles firent	je ferai tu feras il / elle / on fera nous ferons vous ferez ils / elles feront
FALLOIR *Participe présent* — *Participe passé* fallu	il faut	il fallait	il fallut	il faudra
LIRE *Participe présent* lisant *Participe passé* lu	je lis tu lis il / elle / on lit nous lisons vous lisez ils / elles lisent	je lisais tu lisais il / elle / on lisait nous lisions vous lisiez ils / elles lisaient	je lus tu lus il / elle / on lut nous lûmes vous lûtes ils / elles lurent	je lirai tu liras il / elle / on lira nous lirons vous lirez ils / elles liront
METTRE *Participe présent* mettant *Participe passé* mis	je mets tu mets il / elle / on met nous mettons vous mettez ils / elles mettent	je mettais tu mettais il / elle / on mettait nous mettions vous mettiez ils / elles mettaient	je mis tu mis il / elle / on mit nous mîmes vous mîtes ils / elles mirent	je mettrai tu mettras il / elle / on mettra nous mettrons vous mettrez ils / elles mettront

Passé composé	Plus-que-parfait	Présent du conditionnel	Présent du subjonctif	Imparfait du subjonctif
j'ai écrit tu as écrit il / elle / on a écrit nous avons écrit vous avez écrit ils / elles ont écrit	j'avais écrit tu avais écrit il / elle / on avait écrit nous avions écrit vous aviez écrit ils / elles avaient écrit	j'écrirais tu écrirais il / elle / on écrirait nous écririons vous écririez ils / elles écriraient	j'écrive tu écrives il / elle / on écrive nous écrivions vous écriviez ils / elles écrivent	j'écrivisse tu écrivisses il / elle / on écrivît nous écrivissions vous écrivissiez ils / elles écrivissent
j'ai envoyé tu as envoyé il / elle / on a envoyé nous avons envoyé vous avez envoyé ils / elles ont envoyé	j'avais envoyé tu avais envoyé il / elle / on avait envoyé nous avions envoyé vous aviez envoyé ils / elles avaient envoyé	j'enverrais tu enverrais il / elle / on enverrait nous enverrions vous enverriez ils / elles enverraient	j'envoie tu envoies il / elle / on envoie nous envoyions vous envoyiez ils / elles envoient	j'envoyasse tu envoyasses il / elle / on envoyât nous envoyassions vous envoyassiez ils / elles envoyassent
j'ai espéré tu as espéré il / elle / on a espéré nous avons espéré vous avez espéré ils / elles ont espéré	j'avais espéré tu avais espéré il / elle / on avait espéré nous avions espéré vous aviez espéré ils / elles avaient espéré	j'espérerais tu espérerais il / elle / on espérerait nous espérerions vous espéreriez ils / elles espéreraient	j'espère tu espères il / elle / on espère nous espérions vous espériez ils / elles espèrent	j'espérasse tu espérasses il / elle / on espérât nous espérassions vous espérassiez ils / elles espérassent
j'ai essayé tu as essayé il / elle / on a essayé nous avons essayé vous avez essayé ils / elles ont essayé	j'avais essayé tu avais essayé il / elle / on avait essayé nous avions essayé vous aviez essayé ils / elles avaient essayé	j'essayerais tu essayerais il / elle / on essayerait nous essayerions vous essayeriez ils / elles essayeraient	j'essaie tu essaies il / elle / on essaie nous essayions vous essayiez ils / elles essaient	j'essayasse tu essayasses il / elle / on essayât nous essayassions vous essayassiez ils / elles essayassent
j'ai fait tu as fait il / elle / on a fait nous avons fait vous avez fait ils / elles ont fait	j'avais fait tu avais fait il / elle / on avait fait nous avions fait vous aviez fait ils / elles avaient fait	je ferais tu ferais il / elle / on ferait nous ferions vous feriez ils / elles feraient	je fasse tu fasses il / elle / on fasse nous fassions vous fassiez ils / elles fassent	je fisse tu fisses il / elle / on fît nous fissions vous fissiez ils / elles fissent
il a fallu	il avait fallu	il faudrait	il faille	il fallût
j'ai lu tu as lu il / elle / on a lu nous avons lu vous avez lu ils / elles ont lu	j'avais lu tu avais lu il / elle / on avait lu nous avions lu vous aviez lu ils / elles avaient lu	je lirais tu lirais il / elle / on lirait nous lirions vous liriez ils / elles liraient	je lise tu lises il / elle / on lise nous lisions vous lisiez ils / elles lisent	je lusse tu lusses il / elle / on lût nous lussions vous lussiez ils / elles lussent
j'ai mis tu as mis il / elle / on a mis nous avons mis vous avez mis ils / elles ont mis	j'avais mis tu avais mis il / elle / on avait mis nous avions mis vous aviez mis ils / elles avaient mis	je mettrais tu mettrais il / elle / on mettrait nous mettrions vous mettriez ils / elles mettraient	je mette tu mettes il / elle / on mette nous mettions vous mettiez ils / elles mettent	je misse tu misses il / elle / on mît nous missions vous missiez ils / elles missent

	Présent	**Imparfait**	**Passé simple**	**Futur simple**
MOURIR *Participe présent* mourant *Participe passé* mort	je meurs tu meurs il / elle / on meurt nous mourons vous mourez ils / elles meurent	je mourais tu mourais il / elle / on mourait nous mourions vous mouriez ils / elles mouraient	je mourus tu mourus il / elle / on mourut nous mourûmes vous mourûtes ils / elles moururent	je mourrai tu mourras il / elle / on mourra nous mourrons vous mourrez ils / elles mourront
NAÎTRE *Participe présent* naissant *Participe passé* né	je nais tu nais il / elle / on naît nous naissons vous naissez ils / elles naissent	je naissais tu naissais il / elle / on naissait nous naissions vous naissiez ils / elles naissaient	je naquis tu naquis il / elle / on naquit nous naquîmes vous naquîtes ils / elles naquirent	je naîtrai tu naîtras il / elle / on naîtra nous naîtrons vous naîtrez ils / elles naîtront
OUVRIR *Participe présent* ouvrant *Participe passé* ouvert	j'ouvre tu ouvres il / elle / on ouvre nous ouvrons vous ouvrez ils / elles ouvrent	j'ouvrais tu ouvrais il / elle / on ouvrait nous ouvrions vous ouvriez ils / elles ouvraient	j'ouvris tu ouvris il / elle / on ouvrit nous ouvrîmes vous ouvrîtes ils / elles ouvrirent	j'ouvrirai tu ouvriras il / elle / on ouvrira nous ouvrirons vous ouvrirez ils / elles ouvriront
PARTIR *Participe présent* partant *Participe passé* parti	je pars tu pars il / elle / on part nous partons vous partez ils / elles partent	je partais tu partais il / elle / on partait nous partions vous partiez ils / elles partaient	je partis tu partis il / elle / on partit nous partîmes vous partîtes ils / elles partirent	je partirai tu partiras il / elle / on partira nous partirons vous partirez ils / elles partiront
PLAIRE *Participe présent* plaisant *Participe passé* plu	je plais tu plais il / elle / on plaît nous plaisons vous plaisez ils / elles plaisent	je plaisais tu plaisais il / elle / on plaisait nous plaisions vous plaisiez ils / elles plaisaient	je plus tu plus il / elle / on plut nous plûmes vous plûtes ils / elles plurent	je plairai tu plairas il / elle / on plaira nous plairons vous plairez ils / elles plairont
PLEUVOIR *Participe présent* pleuvant *Participe passé* plu	il pleut	il pleuvait	il plut	il pleuvra
PRENDRE *Participe présent* prenant *Participe passé* pris	je prends tu prends il / elle / on prend nous prenons vous prenez ils / elles prennent	je prenais tu prenais il / elle / on prenait nous prenions vous preniez ils / elles prenaient	je pris tu pris il / elle / on prit nous prîmes vous prîtes ils / elles prirent	je prendrai tu prendras il / elle / on prendra nous prendrons vous prendrez ils / elles prendront

Passé composé	Plus-que-parfait	Présent du conditionnel	Présent du subjonctif	Imparfait du subjonctif
je suis mort(e) tu es mort(e) il est mort elle est morte on est mort(e)(s) nous sommes mort(e)s vous êtes mort(e)(s) ils sont morts elles sont mortes	j'étais mort(e) tu étais mort(e) il était mort elle était morte on était mort(e)(s) nous étions mort(e)s vous étiez mort(e)(s) ils étaient morts elles étaient mortes	je mourrais tu mourrais il / elle / on mourrait nous mourrions vous mourriez ils / elles mourraient	je meure tu meures il / elle / on meure nous mourions vous mouriez ils / elles meurent	je mourusse tu mourusses il / elle / on mourût nous mourussions vous mourussiez ils / elles mourussent
je suis né(e) tu es né(e) il est né elle est née on est né(e)(s) nous sommes né(e)s vous êtes né(e)(s) ils sont nés elles sont nées	j'étais né(e) tu étais né(e) il était né elle était née on était né(e)(s) nous étions né(e)s vous étiez né(e)(s) ils étaient nés elles étaient nées	je naîtrais tu naîtrais il / elle / on naîtrait nous naîtrions vous naîtriez ils / elles naîtraient	je naisse tu naisses il / elle / on naisse nous naissions vous naissiez ils / elles naissent	je naquisse tu naquisses il / elle / on naquît nous naquissions vous naquissiez ils / elles naquissent
j'ai ouvert tu as ouvert il / elle / on a ouvert nous avons ouvert vous avez ouvert ils / elles ont ouvert	j'avais ouvert tu avais ouvert il / elle / on avait ouvert nous avions ouvert vous aviez ouvert ils / elles avaient ouvert	j'ouvrirais tu ouvrirais il / elle / on ouvrirait nous ouvririons vous ouvririez ils / elles ouvriraient	j'ouvre tu ouvres il / elle / on ouvre nous ouvrions vous ouvriez ils / elles ouvrent	j'ouvrisse tu ouvrisses il / elle / on ouvrît nous ouvrissions vous ouvrissiez ils / elles ouvrissent
je suis parti(e) tu es parti(e) il est parti elle est partie on est parti(e)(s) nous sommes parti(e)s vous êtes parti(e)(s) ils sont partis elles sont parties	j'étais parti(e) tu étais parti(e) il était parti elle était partie on était parti(e)(s) nous étions parti(e)s vous étiez parti(e)(s) ils étaient partis elles étaient parties	je partirais tu partirais il / elle / on partirait nous partirions vous partiriez ils / elles partiraient	je parte tu partes il / elle / on parte nous partions vous partiez ils / elles partent	je partisse tu partisses il / elle / on partît nous partissions vous partissiez ils / elles partissent
j'ai plu tu as plu il / elle / on a plu nous avons plu vous avez plu ils / elles ont plu	j'avais plu tu avais plu il / elle / on avait plu nous avions plu vous aviez plu ils / elles avaient plu	je plairais tu plairais il / elle / on plairait nous plairions vous plairiez ils / elles plairaient	je plaise tu plaises il / elle / on plaise nous plaisions vous plaisiez ils / elles plaisent	je plusse tu plusses il / elle / on plût nous plussions vous plussiez ils / elles plussent
il a plu	il avait plu	il pleuvrait	il pleuve	il plût
j'ai pris tu as pris il / elle / on a pris nous avons pris vous avez pris ils / elles ont pris	j'avais pris tu avais pris il / elle / on avait pris nous avions pris vous aviez pris ils / elles avaient pris	je prendrais tu prendrais il / elle / on prendrait nous prendrions vous prendriez ils / elles prendraient	je prenne tu prennes il / elle / on prenne nous prenions vous preniez ils / elles prennent	je prisse tu prisses il / elle / on prît nous prissions vous prissiez ils / elles prissent

	Présent	Imparfait	Passé simple	Futur simple
RECEVOIR *Participe présent* recevant *Participe passé* reçu	je reçois tu reçois il / elle / on reçoit nous recevons vous recevez ils / elles reçoivent	je recevais tu recevais il / elle / on recevait nous recevions vous receviez ils / elles recevaient	je reçus tu reçus il / elle / on reçut nous reçûmes vous reçûtes ils / elles reçurent	je recevrai tu recevras il / elle / on recevra nous recevrons vous recevrez ils / elles recevront
RIRE *Participe présent* riant *Participe passé* ri	je ris tu ris il / elle / on rit nous rions vous riez ils / elles rient	je riais tu riais il / elle / on riait nous riions vous riiez ils / elles riaient	je ris tu ris il / elle / on rit nous rîmes vous rîtes ils / elles rirent	je rirai tu riras il / elle / on rira nous rirons vous rirez ils / elles riront
SORTIR *Participe présent* sortant *Participe passé* sorti	je sors tu sors il / elle / on sort nous sortons vous sortez ils / elles sortent	je sortais tu sortais il / elle / on sortait nous sortions vous sortiez ils / elles sortaient	je sortis tu sortis il / elle / on sortit nous sortîmes vous sortîtes ils / elles sortirent	je sortirai tu sortiras il / elle / on sortira nous sortirons vous sortirez ils / elles sortiront
VALOIR *Participe présent* valant *Participe passé* valu	je vaux tu vaux il / elle / on vaut nous valons vous valez ils / elles valent	je valais tu valais il / elle / on valait nous valions vous valiez ils / elles valaient	je valus tu valus il / elle / on valut nous valûmes vous valûtes ils / elles valurent	je vaudrai tu vaudras il / elle / on vaudra nous vaudrons vous vaudrez ils / elles vaudront
VENIR *Participe présent* venant *Participe passé* venu	je viens tu viens il / elle / on vient nous venons vous venez ils / elles viennent	je venais tu venais il / elle / on venait nous venions vous veniez ils / elles venaient	je vins tu vins il / elle / on vint nous vînmes vous vîntes ils / elles vinrent	je viendrai tu viendras il / elle / on viendra nous viendrons vous viendrez ils / elles viendront
VIVRE *Participe présent* vivant *Participe passé* vécu	je vis tu vis il / elle / on vit nous vivons vous vivez ils / elles vivent	je vivais tu vivais il / elle / on vivait nous vivions vous viviez ils / elles vivaient	je vécus tu vécus il / elle / on vécut nous vécûmes vous vécûtes ils / elles vécurent	je vivrai tu vivras il / elle / on vivra nous vivrons vous vivrez ils / elles vivront
VOIR *Participe présent* voyant *Participe passé* vu	je vois tu vois il / elle / on voit nous voyons vous voyez ils / elles voient	je voyais tu voyais il / elle / on voyait nous voyions vous voyiez ils / elles voyaient	je vis tu vis il / elle / on vit nous vîmes vous vîtes ils / elles virent	je verrai tu verras il / elle / on verra nous verrons vous verrez ils / elles verront

Passé composé	Plus-que-parfait	Présent du conditionnel	Présent du subjonctif	Imparfait du subjonctif
j'ai reçu tu as reçu il / elle / on a reçu nous avons reçu vous avez reçu ils / elles ont reçu	j'avais reçu tu avais reçu il / elle / on avait reçu nous avions reçu vous aviez reçu ils / elles avaient reçu	je recevrais tu recevrais il / elle / on recevrait nous recevrions vous recevriez ils / elles recevraient	je reçoive tu reçoives il / elle / on reçoive nous recevions vous receviez ils / elles reçoivent	je reçusse tu reçusses il / elle / on reçût nous reçussions vous reçussiez ils / elles reçussent
j'ai ri tu as ri il / elle / on a ri nous avons ri vous avez ri ils / elles ont ri	j'avais ri tu avais ri il / elle / on avait ri nous avions ri vous aviez ri ils / elles avaient ri	je rirais tu rirais il / elle / on rirait nous ririons vous ririez ils / elles riraient	je rie tu ries il / elle / on rie nous riions vous riiez ils / elles rient	je risse tu risses il / elle / on rît nous rissions vous rissiez ils / elles rissent
je suis sorti(e) tu es sorti(e) il est sorti elle est sortie on est sorti(e)(s) nous sommes sorti(e)s vous êtes sorti(e)(s) ils sont sortis elles sont sorties	j'étais sorti(e) tu étais sorti(e) il était sorti elle était sortie on était sorti(e)(s) nous étions sorti(e)s vous étiez sorti(e)(s) ils étaient sortis elles étaient sorties	je sortirais tu sortirais il / elle / on sortirait nous sortirions vous sortiriez ils / elles sortiraient	je sorte tu sortes il / elle / on sorte nous sortions vous sortiez ils / elles sortent	je sortisse tu sortisses il / elle / on sortît nous sortissions vous sortissiez ils / elles sortissent
j'ai valu tu as valu il / elle / on a valu nous avons valu vous avez valu ils / elles ont valu	j'avais valu tu avais valu il / elle / on avait valu nous avions valu vous aviez valu ils / elles avaient valu	je vaudrais tu vaudrais il / elle / on vaudrait nous vaudrions vous vaudriez ils / elles vaudraient	je vaille tu vailles il / elle / on vaille nous valions vous valiez ils / elles vaillent	je valusse tu valusses il / elle / on valût nous valussions vous valussiez ils / elles valussent
je suis venu(e) tu es venu(e) il est venu elle est venue on est venu(e)(s) nous sommes venu(e)s vous êtes venu(e)(s) ils sont venus elles sont venues	j'étais venu(e) tu étais venu(e) il était venu elle était venue on était venu(e)(s) nous étions venu(e)s vous étiez venu(e)(s) ils étaient venus elles étaient venues	je viendrais tu viendrais il / elle / on viendrait nous viendrions vous viendriez ils / elles viendraient	je vienne tu viennes il / elle / on vienne nous venions vous veniez ils / elles viennent	je vinsse tu vinsses il / elle / on vînt nous vinssions vous vinssiez ils / elles vinssent
j'ai vécu tu as vécu il / elle / on a vécu nous avons vécu vous avez vécu ils / elles ont vécu	j'avais vécu tu avais vécu il / elle / on avait vécu nous avions vécu vous aviez vécu ils / elles avaient vécu	je vivrais tu vivrais il / elle / on vivrait nous vivrions vous vivriez ils / elles vivraient	je vive tu vives il / elle / on vive nous vivions vous viviez ils / elles vivent	je vécusse tu vécusses il / elle / on vécût nous vécussions vous vécussiez ils / elles vécussent
j'ai vu tu as vu il / elle / on a vu nous avons vu vous avez vu ils / elles ont vu	j'avais vu tu avais vu il / elle / on avait vu nous avions vu vous aviez vu ils / elles avaient vu	je verrais tu verrais il / elle / on verrait nous verrions vous verriez ils / elles verraient	je voie tu voies il / elle / on voie nous voyions vous voyiez ils / elles voient	je visse tu visses il / elle / on vît nous vissions vous vissiez ils / elles vissent

Grammaire

Text credits (Continued)

pp.79–80 'Neuf métiers d'avenir qui n'existent pas encore' by Audrey Mercurin, Ouest-France L'Edition du soir, August 9, 2016; **p.89** 'Turquie. Géopolitique d'un club de vacances' by Akram Belkaïd, 19/08/2014, reproduced with permission of Courrier International; **p.90** R. Goscinny et J-J. Sempé, extract from 'Souvenirs de vacances', *Les vacances du Petit Nicolas*, IMAV Éditions, Paris 2013; **p.92** Zinedine Zidane extract adapted from www.fanafoot.com/equipe-de-france/les-anciens/zidane. Reproduced with permission of FanaFoot; **p.95** 'Les Français aiment le sport' by Philippe Rioux, 26/11/2016 © La Dépêche du Midi; **p.96** 'Generali fête le sport responsable' © LeFigaro.fr/2017; **p.96** Extract adapted from www.axaprevention.fr/sante-bien-etre/activite-physique/pourquoi-faire-du-sport#Sport-et-activité-physique © AXA Prévention; **p.102** Biography of Antoine Vayer reproduced with permission of Decitre; **p.102** Book cover and extract from *Je suis le cycliste masqué* by Antoine Vayer. Reproduced with permission of Éditions Hugo Sport, 2016; **p.105** Extract from www.jeux.francophonie.org © CIJF; **pp.109–10** 'Le repas, un rôle essentiel dans la construction de la famille' by Christine Legrand, 02/12/2010, reproduced with permission of La Croix; **pp.114–5** Extract from 'L'hymne national: un élément changeant du patrimoine culturel' © Lukas Niederberger (www.sgg-ssup.ch/fr/news-detail-hymne-fr/lhymne-national-un-element-changeant-du-patrimoine-culturel.html); **p.116** 'Canada: l'hymne national modifié' © Lefigaro.fr with Reuters, 16/06/2016; **p.117** 'Qu'est-ce que la culture?' reproduced with permission of The Centre for Intercultural Learning; **p.123** Book cover of *Le Fils du pauvre*, Mouloud Feraoun © Éditions du Seuil, 1960, *Points*, 1995; **p.128** 'J'ai la sensation d'avancer dans la vie' 22/03/2016 © Le Parisien; **p.129** Extract from *Stupeur et tremblements* by Amélie Nothomb, reproduced by permission of Albin Michel; **p.132** Extract from www.rfi.fr/france/20170310-hausse-nombre-expatries-francais © RFI; **pp.134–5** 'Témoignages: 'Mes études au Québec? La meilleure décision que j'ai prise!' 27/11/2017, reproduced with permission of Courrier International; **p.143** Jacques Prévert, 'Etranges étrangers', in *Grand bal du printemps* © Éditions Gallimard (print rights) and The Estate of Jacques Prévert (electronic rights); **pp.147–8** 'Livre: Les enfants de la troisième culture' 05/10/2014, reproduced with permission of Le Petit Journal; **p.147** Book cover of *Les enfants de la troisième culture*, reproduced by permission of Les Éditions du Net; **p.149** 'Métis(se)' Words & Music by Serigne M'Baye Gueye, Humphrey Milondo, Christophe Battaglia & Jacques Veneruso © Copyright 2006 Warner Chappell Music France/Lucidream/Universal Music Publishing/Sony/ATV Music Publishing France/Bamago. Warner Chappell Overseas Holdings Limited/Lucidream/Sony/ATV Music Publishing/Universal Music Publishing Limited. All Rights Reserved. International Copyright Secured. Used by Permission of Hal Leonard Europe Limited & Faber Music Ltd; **p.152** Book cover and extract from *Béni ou le Paradis privé*, Azouz Begag © Éditions du Seuil, 1989, *Points*, 2005 (print rights) and Azouz Begag (electronic rights); **pp.156–7** 'Les promesses extravagantes des cures détox' © Laurent Giordano/Le Figaro, 27/10/2017; **p.158** 'Les adolescents pas si accros à la malbouffe' © Pauline Fréour/Le Figaro, 11/10/2016; **p.160** 'Vrai ou faux? 9 idées reçues sur la méditation' © Louise Ballongue/Le Figaro, 11/10/2017; **pp.161–2** 'Pour mieux dormir ou être moins stressé, la méditation se connecte à Internet' © Lucie Ronfaut/Le Figaro 23/08/2015; **p.164** Headline 'L'automédication tire la croissance des pharmacies' © Armelle Bohineust/Le Figaro, 03/02/2017; **p.164** Headline 'Automédication: la liste des médicaments sans ordonnance à éviter' © Cécile Thibert, Aurélie Franc/Lefigaro.fr, 2017; **p.164** Headline 'L'État appelle les pharmacies à tester la délivrance de médicaments à l'unité' © Charlotte Peyronnet/Le Figaro; **p.164** Headline 'Ces plantes pour aller mieux' © Christophe Doré/Le Figaro Magazine, 08/04/2016; **p.164** Headline 'Plus de 10 000 morts par an liées à un mauvais usage des médicaments', reproduced by permission of Le Monde; **p.164** Headline 'En France, l'inquiétant trafic des «faux» médicaments', reproduced by permission of Le Monde; **p.166** 'Pourquoi et contre quoi se faire vacciner en Suisse?' reproduced with permission of Planete Sante; **p.168** Book cover and extract from Delphine de Vigan, *Jours sans faim* © Éditions Grasset & Fasquelle, 2001; **pp.175–7** 'Plus d'un tiers des jeunes investis dans le bénévolat' by Christine Legrand, 18/10/2016, reproduced with permission of La Croix; **p.180** '*L'Histoire de Pi* de Yann Martel' – a criticism by Paul-André Proulx, reproduced with permission of Paul-André Proulx and Critiques Libres; **pp.182–3** 'Croyants ou non, les jeunes veulent vivre la religion autrement' by Matthieu Stricot, 06/06/2013 in Le Monde. Article and photo © Matthieu Stricot and used with permission; **pp.188–9** 'Les sous-cultures musicales ont-elles encore un sens?' by Tish Weinstock, 15/05/2015, reproduced with permission of VICE; **p.190** Book cover of *La petite Fadette* by George Sand. Used with permission. The Pennsylvania State University Press; **p.193** 'Mais au fond qui suis-je?' by Jean-Louis Servan-Schreiber, reproduced by permission of Jean-Louis Servan-Schreiber; **p.197** 'La langue française et l'identité culturelle: 6 quotations' © Biennale de la Langue Française; **pp.199–200** 'Les jeunes bousculent la langue française' by Christine Legrand, 16/11/2005, reproduced with permission of La Croix; **pp.202–3** 'Éducation: grandir dans un milieu bilingue développe les capacités cognitives', 18/12/2017, reproduced with permission of Courrier International; **p.205** Quelle est la différence entre un dialecte et un patois?' by Dominique Mataillet, 22/05/2006, reproduced by permission of Jeune Afrique; **pp.205–6** Une langue disparaît tous les quinze jours' © Dominique Simonnet © L'Express/2000; **p.209** Extract from *La grammaire est une chanson douce* by Erik Orsenna (2001), reproduced by permission of Éditions Stock; **p.213** '20 000 visiteurs pour la Nuit européenne des musées à Paris' © Le Figaro/2017; **p.214** 'Un Néerlandais passe la nuit dans un musée' © Le Figaro/2017; **pp.222–3** 'L'art de la rue dynamise les destinations touristique' by Camille Derelle (http://veilletourisme.ca/2014/02/03/lart-de-la-rue-dynamise-les-destinations-touristiques/) © Tourism Intelligence Network, Transat Tourism Chair; **p.223** Quotations from the video 'Street art: art ou vandalisme' © Le Parisien; **p.224** 'La Rochelle: les artistes de rue veulent être entendus par la municipalité' by D.-M. B., 04/03/2017, reproduced by permission of Sudouest; **p.229** 'En Tunisie, des graffitis engagés et citoyens', 28/09/2016, reproduced by permission of Jeune Afrique; **pp.244–5** Spot anti-zapping: comment la pub vous rattrape sur internet' © Raphaële Karayan/L'Express/L'Expansion/2016; **pp.247–8** Book cover and extract from *Acide sulfurique* by Amélie Nothomb, reproduced by permission of Albin Michel; **p.250** 'Comment la science et la technologie sont-elles liées?' reproduced by permission of Ethique; **p.256** The cartoon 'Objets connectés' reproduced by permission of GABS; **p.257** Infographic 'Les français et les objets connectés' reproduced by permission of Idealo; **p.258** 'La domotique pour la santé, la sécurité et la protection des personnes' © CEA; **p.261** Image of smartphone and cube reproduced by permission of 42Tea; **pp.263–4** 'Santé: L'espérance de vie augmente partout' © Thomas Delozier/Le Figaro/2016; **p.264** 'Top 5 des pays où l'espérance de vie en 2015' infographie © Le Figaro/2016; **pp.265–6** 'Pourquoi la conquête de l'espace profite à tous' © Jean-Luc Nothias/Le Figaro/2011; **p.266** 'Venµs' – text and image reproduced by permission of CNES; **p.268** Extracts from *Ravage* by René Barjavel © 1943 Éditions Denoël; **p.269** Extract from *Discours de stanford et autres reflexions pour l'avenir* by Steve Jobs, edited by Alain K. Thomas, reproduced with permission of Maxima Laurent du Mesnil; **p.270** Embryons: 'Une question de temps avant qu'on utilise la modification génétique' © Victor Garcia/2017; **pp.271–2** Sondage Ifop pour Alliance VITA: Les Français et la technique du CRISPR-Cas9', 25/5/2016, reproduced by permission of Alliance VITA; **p.277** 'Les écosystèmes sont menacés' reproduced by permission of consoGlobe; **p.278** Yves Sciama, Collection Petite Encyclopédie Larousse, © Larousse 2003; **pp.285–6** 'COP23: l'urgence climatique en dix chiffres', reproduced by permission of Le Monde; **p.291** 'Votre smartphone est riche en métaux!' © France Nature Environnement Pays de la Loire; **p.292** 'Avez-vous vraiment besoin d'un nouveau smartphone?' © ADEME et France Nature Environnement; **p.295** Extract from Jean Giono, *L'homme qui plantait des arbres* © Éditions Gallimard (www.gallimard.fr); **pp.297–8** 'Se chauffer grâce à l'énergie des serveurs informatiques' by Audrey Garric, 02/07/2013, reproduced by permission of Le Monde; **p.298** 'La première éolienne à voile inaugurée en France' by Audrey Garric, 18/06/2013, reproduced by permission of Le Monde; **p.299** 'GiraDora, la machine à laver à pédale qui change la vie' by Anne-Sophie Novel, 01/08/2012, reproduced by permission of Le Monde; **pp.300–1** Bénin: Green Keeper Africa, la start-up qui transforme la jacinthe d'eau en produit dépolluant' © Jeune Afrique; **pp.308–9** 'État la situation des droits humains dans le monde' © Amnesty International; **pp.312–13** 'État d'urgence: Amnesty dénonce des entraves au droit de manifester en France' © Lexpress.fr/2017; **pp.313–16** 'Les violations des droits de l'homme' © United for Human Rights International (www.humanrights.org/); **p.319** Extract from www.msf.fr 'Médecins Sans Frontières', reproduced with permission of Médecins Sans Frontières; **p.320–1** Extract from www.msf.fr 'Récit de réfugiés: L'exode syrien atteint Athènes', reproduced with permission of Médecins Sans Frontières; **pp.323–4** Paul Éluard 'Liberté' © The Estate of Paul Éluard; **pp.328–9** 'Les jeunes Québécois se foutent de la politique!' by Daphné Cameron, reproduced with permission of La Presse; **p.342** Definition of human rights © Amnesty International; **pp.344–5** 'Droit d'asile' © Amnesty International; **pp.346–7** Extract from 'Monter un projet solidaire avec sa classe' © LeWebPédagogique/Plus Éditions SAS (www.webpedago.com); **p.348** Infographic 'Café vert arabica lavé: Evolution du cours mondial et du Prix Fairtrade' © Max Havelaar France; **pp.348–9** 'Le commerce équitable vu par Olivier De Schutte' © Oxfam-Magasins du monde; **pp.351–2** Extract from *Silence de la mer* by Jean Bruller, reproduced by permission of Albin Michel.

Every effort has been made to trace all copyright holders, but if any have been inadvertently overlooked, the Publishers will be pleased to make the necessary arrangements at the first opportunity.